음악교육학 총론 ^{4판}

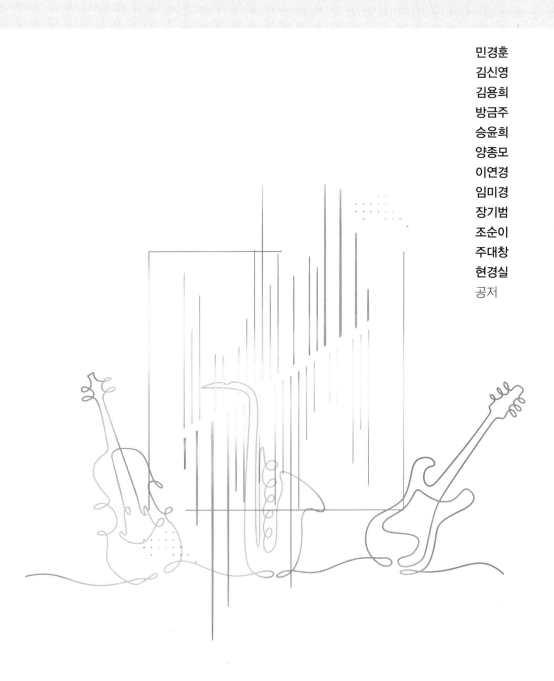

민경훈
김신영
김용희
방금주
승윤희
양종모
이연경
임미경
장기범
조순이
주대창
현경실
공저

학지사

4판 머리말

　우리의 음악교육은 많은 시대적·교육적·사회적 과제를 안고 있다. 음악은 궁극적으로 인간의 풍요로운 삶의 요소가 되고, 일상생활 속에서 예술적 생활양식을 가꾸어 주는 중요한 내용이다. 따라서 음악교육은 음악의 잠재적 가능성을 극대화하고, 시대의 변화에 따른 음악적 가치관과 음악에 대한 새로운 생각을 갖게 하여 사회를 변화시키는 데 능동적인 역할을 하여야 한다. 그러기 위해서 음악교육은 능동적이고 개방적인 사고 영역으로 확장하여 개인이 자신의 사고와 감정을 적극적으로 표현하고 능력을 최대한 발휘할 수 있도록 도와야 한다.

　음악 교사들은 음악교육에 대한 뚜렷한 철학과 신념을 가져야 하고, 다양한 교수법을 정립하여야 하며, 자신의 음악적 지식을 바탕으로 체계적인 지도 방법을 구상할 수 있는 능력을 갖추어야 한다. 그리고 음악이 개인과 사회에 긍정적으로 기여할 수 있음을 인식하여 음악의 생활화를 이루도록 노력하여야 한다.

　이 책의 저자들은 교사 지망생, 초·중등학교 교사들이 반드시 이해하고 알아야 할 음악교육학 이론과 다양한 교수 방법을 엮어 하나의 총론으로 제시하였다. 이로써 독자들이 음악교육에 대한 가치관을 형성하도록 돕고, 다양한 학문과 음악교육학적 지식을 바탕으로 교수 방법을 모색하고 평가할 수 있는 능력을 갖추도록 의도하였다.

　'제1장 음악교육의 역사'에서는 고대에서 현대에 이르는 서양 음악교육의 역사와 개화기 이후부터 현재까지의 우리나라 음악교육의 역사로 구분하여 음악교육의 변천사를 살펴봄으로써 우리나라 미래 음악교육의 방향을 설정하는 데 길잡이가 되도록 하였다.

　'제2장 현대의 음악교육철학'에서는 음악의 본질과 가치에 대한 근거를 파악하고, 학교 교과목으로서의 이상적 가치와 방향, 당위성을 제공함으로써 음악교육의 중요성에 대한 철학적 인식을 얻을 수 있도록 하였다.

'제3장 음악교육의 심미적 기초'에서는 음악 예술의 미적 본질과 의미, 대표적인 미학적 이론을 근거로 한 음악 작품의 미적 특성과 의미, 심미적 경험의 특성 등에 대하여 논의함으로써 미적 감수성을 계발하는 음악교육으로서의 음악 지도 기본 원리를 제시하였다.

'제4장 음악교육의 심리학적 기초'에서는 현대 심리학에서 음악교육에 유용한 심리학 이론과 원리를 알아보고, 음악교육과 관련된 음악심리학 연구 내용을 살펴 효율적인 음악 교수·학습 방법을 위한 이론적·실질적 기반을 제시하였다.

'제5장 음악교육의 사회학적 기초'에서는 음악교육이 개인과 사회에 미치는 영향, 음악의 사회적 역할과 가치, 사회에서 경험할 수 있는 다양한 음악적 현상, 다문화적 음악교육 등에 대하여 살펴봄으로써 사회적 관점에서 음악교육을 어떻게 수행할 수 있는지 그 방향을 모색하였다.

'제6장 음악과 교육과정'에서는 음악과 교육과정의 원리를 구체적으로 제시하여 교사로서 음악교과의 교육 목표, 교육 내용, 교육 방법을 구상할 수 있는 능력을 갖추도록 하였다. 또한 우리나라의 음악과 교육과정의 역사를 살펴봄으로써 우리 음악교육의 문제점을 돌아보고 앞으로의 방향을 탐색하였다.

'제7장 음악 교수법'에서는 20세기 초에 발전된 세계적으로 활용도가 높은 음악 교수법들, 즉 자크-달크로즈·코다이·오르프 교수법과 20세기 후반에 미국에서 나타난 고든의 음악 학습 이론 및 현대 음악 프로젝트에서 개발된 포괄적 음악성을 다루었다. 이를 통하여 음악 지도 방법 결정 과정과 체계적인 음악 수업 구상에 실질적인 도움을 주고자 하였다.

'제8장 음악과의 평가'에서는 음악교과에서 평가가 필요한 이유를 제시하고, 실기 평가, 실음 평가, 수행평가를 중심으로 평가의 실제 예를 제시하여 타당성, 신뢰성, 객관성 있는 평가를 구상하는 데 실질적인 도움이 되도록 하였다.

'제9장 음악교육과 공학'에서는 교육공학과 음악교육공학에 대한 개념, 음악교육에서의 공학의 의미에 대하여 살펴보고, 테크놀로지의 활용 사례와 자료, ICT 활용 등에 대하여 알아봄으로써 공학적인 원리를 적용한 음악교육의 내용과 방법을 이해하고, 음악교육공학이 나아갈 방향을 모색하였다. 더불어 4차 산업혁명 시대 음악교육공학의 과제를 살펴보았다.

'제10장 음악 수업의 실제'에서는 단원 지도 계획, 단원 지도 계획을 제시하여 음악 수업의 목표를 효율적으로 달성할 수 있는 학습 내용과 방법 등을 구체적으로 제시할 수 있는 능력을 갖추도록 하였다. 또한 초등학교와 중등학교 학습 지도안의 예를 제시하여 현재·미래의 교사들이 실제적인 '교수·학습 지도안'을 작성할 수 있도록 하였다.

　'제11장 음악 교사론'에서는 음악 교사가 갖추어야 할 음악적 능력, 교수 능력, 교육자로서의 자질 등을 제시하고 음악 교사에게 필요한 기준이 무엇인가를 살펴봄으로써, 음악 교사들이 교사로서의 올바른 인성과 음악교육 전문가로서의 자질을 함양하는 데 도움을 주고자 하였다.

　이 책이 현직 교사, 예비 교사, 음악교육에 관심을 가진 모든 분께 조금이나마 도움이 되기를 기대한다. 마지막으로 최근 출판계의 어려운 사정에도 불구하고 4판의 출간을 허락하여 주신 학지사의 김진환 사장님, 모든 과정을 함께해 준 김지수 선생님과 직원분들께 깊은 감사를 드린다.

2024년 2월
저자 일동

1판 머리말 ♫

현시점에서 우리의 음악교육은 많은 시대적·교육적·사회적 과제를 안고 있다. 음악은 궁극적으로 인간의 풍요로운 삶의 방향을 규정짓고, 일상생활 속에서 예술적 생활양식을 가꾸어 주는 중요한 요소로 작용한다. 따라서 음악교육은 음악의 잠재적 가능성을 극대화하고, 시대의 변화에 따른 음악적 가치관과 음악에 대한 새로운 생각을 갖게 하여 사회를 변화시키는 데 능동적인 역할을 하여야 한다. 그러기 위해서 음악교육은 수동적이고 제한적인 사고 영역 안에서만 머물러서는 안 되고, 능동적이고 개방적인 사고 영역으로 확장하여 개인이 자신의 사고와 감정을 적극적으로 표현하고 능력을 최대한 발휘할 수 있도록 도와야 한다.

음악 교사들은 음악교육에 대한 뚜렷한 철학과 신념을 가져야 하고, 다양한 교수법을 정립하여야 하며, 자신의 음악적 지식을 바탕으로 체계적인 지도 방법을 구상할 수 있는 능력을 갖추어야 한다. 그리고 음악이 개인과 사회에 긍정적으로 기여할 수 있음을 인식하여 음악의 생활화를 이루도록 노력하여야 한다.

이 책에서 저자들은 교사 지망생, 대학원생, 초·중등학교 교사들이 반드시 이해하고 알아야 할 음악교육학 이론과 다양한 교수 방법을 엮어 하나의 총론으로 제시하였다. 이로써 독자들이 음악교육에 대한 가치관을 형성하도록 돕고, 다양한 학문과 음악교육학적 지식을 바탕으로 교수 방법을 모색하고 평가할 수 있는 능력을 갖추도록 의도하였다.

'제1장 음악교육의 역사'에서는 고대에서 현대에 이르는 서양 음악교육의 역사와 개화기 이후부터 현재까지의 우리나라 음악교육의 역사로 구분하여 음악교육의 변천사를 살펴봄으로써 미래 우리나라 음악교육의 방향을 설정하는 데 길잡이가 되도록 하였다.

'제2장 음악교육의 철학적 기초'에서는 음악의 본질과 가치에 대한 근거를 파악하고, 학교 교과목으로서의 이상적 가치와 방향, 당위성을 제공함으로써 음악교육의 중요성에 대한 철학적 인식을 얻을 수 있도록 하였다.

'제3장 음악교육의 심미적 기초'에서는 음악 예술의 미적 본질과 의미, 대표적인 미학적 이론을 근거로 한 음악 작품의 미적 특성과 의미, 심미적 경험의 특성 등에 대하여 논의함으로써 미적 감수성을 계발하는 음악교육으로서의 음악 지도의 기본 원리를 제시하였다.

'제4장 음악교육의 심리학적 기초'에서는 현대 심리학에서 음악교육에 유용한 심리학 이론과 원리를 알아보고, 음악교육과 관련된 음악심리학 연구 내용을 살펴 효율적인 음악 교수·학습 방법을 위한 이론적·실질적 기반을 제시하였다.

'제5장 음악교육의 사회학적 기초'에서는 음악교육이 개인과 사회에 미치는 영향, 음악의 사회적 역할과 가치, 사회에서 경험할 수 있는 다양한 음악적 현상, 다문화적 음악교육 등에 대하여 살펴봄으로써 사회적 관점에서 음악교육을 어떻게 수행할 수 있는지 그 방향을 모색하였다.

'제6장 음악과 교육과정'에서는 음악과 교육과정의 원리를 구체적으로 제시하여 교사로서 음악과의 교육 목표, 교육 내용, 교육 방법을 구상할 수 있는 능력을 갖추도록 하였다. 또한 우리나라의 음악과 교육과정의 역사를 살펴봄으로써 우리 음악교육의 문제점을 돌아보고 앞으로의 방향을 탐색하였다.

'제7장 음악 교수법'에서는 20세기 초에 발전된 세계적으로 활용도가 높은 음악 교수법들, 즉 자크-달크로즈·코다이·오르프 교수법과 20세기 후반에 미국에서 나타난 고든의 음악 학습 이론 및 현대 음악 프로젝트에서 개발된 포괄적 음악성을 다루었다. 이를 통하여 음악 지도 방법 결정 과정과 체계적인 음악 수업 구상에 실질적인 도움을 주고자 하였다.

'제8장의 음악과의 평가'에서는 음악과에서 평가가 필요한 이유를 제시하고, 실기 평가, 실음 평가, 수행평가를 중심으로 평가의 실제 예를 제시하여 타당성, 신뢰성, 객관성 있는 평가를 구상하는 데 실질적인 도움이 되도록 하였다.

'제9장 음악교육과 공학'에서는 교육공학과 음악교육공학에 대한 개념, 음악교육에서의 공학의 의미에 대하여 살펴보고, 테크놀로지의 활용 사례와 자료, ICT 활용 등에 대하여 알아봄으로써 공학적인 원리를 적용한 음악교육의 내용과 방법을 이해하고, 음악교육공학의 나아갈 방향을 모색하였다.

'제10장 음악 수업의 설계'에서는 연간 지도 계획, 단원 지도 계획을 제시하여 음악 수업의 목표를 효율적으로 달성할 수 있는 학습 내용과 방법 등을 구체적으로 제시할 수 있는 능력을 갖추도록 하였다. 또한 초등학교와 중등학교 학습 지도안의 예를 제시하여 현재·미래의 교사들이 실제적인 '교수·학습 지도안'을 작성할 수 있도록 하였다.

'제11장 음악 교사론'에서는 음악 교사가 갖추어야 할 음악적 능력, 교수 능력, 교육자로서의 자질 등을 제시하고 음악 교사에게 필요한 기준이 무엇인가를 살펴봄으로써, 음악 교사들이 교사로서의 올바른 인성과 음악교육 전문가로서의 자질을 함양하는 데 도움을 주고자 하였다.

이 책이 현직 교사, 예비 교사, 음악교육에 관심을 가진 모든 분들께 조금이나마 도움이 되기를 기대한다. 마지막으로 최근 출판계의 어려운 사정에도 불구하고 출간을 허락하여 주신 학지사의 김진환 사장님, 모든 과정을 함께해 준 이하나 선생님과 직원분들께 깊은 감사를 드린다.

2010년 3월
저자 일동

차례

제9장 음악교육과 공학

장기범

제**1**장

음악교육의 역사

김신영

음악이 언제부터 어떻게 시작되었는지 그 기원에 대해 학자들 간에 다각적인 연구가 진행되고 있다. 문헌적인 자료가 없는 선사시대의 수렵 농경생활 가운데에서 삶의 수단으로, 희로애락과 같은 인간의 본능적인 행위에서 또는 종교의식 등과 같은 의식에 관련하여 음악이 발생하였으리라 추측하나 음악의 기원을 명확히 파악하기는 어렵다. 현재 우리가 알 수 있는 체계적인 의미의 음악교육 사조는 대체로 그리스시대부터 나타났다고 할 수 있다. 음악이 고대에서 현대에 이르기까지 어떻게 가치화되고, 어떻게 가르쳐져 왔는지 고찰해 보는 것은 오늘날 당면한 음악교육의 현실과 문제를 바르게 이해하고 이에 대처하는 데 의미가 있다고 본다.

1. 서양 음악교육의 역사

서양 음악교육의 역사는 중요한 사회적 사건이나 시대적인 상황에 따라 구분된다. 따라서 시대별로 음악교육이 왜 행하여졌고, 또한 어떻게 이루어져 왔는지 음악교육의 변천사를 살펴봄으로써 미래에 우리가 나아가야 할 음악교육의 지표를 조명해 보고자 한다.

1) 고대 그리스와 로마의 음악교육

고대의 여러 나라에서 음악교육이 행해지고 있었음은 주로 신화적인 내용이나 종교 경전에서 찾아볼 수 있다. 고대 그리스시대에 교육의 주된 기능은 개인의 인격과 품위 그리고 체력을 단련하는 데 있었다. 그 시대의 사람들은 인간의 마음, 신체, 영혼을 발달시키는 데 교육의 기본적인 목적을 두었던 것이다. 그러므로 고대 그리스 초기 국가들은 심성의 발달을 위해 수사학(rhetoric)을, 신체의 발달을 위해 체육(gymnastics)을, 정신의 발달을 위해 예술과 음악(art and music)을 기본 교과로 하였다.

고대 그리스의 에토스론(doctrine of ethos)은 음악을 소우주로 간주하고, 소리와 리듬의 체계가 가시적인 세계와 불가시적인 세계 전체에 작용하는 수학적 법칙에 지배된다는 피타고라스(Pythagoras, B.C. 570~497?)의 관점에서 음악의 도덕적 특성과 효과를 다룬 듯하다(Grout & Palisca, 1988: 7). 피타고라스는 수(數)의 개념이 영(靈)적인 세계와 물리적인 세계를 이해하는 열쇠라고 주장하고, 소리는 수학적 법칙에 의해 발생된다는 이론을 전개하였다.

한편, 플라톤(Plato, B.C. 429~347)은 음악이 조금만 그 질서로부터 벗어나도 인간의 정서를 타락시킬 수 있다고 믿었다. 이런 믿음을 근거로 하여 그는 음악을 도덕적 측면에서 다루었는데, 인간을 위해 좋은 음악과 나쁜 음악이 있다고 보고 음악을 엄격하게 검열하고 제한하였다. 플라톤은 그의 저서『국가론(Republic)』에서 다음과 같이 언급하였다.

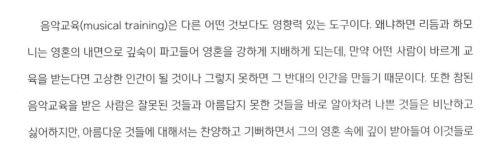

음악교육(musical training)은 다른 어떤 것보다도 영향력 있는 도구이다. 왜냐하면 리듬과 하모니는 영혼의 내면으로 깊숙이 파고들어 영혼을 강하게 지배하게 되는데, 만약 어떤 사람이 바르게 교육을 받는다면 고상한 인간이 될 것이나 그렇지 못하면 그 반대의 인간을 만들기 때문이다. 또한 참된 음악교육을 받은 사람은 잘못된 것들과 아름답지 못한 것들을 바로 알아차려 나쁜 것들은 비난하고 싫어하지만, 아름다운 것들에 대해서는 찬양하고 기뻐하면서 그의 영혼 속에 깊이 받아들여 이것들로 양육되어 고상하고 선한 사람이 된다(Plato, 2004: 95-96).

그리스의 교육과정에 작문, 천문학, 수학 과목이 첨가됨에 따라 음악교육의 필요성에 관한 논쟁이 대두되었다. 아리스토텔레스(Aristoteles, B.C. 384~322)는 그의 저서 『정치론(Politics)』에서 음악의 필요성과 교육적 가치에 대해 의문을 갖고 "음악이 교육에 기여하는가, 아니면 오락적인가" 하는 문제를 제기하였다(Abeles et al., 1994). 이는 오늘날 우리가 당면하고 있는 음악교육의 필요성에 대한 논제와 일치한다는 점에서 흥미로운 일이다. 이 시대가 지향한 윤리적 삶(ethos)은 음악이 개인의 의지에 영향을 주어 그의 인격과 행동에 영향을 준다는 데 귀착하였다. 아리스토텔레스는 『정치론』에서 음악이 인간의 의지에 어떠한 영향을 주는지에 대해 모방이론(principle of imitation)을 통하여 다음과 같이 서술하였다.

음악은 영혼의 격렬한 감정이나 상태—관대함, 분노, 용기, 절제와 이와 반대되는 많은 특질들—를 직접적으로 모방한다. 따라서 인간이 어떤 특정한 감정을 모방한 음악을 들으면 그는 이런 감정에 젖어 버리게 된다. 즉, 오랫동안 좋지 않은 감정을 일으키는 음악을 지속적으로 들으면 그 사람은 전반적으로 그릇된 인격을 형성하게 된다(Grout & Palisca, 1988: 7-8).

말하자면, 아리스토텔레스의 사상은 인간이 그릇된 종류의 음악을 들으면 그릇된 사람이 되고 올바른 종류의 음악을 들으면 올바른 사람이 된다는 것을 의미한다. 아리스토텔레스와 플라톤은 음악이 인격 형성에 영향을 준다는 점에서는 서로의 의견이 일치하였으며, 그들의 철학에 있어 조화로운 인간을 만들어 내기 위해서 신체의 훈련에는 체육을, 마음의 단련에는 음악을 필수적인 요소로 보았던 것이다.

그리스시대에 음악의 발전이 정점에 도달한 것은 기원전 5세기경이었다. 피타고라스는 오늘날까지 사용되고 있는 음계와 음정 규칙에 영향을 미친 음악 이론을 발전시켰으며 그 시기에 이미 전문 음악가(거장)가 출현하기 시작하였다. 따라서 수사학 협회와 더불어 음악

축제, 가창협회, 음악경연대회가 여러 곳에 있었음을 알 수 있다. 당시에는 시와 함께 어우러진 음악이 주요한 예술 형식이었으며 시인 아리스토파네스(Aristophanes, B.C. 446~385)는 사랑과 술에 대한 노래들을 작곡하고 전국을 여행하면서 문화 및 교육 활동에 종사하였다.

2) 중세의 음악교육

중세 유럽 도시에서 쉽게 볼 수 있는 상징적인 건축물은 기독교 의식이 행해지는 교회였다. 중세 초기에는 교회가 교육을 조정하는 역할을 담당하였을 뿐 아니라 지식을 전달하는 주된 역할을 하였다. 기원후 313년 콘스탄티누스(Constantinus) 로마 황제에 의해 기독교는 대중이 공공연하게 예배를 드릴 수 있는 합법적인 종교로 허락되었으며, 음악은 예배의식의 절대 필요한 부분이 되었기 때문에 신자들은 음악을 배워야 했다. 이로써 음악은 더욱 중요한 분야가 되었다. 따라서 초기의 교육체제에서 음악은 중요한 네 과목(산술학, 천문학, 기하학, 음악)에 포함되었다.

초기 로마의 가톨릭교회는 성가대원들을 교육하기 위해 성가학교(scholae cantorum)를 설립하였고, 6세기 말경에는 그레고리우스(Gregorius) 교황에 의하여 크게 확장되었다. 교과과정은 가창, 악기 연주, 화성 등의 기초 이론과 작곡을 기본으로 하여 구성되었다. 이와 같은 기본적인 형태의 교양 과목들은 12, 13세기에 새롭게 설립된 특수 학술기관인 대학(universitas)으로 전수되었다. 그래서 음악은 법률, 약학, 신학과 같은 학문에 필수적인 예비 학습 과목으로 수용되었다. 이 시기의 음악교육은 순수한 신학적 지식을 보충하기 위해 쓰였던 것이다.

음악 이론가인 보에티우스(A. Boethius, 480~524)는 「음악의 원리(De Institutione Musica)」라는 논문을 통하여 피타고라스와 같은 여러 그리스 학자들의 음악 이론을 바탕으로 음악을 크게 세 영역인 '우주의 음악'[1] 소우주인 '인간의 음악'[2] '악기의 음악'으로 구분하였다. 특히 악기의 음악은 기악 음악뿐 아니라 일반적으로 일컫는 모든 종류의 실제적인 음악으로 "우주적 질서의 원리인 수적 비율이 음악에도 작용한다."라고 보았다(김문자 외, 1993). 이 이론

---

1) 우주의 음악은 음악의 원리를 우주의 질서와 자연의 질서 등에서 찾을 수 있는 조화를 말한다.
2) 인간의 음악은 우주적 질서의 원리가 인간에게도 적용되어 인간의 정신과 몸 각 부분 간의 조화에 연관이 있음을 의미한다.

서는 수도원학교의 음악 교과과정에 참고자료가 되었을 뿐 아니라 그 이후에도 좋은 자료로 사용되었다.

중세 초기의 음악교육은 기보에 대한 공식적인 체제가 없어 주로 구전에 의해서 한 교회에서 다른 교회로 전파되었으며, 교회나 수도원에서는 다양한 예배의식에 서로 다른 음악을 사용하였다. 각기 다른 노래를 부르던 교회들은 9세기경 샤를마뉴(Charlemagne) 대제 시대에 성가의 기보법이 고안됨으로써 예배에 같은 노래를 사용하게 되었다. 그리고 중세 음악교육에 가장 커다란 공헌을 한 귀도 다레초(Guido d'Arezzo)는 11세기경 계명창법을 창안하고 기보법을 개량하여 음악지도법이 크게 발전하는 계기를 마련하였다.

이 시기에 보통 사람들 사이에서는 전통적인 방법대로 아버지에게서 아들에게 또는 흥행단원들 간에 음악적 유산이 전해졌다. 직업적인 시인들에 의해 조직된 프랑스의 트루바도르(Troubadour)와 트루베르(Trouvère), 독일의 민네징거(Minnesinger), 마이스터징거(Meistersinger)와 같은 세속음악 그룹은 이 시기에 크게 활동했던 길드(Guild) 계층에 속한 음악가들이었다.

3) 르네상스시대의 음악교육

르네상스라는 용어는 이탈리아어 'Rinascita'에서 나온 말로 '재생'이라는 의미를 지니고 있는데, 이는 '고전 예술을 재생한다'는 데서 유래한 것이다. '르네상스'는 미첼레트(J. Michelet)가 『프랑스사(史)』에서 처음 사용하였으며(이용일, 1999), 14세기부터 16세기에 걸쳐 고대 그리스와 로마의 정신을 부흥시켜 인간의 존엄성과 가치를 회복하고자 했던 인문주의 운동이다. 그리하여 인문주의자들은 고대 그리스와 로마시대로부터 교육시켜야 할 내용들을 가져왔으며, 로마의 교육사상을 전수하기 위해 라틴어를 강조하였다. 말하자면, 르네상스 운동은 그 근본적인 취지가 인간의 재발견에 있었다. 즉, 이 운동은 중세 기독교의 속박에서 벗어나 인간과 자연의 세계에 대한 아름다움을 예찬하고 육체와 정신을 조화롭게 발달시키려는 데 목적을 두었던 것이다.

인문주의와 종교개혁은 당시의 사회 구조나 문화 전반에 걸쳐 커다란 자극을 주었으나 중세 종교교육의 뿌리 깊은 전통 때문에 음악교육에 큰 변화를 가져오지는 못하였다. 루터(M. Luther)는 "음악은 신으로부터 주어진 것 중에서 가장 훌륭한 예술이며 인간의 심성 도야에는 필수불가결한 것"이라고 말하였지만 그리스의 경우와는 달리, 종교적 교육 목표의 달성을 위한 수단이었다(供田武嘉津, 1985: 102). 따라서 르네상스시대에 있어서의 음악교육은 중세의 연장으로서 역시 교회, 그리고 여러 학교에 있어서의 교화 목표 달성의 일익에 불과하였다.

그러나 다른 한편으로는 인쇄술의 발달로 인하여 라틴어학교에서의 음악 교수 내용 및 방법의 진보적인 변화가 이루어졌을 뿐 아니라 개신교 성가집, 찬송가, 음악 교재 등이 출판되었다. 라틴어학교에서는 주로 그레고리안 성가를 교재로 사용하였으며 음악 이론과 계명창도 가르쳤다. 그러나 진보적인 일부 교사들은 종교적인 곡을 가르치도록 되어 있었던 당시의 규제에서 벗어나 〈사랑의 노래〉 등 세속적인 악곡을 교재로 사용하기도 하였다. 또한 작곡가들은 마드리갈 단원 그리고 그와 유사한 실내악 그룹을 위해 교육적인 목적으로 다양한 음악을 작곡하는 등 음악교육의 발전에 중대한 변화를 가져왔다.

4) 17세기의 음악교육

(1) 유럽의 음악교육

17세기에 유럽을 지배했던 실학주의 교육사조는 인문주의와 종교개혁가들의 편협성에 대립되는 사조로 과학적 탐구와 실제적인 생활에 대해 새로운 관심을 두어 현실에 대한 구체적이며 실제적인 학습에 주력함으로써 실사구시의 도야를 실현하려 하였다. 따라서 이러한 교육사조는 교육이념 및 실제에 있어서 단순히 언어교육보다는 경험사물에 관한 교육을 강조함으로써 고전어나 문학보다는 자연과학 관련 교과를 중시하였고, 인간에게 필요한 지식을 가르쳐 주어 사회에 유능한 인물을 양성하는 데 목적을 두었다.

이와 같이 17세기의 실학주의 교육사조는 교육 효과가 곧바로 나타나는 현실적이고 실리적인 입장에 치우쳐 있었기 때문에 인간의 내면적 · 미적 심성의 도야를 목적으로 하는 음악교육의 가치는 거의 외면되는 결과를 가져왔다. 계몽주의자인 로크(J. Locke, 1632~1704)는 "음악이 방탕한 마음을 조장하기 쉬워 음악 학습에 많은 시간을 할애해서는 안 된다."라고 하였고, 프랑케(A. Francke, 1663~1727)는 "음악이 세속적인 쾌락을 추구하기 때문에 어린이 교육에 해롭다."라고 주장하며 음악교육을 비난하였다(供田武嘉津, 1985).

한편 실학주의자들 중에 음악교육을 지지했던 사상가들로는 코메니우스(J. A. Comenius, 1592~1670), 밀턴(J. Milton, 1608~1674) 등을 들 수 있다. 코메니우스는 그의 저서 『대 교수학(Great Didactic)』을 통해 "학생들은 모두 유명한 교회 성가곡을 노래해야 한다."라고 하였다. 또한 학교교육에서 '음악실기와 이론의 병행학습'을 주장하였으며 가창지도에 있어서는 '계명창법'을 적용할 것을 제안하였다(이용일, 1999). 그러나 그는 교육의 목적을 지식을 닦고 도덕심을 길러 주어 궁극적으로 신앙심을 고양하는 데 두었다. 음악교육은 단지 인간의 외면적 장식에 지나지 않는 것으로 여겨졌을 뿐 진정한 인간교육의 차원에서 음악교육을 해야 한다고 주장한 것은 아니었다. 밀턴은 "숭고한 음악은 사람의 성품과 태도를 평온하고 고상하게 하는 위대한 힘이 있다."라고 하였으나(供田武嘉津, 1985), 지식을 추종했던 그는 음악을 생활의 휴식을 위한 오락적인 가치에 한정시켰다. 이와 같이 17세기에는 전반적인 사회 및 교육의 풍조가 실리적인 측면으로 흘러감에 따라 인간교육의 기반으로서의 음악교육의 목표는 거의 무시되어 버렸다.

(2) 미국의 음악교육

17세기 초 최초의 영국인 식민지 개척자들은 유럽 체제에 기초한 음악적 이념을 미국으로 가져왔다. 청교도들은 음악을 예배에 사용하였기 때문에 그들의 생활에서 음악은 빼놓을 수 없는 중요한 것이었다. 그러나 이들이 미국 신대륙에 정착했을 때 기존의 토착 음악은 미국 인디언 음악이었다. 초기 개척자들은 영국 국교의 제약에서 벗어나 종교적 자유를 누리기 위해 신대륙으로 왔기 때문에 인디언들의 고유한 음악 문화와 충돌하게 되었다. 이 개척자들의 공식 음악에는 기존의 음악이 허용되지 않았다. 그리하여 이들은 새로운 환경을 보존하면서 새로운 문화를 창조해 가야 하는 처지에 놓이게 되었다.

유럽으로부터 온 첫 이주자들이 정착한 이래 교회는 중세처럼 교육의 본거지였으며, 노래는 종교예식에서 중요한 부분을 차지했으므로 음악은 교회학교의 교육에서 필수적이었다. 이주자들의 정착과 함께 서둘러 종교의식이 마련되었으며 청교도적 교회가 대두되었음을 다음과 같은 서술문을 통해 알 수 있다.

> 프란체스코 수도회와 가톨릭 교육에서는 음악을 예배의식의 필수적인 부분으로 받아들였던 반면에, 영국인들은 기존의 토착 음악을 교회예식에서 어떤 형태로든지 받아들이지 않았다. 지나치게 흥겹고 감정적인 음악은 세속적이고 현세적이라고 하여 금지시켰다. 초기의 개척자들은 구세대의 관습, 음악이나 그 어떤 것도 수용하는 데 관심이 없었다(Sunderman, 1971: 10).

청교도들은 영국에서 가져온 시편의 『에인즈워드 버전(Ainsworth version)』을 찬송가의 기초로 사용하였으며, 이는 성가대원과 회중들에게 음악을 가르치는 자료가 되었다. 1640년 미국에서 몇몇 사람이 처음으로 발간하여 명명한 노래책『베이 시편서(The Bay Psalm Book)』는 여기에서 유래되었다. 이 노래책은 가창곡과 합창곡으로 구성되어 있으며, 목회자가 한 악절(phrase)을 부르고 회중들이 이를 따라 부르는 '선창과 답창'으로 되어 있다(Abeles et al., 1994). 그러나 초기 개척시대에는 예식에 노래가 많지 않았기 때문에 회중을 위한 레퍼토리는 몇 곡에 불과하였다.

초기의 미국 교육은 유럽의 체제를 따랐으며 종교적인 것을 포함하여 실제적인 필요에 의해 이루어졌다. 남부 지방에서는 그 지방의 경제적·정치적 요구에 따라 교리문답, 예배교육, 도제교육 중심으로 이루어졌다. 이 시대 교육을 주도했던 매사추세츠(Massachusetts)주를 중심으로 하는 북부 지방에서는 각 가정에서 자녀들에게 의무적으로 초등교육을 받을 기회를 주도록 요구하였다. 또 50가구 이상의 마을에서는 교사를 임명하고 읽기와 쓰기를 가르치게 하고 100가구 이상의 마을에서는 문법학교를 세워 체계적인 교육이 이루어질 수 있도록 규정하였다(Mark, 1996).

5) 18세기의 음악교육

(1) 유럽의 음악교육

18세기에 접어들어 절대주의 시대가 점점 쇠퇴해 가면서 계몽주의 사조가 나타나기 시작하였다. 이 시기에는 서구 사회의 근대화 과정에서 인간의 위엄, 자유 등에 관한 새로운 이념이 싹트기 시작하였고, 미국독립운동, 프랑스혁명에 의한 옛 계급사회의 붕괴 등과 같은 큰 사회적인 변화를 가져왔다. 이러한 사회 현상의 대변혁은 교육에도 큰 영향을 끼쳤다. 이 시기에 교육적인 측면에서 중대한 변화는 보통교육 제도가 발달하게 되었으며 교육의 보편적 원리와 음악교육의 내용 및 방법에 대한 새로운 인식이 싹텄다는 점이다. 이와 같이 근세 유럽의 교육사상사에 큰 영향을 끼친 교육사상가들로는 루소(J. J. Rousseau, 1712~1778), 바제도우(J. B. Basedow, 1723~1790), 페스탈로치(J. H. Pestalozzi, 1746~1827) 등을 들 수 있다.

대표적인 계몽사상가인 루소는 자연의 순리에 순응할 때 인간의 자발성과 창조성 그리고 주체성이 증진된다는 의미에서 자연주의를 제창하였다. 그는 당시 재능이 있는 특정 아동에게만 행해졌던 음악교육을 모든 아동에게 시키기 위해 숫자 악보를 개량하여 보급하였다. 특히 루소는 그의 유명한 교육 소설『에밀(Emile)』에서 "어린이를 어른의 축소물로 보거나 어린 시절을 어른이 되기 위한 준비 과정으로 생각해서는 안 되며 어린이는 어린이로서의 절대적 가치를 인정하는 데에 교육의 출발이 있다."라는 아동 교육관을 통해 근대 교육의 보편적 원리를 제시하였다. 또한 그는 "어린이는 노래할 때 필요 이상으로 큰 소리를 내서는 안 되며 어린이를 위한 가창 교재는 감상적인 것보다는 부르기 쉽고 단순한 곡이어야 한다."라고 어린이의 음악교육에 대한 견해를 언급하였다. 그리고 "어린이가 그 자신의 내재적 힘에 의해 움직일 때 비로소 가치가 있다."라고 강조하였다(이홍수, 1990; 供田武嘉津, 1985). 루소가 음악교육에 있어서 어린이의 개성과 창조성을 존중한 점은 새로운 교육사상에 대한 탁월한 견해로 받아들여지고 있다.

바제도우는 독일의 교육학자로서 실천 철학의 기초 위에 근대 교육의 체계를 세웠다. 그는 루소의 영향을 받아 1768년 '학교와 학문, 공공복지에 미치는 영향에 대한 인류의 벗과 유산자에게 드리는 제언'을 통해 독일의 교육개혁, 즉 교육 조직과 내용 그리고 방법에 관한 견해를 범애주의(汎愛主義)의 입장에서 명확하게 제시하였다. 바제도우는 교육의 목표를 어린이로 하여금 공익에 봉사하고 애국적이며 현실생활에서 행복한 삶을 영위하도록 하는 데 두었다. 그리하여 그는 음악의 교육적 가치를 중요시하고 음악을 모든 어린이에게 제공해야 하는 보편적인 교과목으로 선정하였다. 그 교육 방법으로 그는 자유를 존중하여 어린이를 위협하지 말고 자연의 순리를 좇아 쉬운 것에서부터 어려운 것으로 발전하는 단계적인 교육 및 교재가 필요함을 강조하였으며, 강제적으로 학습하게 하는 것이 아닌 감각을 통해 직관력을 기르는 교육을 주장하였다.

스위스의 교육자 페스탈로치는 루소와 범애주의적 교육자들의 영향을 받아 최상의 교육은 참여, 즉 감각을 통해서 얻게 된다는 입장을 호소하였다. 그는 음악을 종교적·도덕적 인간 도야를 위한 중요한 수단으로 여겼고 모든 어린이를 위해 음악을 교육에 포함시킬 것을 주장하였는데, 이는 기본적으로 가창교육을 의미하였다. 그는 「게르트루트는 어떻게 어린이들을 가르치는가(Wie Gertrud ihre Kinder lehrt)」라는 논문을 통해 어머니들에게 어린이들을 가르치는 방향을 제시해 주고 있으며 진정한 인간교육의 기초는 직접적인 참여를 통해 얻어진다고 서술하였다.

페스탈로치는 1804년부터 1825년 사이에 스위스 이뵈동(Yverdon)에 세워진 한 성(城)에서 빈곤층 어린이를 대상으로 매주 2회씩 가창교육을 실시하였다(권덕원, 2008 재인용). 사실상 페스탈로치가 학교에서의 가창교육을 창시하였다고 할 수는 없으나 그의 교육 원리가 유럽뿐 아니라 미국의 많은 교육자에게 철학적 기초를 제공해 주었다는 점에서 주목할 만하다.

페스탈로치의 철학적 기초를 이어받아 교육 목표와 음악지도법을 실천한 음악교육자들로는 파이페르(M. Pheiffer, 1771~1850), 네겔리(H. Nägeli, 1773~1836), 첼러(C. A. Zeller, 1774~1839) 등이 있는데 이들은 음악교육 발전에 많은 공헌을 하였다. 1810년 파이페르와 네겔리는 페스탈로치의 교육이념과 방법을 적용한『페스탈로치의 원리에 의한 가창지도법(Die Gesangsbildungslehre nach Pestalozzischen Grundsätzen)』이라는 책을 발간하였다. 이 지도법은 미국에도 영향을 주어 후에 보스턴 음악학교(Boston Academy of Music)에서 메이슨(L. Mason, 1792~1872)이 제시한 가창 음악교육을 위한 기초로 사용되었다. 첼러는 1839년 페스탈로치의 교육 방법을 적용하여『초등학교 가창지도(Kleinen Gesangslehre für Volksschulen)』를 출판하였으며, 이 책에는 지도법과 더불어 오늘날 창작 학습의 창시라고 할 수 있는 창작 학습 내용이 서술되어 있다.

(2) 미국의 음악교육

18세기에 들어서면서 교회음악은 향상되기 시작하였다. 매사추세츠주 보스턴에 있는 킹스 채플(King's Chaple)에 미국 최초의 오르간이 설치되었다. 1712년에는 매사추세츠주 뉴베리(Newbury)에서 터프츠(J. Tufts) 목사가 최초로 가창 지도책을 발간했으며, 뉴잉글랜드의 몇몇 교회에서는 노래를 잘 부르는 사람들끼리 성가대를 만들기도 하였다. 이러한 성가대가 발전되어 가창학교(singing school)가 1717년 보스턴에 처음으로 설립되었고, 이것은 후에 공립학교에서 음악을 강의하는 첫 번째 사례가 되었다.

가창학교의 교사들로는 홉킨슨(F. Hopkinson, 1737~1791), 빌링스(W. Billings, 1749~1821)와 메이슨 등과 같은 사람들이 있었다. 이들은 몇 주에서 몇 개월 동안 한곳에 머무르면서 집이나 교회, 학교 등에서 수업을 하였으며, 한곳에서 끝나면 다른 마을로 옮겨 갔다. 음악지도의 주된 관심은 독보 능력을 계발하고 다양한 합창곡의 해석을 지도하는 데 있었다. 그리하여 음악의 기초이론과 시창이 기본 과목이었으며 언제든지 공개 연주를 할 준비가 되어 있었다(Leonhard, 1997; Mark, 1996). 가창학교는 어린이들뿐 아니라 어른들에 이르기까지 누구든지 허용되었으며 그 당시 대중들의 음악 훈련을 위한 중요한 교육기관이었다. 1806년 홀요크(S. Holyoke, 1762~1820)는 그의 가창학교를 점차 확장하여 기악 음악까지 포함시켰으며 그 이후 공공연주회에서 헨델(G. F. Händel)의 〈메시아〉 중 '할렐루야'를 연주하기도 하였다(Abeles et al., 1994). 가창학교는 1720년대부터 19세기 후반까지 계속되었으며 시골 일부 지역에서는 20세기까지도 존속하였다. 이 가창학교는 일반 대중을 위해 존재하였다는 점에서 현대의 교육자들에게 중요한 교훈이 되고 있다.

　18세기 후반에 와서는 다양한 악기가 유럽에서 수입되었으며 각 지역마다 합창단이 결성되고 많은 찬송가집, 합창을 위한 노래집뿐 아니라 새롭게 만들어진 노래책도 발간되었다. 1770년 미국 교회음악의 아버지로 불리는 빌링스는 『뉴잉글랜드 찬송가 가수(The New England Psalm Singer of the American Chorister)』라는 책을 발간하였으며 교회음악 이외에 다양한 미국 음악을 많이 작곡하여 대중화시키는 데 공헌하였다. 그 외에도 미국 음악 발전에 기여한 사람들로는 미국 태생의 작곡가 바이셀(C. Weissel)과 홉킨슨(F. Hopkinson) 등이 있다.

6) 19세기의 음악교육

(1) 유럽의 음악교육

　19세기 유럽에서는 근대화 과정에서 시민사회의 형성, 영국에서 일어난 산업혁명, 자연과학이 만들어 낸 공업 기술의 발달, 민주적인 정치 제도의 실현, 신인문주의의 대두 등 경제적 · 사회적으로 많은 변화가 있었다.

　19세기 초 음악교육에 대한 기본 이념은 페스탈로치의 철학적 기초를 바탕으로 하였으며 파이페르, 네겔리 등의 가창지도법이 적용되었다. 그러나 이 당시의 여러 가지 사회적 변화를 계기로 교육의 방향이 실리주의에서 주지주의의 경향으로 흘러감에 따라 음악교육의 가치에 대한 인식은 다시 쇠퇴하였다. 주지주의적 과학교육사조에 가장 큰 영향을 미친 사상가는 헤르바르트(J. Herbart, 1776~1841)와 스펜서(H. Spencer, 1820~1903) 등이다. 주지주의가 교육의 주류를 이루었던 이 시대에는 예술교육의 가치가 인정되지 않았으며, 스펜서는 예술을 '생활의 심심풀이'라고까지 보았다. 쉴러(J. Schiller, 1759~1805)의 예술교육론이나 신인문주의자들의 영향으로 일부에서 일어났던 음악교육의 가치에 대한 주장도 상류계층 사람들과 일부 재능 있는 사람들을 위한 음악 활동에 국한되었으며, 일반 대중을 위한 보통교육으로서의 음악교육과는 관련을 맺지 못하였다(이홍수, 1990).

　19세기 후반 독일을 중심으로 주지주의와 과학만능주의 사조의 폐해에 대한 자각이 일어나면서 일반 대중을 위한 예술교육운동이 전개되었고 인간교육에 있어서 예술의 가치와 필요성이 새롭게 인식되기 시작하였다. 이러한 새로운 인식은 19세기 예술문화의 부흥을 가져오게 하였으며 음악교육의 제도를 정착시키고 질적으로 발전을 가져오는 계기가 되었다. 19세기 유럽의 음악교육 발전에 공헌한 사람들은 러스킨(J. Ruskin, 1819~1900), 귀조

(F. Guizot, 1854~1888), 토마시크(J. F. Thomascik, 1790~1875) 등을 들 수 있다. 러스킨은 "참다운 도덕적 인격의 함양은 예술교육에 의해 이루어진다."라고 언급하였으며, 귀조는 "조화로운 사회를 만들기 위해서는 아동들에게 예술교육이 필요하다."라고 강조하였다. 토마시크는 "예술은 인간교육의 일환으로 모든 어린이를 위해 교육이 이루어져야 한다."라고 하며 예술교육의 보편화를 주장하였다(供田武嘉津, 1985). 이들의 이념이 당시에 널리 보급되지는 않았으나, 그 후 인간교육으로서의 음악교육이 이루어지게 한 바탕이 되었다.

1880년 당시 영국 음악교육계의 대표적 지도자였던 헐라(J. Hullah)는 유럽의 시찰보고서에서 "독일의 음악교육은 극히 저조하다."라고 지적했다. 이에 대해 독일의 음악교육자 크레츄마(H. Kretzschmar)는 이 보고 내용을 인정하고 그의 논문을 통해 "지금이야말로 우리들은 위대한 독일 음악적 전통에 눈을 떠, 학교음악을 개혁하고 국민교육을 진흥하지 않으면 안 된다."라고 독일 음악교육의 개혁을 강조하였다. 이는 당시의 음악교육계에 큰 자극을 주어 새로운 시야에서 음악교육을 검토하는 여론이 나타나게 되었다(供田武嘉津, 1985: 185-186). 그리하여 19세기의 유럽은 보통교육으로서의 음악교육에 대한 인식이 높아지면서 학교 음악에 깊은 관심을 갖고 안정적인 기반을 다져 나가게 되었다.

(2) 미국의 음악교육

19세기 미국 음악교육의 체제는 페스탈로치의 이론으로부터 영향을 받아 이루어졌다. 페스탈로치의 교육이념과 방법을 적용한 네겔리의 저서 『가창지도법』은 우드브리지(W. C. Woodbridge) 등 미국 초기의 음악교육자들에게 많은 영향을 주었다. 우드브리지는 페스탈로치의 교육이념을 실현하고 있는 스위스, 독일 등의 학교를 돌아본 후 학교교육에 음악교육이 필요함을 주장하였다. 네프(J. H. Naef)는 1809년 페스탈로치의 방법에 기초하여 초등학교를 설립하였으며 음악을 기본 과목으로 하여 모든 아동에게 음악교육을 제공하였다. 1830년 네프는 미국교육연구소(American Institute of Instruction)에서 '페스탈로치 음악 지도 체계의 원리'에 대한 개요를 발표하였다. 이는 오늘날까지 미국 음악교육의 지침이 되고 있는데, 그 내용은 다음과 같다(Monroe, 1907: 145).

① 기호를 가르치기 전에 소리를 가르치고 음표와 그 이름을 배우기 전에 노래 부르는 것을 배우게 한다.

② 소리를 듣고 모방함으로써 소리의 유사점과 상이점, 적절한 효과와 부적절한 효과를 설명하기보다는 능동적인 자세로 관찰하도록 이끌어 준다.

③ 모든 것을 한꺼번에 직면하는 어려운 일에 도전하기 전에 리듬, 선율, 표현을 한 번에 한 가지씩만 가르치고 따로따로 연습하게 한다.

④ 그것을 완전히 숙달하고 다음으로 넘어가기 전에 이러한 부분들의 각 단계를 연습하게 한다.

⑤ 연습 후에 원리와 이론을 알려 준다.

⑥ 음악에 명확한 소리의 요소들을 응용하기 위하여 그 요소들을 분석하고 연습한다.

⑦ 기악음악에 사용된 것과 일치하는 음표의 이름을 알려 준다.

1827년 메이슨은 보스턴에서 결성된 헨델·하이든 협회의 책임자로 선출되어 다양한 활동을 하면서 친분을 갖게 된 우드브리지와 함께 페스탈로치의 교육이념에 관해 연구하게 되었다. 그는 1837년에 유럽을 방문하여 페스탈로치의 교육 원리에 따르는 학교에서는 음악을 어떻게 가르치는가를 관찰하였다. 페스탈로치 교육 방법의 효과에 대해 확신을 얻은 그는 글을 읽을 수 있는 어린이는 누구든지 노래를 부를 수 있다는 신념을 갖게 되었고 "모든 어린이에게 음악교육의 기회를 주어야 한다."라고 주장하였다.

메이슨은 1838년 공립학교의 교육과정에 음악을 정규 교과로 포함시키기 위해 보스턴 교육위원회에 음악이 다른 교과들과 마찬가지로 지적·도덕적·신체적으로 어린이들에게 어떤 점에서 유익한가를 보고서로 작성하여 제출하였다(Mark, 1996). 같은 해 미국 보스턴 교육위원회에서는 보스턴의 모든 학교에 음악을 정식 학과목으로 공식적인 승인을 하였다. 결국 1838년 허웨즈(Howes) 학교의 교육과정에 음악이 들어가게 되었으며, 메이슨은 첫 번째 교사로서 공립학교에서 어린이들에게 음악을 가르쳐야 한다는 이념을 보급시켰다. 당시 유럽 문화에서 주도된 엘리트 개념에서 벗어나 음악을 보통 문화의 유산으로서 일반 대중들이 음악교육을 받을 수 있게 되었다는 사실은 매우 흥미로운 일이었다.

최초의 주정부 학교가 1839년 매사추세츠주 렉싱턴(Lexington)에 세워지기에 앞서 학생들의 교육 방법에 대한 관심이 고조됨에 따라 많은 사립 교육기관이 생겨났다. 1823년 버몬트(Vermont)주 콩코드(Concord)에 교사 양성을 위한 사립학교가 설립되었다. 뉴욕 주지사 클링턴(D. Clington)은 1825년 주 의회에 유능한 교사의 배출에 대한 필요성을 제안하였으며, 많은 사람이 교수법, 교수 자료 등 교사 양성에 관한 문제를 논의하였다(Abeles et al.,

1994). 이러한 사회적 관심으로 인해 보통학교(normal school)가 매사추세츠주를 비롯한 동부 지역에 확산됨으로써 독자적인 교사 양성기관이 되었다. 19세기 후반에 보통학교는 확고한 위치를 차지하여 전국에 걸쳐 설립되었으며, 20세기 초에는 사범대학으로 발전되어 교사 양성기관으로서의 뚜렷한 성격을 띠게 되었다.

19세기 후반에 초등학교의 출현으로 인해 아동 음악교육의 중요성이 더욱 강하게 부각되었다. 제프슨(B. Jepson)은 아동 합창음악의 효율적인 지도법을 개발하여 『음악 독본(Music Reader)』이라는 교재를 출판하였고 음악 교사들 사이에는 독보 지도법에 관한 논쟁이 벌어지기도 하였다. 또한 가창학교에서 양성된 개인 교사의 증가, 합창협회의 성장에 따른 합창 활동의 증가, 오케스트라의 형성 등으로 인해 국제적 예술가들이 배출되면서 미국 전 지역에 걸쳐 연주회가 성행하였다(Abeles et al., 1994; Mark, 1996). 이러한 사회적인 현상들은 많은 사람에게 영향을 주어 보스턴 음악학교(Boston Academy of Music), 오벨린 컨서바토리(Oberlin Conservatory),[3] 뉴잉글랜드 음악학교(New England Conservatory of Music)와 같은 고등 음악교육기관이 설립되었고, 하버드대학교(Harvard University)와 미시간대학교(University of Michigan) 등 여러 대학에 음악과가 신설됨으로써 음악교육이 더욱 보편화되고 활발해졌다. 마침내 1876년에는 미국음악교사협의회(Music Teachers National Association)가 결성되었다.

7) 20세기의 음악교육

(1) 유럽의 음악교육
20세기 초 유럽에서는 페스탈로치의 교육이념을 발전시켜 음악교육의 개혁적인 변화를

---

3) 음악학교의 전신은 1500년대 교회에서 노래 부르는 능력을 향상시키기 위해 이탈리아에서 최초로 시작되었으며 이 기관이 바로 현대 음악학교의 선구자가 되었다. 이탈리아어 'conservatories'는 고아원이었으며 베니스(Venice)는 고아 소녀들, 나폴리(Naples)는 고아 소년들을 위한 음악학교의 중심지였다. 국가의 비용으로 고아들에게 음악에 대한 교육과 훈련이 제공되었으며 고아원에서는 노래를 가르치고 고아들의 비행을 단속하기 위해 시작되었는데 전문적인 교육을 시키자는 발상으로 발전되어 컨서바토리가 형성되었다. 유럽에서 최초의 음악학교는 1784년에 설립된 파리 컨서바토리(Paris Conservatory)이며, 이어서 1811년에 프라하 컨서바토리(Prague Conservatory), 1817년에 빈의 뮤직아카데미(Musikakademie Hochschule für Musik) 등이 생겨났다(Abeles et al., 1994).

가져오게 되었다. 이 시기에는 음악교육의 철학이나 교육과정의 발달로 인해 음악교육에
대한 사고가 확대되었으며 교수 내용 및 방법, 학습 자료의 활용에 있어서도 다양성을 요구
하게 되었다. 더욱이 20세기 중엽에 접어들면서 독일의 오르프(C. Orff, 1895~1982), 스위스
의 자크-달크로즈(E. Jaques-Dalcroze, 1865~1950), 헝가리의 코다이(Z. Kodály, 1882~1967)
등의 음악교육 철학 및 이론, 방법에 대한 연구는 20세기 음악교육에 커다란 변화와 발전을
가져오게 되었다. 20세기 후반에 들어 유럽 국가들은 21세기를 향한 음악교육의 발전을 위
해 교과의 내실화와 학문의 성장을 위해 실천적인 방향으로 새로운 움직임을 보이고 있다.

　독일은 새롭게 일어난 예술교육운동에 힘입어 1900년대 초 예술교육자회의가 열리는 등
활발한 움직임을 보이기 시작했으나 제1차 세계대전의 패배로 말미암아 다시 음악교육이 침
체 속에 빠져들게 되었다. 1960년대 이후 과거의 국가사회주의적 이념에 대한 비판적 활동
이 전개되면서 새로운 교육개혁운동이 일어났다. 독일의 철학자이자 음악사회학자인 아도
르노(Th. W. Adorno, 1903~1969)는 "학교 음악교육의 목적은 학생들이 음악의 언어와 주요
작품을 이해하고 음악적으로 표현하고 예술 작품의 가치를 평가하는 능력을 향상시키는 것
이다."라고 주장하였다(함희주, 2002). 이는 시대의 변화에 따른 정신적인 이해의 중요성을
강조하는 것이며 학교 음악교육이 기술을 가르치는 것보다 미적 감수성을 기르는 것으로 전
환해야 함을 되새겨 주었다.

　그 외에 아이츠(K. A. Eitz, 1848~1924), 외데(F. Jöde), 로빈손(S. B. Robinsohn)과 같은 음악
교육학자들의 연구와 실천은 독일 음악교육의 성장에 많은 변화를 가져왔다. 20세기 중엽
에는 오르프가 독창적인 음악교육 방법을 고안하여 학교 현장에 이를 적용함으로써 전 세계
에 혁신적인 지도 방법을 제시하게 되었다. 또한 독일의 음악학교들은 1966년 이후 독일음
악학교협회로부터 보호 및 지원을 받고 있으며 이러한 정책의 결과로 독일의 음악교육은 '학
교음악교육'과 '음악학교'의 이원화 체계로 운영하면서 질적인 성장에 힘쓰고 있다. 1990년
통독 이후 동·서독 간의 교육 이념적 차이로 인해 독일은 교육의 전반적 체제뿐 아니라 교육
철학, 목표 등 새로운 교육개선 정책을 가져오게 되었다.

　1900년대로 접어들면서 영국은 저명한 음악교육자들을 중심으로 '예술 감상'이 교육의 중
요한 분야임을 강조하고 다양한 강연을 펼치는 등 활발한 움직임을 보였다. 헤이워드(F. H.
Hayward)는 『감상 교수(The Lesson in Appreciation)』라는 책을 출간하여 음악교육계에 좋은
지극을 주기도 하였다. 영국은 1944년 발효된 교육법(Education Act)에 의해 모든 어린이가
무상교육을 받게 됨으로써 국민교육제도가 확립되었다. 1968년부터 1972년에 걸친 '예술과

청소년 프로젝트' 등을 통해 음악교육의 질적 향상을 가져왔다. 영국의 음악교육은 가창 위주의 수업에서 벗어나 기악, 감상, 창작을 포함하는 다양한 음악 경험을 통한 포괄적 음악교육에 관심을 갖게 되었다.

영국의 전통적인 학제는 잉글랜드, 웨일즈, 스코틀랜드, 북부 아일랜드로 나뉘어 거의 자치적으로 운영되고 있으므로 통일된 형태가 없으며 지역적 특성에 따라 독립적으로 발전되어 왔다. 영국은 전통적으로 지방분권적인 교육을 해 오다가 1988년에 「교육개혁법 (Education Reform Act)」이 제정 공포되었다. 영국 최초의 국가 교육과정이 잉글랜드와 웨일즈 지역의 모든 학교에 도입됨으로써 새로운 체제의 교육과정의 근거가 확립되었다. 이 국가 기준의 교육과정은 핵심 및 기초교과의 학습목표와 연령에 따른 교육단계별 학습내용, 평가체제에 관한 중요한 지침만을 제시하고 있으며 세부적인 사항은 지역 교육청이나 학교의 책임 아래 자율적으로 선택하는 방식을 취했다. 이처럼 영국의 교육과정은 중앙집권적이면서도 구체적인 운영은 단위 학교에 일임하고 있는 특징을 지니고 있다.

영국은 1988년 「교육개혁법」을 모든 교과에 걸쳐 일시적으로 적용하지 않고 교과별로 점진적으로 적용하였다. 음악의 경우 미술, 체육과 함께 1992년 9월에 국가 교육과정이 처음 학교현장에 적용되었다(소경희, 2005). 그 이후 음악 교육과정은 1995년에 1차, 1999년에 2차 개정되었다(소경희, 2005). 1990년 이후 교육부는 4~8년 정도의 주기로 개정을 거쳐 새로운 음악과 교육과정 기준을 제시하고 있다.

프랑스는 1850년 법규상으로는 음악이 필수 과목으로 초등교육에 포함되었으나 실제에 있어서는 음악에 대한 관심이 매우 적었고 음악교사 양성도 미흡한 상태였다. 1881년에 비로소 제도적으로 실현되었으며, 그때까지는 주로 부유계층의 뛰어난 음악 인재를 육성시키는 데 주력하였고 모든 어린이를 위한 학교 음악교육은 소홀히 다루어졌다. 그 후 학교 음악의 가치가 점차적으로 인식되었고 음악교육에 대한 관심이 높아짐에 따라 음악교육자들을 위한 연구 조직이 생겨났다. 1907년 음악교육에 관한 전반적인 사항을 추진하기 위해 '공립 음악교사 동우회'가 설립되었다. 1940년대 들어와 사범학교에서 음악교육이 충실히 다루어지게 되고 음악 교재가 출판되는 등 음악교육에 대한 연구가 활발해졌다. 학교 음악교육의 질적 향상을 위해 1947년에 랑그뱅-윌롱(Langevin-Wallon) 교육개혁안이 공포된 이후 여러 차례에 걸쳐 교육개혁이 일어났다. 특히 1964년에는 학교 음악 프로그램의 전반적인 개혁을 위한 연구 및 실행이 이루어졌고, 그 결과 모든 어린이가 학교에서 음악을 배우게 되었으며, 이는 프랑스의 음악교육 수준을 높이는 중요한 계기가 되었다.

(2) 미국의 음악교육

20세기 초 미국의 음악교육은 듀이(J. Dewey, 1859~1952)의 실용주의 철학을 바탕으로 전인적 아동을 교육하는 데 역점을 두었으며, 이러한 목적을 달성하기 위해 예술 과목은 필수적으로 모든 학교 경험의 일부분으로 간주되었다. 이 시기에는 제1차 세계대전 후 좀 더 질적인 삶을 영위하려는 움직임이 사회 전반에서 일어났으며 미국 문화를 발전시켜야 할 필요성에 대한 인식이 높아졌다. 그리하여 디트로이트(Detroit), 클리블랜드(Cleveland) 등에 오케스트라가 창단되었다. 1899년 어하트(W. Earhart)는 인디애나주 리치몬드에 학교 오케스트라를 만들었는데 학교 내에 수준 높은 기악 프로그램을 마련하고 발전시킨 본보기가 되었다.

19세기까지 미국 공립학교의 음악은 가창중심의 교육이었으나 20세기에 들어와 기악 분야에서도 많은 발전을 가져오게 되었다. 제1차 세계대전으로 인해 밴드는 각광을 받기 시작했고 매칼리스터(A. R. McAllister)와 같은 기악지도자로 인해 학교 밴드의 기초가 확립되었다. 학교 당국에서는 밴드가 비교적 구성원을 조직하기에 용이하고 협동적인 집단학습 경험을 조장할 수 있으며 스포츠와도 탁월하게 팀을 이룰 수 있다는 것을 인식하였다. 그리하여 다른 학교와의 교류 및 운동경기를 위해 인기를 끌고 있는 밴드 프로그램 개발 등이 관심의 대상이 되었으며 그러한 노력은 미국 음악교육의 특징적인 모습으로 부각되었다.

학교 음악 활동의 급속한 팽창은 음악교육자들을 위해 다양한 새로운 조직을 형성하는 계기가 되었다. 1907년 아이오와주 케오쿡(Keokuk)에서 열린 음악 장학사들의 모임은 음악 장학사협회(Music Supervisors Conference: MSC)를 조직하는 계기가 되었으며, 후에 이 협회의 결정으로 미국음악교육자협회(Music Educators National Conference: MENC)를 구성하게 되었다. 미국음악교육자협회는 정기적으로 전국 규모의 학술대회를 개최하고 음악교육에 관련된 자료들을 발간하는 등 오늘날까지 미국 음악교육 발전에 주도적인 역할을 하고 있다.

1957년 소련이 세계 최초로 인공위성 스푸트니크(Sputnik)호를 발사하자 학문과 기술, 교육의 최선진국으로 자부해 온 미국은 큰 충격을 받았다. 미국의 과학지도자와 교육자들은 소련이 우주 경쟁에서 앞지르게 된 것은 미국 교육체제에 결점이 있기 때문이라고 느끼고 과학과 이에 관련된 과목의 강화를 위한 교육체제의 개혁에 심혈을 기울이게 되었다. 당시 예술 분야는 주변적이고 장식적인 교과로 여겨져 학교 정규 교육과정의 기본 과목에서 제외되었으며 정부의 지원금을 넉넉히 받지 못하게 되었다. 그러나 한편으로는 수많은 교육 비평가들이 학교교육에서 예술교육의 중요성을 계속 제기하면서 심미적 교육 운동이 다시 부상하게 되었다. 심미적 교육의 제창자들은 음악교육에서 좀 더 본질적인 접근을 강조하면서 음악의 예술적 가치에 많은 관심을 가졌다.

1965년 존슨(L. Johnson) 미국 대통령이 미래의 '위대한 사회'를 목표로 삼고 제정한 초등 · 중등 교육법령이 상원 · 하원 의회에서 통과되었다. 이로써 학교 음악교육의 질적인 향상을 위해 학교에서 전문음악가에 의한 연주와 워크숍을 열게 되었으며 시설이나 장비 구입 등을 위한 많은 지원도 받게 되었다. 그러나 그 이후 미국 경제의 궁핍은 학교 조달자금에 영향을 주어 장식적인 교과로 여기는 예술 과목 예산을 삭감하게 되면서 음악이 다시 기본 과목에서 제외되는 결과가 초래되었다. 따라서 미국 음악교육자들은 음악교과를 학교교육에서 정상적인 위치로 끌어올리기 위해 적극적으로 교육개혁운동에 박차를 가하였다.

미국음악교육자협회는 1959년부터 3년간 헨리 포드 재단(Henry Ford Foundation)의 도움을 받아 '청년 작곡가 프로젝트(Young Composers Project: YCP)'를 수행하게 되었다. 이 프로젝트는 젊은 작곡가들을 학교에 보내어 교사와 학생들의 현대 음악에 대한 이해를 넓히기 위한 것이었다. 이 프로젝트의 기본 방향은 '현대 음악 프로젝트(Contemporary Music Project for Creativity in Music Education: CMP)'로 이어졌다. 현대 음악 프로젝트의 처음 목표는 현대 음악의 보급 및 전파에 있었다. 그러나 1965년 개최된 노스웨스턴 세미나를 계기로 현대 음악뿐 아니라 포괄적 음악성의 보급 및 전파로 그 목표가 바뀌었다. 1차(1963~1968년), 2차(1969~1973년)에 걸쳐 수행되었던 현대 음악 프로젝트의 목표는 다음과 같다(Mark, 1996).

- 공립학교에서 음악의 창의적인 측면을 강조한다.
- 현대 음악의 어법을 이해하고 수용할 수 있는 적절한 환경을 조성한다.
- 음악교육과 음악 작곡 분야 사이에 존재하는 간격을 줄인다.
- 교사와 학생들이 수준 높은 현대음악의 질을 판단하고 선호할 수 있는 능력을 기른다.
- 창의적인 재능이 뛰어난 학생들을 발굴한다.

예일 음악교육 세미나(Yale Seminar on Music Education)는 1963년 국립과학재단(National Science Foundation)의 후원으로 음악가, 음악학 학자, 음악 교사 등이 참석한 가운데 개최되었다. 이 세미나는 과학교육을 개혁한 것과 같은 방법으로 음악교육도 개혁하려는 데 주안점을 두었으며, 공립학교의 음악 프로그램이 음악적으로 소양이 있고 활동적인 대중을 길러내지 못하는 이유가 무엇인지를 밝혀내기 위해 기존의 음악과 교육과정을 검토하고 가능한 해결책을 제안하였다.

1965년부터 5년간 실시된 맨해튼빌 음악교육과정 프로젝트(Manhattanville Music Curriculum Project: MMCP)는 브루너(J. Bruner)의 나선형 교육과정을 기초로 하였으며 포괄적 음악성 계발을 전제로 한다는 점에서 CMP와 일맥상통한다. 맨해튼빌 음악교육과정 프로젝트는 발견의 원리, 개념의 원리, 통합에 대한 원리를 적용하여 학생 스스로 문제를 해결해 나가는 창의적 접근방법을 중요시한다.

1968년에 시작된 하와이 음악교육과정 프로젝트(Hawaii Music Curriculum Project: HMCP)는 개념적 접근법을 강조하고 포괄성을 전제로 하는 음악교육과정을 구안하는 데 목적이 있었다. 하와이 음악교육과정 프로젝트는 공립학교 음악교육을 위한 교육 프로그램을 체계적으로 만들고 그에 필요한 교수 · 학습 자료들을 개발하였다. 유치원부터 고등학교까지의 단계를 5단계로 나누고 연주, 작곡, 감상 분야의 교육내용과 수준을 체계화하였다. 이 프로젝트에서는 학생들이 그 수준에 맞춰 작곡가로서, 연주가로서, 감상자로서 다양한 경험을 할 수 있도록 기회를 제공함으로써 그들의 포괄적 음악성을 계발하고자 하였다.

1967년 탱글우드 심포지엄(Tanglewood Symposium)에는 음악교육자, 사회학자, 과학자, 정부 대표자, 노동지도자들이 모인 가운데 '미국 사회의 음악'이라는 주제에 대해 논의하였다. 이 심포지엄에서 논의된 결과의 주요 내용은 다음과 같다(Mark, 1996: 44-45).

① 음악은 그 자체가 예술로서 유지될 때 최상으로 기여한다.
② 모든 시대, 양식, 형식, 문화의 음악이 교육과정에 포함된다. 음악 레퍼토리는 현재 인기 있는 십대들의 음악과 전위음악, 미국 민속음악 그리고 다른 문화권들의 음악을 포함한 우리 시대의 다양한 음악으로 확대되어야 한다.
③ 학교와 대학들은 유치원부터 성인 또는 평생교육에 이르기까지의 모든 음악 프로그램에 적절히 시간을 배정해야 한다.
④ 고등학교에서 예술교육은 보편적이면서 중요한 부분이 되어야 한다.
⑤ 교육 공학, 교육 텔레비전, 프로그램 학습, 컴퓨터 보조학습이 개발되어 음악학습이나 연구에 적용되어야 한다.
⑥ 학생 개개인의 요구, 목적과 잠재력이 성취될 수 있도록 도와주는 데 더 역점을 두어야 한다.
⑦ 음악교육 전문직은 도심지나 문화적인 혜택에서 소외된 사람들이 거주하는 지역의 긴박한 사회적 문제를 해결할 수 있도록 그 기술, 능력, 통찰력을 동원해야 한다.

⑧ 교사 교육 프로그램은 유아, 성인, 신체장애자, 정서장애자들을 지도하는 교사뿐 아니라 고등학교에서 음악의 역사와 문헌, 인문학 및 관련 예술 등을 잘 가르칠 수 있는 음악 교사도 배출할 수 있도록 확대되고 개선되어야 한다.

미국음악교육자협회는 1970년 탱글우드 심포지엄에서 제안된 내용을 수행하기 위해 목표 및 목적 프로젝트(Goals and Objectives Project: GOP)를 실시하였으며, 이 프로젝트에서 제시된 35개의 목표들은 1970년대 미국 교육에 영향을 주었다.

1980년대 발달심리학자이며 교육자인 가드너(H. Gardner)는 그의 '다중지능 이론(Theory of Multiple Intelligences)'을 통하여 교육계뿐 아니라 음악교육 분야에도 많은 영향을 주었다. 그에 의하면 인간의 지능은 언어, 공간, 논리—수리학, 음악, 신체—운동학, 대인관계, 자기 이해, 자연탐구의 여덟 가지 영역으로 표현된다. 그런데 인간은 누구나 이러한 다양한 능력을 어느 정도 소유하고 있다. 따라서 학교교육에서 언어 및 논리—수리학 등 일부 지능에 대한 지나친 강조는 정당하지 않음을 제시하고 있으며, 음악을 비롯한 다양한 지능 개발에 두루 힘써야 지적이면서도 표현력 있고 창의적인 인간을 육성할 수 있다는 이론적 뒷받침을 해 주고 있다.

미국에서 초 · 중등교육의 질적 향상에 대한 요구가 높아짐에 따라 1980년대 교육개혁의 계기가 되었던 『교육의 위기(A Nation at Risk)』(1983)가 발표되었다. 이후 발표된 많은 보고서들은 미국 교육이 위기에 도달하였으며 선택과목을 줄이고 수학, 과학을 비롯하여 국어, 사회, 외국어 등을 필수과목으로 부과하되, 이들 과목의 성취 기준을 높이고 학생들이 그 기준에 얼마나 도달했는가에 대한 평가가 강화되어야 한다고 주장하였다. 이와 같은 교육개혁의 움직임에 이어서 1989년 부시(G. Bush) 대통령은 '교육에 관한 주지사회의(Governors' Conference on Education)'를 열어 이 회담에서 논의된 "기본 교과는 모든 학생의 교육과정에 포함시켜야 한다."라는 내용을 「미국 2000: 교육의 수월성(America 2000: Excellence in Education)」이라는 보고서를 통해 미국 의회에 제출하였으나 통과되지 못하였다. 국가 교육 정책에 대한 지원이 증가함에 따라 클린턴(W. J. Clinton) 대통령은 부시 대통령이 교육 정상회담에서 제안했던 「미국 2000: 교육의 수월성」을 기초로 하여 제정된「목표 2000: 미국교육개혁법(Goals 2000: Educate America Act)」을 제안했다. 이 법안은 상 · 하원 의회에서 통과됨으로써 1994년 3월에 입법화되었다. 이러한 교육개혁에 대한 노력으로 인해 기본교과에 예술(음악, 미술, 무용, 연극)을 추가하게 되었다(석문주, 1996 재인용). 이는 음악이 학교의 지원을 정당하게 받을 수 있는 기본교과로 인정을 받았다는 데 큰 의미가 있다고 볼 수 있다.

미국음악교육자협회는 2000년을 맞이하여 음악교육의 교육과정을 발전시키기 위한 기초를 제공하고자 『학교 음악 프로그램(The School Music Program: A New Vision)』『학습 기회 기준(Opportunity-to-Learn Standards)』 등의 저서를 통하여 음악교육의 새로운 방향과 비전을 제시하였다. 새로운 교육과정에서는 ① 확실한 목표 설정에 따른 기술과 지식을 습득하게 하고, ② 다양한 장르와 양식의 음악을 두루 배우며, ③ 창의적인 기술을 터득하고, ④ 문제해결 능력과 높은 수준의 사고력을 계발하며, ⑤ 타 교과 및 타 예술과의 관련성을 갖게 하고, ⑥ 최근의 공학을 활용하며, ⑦ 참평가(Authentic Assessment)를 통한 음악교과 평가가 이루어지도록 해야 한다고 강조한다(MENC, 1994).

8) 21세기의 음악교육

(1) 유럽의 음악교육

2000년대 들어 유럽 국가들은 유럽연합(European Union: EU)[4] 교육정책의 영향을 많이 받고 있다. EU는 1993년 11월 발효된 네덜란드 마스트리흐트조약(Maastricht Treaty)에 따라 유럽 회원국 간의 정치통합과 경제통화통합을 목표로 설립되었다. EU는 독일, 프랑스, 이탈리아, 네덜란드, 벨기에, 룩셈부르크, 영국, 아일랜드, 덴마크, 그리스, 스페인, 포르투갈 12개국으로 창립되었고, 2003년 2월 발효된 니스조약(Treaty of Nice)[5] 이후 회원국들이 증가하여 28개국이 되었는데 2020년 1월 영국이 탈퇴하여 현재 27개국이다. 유럽연합 회원국들은 정치, 경제, 외교안보 및 사회통합뿐 아니라 국가 경쟁력 강화를 위해 문화와 교육 분야에 있어서도 통합과 개혁을 적극적으로 추진하고 있다.

EU는 지식기반경제로의 전환을 적극 모색하면서 1990년대 이후 세계적 정책이슈로 등장한 평생교육정책에 관심을 갖게 되었다. 2006년 유럽의회에서는 여덟 가지 평생학습 핵심

---

4) 유럽연합의 기원은 1950년대 창설된 유럽 공동체(European Communities: EC)이다. 유럽 공동체를 창립한 회원국은 프랑스, 독일(서독), 이탈리아, 벨기에, 네덜란드, 룩셈부르크 6개국이다. 1992년 마스트리흐트조약 이후 유럽공동체(EC)는 유럽연합(EU)으로 명칭이 바뀌면서 문화와 교육 분야에서 회원국 내 교류의 활성화를 꾀하고 있다.

5) 니스 조약은 유럽 연합의 15개국 정상들이 유럽연합을 확대하고 새로 회원국을 맞아들이기 위한 제도 개혁에 관해 2000년 프랑스 니스 시에서 합의한 조약이다.

역량(Key Competences for Lifelong Learning)을 채택하여 통합적 교육체제개혁 프로그램을 만들었다. EU에서 제시한 평생학습 핵심 역량은 학습자의 모국어 의사소통, 외국어 의사소통, 수학, 과학, 공학 분야의 기초능력, 디지털 활용능력, 학습하는 방법을 학습, 사회적 및 시민의식 역량, 자발성 및 기업가 정신, 그리고 문화적 의식 및 표현 등이다(이성균, 2012). EU 이후 독일, 영국, 프랑스 등 주요 나라들의 음악교육 체제를 살펴보고자 한다.

2000년대 들어오면서 독일은 국제학력평가(Programme for International Student Assessment: PISA)의 저조한 학업성취도, 유럽 통합에 의한 제도적 통합 등으로 인해 새로운 교육개선 정책을 가져오게 되었다. 2002년 경제협력개발기구(OECD)가 회원국의 만 15세 학생들을 대상으로 독해, 수학, 과학, 문제 해결력 분야에 대한 국제학력평가를 실시한 결과 독일 학생들이 중하위권에 머무르는 성적을 보여 충격을 받고 독일 교육부장관이 학업성취도를 높이기 위해 조기교육 강화, 초·중등학교의 교육경쟁력 강화 등 새로운 교육정책을 발표하였다.

또한 유럽통합정책의 일환으로 1999년에 이탈리아의 볼로냐에서 21세기 교육개혁을 위해 유럽 각국의 교육부장관들이 유럽 고등교육학제에 관한 협약을 맺고 '볼로냐 선언'을 발표하였다. 볼로냐 선언의 핵심은 유럽을 비롯한 많은 국가의 인재들이 통일된 교육 프로그램 속에서 양질의 교육을 받으며 서로 등등하게 학력을 인정받고 나아가 직업세계에서 인적 교류를 활성화시키기 위한 것이다(이진희, 2012 재인용). '볼로냐 프로세스(Bologna Prozess)[6]'로 불리는 새로운 정책의 도입으로 인해 독일의 고등교육 시스템이 혁신적으로 변화되었다. 이에 대한 영향을 받아 독일의 모든 교육체제 개혁에 큰 변화를 가져왔다. 기존의 전통적 제도에서는 학교 교육기간이 13년이었으나 개혁적 제도에서는 엘리트 양성기관인 김나지움(Gymnasium)[7] 인문계 고등학교 과정의 교육기간이 1년 단축되어 12년으로 조정되었다. 이에 따라 교육제도 전반에 걸쳐 개혁이 실시되었으며 주 정부의 교육철학에 따라 학교 교육정책에 차이가 있다.

2017년 개정된 베를린 교육과정 총론 지침에는 모든 교과에서 기본적으로 언어 교육, 미디어 교육 그리고 융합 주제에 의한 교육을 실행하도록 제시하고 있다. 이는 시대의 흐름이

♪♫♪

6) '볼로냐 프로세스'는 볼로냐 선언을 중심으로 유럽 고등교육학제를 구축하기 위한 일련의 정책 추진과정을 일컫는다(이진희, 2012).

7) 김나지움은 중등교육을 담당하는 엘리트 양성기관이며 인문계 중학교 과정과 인문계 고등학교 과정으로 이루어져 있다.

반영된 2000년 이후 독일 음악교육의 미래와 방향을 제시하고 있음을 알 수 있다.

2017년 고시한 베를린주 음악과 교육과정에서 나타난 특징은 학교교육에서 1학년부터 10학년까지 음악을 필수 교과로 중시하고 있으며 음악수업을 통해서 학생 스스로 문제 해결을 할 수 있는 '음악적인 역량'을 강화시키는 교육에 중점을 두고 있다. 여기에서 역량은 음악적인 영역 안에서의 역량을 의미한다. 또한 음악과 교육과정에서 내용체계는 음악의 기초, 형식과 구성, 종류와 장르, 효과와 기능, 문화적 맥락 속에서의 음악으로 구분하고, 각 영역은 학년군 별로 학습내용을 심화하여 지도하도록 나선형 체계로 구성되어 있다(승윤희 외, 2019).

우리나라의 2015 음악과 교육과정에서 제시하는 역량은 총론에서 강조하는 역량과 음악적 역량을 다소 무리하게 연결시킨 역량이라고 볼 수 있다. 또한 내용체계에 있어서도 음악의 핵심적인 학습내용을 체계적으로 제시하기보다는 총론의 흐름에 지나치게 의존하게 되면, 음악교육의 정체성이 흐려질 우려가 있다는 시사점을 보여 준다.

2000년대 들어 세계 모든 국가가 국가 경쟁력 강화를 위해 교육개혁에 총력을 기울이게 되었다. 이러한 시대적 흐름에 맞추어 영국은 지식기반사회에서 요구되는 새로운 교육과정을 정립하는 데 초점을 두었다. 1995년 개정 교육과정에 이어 1999년 개정된 새 교육과정은 일상생활의 기본이 되는 문해력(literacy)과 수리력(numeracy) 교육의 강화와 더불어 미래 사회를 적극적으로 살아가는 데 필요한 능력, 즉 대인관계능력, 자기주도적 학습 능력, 독립심, 시민성 등을 촉진하는 데 중점을 두었다(소경희, 2001). 이는 오늘날 전 세계적으로 강조되고 있는 역량 중심적인 접근에 따른 것이라고 볼 수 있다.

영국은 2007년 중등학교(key stage 3과 key stage 4) 교육과정을 다시 개정하였다. 이 개정된 교육과정에서 제시된 목표는 모든 학생이 ① 성공적인 학습자, ② 자신감 있는 개인, ③ 책임감 있는 시민이 되는 데 두었다. 이 중 '성공적인 학습자'의 하위 항목에는 "창의적이고 기량이 풍부하며 문제를 규명하고 해결할 수 있는 사람"이 포함되어 있다(소경희, 2011 재인용). 2007 개정 교육과정 총론에서는 '창의성'과 관련된 별도의 지침을 제시하고 있지 않고 교과별 교육과정이 공통적으로 따라야 할 틀[8]에 대한 지침만 제공하고 있다. 이는 각 교과를 통

8) 영국외 2007 개정 교육과정 총론에서 제시하고 있는 교과별 교육과정의 공통된 틀은 교육과정 목표, 중요성 진술, 핵심 개념, 핵심 과정, 범위와 내용, 교육과정 기회로 구성되어 있다.

해 총론에서 제시하는 목표에 도달할 수 있는 인재를 기르는 데 초점을 두고 있음을 알 수 있다.

최근에 개정된 2013 개정 교육과정은 정권의 변화와 함께 학생들의 국제학업성취도 평가에서 순위 하락, 과거 정권이 취한 역량 중심적인 접근, 교수법 중심의 과다한 국가 수준의 처방 등의 문제가 제기되면서 추진되었다. 2007 개정 교육과정은 각 교과에서 다루어야 할 내용보다는 학생들이 미래를 준비하는 데 필요한 기능이나 능력 함양을 위한 접근에 초점을 두고 있다고 비판하였다(Department for Education, 2010).

이러한 문제를 개선하기 위해 2013 개정 교육과정은 교과의 핵심 내용 지식만 제시하고 이를 어떻게 가르칠 것인가는 학교와 교사가 결정할 수 있도록 하여 기존 교육과정에서 문제시되었던 과다한 국가 수준의 처방 등을 축소시켰다. 이러한 총론의 지침에 따라 이전 교육과정에 비해 교과 내용이 간결하게 제시되어 있고 하위 영역이 구분되어 있지 않다. 그러나 기존의 교육과정과 마찬가지로 2013 개정 음악과 교육과정에서도 연주하기(performing), 작곡하기(composing), 감상하기(listening) 및 평가하기(appraising) 등 다양한 음악적 경험을 통해 포괄적으로 음악 학습이 이루어지도록 하였다. 그리고 음악적 지식, 기능 및 이해에 대한 학습내용이 균형 있게 이루어지도독 구성하였다. 즉, 기존의 교육과정에서는 미래사회를 대비하기 위하여 범교과적 학습 및 학습자 역량 중심 학습이 큰 비중을 차지하고 있으나 2013 개정 교육과정에서는 이에 대한 비중을 대폭적으로 축소시켜 음악교육의 본질적인 특성과 활동을 더욱 강조하고 있다.

프랑스는 1950년대 유럽공동체를 창립한 회원국으로 EU 교육정책을 반영한 대표적인 나라이다. 2000년 이후 프랑스는 유럽의회에서 제시한 8대 핵심 역량에 기반하여, 2013년 7월 학교재건법 선포와 함께 교육과정 개정이 이루어져 2015년 3월 새 교육과정을 제정 공포하였다.

2015 개정 교육과정은 학생들에게 학습 경험의 질을 높이기 위해 '모든 학생의 학업 성공'과 '21세기 학교 수립'을 목표로 개발되었다. 이러한 목표 아래 다음과 같은 실천영역을 제시하고 있다(이경언, 2019 재인용).

표 1-1 2015 개정 교육과정의 목표와 실천 영역

목표	실천 영역
모든 학생의 학업 성공	• 기초 교육 강화 • 중학교 교육 개혁 • 고교 교육 개혁 • 유치원부터 대학교육까지의 문화교육 강화
21세기 학교 수립	• 컴퓨터 신기술 활용 교육체제 수립 • 지역 간 격차 없는 평등한 학교 수립 • 교육 및 학교 행정 개혁 • 학생 평가 방법 개선 • 학부모의 교육 협력 강화 • 교원 양성 제도 개혁 • 교원평가제 도입 논의

2005 개정 교육과정에서는 의무교육 기간 학생들에게 '지식과 역량의 공통 기반'의 습득에 필요한 수단들을 보장해 주어야 한다고 명시하고 반영하였으나 실효를 거두지 못했다고 판단되었다. 이에 2015 개정 교육과정에서는 '지식과 역량 및 문화의 공통 기반'[9]으로 그 명칭을 바꾸면서 교육과정 개정의 목표를 명료하게 제시하였다. 이는 지식과 역량에 기초한 공통 문화를 익히고 이를 통해 소외되는 학생이 없도록 모든 학생이 공통 기반에 도달할 수 있도록 교육을 제공받아야 한다는 점을 강조하고 있다.

프랑스 음악과 교육과정 문서는 cycle별 프로그램으로 제시된다. 문서 체제에 제시된 항목 중에서 '내용'에 해당하는 항목은 학습 역량, 학습 후 기대 사항, 지식과 연계된 역량이다. 이 항목들은 cycle[10]이 올라감에 따라 역량이 추가되면서 점진적으로 성장할 수 있도록 내용이 심화되고 있다. 이러한 역량의 성취를 통해 학생들이, 연주자, 작곡가, 비판적인 음악 애호가의 역할을 모두 체험할 수 있도록 이 역량들이 상호 연관되도록 구성되어 있다.

프랑스 음악과 교육과정에서의 역량 제시 방식에 비추어 볼 때, 우리나라 2015 음악과 교육과정은 음악교과 역량이 '성격' 항에만 제시되어 있고 다른 항목들과의 연관성이 나타나

---

9) 프랑스의 교육과정에서 '공통 기반'은 우리나라 교육과정에서 '핵심 역량'을 의미한다.

10) cycle은 학년군을 나누는 기준이며 3년을 한 cycle로 구분하여 교육과정이 편제되어 있다.

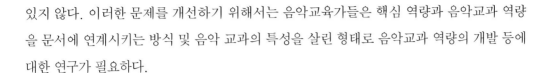

있지 않다. 이러한 문제를 개선하기 위해서는 음악교육가들은 핵심 역량과 음악교과 역량을 문서에 연계시키는 방식 및 음악 교과의 특성을 살린 형태로 음악교과 역량의 개발 등에 대한 연구가 필요하다.

(2) 미국의 음악교육

미국음악교육협회(National Association for Music Education: NAfME)는 학교 교육과정의 핵심교과로서 음악교육을 발전시키고 보존하는 데 전념하는 미국 음악교육자들의 조직이다. 1907년에 Music Supervisors National Conference(MSNC)로 설립된 이 조직은 1934년부터 1998년까지 Music Educators National Conference(MENC)로 사용하다가 1998년부터 2011년까지는 "MENC(National Association for Music Education)"로 바꾸어 사용하였다. 2011년 9월에 조직은 약자를 MENC에서 NAfME로 변경하였다. 2012년 3월 조직명은 법적으로 National Association for Music Education이 되었다.

미국에서 초 · 중등학교의 질적 향상을 위한 교육개혁의 움직임에 이어서 부시 대통령이 제안한 2001년 「낙오학생방지법(No Child Left Behind Act of 2001: NCLB)」은 1965년 제정된 미국 「초 · 중등교육법(Elementary and Secondary Education Act: ESEA)」의 최근 개정 법률로서 2002년부터 시행되고 있다. 이는 공립학교 교육의 질적 수준을 제고하는 데 초점을 맞추고 있으며, 공교육과정에서 낙오되는 학생이 없도록 읽기와 수학 능력에 대한 과학적 기반 평가를 강조하고 각 주정부가 학업성취도 평가의 기준을 정하도록 하였다.

최근 들어, 미국 연방 정부가 주별로 교육과정의 기준을 설정하는 것보다 전미 50개 주가 동의하는 국가 수준의 통일된 교육과정의 필요성을 인정하고 교육감협의회(The Council of Chief State School Officers)와 전국주지사협회(The National Governor Association)의 주관으로 연구를 수행하여 2010년 6월 2일 국가 수준의 교육과정이라고 할 수 있는 공통핵심기준(Common Core State Standards)을 발표하였다. 공통핵심기준은 미국의 유치원부터 고등학교까지 전 학년의 학생들이 국어와 수학교과에서 학습해야 하는 교육내용을 국가 차원에서 제시한 것이다. 공통핵심기준의 도입과 구체적인 적용방안은 각 주가 자발적으로 결정할 수 있다.

이러한 변화의 흐름에 맞추어 예술교과에서도 국가핵심예술기준(National Core Arts Standards)이 새롭게 개정되었다. 무용, 미디어 아트, 음악, 연극, 미술협의회로 구성된 위원회(National Coalitions for Core Arts Standards)가 예술과정을 토대로 핵심예술기준을 마련하였다. NAfME의 주도하에 유치원 이전 단계부터 12학년까지의 음악교사와 각 분야의 음악 교육가들로 연구팀을 구성하여 새로운 핵심음악기준(New National Core Music Standards)을 개발하였고, 2014년 6월 새로운 음악교육과정이 발표되었다(National Association for Music Education, 2014).

새로운 핵심음악기준은 학생들의 음악 문해력(music literacy)을 기르는 데 목표를 두고 있다. 음악 문해력은 실제 음악 활동하는 데 요구되는 지식, 기술 및 이해하는 능력을 말한다. 새로운 음악기준은 실제 음악예술의 과정에 기초하여 음악의 개념적 이해와 수행 능력(창작, 연주, 반응)의 개발을 강조한다. 음악활동의 과정적 특성에 따라 내용 영역은 크게 창작하기(creating), 연주하기(performing), 반응하기(responding), 연계하기(connecting)로 나누고 각 영역마다 주요기준(anchor standard)과 수행기준(performance standard)을 제시하고 있다.

미국의 음악교육은 1800년대 중반 공립학교 교육과정에 음악을 정식교과로 포함시킨 이래 끊임없이 변화해 온 철학적, 교육학적, 사회적 분야와 함께 공존하면서 교육개혁이 이루어져 왔다. 21세기에 걸쳐 예술교육의 가치는 어느 정도 인정을 받고 있으나 국가가 정치 경제 사회적으로 위기를 맞게 될 경우 음악교과가 학교 교육과정의 기본 과목에서 제외되어 버리기가 일쑤이다. 이 같은 현실을 하루빨리 반성하고 음악교과가 중요한 필수과목으로 인정받을 수 있도록 미국 음악교육자들은 계속해서 노력을 기울이고 있다.

2. 우리나라 음악교육의 역사

우리나라 음악교육의 역사는 고대와 삼국시대로 거슬러 올라갈 수 있다. 그러나 개화기 이전의 내용은 국악에서 보다 전문성을 띠고 다루어지므로, 이 장에서는 개화기, 즉 우리나라에 선교사가 들어온 시기 이후부터 살펴보고자 한다.

1) 개화기의 음악교육

우리나라는 조선시대 말기인 1880년대 미국 선교사들에 의해 기독교를 비롯한 서양 문화가 유입되면서 근대화된 교육체제를 갖추게 되었다. 선교사들에 의해 근대식 학교가 세워지기 전 1883년 독일인 묄렌도르프(P. G. Möllendorf)가 통역관을 양성하기 위한 통변학교

(通辦學校)를 설립했으나 곧 폐교되었다. 1886년 정부의 주관으로 양반계급 자제들을 위한 육영공원(育英公院)이 세워졌지만, 1894년 갑오경장과 더불어 폐지되어 버렸다.

같은 시기에 기독교 선교사인 아펜젤러(H. G. Appenzeller, 1858~1902)는 1886년 배재학당을 설립하였고, 같은 해 스크랜턴(W. B. Scranton, 1856~1922)은 이화학당을, 언더우드(H. G. Underwood, 1859~1916)는 경신학교를 세웠다. 이어서 1887년 엘러스(A. J. Allers)는 정신여학교를, 1890년 존스(G. H. Jones)는 영화여학교를 설립하는 등 많은 사립학교가 세워졌는데, 이 학교들의 교육과정에는 '창가(唱歌)'라는 과목이 들어 있었으며, 이것이 우리나라 근대식 교육기관의 효시가 되었다.

미국의 선교 활동은 문화 정도가 낮고 근대적 운영 조직에 미숙한 것을 깨우치고 높이는 한편, 선교의 수단으로 학교를 설립하였기 때문에 기독교인을 만드는 일과 인재를 양성하는 데 교육의 목표를 두었다. 따라서 찬송가[11]와 쉬운 외국 민요 같은 것을 가르치면서 이를 '창가'라고 불렀으며, 이것이 우리나라 학교에 최초로 서양 음악이 유입된 경우라고 볼 수 있다. 그러나 우리나라가 서양 음악을 알게 된 것은 1780년 청나라에 사절로 다녀온 연암(燕岩) 박지원이 이미 그곳에 수입되어 있던 서양 악기에 지대한 관심을 가졌다고 하는 기록이『열하일기(熱河日記)』에 실린 것을 보면 알 수 있는데, 거기에 나타난 '풍금기(風琴記)'가 최초로 서양 음악과의 접촉을 소개해 주는 셈이다(민원득, 1966: 10).

선교사들은 계속하여 서울과 지방에 사립학교를 설립하였고 학교가 있는 곳마다 교회를 세워 초기의 학교들은 교회와 불가분의 관계를 가졌다. 교재로는 찬송가를 영어로, 또는 우리말로 번역 혹은 개사하여 부르는 정도였다. 1895년에는 관립 소학교가 설립되기 시작하였고 소학교 교원양성을 위한 관립 사범학교도 세워졌다. 기독교계 사립학교의 교육과정에는 창가 과목이 있었으나 관립 학교는 일본 학제를 모방할 뿐 아니라 음악교육이 빠져 있었으며, 음악을 가르치려 해도 교사도, 교재도 없어서 실제 수업은 어려운 실정이었다. 일본의 내정간섭이 심해졌던 1906년 학제가 개정되어 창가 과목이 있긴 했어도 그것은 하나의 명목에 지나지 않았다. 또한 기독교 학교에서 가르치는 찬송가, 외국가곡, 또는 민간인들이 세

---

11) 1892년에 아펜젤러가 처음으로 악보 없는 찬송가를 발간하였고, 이때까지는 각기 그 번역과 가사가 일정하지 않고 또 구전으로 배웠으므로 틀린 것이 많은 곡을 1893년에 언더우드가 집성하여 사성부(四聲部) 악보로 출판함으로써 한국의 찬송가가 점차 정착하게 되었다(이유선, 1985: 36-37).

운 사립학교에서 애국가, 학도가(學徒歌) 등의 창가가 불리는 정도에 그쳤고, 음악교육다운 교육이 실시되지는 못하였다.

한편, 1884년 갑신정변 이후 별기군(別技軍)이라는 일본인 교련관에 의해 훈련되어 오던 우리 군대가 일본식으로 재편성되면서 군악대도 신호나팔, 북 등으로 편성된 곡호대(曲號隊)로 개편되었다. 1894년 갑오경장의 개혁운동을 계기로 문호개방정책과 새로운 외세 침략에 직면하여 근대적 군사편성과 군인의 사기를 높이기 위해 서양식 군악대가 절실히 필요하게 되었다. 이러한 시대적 상황에서 1901년 독일인 엑케르트(F. Eckert, 1852~1916)에 의해 곡장과 악기를 완전하게 갖춘 새로운 스타일의 양악대(洋樂隊)가 창단되었다. 같은 해 엑케르트는 최초로 〈대한제국 국가〉를 작곡하여 공식 행사에서 연주하였다. 또한 그는 음악 이론과 실기를 철저히 훈련시켜 훌륭한 연주 활동을 펼침으로써 '동양에서 들을 만한 것은 한국의 군악대'라고까지 극찬을 받기도 했으며, 서양 음악을 한국 민중들에게 소개함으로써 새로운 가치관을 심어 주었다(민원득, 1966).

그러나 1910년 국가의 운명과 함께 '시위연대(侍衛聯隊) 군악대'라는 호칭을 박탈당하고 이왕직(李王職)이 소속된 '이왕직 양악대'라는 이름으로 바뀌었다. 그럼에도 불구하고 파고다공원 야외음악당에서 정기연주회를 열었다는 것은 특기할 만한 일이다. 이왕직 양악대는 민간 유지들의 도움을 받아 경성악대(京城樂隊)라는 이름으로 1930년대까지 존속되어 오다가 결국에는 시대적 조류의 영향으로 해산되고 말았다. 우리나라 개화기에 이 군악대의 활동은 ① 서양 악기가 대량으로 수입되었다는 점, ② 음악교육이 음악전공 교사에 의해 실시되었다는 점, ③ 대중에게 음악 문화에 대한 새로운 인식을 갖게 해 주었다는 점에서 큰 의의가 있다고 볼 수 있다.

1910년 5월 『보통교육 창가집』이 대한제국 학부 발행으로 편찬되면서 음악교육이 본격화되었다. 1909년 민간인에 의해 설립된 조양구락부(調陽俱樂部)는 친교적인 성격을 띠고 있었으나 음악교육에 목적을 두게 되어 1912년 최초의 전문 음악교육기관인 조선정악전습소(朝鮮正樂傳習所)로 개칭되었다. 이 정악전습소에서는 구가악(舊歌樂)을 전습(傳習)하고 서양에서 들어온 신악(新樂)을 발전시키는 데 의의를 두었다(이유선, 1985). 조선악은 가곡, 거문고, 가야금, 양금, 단소 등을 포함하였고 서양악에는 성악, 악리(樂理), 풍금(風琴), 사현금(四絃琴) 등이 들어 있었다.

2) 일제강점기의 음악교육

1910년 8월 한일합병조약 이후에는 대한제국 학부 발행으로 된『보통교육 창가집』이 조선 총독부 발행으로 바뀌고 본격적인 식민지 정책의 교육이 실시되었다. 『보통교육 창가집』은 일본의 창가를 거의 그대로 번역한 것으로, 일본의 노래와 서양의 가곡 및 민요 등을 가르침 으로써 젊은 학도들 사이에 조성되어 있던 애국적인 사회풍토를 흐트러뜨리려 하였다.

1911년 공포된 제1차 조선교육령의 학제 내용은 소학교부터 일본어를 가르침과 동시에 실업 관련 교과가 큰 비중을 차지하고 있으며, 이는 우민화 정책에 바탕을 둔 실제주의, 근 로주의 교육에 중점을 두고 있는 것이었다. 일제의 의도는 식민 지배를 위해 필요한 최소한 의 교육을 시켜 일찌감치 사회 활동(노동)에 활용하기 위해 교육의 기회를 억제시키는 것이 었다. 한편, '창가'는 독립된 과목으로서가 아니라 체조와 함께 수업을 하도록 되어 있는 것 으로 보아 그 당시 음악교육을 경시하고 있었음을 알 수 있다. 창가 교과서는 일본식 창가 수 편에 한국의 소학교에서 불렸던 몇몇 곡의 창가를 첨가하여 조선총독부에서 발행하였다 (이용일, 1999).

1922년 공포된 제2차 조선교육령의 교수 요지에서 창가 과목을 뺄 수 있다는 조항이 삭제 됨으로써 모든 학교에서 '창가 과목'을 필수적으로 가르치게 되었다. 또한 제2차 교육령에 의해 사범학교가 설립되었으며 전문학교는 고등교육기관으로서의 주축이 되었다. 1926년 에는 경성제국대학이 설립되어 법문학부와 의학부가 신설되었다.

1938년 공포된 제3차 조선교육령 이전까지 한국인을 위한 고등보통학교, 여자고등보통 학교와 일본인을 위한 중학교, 고등여학교의 이원체제가 유지되었다. 그 외에 실업학교로 는 농업학교, 상업학교, 공업학교, 수산학교 등이 있었다(이혜영 외, 1997). 더욱이 새 교육령 의 교수 요지에서 '노래의 가사'는 황국신민으로서의 정조를 함양하는 데 적합한 것을 취하 게 함으로써 일본에 대한 애국심과 복종심을 강조한 것을 엿볼 수 있다. 이와 같이 식민지 학제에 기초하여 일제가 실시한 교육정책의 기본은 한국인을 황국신민화, 우민화하는 것이 었다.

일제는 식민지 정책을 적극화함에 따라 일본의 민요나 창가만을 부르게 함으로써 한민족 의 전통음악과 언어를 말살시켜 나갔다. 특히 1939년 이후 사용된 창가집에 수록된 노래들 은 모두 일본어 가사로 되어 있었으며, 서양의 선율을 그대로 부르는 창가들과 일본식 단순 한 창가들이 학교에서 널리 불렸다. 그리하여 한국 작곡가들은 한국 아동의 정서를 담은 동요를 작곡하여 보급하는 운동을 벌이게 되었다. 1924년에 발표된 윤극영의 〈반달〉은 일제 치하에서 우리 민족에게 용기와 희망을 심어 준 우리나라 최초의 동요이다. 그 외에 방정환, 윤석중, 홍난파, 박태준, 정순철, 이흥렬, 김성태 등 많은 동요 작곡가가 일제 강점하에서 활동하였다.

이들이 작곡한 동요는 고통스러운 현실에서 벗어나 주로 자연이나 순수한 동심의 세계를 노래하거나 일제의 통치하에서 고통을 받으면서도 저항할 수 없는 슬픈 운명을 노래한 것들이었다. 그러나 이렇듯 현실을 비판하는 노래들은 조선총독부의 맹렬한 탄압으로 한국 어린이들이 거의 부르지 못했으며, 현실과 동떨어진 혹은 간접적으로 현실적 아픔을 노래한 동요만 부를 수 있었다.

3) 해방 이후의 음악교육

해방 이후 새 정부가 수립되고 사회는 급속한 변화 속에 움직여 갔다. 1948년 대한민국이 주권국가로서의 체제를 갖추게 되면서 문교부는 교육법을 제정, 공포하였다. 초등학교에서는 "인간 생활을 명랑하고 화락(和樂)하게 하는 음악, 미술, 문예 등에 대하여 기초적인 이해와 능력을 기른다."라는 목적에서 교과목이 제정되었다(이유선, 1985: 280-281). 그러나 중학교 4, 5, 6학년에는 음악이 선택 과목으로 되어 있어 상급 학년에 가서는 음악 수업이 거의 이루어지지 않는 현상을 초래하였다. 사범학교는 초·중·고등학교의 교원을 양성하는 목적으로 운영되었다. 이 시기의 음악교육은 일제강점기의 내용을 그대로 모방하였으며 가창 교육에 중점을 두었다.

1950년대까지는 국가 교육 제도의 정초기로서 국민학교 6년제, 중학교 3년제, 고등학교 3년제, 사범학교 4년제의 학제가 정착되었다. 1954년에 제1차 교육과정이 제정, 공포되면서 국정교과서가 연차적으로 개편 또는 편찬되었다. 음악과 교육과정은 음악 체험을 통한 인격 형성과 국민적 교양, 애국·애족의 정신을 강조하는 데 목표를 두었다. 내용 체계는 가창, 기악, 감상, 창작, 음악의 기초 이론으로 구분되어 있으며 음악에 관한 기초 지식과 기능 연마 능의 지도를 강조하였다(교육과학기술부, 2008). 또한 전통음악에서는 한국의 전통적인 악기와 음악가들을 소개하고 그와 관련되는 음악을 감상하는 교육이 주로 이루어졌으며, 1950년대 국립국악원, 국악고등학교, 서울대학교 음악대학 국악과가 신설됨으로써 전통음악을 체계적으로 지도하는 계기가 마련되었다.

당시 서울교육대학교 교수였던 류덕희는 1960년대 한국의 음악교육이 단편적인 지식의 습득이나 가창 기능 훈련에 너무 치중해 있다고 비판하였다(류덕희 외, 1996). 1963년 개정된 교육과정은 해방 이후 미국 진보주의의 영향을 받아 도입된 생활중심·경험중심 이론에 바탕을 두고 있었다. 그러나 아동의 경험이나 흥미보다는 음악적인 기능이나 태도를 더 중시하는 내용으로 구성되어 있었으며 음악적인 감각을 바탕으로 하는 실제적인 표현 및 감상에 중점을 두었다.

1970년대에는 종래의 기능 위주의 교육에 대한 비판과 함께 새로운 학문중심의 교육과정 편성을 주장하는 경향이 뚜렷해졌다. 미국에서 음악교육학 학위를 받고 돌아온 국내 학자에 의해 개념적 접근법, 포괄적 음악교육론 등이 점차 새롭게 소개되고 강조되기 시작하였다. 그러나 1973년에 개정·공포된 교육과정은 그 이론의 영향을 거의 받지 않았으며, 기본 방침은 음악 기초능력 계발, 표현 및 감상 능력의 함양, 민족사의 전통을 바탕으로 한 민족 주체의식의 고양과 민족문화의 창조 등을 제시하고 있다. 그리하여 1975년 국악교육연구회가 조직되면서 국악교육에 점차적으로 변화와 발전을 가져오기 시작하였다. 이 연구회를 중심으로 초·중·고등학교에서의 국악교육에 대한 국악 전문인들의 노력과 관심으로 음악 교과서에 국악의 비중이 점차 증가하게 되었다.

1980년대에는 많은 국내 학자가 외국에서 학위를 받은 후 우리나라에 들어와 미국을 중심으로 하는 다양한 음악교육 이론, 즉 개념적 접근법, 포괄적 음악교육론, 심미적 교육론 등이 파급되기 시작하였다. 1981년 공포된 제4차 교육과정은 전인적 발달에 중점을 두고 기존에 강조되었던 음악의 기능 훈련보다는 미적 체험을 더 강조하게 되었다. 이 교육과정의 기본 정신은 시대적 흐름에 맞춰 학생중심의 개념적 접근법, 창의적인 음악 활동을 통한 포괄적 음악교육을 따르고 있다. 그러나 학교의 현실은 기존의 전통적인 교수법에 머물러 있었으며 새로운 교육 이론을 수용하기에는 어려움이 있었다.

1990년대에 들어와서는 외국의 새로운 교육 이론이 많이 수용되기 시작하였고, 꾸준히 강조되어 오던 국악의 중요성도 함께 반영되어 국악의 학습 내용이 현저히 증가하였다. 1992년 고시된 제6차 교육과정에서는 외국의 교육 이론을 수용하는 과정에서 자연스럽게 음악교육의 철학 근거를 제시하는 교육과정의 성격과 내용 체계가 구성되었다. 교육과정의 기본 방침은 음악의 기초적인 구성 요소에 대한 이해를 토대로 실음에 의한 표현력 육성에 중점을 두었다.

시대적·교육적 요구에 부응하여 1997년에 고시된 제7차 교육과정은 21세기의 세계화·

정보화 시대를 주도할 자율적이고 창의적인 인간의 육성에 역점을 두고 있다. 제7차 교육과정에는 기존의 개념적 접근법, 심미적 교육론, 다문화주의 교육론 등 여러 교육 이론이 반영되었다. 이 교육과정의 특징은 학습자중심의 교육과 지역, 학교, 개인의 특성에 따른 다양성을 추구하는 교육 그리고 국민 공통 기본 교육과정과 선택중심 교육과정으로 채택된 점이다(교육과학기술부, 2008). 음악과의 내용 체계는 크게 이해와 활동으로 구분되며, 활동은 가창, 기악, 감상, 창작을 포함하고 있다.

2007년에 개정된 교육과정은 4년이라는 긴 개발 기간을 거쳐 기존 교육과정의 실현화 과정에서 지적된 문제점을 보완하고 음악교육의 질적인 향상을 위해 개정되었다. 이 개정안에서 주목할 점은 음악교과의 궁극적인 목적을 학생의 전 생애를 통하여 '음악의 가치를 인식하고 실생활에서 활용할 수 있는 바탕을 마련'하는 데 두고 있으며 음악교육의 활용도를 높이려는 차원에서 내용 체계에 '생활화' 영역이 첨가된 점이다. 또한 이 개정안은 국악교육의 질을 높이고자 활동, 이해, 생활화의 각 영역에서 국악에 관련된 내용을 구체적으로 지시하는 등 다각적인 면에서 기존 교육과정의 문제점을 보완하여 제시하고 있다. 2007 개정 교육과정은 시대적·사회적·문화적 맥락에서 음악의 다양한 역할과 기능을 강조하고 있다.

국가 사회적 요구에 부응하여 2009년 12월에 고시된 '2009 개정 교육과정'은 2007 개정 교육과정에서 창의적 인재 양성 교육에 대한 내용이 미흡하다는 한계점을 보완하기 위한 것으로, 교과목의 교육과정 내용을 다루기보다는 수업을 '어떻게 운영하는 것이 바람직한가'에 대한 총론 중심의 교육과정 개편이었다(이경언, 2010). 이 교육과정에서는 폭증하는 정보와 지식의 내용을 수동적으로 습득하기보다는 그 정보와 지식을 활용하여 새로운 지식을 창출할 수 있는 능력을 지닌, 즉 미래 상황을 주도하는 글로벌 창의인을 육성하는 데 초점을 두고 있다.

2000년대에 들어서면서 세계 각국은 새로운 가치를 창조하는 창의성을 갖춘 인재를 기르는 데 주력하고 있다. 미국, 영국, 독일 등 주요국은 과학기술 인재 확보가 자국 발전의 주요 동력임을 인지하고 창의성 교육을 범교과적으로 융합하여 적용하고 있다. 또한 우리나라의 경우에도 2010년 12월 교육과학기술부에서 '세계적 과학기술인재 육성'을 위해 초·중등 수준에서의 융합인재교육(STEAM)을 제안하게 되었다.

이러한 시대적 요구에 따른 교육 패러다임의 변화 속에서 최근 부각되고 있는 음악교육의 현상은 음악교육과 인접 분야의 통합적인 접근을 들 수 있다. 말하자면, 인성교육과 음악교육, 융합교육과 음악교육, 스마트시대의 음악교육 등에 대한 관심이 높아지고 있다. 2015 개정 교육과정에서는 2009 개정 교육과정에서 추구하는 인간상을 기초로 하여 지식정보 사회가 요구하는 핵심 역량을 갖춘 창의·융합형 인재상을 제시하고 있다. 2015 개정 교육과정은 창의·융합 인재가 갖추어야 할 인문·사회·과학기술에 대한 기초 소양을 갖춰 주는 교육과정, 미래 사회가 요구하는 역량 함양이 가능한 교육과정, 배움을 즐기며 개인의 꿈과 끼를 키울 수 있는 학생 중심의 교육과정을 기본 방향으로 하고 있다. 이 교육과정은 학습자 스스로가 자신에게 의미 있는 지식을 쌓아 가는 구성주의 관점을 기반으로 하고 있다. 따라서 교육부에서는 음악 수업에서 지금까지의 교육 방법인 '집어넣는 교육'에서 '끄집어 내는 교육'으로 획기적인 전환을 요청하고 있다.

오늘날 현대 사회는 인공지능 등 4차 산업혁명의 가속화가 급격히 이루어지고 있고 학령인구가 급감하는 등 교육환경에도 큰 변화가 일어나고 있다. 이러한 시점에서 2022년 12월에 고시된 '2022 개정 교육과정'이 추구하는 인간상은 디지털 사회로의 전환, 기후환경의 변화, 학령인구의 감소 등 미래의 사회변화에 적극적으로 대응할 수 있는 기초 소양과 역량을 함양하여 '포용성과 창의성을 갖춘 주도적인 사람'을 양성하는 것을 주된 핵심으로 한다.

2022 개정 교육과정의 방향은 사회의 불확실성 증가에 따른 미래 사회 변화에 적응할 수 있는 역량 함양 교육, 학습자의 삶과 성장을 지원하는 맞춤형 교육, 지역분권 및 학교 교육과정의 자율성 강화와 유연한 교육과정 운영, 디지털·인공지능교육 환경에 맞는 미래지향적 교수·학습 및 평가체계를 구축하는 데 가장 큰 지향점을 두고 있다(교육부, 2022). 2022 개정 교육과정에서 가장 주목할 교육정책은 2025년부터 전면 적용되는 '고교학점제'의 도입을 들 수 있다. 이 정책은 학생의 교과목 선택권 확대와 이를 위한 학교 교육과정의 다양화를 추구해 온 지금까지의 교육과정을 잇는 연장선상에 있다. 특히, 고교학점제라는 새로운 교육제도의 도입은 현행 대입제도와 맞물려 많은 국민의 관심사로 떠올랐다.

오늘날까지 여러 가지 측면에서 음악교육은 변화와 발전을 거듭하고 있으며 이에 따라 음악 수업의 내용과 방법에서도 획기적인 전환이 시도되고 있다. 음악교육의 역사에 대한 세심한 검토와 깊이 있는 통찰을 통해 현시대가 당면하고 있는 음악교육의 현실을 바로잡고 미래의 음악교육을 더욱 발전시켜 나갈 수 있을 것이다.

토의 주제

1. 서양 음악교육사에서 시대별로 당시의 상황에 대하여 자세히 설명해 보자. 또한 그 시대의 사회적
   사건들은 음악교육에 어떤 영향을 끼쳤는지 토의해 보자.

2. 서양 음악교육사에서 중요한 몇 가지 역사적 사례를 논의해 보자.

3. 공립학교에서 음악은 어떤 전제하에 정규 교과로 포함되었는가? 페스탈로치의 이론은 교육과정의
   기초를 다지는 데 어떤 점에서 도움을 주었는지 토의해 보자.

참고문헌

교육과학기술부(2008). 중학교 교육과정 해설(IV). 광주: 한솔사.

교육부(2022). 교육부 고시 제2022-33호[별책 12]. 음악과 교육과정.

교육부(2022). 교육부 고시 제2022-33호[별책 1]. 초 · 중등학교 교육과정 총론.

권덕원, 석문주, 최은식, 함희주(2008). 음악교육의 기초(개정판). 경기: 교육과학사.

김문자, 노영해, 박미경, 이석원, 허영한(1993). 들으며 배우는 서양음악사. 서울: 심설당.

류덕희, 고성휘(1996). 한국동요발달사. 서울: 한성출판사.

민원득(1966). 개화기의 음악교육. 한국문화연구원 논총: 이화여자대학교 80주년 기념 논문집, 9, 9-99.

박현정(2005). PISA 학업성취도분석연구. 서울: 한국교육개발원.

석문주(1996). 2000년을 향한 미국의 음악교육개혁: Goals 2000. 음악교육연구, 15, 105-126.

소경희(2001). 영국의 새 국가 교육과정에 나타난 주요변화 및 한국 교육에 주는 시사점. 비교교육연
    구, 11(1), 1-28.

소경희(2005). 영국의 국가교육과정 개정 및 시행 절차 고찰. 비교교육연구, 15(2), 149-170.

소경희(2011). 국가교육과정에 제시된 창의성 관련 지침의 개선 방향 탐색: 캐나다, 영국, 호주 교육
    과정과의 비교를 중심으로. 교육문화연구, 17(2), 149-174.

소경희(2015). 영국의 '2013 개정 교육과정'에서 의도한 것과 구현한 것: 의의와 한계. 교육과정연구,
    33(3), 199-220.

승윤희 외(2019). 세계 여러 나라 학교 음악 교육과정. 경기: 교육과학사.

이경언(2010). 2009 개정 교육과정에 따른 음악과 교육과정 개선 방안(연구자료 ORM 2010-50). 서울: 한
    국교육과정평가원.

이경언(2019). 음악과 교육과정에서 역량 제시 방식에 대한 국제 비교: 한국, 프랑스, 핀란드, 호주를 중심으로. 음악교육연구, 48(2), 61-84.

이경언(2019). 프랑스 음악과 교육과정의 내용 구성 고찰. 음악교육공학, 40. 15-32.

이성균(2012). 유럽연합의 경제위기 속에서 평생교육정책의 패러다임 전환과 과제: 한국의 평생교육 정책 발전 과제에 주는 시사점을 중심으로. 한국콘텐츠학회 논문지, 12(6), 518-529.

이용일(1999). 음악교육학 개론. 서울: 현대음악출판사.

이유선(1985). 한국양악백년사. 서울: 음악춘추사.

이진희(2015). 유럽통합과 독일 대학교육 제도 개혁에 관한연구: 볼로냐 프로세스 이후 교육개혁을 중심으로. 독일어문학, 69, 179-199.

이혜영, 최광만, 윤종혁(1997). 한국 근대 학교교육 100년사 연구(ⅱ)(연구보고 PR 97-10). 서울: 한국교육개발원.

이홍수(1990). 음악교육의 현대적 접근. 서울: 세광음악출판사.

최미영(2015). 미국 국가핵심음악기준의 분석적 고찰. 음악교육공학. 23, 79-98.

함희주(2002). 19-20세기 독일음악교육의 발전을 이룬 개혁적 요인. 음악과 민족, 24, 355-374.

함희주(2008). 독일 초등교육 개선 정책과 이에 따른 음악교육 현황 탐색. 음악교육연구. 33, 203-222.

供田武嘉津(1985). 세계음악교육사. (한국음악교육연구회 역). 서울: 세광음악출판사.

Abeles, H. F., Hoffer, C. R., & Klotman, R. H. (1984). *Foundations of music education*. New York: Schirmer Books.

Department for Education(2010). *The importance of teaching: The schools white paper 2010*. London: Department for Education.

Grout, D. J., & Palisca, C. V. (1988). *A history of western music* (4th ed.). New York: W. W. Norton & Company, Inc.

Leonhard, C., & House, R. W. (1997). 음악교육의 기초와 원리. (안미자 역). 서울: 이화여자대학교 출판부. (원저는 1972년에 출판)

Mark, M. L. (1996). *Contemporary music education* (3rd ed.). New York: Schirmer Books.

MENC. (1994). *Opportunity-to-learn standards for music instruction: Grades Prek-12*. Reston, VA : Music Educators National Conference.

MENC. (1994). *The school music program: A new vision*. Reston, VA: Music Educators National Conference.

Monroe, W. S. (1907). *History of the Pestalozzian movement in the United States*. Syracuse, N.Y.: C. W. Bardeen.

National Association for Music Education(2014). *The national standards for arts education: A brief history*. Retrieved December 25, 2014 from http://musiced nafme.org/about/he-national-standards-for-arts-edu cation-introduction/a-brief-history/

Plato (2004). *Republic*. Translated by Scharffenberger E. W. New York: Barnes & Noble Books. (Originally published in 370s B.C.)

Sunderman, L. (1971). *Historical foundations of music education in the United States*. Metuchen, N.J.: The Scarecrow Press.

제 **2** 장

현대의 음악교육철학

방금주

음악교육철학은 음악교육의 본질과 가치에 기초한다. 음악교육의 본질과 가치에 대한 원리 체계는 모든 인간에게 내재된 음악적 능력의 발달과 함께 전인적 발달을 위해 근본적으로 필요하고 유의미한 음악적 경험들의 근간을 이루는 것이 무엇인지 규명하는 이론적 관점들로부터 비롯된다. 시대를 막론하고 음악이 지니고 있는 내적 고유성과 특질로부터 유추될 수 있는 교육적 경험들은 가치화되었으며, 사회 정서나 시대적 이념들과 관련되는 실제적 가치나 이상적 가치들을 반영한 다양한 유형의 교육 경험들도 음악교육철학의 범주 속에 포괄·수용되었다. 음악교육철학을 구성하고 있는 근본 개념들은 학교의 교과목으로서 음악교육의 당위성을 정립해 주며 음악교육자들에게 그 중요성에 관한 확고한 신념과 가치관을 형성해 준다.

1. 음악교육철학에 내재된 근본 이념

1) 인간교육으로서의 음악

음악교육과 인간교육이라는 근원적 문제는 인류가 일찍이 문화를 이루고 학문을 체계화한 고대 그리스시대부터 플라톤(Plato), 아리스토텔레스(Aristoteles) 등의 대표적인 사상가들에 의해 성찰되어 왔다. 교육적 경험으로서 중요시되고 담론화되어 왔던 다양한 음악적 경험의 특성과 인간교육으로서의 차원에 대한 의미는 시대의 정신에 따라 그 중심 개념이 조금씩 다르게 설명되고 있다. 그러나 음악과 개인, 집단과의 상호작용 속에서 이루어지게 되는 음악적 경험들이 인간교육에 미치는 영향력이나 인간 발달상의 총체적 측면에서, 음악, 음악적 경험이 지닌 교육적인 의미, 가치에 관한 기본 전제들은 최근 심리학적 연구와 뇌에 관련한 신경생물학적 연구에서도 끊임없이 확인되고 있다.

플라톤은 음악의 본질과 가치를 논하면서 현상 세계와 우주의 움직임 속에 내재한 규칙적인 질서와 조화로움이 음악 속에서 완벽한 이데아(idea)의 세계로 존재하고 있으며, 인간은 이러한 미적 특질을 내포한 적절한 음악을 경험함으로써 국가가 필요로 하는 이상적이고 합리적인 인간으로 성장해 나갈 수 있다고 역설하였다. 즉, 음악은 우주의 질서와 조화를 표상하는 완벽한 실재물이며, 인간의 영혼과 정신세계에 영향을 줄 수 있는 내재적 힘과 조화로움이 작용하는 발현체로 간주되었던 것이다. 플라톤은 음악적 경험들을 국가와 사회가 필요로 하는 합리적인 인간이 되도록 하는 교육적 매개물로 보고, 인간 사회의 도덕적·윤리적인 면에서 지대한 영향력을 발휘하는 것으로 간주하였다.

한편, 아리스토텔레스도 인간 사회에 미칠 수 있는 음악적 경험의 역할과 기능에 관하여 언급하였다. 그에 따르면, 음악은 여가와 휴식을 제공할 수 있고, 성격 형성에 기여할 수 있으며 심성 계발, 즉 정서적 측면에 직접적인 영향을 끼칠 수 있다. 더 나아가 아리스토텔레스는 음악의 리듬과 선율이 분노와 온유, 용기와 절제 등 서로 상반되는 감정들과 그 밖의 다양한 성격을 표현하고 모방할 수 있다고 강조하면서 이러한 특질을 지닌 리듬과 선율을 경험하면 인간의 정신과 영혼이 이에 동화되기 때문에 음악은 인간의 정신과 영혼을 교육하는 데 매우 유용하다고 주장하였다.

교육적 관점에서 플라톤과 아리스토텔레스의 인간과 음악에 대한 이론들을 보면 음악교육을 이상 국가 건설, 바람직한 인간 형성, 즐거움과 안락감 등을 위한 도구적 수단으로 간주한 것을 알 수 있다. 그러나 에토스(ethos)론에 나타나 있는 것처럼, 그들은 음악을 인간의 영혼, 정신세계, 윤리관과 성격 형성에 지대한 영향을 주는 것으로 보고 음악교육을 인간교육의 필수 영역으로 가치화하였다. 이처럼 음악은 인간의 의지(will), 성격(character), 행동(conduct) 형성과 도덕적·윤리적 가치 함양에 지대한 영향을 끼치며, 전인적 발달을 향한 인간교육으로서 기여할 수 있다.

2) 인식 체계에 작동하는 미적 대상물로서의 음악

음악은 교과목(Curriculum Subject)으로서 가장 오랜 역사를 가지고 있다. 즉, 음악의 구성 요소들[예: 그리스시대의 선법(harmonia)과 리듬 등]이 인간의 정신과 성격에 영향력을 끼칠 수 있다는 관점을 생각한다면, 음악 이론에서 비례·조화·질서를 중요하게 여겼던 피타고라스학파의 영향을 받아 음악은 중세의 대학에서 가장 중요한 네 과목(quadrivium)에 포함되었다. 즉, 대수학, 천문학, 기하학과 더불어 음악은 수(數)의 완벽한 논리와 질서의 세계를 탐구하는 데 필요한 대상물로 인식되었으며, 미(美)와 진리의 세계를 통찰할 수 있는 교과목으로 간주되었다.

조화와 질서의 성질을 내포하는 음악은 시간의 흐름 속에 존재하는 청각 예술이며, 이러한 특질을 수용하는 인간의 의식 속에서 추상적으로 내재화된다. 이러한 성질을 가진 음악은 리듬, 가락 등 다양한 구성 요소와 표현 요소들의 상호작용과 함께 인간의 청각을 통한 감각(sense), 지각(perception), 인식(cognition)의 과정을 통해 다양하고 복합적인 사고와 감성 그리고 창의적 능력을 창출해 나갈 수 있는 역량으로 발전하며, 이러한 경험들은 음악교육의 본질적 경험들로 간주된다.

수용자의 내부 세계에서 일어나고 생성되는 인식 체계로서의 음악적 사고 과정들은 많은 음악이론가의 관심과 연구의 대상이었다. 음악이론가들은 음악과 음악적 경험으로부터 유추해 낼 수 있는 무수히 많은 경험의 특성을 범주화하고 유형별로 구분하였다. 교육 영역에서 최초로 가치화되었던 음악적 경험은 논리와 지적 세계에 대한 인간의 사고 과정과 경험 세계에 관한 것으로서, 이는 어느 시대를 막론하고 가치화되는 유의미한 경험 유형이다.

현대에 와서는 음악적 사고 과정이 감정, 직관, 상상력 등의 감성적 영역과 기억, 판단, 추론 등의 인지적 영역이 통합되는 특질을 지닌, 고유한 영역으로 재인식되었다. 특히 인간의 본능적 표현 욕구와 감각, 직관의 세계를 통한 의미 추구의 경험은 음악교육에서 매우 중요하게 부각되었다. 가드너(H. Gardner)는 음악 지능을 인간의 '뇌에 내재된 고유한 지능'이라고 정의하였고, 아이즈너(E. W. Eisner)는 '음악적으로 생각할 수 있다.'는 의미를 인간의 인지적 능력과 감각, 느낌이 융합되어 동시에 일어나는 독특한 사고 형태로 보았다. 사고와 감성이 통합된 이러한 음악적 사고 형태는 예술적 의미 추구에 대한 인간 유기체의 의식(consciousness)을 지속적으로 생성하고 발전시켜 나갈 수 있는 유의미한 교육적 경험들을 통해 발현되는 것이다.

3) 인간 공동체(사회)의 소통적 도구로서의 음악

역사를 통해 음악은 개인, 사회, 문화의 이상적 가치와 메시지를 전달하고 표현하는 상징적 역할을 함과 동시에 집단 내의 합의된 예식과 제례 의식에서 중요한 역할을 수행하여 왔다. 사회와 문화에서 나타나는 소통적 도구로서의 음악은 개인의 느낌과 삶의 공간에만 머물지 않고 사회, 문화의 차원에서 중요한 역할을 수행한다. 음악은 개인으로부터 사회의 다양한 구성원에 이르기까지 모두가 지향하고자 하는 가치를 직접적·간접적으로 전달하고 지시하는 역할을 한다. 이러한 관점에서 교실 수업으로서의 음악 학습 및 경험은 학습자에게 사회가 지향하는 인간상과 가치를 함양시키며 중대한 영향을 미칠 수 있고, 학교라는 울타리 안에서 또래 집단들이 조화롭게 살아가는 행동 양식과 관습적 행동 방식에도 깊은 영향을 주게 된다.

전통적으로 학교에서 많이 불리는 노래들은 부모, 학교, 사회 그리고 경우에 따라 국가가 자라나는 세대에게 소망하고 동화시키기를 원하는 이상적 가치와 사회적 규범을 학습시키기 위해 사용되었다. 그리고 현대 사회가 처해 있는 영원한 문제인 환경 문제, 인류애적 차원에서의 민족 간의 갈등과 화합에 관한 의식의 깨어남도 포괄되어야 하는 중요한 문제로 이슈화되고 있다. 인간 본성과 인간 존재의 의미에 대하여 탐구한 칸트(I. Kant)는 음악을 포함한 모든 예술 행위가 인간의 도덕적 본성에 관여한다는 점을 깊이 성찰한 철학자였다. 그에 따르면, 음악 행위는 인간의 정서에 작용하여 심성을 부드럽고 풍부하게 하며, 나아가 다른 인격체와 협동하는 사회적 존재로 성장하고 살아가도록 도와줌으로써 협동적 시민으로서의 독립된 인격체 형성에 밑거름이 된다.

고대 그리스시대로부터 현대까지 음악교육과 인간과의 관계에 있어 그 근본적인 목표와 가치는 크게 변하지 않았다. 19세기에 학교의 공교육과정에 정식 교과로서 체계화된 교육과정을 통해 실현화될 때, 어떠한 경험들이 가장 가치 있고 유의미한 음악교육적 경험들이 되어야 하는지의 문제에 있어 다양한 교육철학적 이론이 생성되었다.

2. 음악교육과 교육철학

학교라는 공간에서 이루어지는 음악교육은 음악을 가르치고 배우는 과정에 있어 학습자에게 인지적 영역(cognitive domain), 정서적 영역(affective domain), 심동적 영역(psychomotor domain), 윤리 · 도덕적 영역(ethical · moral domain)과 차원들을 포괄해야 한다. 그러므로, 이와 관련된 질문으로 "왜 음악을 학교의 공교육으로서 올바르게 가르치고 배워야 하는가?" "학교의 음악교육과정에서 기본적으로 고려되고 가치화되어야 하는 학습 경험들은 무엇인가?" "미적 완성체인 음악을 학습자의 내면에 어떻게 내재화할 수 있는가?" 등의 질문이 제기될 수 있다. 이와 관련하여 교육철학에서 다루는 기본 문제들은 음악교과의 중요성을 이해하는 데 요구되는 합리적 사유 및 인식 활동을 고무시켜 준다. 음악교육자들은 합리적인 세계관, 교육관 형성을 위해 다음과 같은 점을 고려하여야 한다.

① 음악교육에 관한 인식의 틀을 기반으로 음악을 가르치고 배울 때 포괄적 관점에서 생각할 수 있어야 한다.
② 음악과 인간의 상호관련성에서 보다 근원적 문제들에 대한 성찰적 사고를 갖추어야 한다.
③ 수업에서 내려지는 다양한 결정은 학습자의 음악적 발달뿐 아니라 전인적 인간발달에 영향을 준다는 점에서 음악교육의 의미 그리고 학습자에게 끼치는 영향력에 대하여 숙고해 보아야 한다.
④ 학교 음악교육과정의 궁극적인 목적과 목표에 내재하는 근본 이념을 이해하여야 한다.

⑤ 학습자에게 음악적 지식과 기능을 전수하는 과정들과, 음악교과가 지향하는 전인적·조화로운 인간교육과의 연계성과 관련성을 고려하는 안목을 갖추어야 한다.

⑥ 가시적인 결과 산출에 궁극적인 목적을 갖지 않는다. 견고한 교육관을 가지고 조력자(facilitator)로서, 안내자로서 학습자의 음악적 발전, 정서적·전인적인 인성의 형성을 이끌어 준다.

1) 음악교육에서의 자연주의 관점

인간의 잠재적 능력이나 자연적 본성에 관한 논점은 여러 가지 이론에서 다양하게 해석되고 있지만, 음악교육이 기본적으로 학습자에게 내재된 음악적 본성, 즉 감각, 지각, 인지 그리고 정신과 신체의 자연스러운 발달 단계에 따라 실천되어야 한다는 원칙은 '음악교육의 방법론'에서 보편화된 원리로 수용되고 있다. 자연주의의 교육 이론은 문제를 인식하고 분석하는 방법에서 감각적 경험을 강조하는데, 특히 페스탈로치는 어린이 교육에서 감각, 지각이 선행되면서 개념을 분명히 파악할 수 있다고 강조하며, 음악 학습에 있어서도 즉각적으로 반응을 이끌어 낼 수 있는 감각, 지각, 경험과 실제적인 음악 활동 후에 음악적 개념들을 유추할 수 있다는 기본 원리를 제시하였다.

자연주의(naturalism)의 관점에서 볼 때, 교사는 학습자가 음악적 지식과 정보를 습득하거나 기능을 숙달하는 것에 그치지 않고, 무엇보다도 개인의 성장 발달에 따라 풍부하고 다채로운 감각 활동을 제공하는 것을 중요하게 여긴다. 개인의 성장 발달에 알맞은 음악 학습을 제공할 때, 학생들은 자발적으로 활동을 하며 문제의 해결에 흥미를 가질 수 있다는 것이다. 이러한 점에서 교사는 학생들이 스스로 적극적으로 활동을 할 수 있도록 제반 환경을 제공하고 안내해 주는 조력자로서의 역할을 하여야 한다. 또한 교사는 학생들에게 음악적 개념을 이해시켜 주기 위하여 단지 언어적 설명이나 시각적인 정보에 의지하여 음악적 지식을 전달하기보다는 학습자 스스로가 자극적인 표현 활동 등을 통해 직접적·구체적으로 음악의 세계를 느끼고, 음악적 개념을 자연스럽게 깨달을 수 있도록 음악 학습 환경을 조성해 주는 것을 주창하였다.

자연주의 교육사상가 루소는 어린이 교육에서 무엇보다도 감각에 의한 '구체적 경험'의 중요성을 강조한다. 그는 연령을 고려하지 않은 복잡하고 난해한 음악은 교육용 악곡으로 적합하지 않다고 간주하였다. 특히 어린이를 대상으로 하는 집단의 음악 수업은 연령 단계의 적절성을 고려하여 단순하고 소박한 선율로 이루어진 음악을 사용하여야 한다고 주장하였다. 루소가 주장한 단순하고 소박한 선율에 대한 관점은 현대 사회의 각종 미디어 매체에서 영향을 크게 받고 있는 학습자의 사회·문화적 환경을 고려해 볼 때 현대의 음악교육자들에게 실제적 수용에 있어 요구되는 교육적 이슈이다.

2) 음악교육에서의 이상주의 관점

이상주의(idealism)에 기초한 교육적 관점들은 음악교육의 가치와 지향점을 제시해 주고, 음악적 경험들의 목적과 목표 설정에 대한 방향을 제공해 준다. 이상주의에 바탕을 둔 음악교육은 미적 완전체인 음악을 경험하고 내면화시킴으로써 조화로운 정신을 함양하고 바른 인격을 형성하는 데 큰 영향을 끼친다. 이러한 점에서 시대를 초월하여 도덕적으로 위대한 힘을 지닌 악곡이 학교에서 배울 수 있는 바람직한 악곡이라 할 수 있을 것이다. 또한 이상주의 음악교육은 완벽한 미적, 이상적 가치를 지닌 음악은 영속성을 지닌다. 따라서 진리와 미에 대한 지속적인 탐구, 비판적·논리적 사고를 기를 수 있는 다양한 방법을 추구한다.

이상주의 교육철학은 개념, 사실, 가치관에 대한 이해를 강조하고, 이를 이해하고 내재화하기 위한 논리적·추론적 사고를 강조한다. 청각 예술로서 음악이 지닌 특질은 수리 영역이나 언어 영역과는 다르게 인간의 인지 작용에 작동하기 때문에 논리적·추론적 사고의 유추가 연령에 상관없이 가능하다. 이상주의에 기초한 음악교육은 음악에 대한 논리적 사고 및 음악적 개념 이해와 관련하여 선행지식을 완전히 습득했는가에 대한 평가를 중요하게 여긴다. 이러한 평가는 음악의 영속적인 아름다움을 깨닫는 것을 목적으로 하는데, 즉 음계나 조성에 관한 기본 지식의 습득이 단편적인 지식 그 자체에 머무르는 것이 아니라, 이러한 기본 지식을 기반으로 인간의 느낌과 정서를 체험하고, 사상을 표현하며, 도덕적 맥락에서 가치화된 음악의 영속적인 아름다움과 조화로운 표현성을 느끼는 것을 궁극적인 목적으로 하는 것이다.

3) 음악교육에서의 사실주의 관점

사실주의(realism)는 인간의 정신을 외부적 실체와 관련하여 작용하는 내면적 기능으로 간주한다. 이 점에서 사실주의는 외부적 실체를 매우 중요하게 여긴다. 사실주의 음악교육은 외현적인 대상물의 특질과 구조를 분명하게 인식하도록 해 줌으로써 음악적 경험을 의미화한다. 즉, 수용자의 반응과 직관을 일차적으로 고려하는 음악적 경험보다는 음악이라는 대상물의 특질과 구성 체계에 대한 과학적 탐구나 감각에 의한 직접적인 경험들에 근거해서 습득해 나가는 것을 우선적으로 고려하는 것을 중요하게 간주한다.

　사실주의에서의 철학적 접근법은 이 세계의 진리는 객관적 실재로서 존재하고 이것은 인간의 감각이나 지각과는 별개로 존재한다. 따라서 학습자의 지식은 관찰과 경험에 근거한다.

　사실주의 음악교육은 음악교육 전문가들의 입장을 반영하여 면밀하게 구조화한 교재 그리고 이 교재를 효과적으로 가르칠 수 있는 교사의 전문적 지도 방법을 중시한다. 조화로운 음악이 만들어지는 음악이론의 원리체계는 합리적인 과학적 현상, 원리에 기초하고 있다. 예를 들면, 음정이론, 소리의 음향학적, 물리적 현상에 대하여 교사가 제시해 주거나 학생들이 모둠을 나누어 실험해 보며 흥미를 고취시킬 수 있다.

4) 음악교육에서의 실용주의 관점

　실용주의(pragmatism)는 학문적 진리나 작품의 예술성이 절대 불변의 개념이 아니기 때문에 무엇보다도 학습자가 음악의 원리를 탐색하고 발견하는 과정 속에서 유용한 음악적 아이디어를 깨닫고 음악적 지식을 획득해 나가는 것을 중요시한다. 즉, 문제의 해결을 위한 과정과 방법을 매우 중요하게 여기는 것이다.

　실용주의 음악교육은 시대에 따라 혹은 하나의 특정한 문화에서 유용하고 가치 있다고 판단되는 악곡들, 또는 사회의 구성원들에게 실질적으로 유용하다고 생각되는 음악을 다루는 것을 중요시한다. 예를 들면, 현시대의 다문화 음악교육이나 환경 음악교육 등과 관련되는 주제 혹은 악곡들이 음악 수업의 현장 교육과정 속에서 다루어져야 한다. 실용주의 철학을 표방한 미국의 맨해튼빌 음악교육과정 프로젝트(Manhattanville Music Curriculum Project: MMCP)는 학생들이 능동적인 음악가로서 음악적 소리의 실험, 소리의 탐색, 창작 활동 등을 통해 음악을 이해해 나가고, 음악적 논리와 추론적 사고를 형성하고 발전시켜 나가는 것을 원칙으로 한다.

　실용주의 음악교육은 각 개인별로 개인의 주변 환경, 흥미도와 관심사, 음악적 능력 등을 중시한 음악 학습을 중시한다. 이 점에서 실용주의 음악교육은 모두에게 획일적으로 일반화할 수 있는 음악 학습 방법을 지양하고, 반면에 개별적인 특수성을 고려하여 학습자들 개인 스스로가 각자 생각하고 느낄 수 있는 학습 형태를 선호한다. 특히 실용주의 음악교육에서는 실험과 같은 개방적인 학습 탐구의 정신을 강조하기 때문에 단지 음악적 지식의 획득을 목적으로 하는 음악 학습을 부차적인 것으로 간주한다. 실용주의의 관점에서 교사는 학습 상황을 통제하는 자가 아니라 학습 상황을 이끌어 주는 안내자로서의 역할을 하며, 학습자는 문제의 해결을 위한 과제에 대하여 스스로 평가할 수 있어야 한다.

3. 현대의 음악교육철학

미국의 학교 음악교육의 아버지라 칭송받던 메이슨(Lowell Mason)은 19세기 중반에 음악을 정식 교과로서 공립학교(public school)의 학교 교육과정에 포함시켰다. 메이슨은 학교에서 양질의 음악교육을 제공함으로써 사회가 필요로 하는 행복하고 훌륭한 시민을 길러 낼 수 있다는 것을 당시 학교 음악교육의 가장 중요한 목표로 제시하였다.

이러한 교육적 입장은 후에 심미철학이나 실천주의 철학에 기반을 둔 교육자들에게 음악의 본질적 가치를 왜곡한 기능적 가치만을 중시한 것이라는 비판을 받기도 하였다.

이후 학교 음악교육과정에 있어 음악교과가 추구하는 목적과 가치에 대해서 많은 연구가 이어지게 되었고, 현대까지 우리나라뿐 아니라 여타 국가들의 학교 음악교육과정의 방향이나 방법론 정립에 영향을 주게 된 음악교육철학들이 대두되게 되었다.

1) 심미철학에 근거한 학교 음악교육

(1) 생성배경

미국의 음악교육학자 리머(Bennett Reimer)는 심미철학(aesthetic philosophy)에 기반을 둔 음악교육의 철학을 정립하여 학교 음악교육에 있어 음악교과의 궁극적인 목표와 교육과정에 정립에 중요한 영향을 끼쳤다. 이 철학의 생성 배경은 1957년 소련이 최초의 인공위성 스푸트니크호를 발사한 후 미국 사회와 교육계에서 일어났던 학교교육에 대한 혁신적 사고의 요구, 기본 교육과정을 구성하고 있는 교과들의 궁극적 목표가 무엇인가를 검토하고 연구하는 과정에서 대두되었다. 즉, 각 교과에서 필요로 하고 학습되어야 하는 교과의 본질(essence)이 무엇인가를 다시 규명하고, 이에 따른 양질의 교육적 경험으로서 학습자에게 제공되어야 하고 가장 중요한 음악적 경험들이 무엇인가를 재인식하기 위한 교육계 전체의 노력에 의해서 형성된 것이다.

미학이론에서 19세기 음악미학자 한슬릭(E. Hanslick)이 주창하였던 형식주의(formalism)는 '예술이 지닌 형식미의 본질은 완벽한 미의 표상으로서 음악 자체가 지니고 있는 내재적 구조'에서 기인하며, 이러한 심미적 특질을 이해하고 향유할 수 있는 것은 소수의 음악적 예술가들에게만 가능한 것으로 주장하였다. 표현주의(epressionism)로 대표되는 랭거(Susanne Langer)는 저서 『느낌과 형식(Feeling and Form)』에서 음악이란 인간의 느낌, 감정과 정서를 미적 형식과 구조를 통해 구현한 것이라고 저술하였다. 음악교육에서 절대 표현주의자(apsolute expressionism)로 간주되었던 리머는 절대 표현주의 미학이론에 근거하여 음악교육의 궁극적인 목표와 가치를 심미적 교육과 심미적 경험으로 간주하였다. 그는 진정한 음악교육의 본질은 미적 교육이 되어야 한다고 주장하면서 교육적 경험(educative experience)으로서 심미적 경험(aesthetic experience)에 가장 중요한 가치를 두었으며, 이는 소수의 예술가들에게만 가능한 특별한 경험의 차원이 아니라 개체의 인간들 누구에게나 발현되고 발달될 수 있는 고유한 내적 능력이라고 정의하였다. 따라서 심미적 경험은 학교 음악교육에서 고무되고 함양되어야 하는 주요한 교육적 경험으로 간주하였다.

(2) 인지적 영역으로서 심미적 경험

심미적 음악교육은 학습자가 음악이 지니고 있는 미적 특질과 표현성에 감응하며 생성되는 일련의 감각, 지각, 인지의 과정들을 중시한다. 음악 예술 작품에 대하여 공감하고 이해하기 위해서는 향유자의 감성뿐 아니라, 미적 완성체를 이루는 내적 구성 요소 및 표현 요소를 지각, 인지하는 일련의 과정 속에서 미적 현상에 대한 깨달음(aesthetic awareness)이 요구된다. 인간을 위한 인간 교육(humanistic education)에 예술적 경험으로서 미적 경험을 강조한 듀이, 리머 등은 청각 예술이 지닌 심미적 특질에 감응하고 인식할 수 있는 인간의 내적 능력이 표현되고 이해되어서 그것을 경험할 때, 인간은 자아에 대한 만족감과 자긍심, 자존감(self-esteem)을 고양시키고, 미적 감수성과 인식을 더욱 정련되고 고양된 의식으로 발전시켜 나갈 수 있다는 것이 심미적 경험의 차원들이 교육에서 반드시 중시되어야 하는 이유라고 주장하였다.

이와 같이 학교 음악교육과정에서 심미적 요소들은 학습될 수 있는 요소로 간주하였고, 이는 인간의 고양된 인식과 내면화에 대한 인지적 영역(cognitive domain)으로서 실제 학습 현장에 구현될 수 있도록 가치화되었다.

(3) 심미적 음악교육

"음악이 내포하고 있는 표현 형식으로서의 미적 속성을 느끼고 이해할 수 있다."라는 말은 대상물인 음악이 미적 가치를 지녀야 하고, 또한 인식하고 이해하는 학습자가 이러한 미적 특질과 속성을 느끼고 이해할 수 있는 능력을 가져야 함을 전제로 한다. 리머는 이와 연관하여 음악과 상호작용하며 생성될 수 있는 일련의 반응들에 관하여 다음과 같이 설명한다.

① 감각적 반응

음악적 소리의 내적 조직이나 상호 관계에 주의하지 않고 소리의 외면적 질에 즉각적으로 반응하고 느끼는 차원을 말한다. 리머는 감각적 수준의 심미적 반응 과정을 전체적인 음악 학습 과정 속에서 연속성을 지닌 반응으로 간주하였고, 이 같은 감각적 수준의 반응 과정도 음악 학습의 단계나 과정에서 학습 경험으로 포함하고 있다. 예를 들어, 보다 복잡하고 다양한 음악적 사고 과정이나 음악적 개념화 과정에서도 먼저 기초적인 학습 경험이 있어야 한다는 것이다.

② 지각적 반응

지각적 반응은 음악의 구성 요소 및 특정한 형식 구조를 지각하는 것 그리고 지각된 음악적 소재의 표현력에 대한 반응을 의미한다. 음악은 상징적 존재로서 표현적 활동을 통해 경험되는 것이다. 이러한 점에서 음악의 지적 요소(인지적 요소)와 정서적 요소(반응적 요소)는 서로 분리되지 않고 동시에 경험된다.

③ 상상적 반응

상상적 반응이란 다양하고 섬세한 인간의 감정 세계와 동화될 수 있는 음악적 표현 요소들의 조화와 역동성을 지각하고 인지하는 경험들이 수반되는 것을 의미한다. 향유자는 음악적 역동성으로부터 음악적 예상감과 기대감을 가지기도 하지만, 때로는 이탈하여 만족감을 지연시키거나 충족함을 느끼기도 한다. 인간의 음악적 지각과 반응은 교육을 통해서 정련되고 심화될 수 있다.

2) 실천주의 음악교육철학

엘리엇(D. Elliott)은 저서 『Music Matters』(1995)를 통해서 새로운 음악교육철학의 필요성을 제기하였다. 그의 음악교육철학은 '실천' '실행'의 음악 행위를 매우 중요하게 여기는데, 이 점에서 학습자의 음악적 실행, 음악적 행위가 강조된다.

(1) 실천으로서의 음악 행위

실천은 행위 및 행동을 뜻하는 'praxis'라는 단어에서 유래되었으며, 이론을 뜻하는 'theoria'와 대조되는 의미를 가진다. 실천주의 음악교육철학의 관점에서 음악이란 '인간이 만들어 낸 산출물'이라는 점에서 근본적인 가치와 의미가 있다. 이러한 점에서 실천주의 음악교육의 궁극적 실재는 음악을 만들어 내는 실천적 과정과 행위 자체에 있다는 것을 기본 전제로 한다.

실천주의를 대표하는 미국의 음악교육학자 엘리엇은 음악에 대한 포괄적인 개념을 제시할 때 가장 합리적인 출발점은 인류가 이루어 온 역사라고 보았다. 그는 세계의 다양한 문화권에 존재하는 음악적 행위, 즉 인간의 내적 사고와 느낌을 구현한 음악적 행위와 사고의 관점에서 음악교육의 진정한 의미를 찾는다. 음악을 만들고, 즐기고, 향유하는 음악적 행위들은 시·공간을 초월하여 다양한 사회와 문화 속에서 음악을 교류하고 소통하고자 하는 새로운 음악적 경험 세계를 만들어 가고 있다.

실천주의자들은 인간의 근원적인 의식으로부터 다양한 음악적 행위가 일어난다고 주장한다. 인간 정신의 다양한 유형과 관점들은 의미 있는 음악 경험의 세계를 만들어 간다. 다시 말하자면, 음악의 생성 과정에서 인간 정신의 다양한 유형과 관점들이 매우 가치가 있다는 것이다. 그러므로 무엇이 음악이고, 음악이 왜 중요한지는 인간 정신의 다양한 유형과 관점들을 파악함으로써 이해할 수 있다.

인간이 사회적·문화적 맥락에서 끊임없이 추구해 온 음악적 행위는 다양한 차원의 음악 영역들을 포함한다. 즉, 음악은 개인과 집단의 욕구로부터, 사회의 필요성에 의해서 혹은 미적인 만족을 느끼고 싶은 심정으로부터 만들어질 뿐만 아니라, 사고의 인지 작용을 요구하는 것에 이르기까지 인간의 모든 경험 세계를 포괄한다.

이러한 실천주의 관점에서, 음악교육의 가치와 본질은 음악을 정적인 관조의 대상으로 보아 음악의 미적 개념을 파악하는 미적 경험에 있는 것이 아니라, 음악을 만들어 내고 표현하는 행위와 음악의 생성 과정에 작용하는 인간의 내적 사고와 관점들을 발견하는 것에 있다.

음악을 만들어 내고 표현하는 데 관여하는 인간 정신과 음악적 인지 과정들 그리고 여러 음악적 행위, 즉 행위 자체, 창출해 내는 사람, 음악적 생산물, 생산물을 만들어 내는 행위, 행위 반경, 맥락적 아이디어 등이 모두 함께 어우러져 음악교육의 영역과 장에 포함될 수 있다. 더욱이 이러한 음악적 과정과 행위들은 학교 음악교육에서 이상적 음악 경험으로 가치화될 수 있다. 이 점에서 음악교육의 핵심은 음악을 창출해 내는 음악적 행위를 중시하고 이와 연관된 음악성(musicianship)을 가르쳐 주는 것이어야 한다.

엘리엇이 주장하는 음악적 실천은 인간 정신 활동과 상호작용하는 행위를 의미한다. 이러한 음악적 행위는 뚜렷한 목적과 의도를 지닌 것으로서, 의도된 목적 아래서 교육하고 교육과정 속에서 구조화되어야 한다. 즉, 실천주의 철학을 전제한 포괄적 음악교육과정은 학습자들이 다음과 같은 기본 요소를 경험하고 인식할 수 있도록 구조화해야 한다.

① 음악을 만드는 자로서의 실천적 음악 행위
② 음악을 만들어 내는 자들의 의도를 결정하고 특징짓게 하는 지식들을 기반으로 하는 실천적 음악 행위
③ 음악적 지식과 관련하여 일어나는 행위, 연주, 즉흥연주, 가시화된 음악 작품에 관한 행위

이 내용들을 종합할 때, 실천주의를 기반으로 하는 음악교육은 음악의 생성 배경, 음악이 존재하는 상황, 물리적·문화적·사회적 환경 속에서의 음악적 행위, 음악을 만들어 내는 자로서 작품 해석, 표현 행위, 즉흥연주 행위들에 대한 실천적 경험을 제공하여야 한다.

(2) 다섯 가지 유형의 음악적 지식

인간이 표출하는 음악적 행위와 표현에는 여러 가지 유형의 사고와 인지 과정이 포함되는데, 엘리엇은 음악적 지식을 다섯 가지 유형으로 범주화하였다. 다섯 가지 유형의 지식이란 과정적 음악 지식, 형식적 음악 지식, 비형식적 음악 지식, 감성적 음악 지식, 통제적 음악 지식을 말한다.

① 과정적 음악 지식

과정적 음악 지식(procedural musical knowledge)은 음악적 활동과 표현 행위에 중추적인 역할을 하는 비언어적인 음악 지식으로서, 음악을 의미 있는 형태로 만들고 표현하고 창조하고 듣는 과정에 작동하는 지식이다. 과정적 음악 지식은 네 개의 다른 유형의 음악적 지식들이 보조적으로 작용하고 기능을 수행할 때 의미 있는 음악적 표현을 할 수 있다. 과정적 음악 지식은 비언어적 형태로 작동하는 것으로서 음악적으로 무엇인가를 실행하고 표현하며 창조해 나가는 음악적 행위에 관여하는 사고 형태이다.

이러한 과정적 음악 지식은 음악적 표현 행위와 음악적 사고를 분리하는 이원론적 관점(dualistic view)을 거부하고, 인간의 사고 과정에 필요한 여러 가지 의미를 포괄한다. 즉, 과정적 음악 지식이란 음악을 만들고 표현하는 실행의 과정과 음악적 인지 작용을 함께 포함하는 성질의 지식 형태인 것이다.

② 형식적 음악 지식

형식적 음악 지식(formal musical knowledge)은 사실, 개념, 기술, 이론과 관련한 언어적 형태의 음악 지식으로, 음악교육은 이 유형의 지식들을 사용하여 자연스럽게 음악 작품과 음악을 만드는 것에 동화될 수 있어야 한다. 즉, 음악적 지식이 단편적인 음악적 정보로서의 지식이 아닌 표현 행위, 창작 행위, 듣는 행위 속에서 작용하는 지식이 될 수 있도록 적절한 교육적 경험과 맥락이 주어져야 한다는 것이다. 형식적 음악 지식이 단지 언어적 형태의 개념에만 머물지 않도록 하기 위해서는 학습자의 인식 과정에서 음악적 행위들이 연관적으로 상호작용되어 나타날 수 있도록 적절한 형태의 음악교육이 제공되어야 한다.

③ 비형식적 음악 지식

비형식적 음악 지식(informal musical knowledge)은 실행 과정에서 비판적으로 생각하는 능력 그리고 언제 어떻게 음악을 판단하여야 하는가에 대한 반성적 사고능력 등 음악적 판단에 관여될 수 있는 지식적 요소들이다. 특히, 음악을 만들어 내고 감상하는 행위에는 그 사회와 문화의 기준과 전통이 반영되고 투영되어야 한다.

④ 감성적 음악 지식

감성적 음악 지식(impressionistic musical knowledge)은 지적 느낌, 특정한 종류의 행위나

만들기에 요구되는 정서감, 인지적 감정을 말한다. 음악적 느낌과 감정은 생각하는 인지적인 면 그리고 대상에 대한 지식이나 신념으로부터 도출되는 느낌을 포함한다. 이 점에서 감성적 음악 지식은 지적인 느낌이나 정서적 감정을 의미한다. 엘리엇은 음악적 지식의 한 형태로서 느낌과 감정에 연관된 것도 교육될 수 있다고 주장한다. 교육을 통해 정련된 감정은 음악성의 지속적인 발달에 중요한 영향을 주기 때문에 지속적으로 발달시켜야 한다.

⑤ 통제적 음악 지식

통제적 음악 지식(supervisory musical knowledge)은 비언어적인 것으로 음악적 맥락에 관계한다. 이 음악 지식은 메타지식 또는 메타인지와 유사한 개념이다. 즉, 이 통제적 음악 지식이란 개인이 음악적 표현 활동을 함에 있어서 조정, 적응, 균형, 관찰, 관망, 조절 등의 과정을 음악적 사고와 행위에 접하게 할 수 있는 지적 능력을 의미한다.

이처럼 형식적 음악 지식을 제외한 네 가지 음악 지식은 모두 비언어적인 형태로서 실제적인 음악적 상황과 맥락에 관계하여 실행되고 작동된다. 이 음악 지식들은 음악적 정신 활동으로서 다양한 음악적 감각, 지각, 인식의 과정을 포괄하고 있다. 엘리엇은 음악교육에서 이 다섯 가지 유형의 음악적 지식을 가르쳐야 한다고 주장한다.

(3) 음악 지식의 유형 확장

엘리엇은 2015년에 발행된 『Music Matters』 2판(MM2)에서 음악 지식의 유형을 다섯 가지에서 여덟 가지로 확장하였다. 그리고 『Music Matters』 1판(MM1)에서 제시한 지식(knowledge)이라는 표현 대신에 사고와 지식(thinking and knowing)이라는 표현을 사용하였다. 음악적 이해를 위한 여덟 가지 유형의 사고와 지식에는 과정적(procedual), 언어적(verbal), 경험적(experiential), 상황적(situated), 직관적(intuitive), 감식적(appreciative), 윤리적(ethical), 통제적(supervisory) 음악 사고와 지식이 있다.

(4) 음악하기와 음악성

실천주의 철학은 음악을 만들어 내고 표현해 내는 인간 행위와 이것을 가능하게 하는 정신 과정 그리고 다양한 음악 지식의 유기적 통합을 강조한다. '음악하기(musicing)'와 '음악성(musicianship)'은 모든 음악적 현상에서 공통적인 것, 그리고 인간들에게서 공통적으로 인식될 수 있는 본래의 성질과 관계한다. 음악하기는 기본적으로 노래를 부르고 악기를 연주하며 즐기는 것으로부터 출발한다. 이러한 기본 활동이 음악적 행위로서 유의미한 경험이되기 위해서는, 엘리엇이 강조한 것처럼 다섯 가지 형태의 음악 지식이 그때그때마다의 맥락적 상황 속에서 유기적으로 결합하면서 음악적 행위와 인지 작용에 통합되어야 한다. 특히, 음악하기는 교수·학습의 맥락, 문제 발견, 문제 해결 과정, 학습자의 지속적인 동기화등 교육적 경험을 통해 정련되어야 한다.

실천주의 음악교육에서는 음악하기를 강조하고, 정신적 산물로서의 음악이 이루어지는과정 그리고 그러한 과정에 기능하는 인간의 여러 가지 유형과 차원에서의 사고와 인지 과정, 또한 역사적·문화적 맥락에서의 과정을 중요하게 다루어야 한다.

3) 경험중심의 음악교육철학

하나의 특정한 철학이 모든 문제를 해결해 주기에는 한계가 있다고 본다. 왜냐하면, 시간의 흐름에 따라 생각은 변할 수 있으며, 동시대라 해도 특정한 신념이 사회적 환경과 변화를포용하며 진화되어 갈 수 있기 때문이다. 또한 철학이란 그 시대의 기본 정신과 행동 규범을규정할 수 있기 때문에 교육자는 끊임없이 해당 시대의 철학을 성찰하고 재인식되어야 한다.

1970년 이후 심미주의 음악교육철학으로 우리나라를 비롯하여 많은 나라에 영향을 주었던 리머는 20세기 후반에 이르러 엘리엇을 비롯한 실천주의자들과 논쟁을 거치면서, 제3판『음악교육철학(A Philosophy of Music Education: Advancing the Vision)』(2003)을 통하여 자신의 철학적 입장을 수정하였다. 리머는 음악교육의 본질과 가치에 대한 초기 자신의 입장, 즉심미적 음악교육철학을 시대의 흐름에 따른 포스트모더니즘 미학의 관점에서 이해하려 시도하였다. 이 점에서 그는 과거 자신의 철학에서 언급하지 않았던 다문화주의, 대중음악 그리고 다양한 비주류 문화를 중요하게 생각하였다.

이처럼 리머는 시대의 흐름에 따라 사회적·문화적 변화를 의식한 포스트모더니즘의 입장을 취하였다. 그는 자신이 과거에 주장하였던 심미주의 혹은 엘리엇이 주장한 실천주의중 어느 한쪽에 극단적으로 치우치지 않은 자신만의 새로운 철학, 즉 경험중심 음악교육철학을 정립하였다. 그의 새로운 철학인 경험중심 음악교육철학은 무엇보다도 문화적 맥락에서 음악의 의미를 발견하는 것을 중시한다.

리머가 수용하는 이 경험중심 교육관은 듀이를 비롯한 프래그머티스트(실용주의자)들의 교육철학을 바탕으로 한다. 물론 엘리엇도 듀이의 경험중심 철학을 수용하고 있다. 그러나 리머와 엘리엇의 차이점은 리머가 자신의 심미주의 철학에 사회·문화·다문화 등 다양한 차원의 음악적 경험을 통합하는 시너지즘(synergism)을 주장하는 반면, 엘리엇은 행위적 실천을 강하게 주장한다는 것이다.

(1) 음악 경험의 유형

경험중심 음악교육철학은 음악교육의 이론과 실제에 있어서 철저하게 심미중심의 개념들에 목적을 두는 것이 아니라, 서로 상이한 개념들을 전체적으로 연결하려는 통합적 인식에 중심을 둔다. 리머는 현대 철학의 흐름에 영향을 준 인지 과학(cognitive sciences)에서 대두된 여러 가지 실증적 연구 결과를 반영하여 자신의 경험중심 음악교육철학을 새롭게 정립시켰는데, 이 철학에 바탕을 둔 음악 경험의 다양한 유형은 다음과 같다.

① 형식으로서의 음악 경험

형식을 중시하는 음악적 경험은 음악의 가치와 본질을 음악의 자율성과 자족성(self-sufficient)에서 찾는다. 즉, 음악의 근본적인 본질과 존재의 이유를 형식 자체에서 발견해야 한다는 것이다. 여기에서 '형식'이라는 용어는 특정한 작품의 전체적 구조(예: 소나타 형식, 론도 형식, 2부 형식, 3부 형식 등)를 의미하는 것뿐만 아니라, 모든 음악이 지니고 있는 소리의 내적인 연관 관계, 즉 소리가 의미 있게 배합되어 무엇인가를 표현해 내는 것까지를 포괄하는 개념이다. 음악은 그 자체로서 일차적 의미를 지니고 있다. 음악의 형식적인 면과 구성 요소들을 인식하고 이해하는 활동은 순수한 지적 경험이 될 것이다.

② 실제로서의 음악 경험

실제로서의 음악 경험이란 음악을 이루어 가는 과정 그리고 실제 음악을 표현하는 행위를 의미한다. 경험중심 음악교육철학은 음악을 만들어 나가는 과정과 행위를 매우 중요하게 생각한다. 이러한 점에서 이 음악 경험은 엘리엇의 실천적 사상과 비슷하다고 볼 수 있다.

음악교육의 본질적 의미와 가치가 음악을 만들어 내는 과정 그 자체에 있다고 보아도 과언이 아닐 것이다. 학생들은 자신 스스로가 작품을 이해하고, 노래와 연주를 하며, 창작을 하는 과정을 통해서 음악을 아름답게 창조해 낼 수 있는 방법을 터득하고 미적 가능성을 최대한 계발할 수 있을 것이다. 이러한 차원에서 교사는 학생들이 스스로 방법을 터득할 수 있도록 조력자 역할을 해 주어야 한다.

③ 사회 매개체로서의 음악 경험

사회 매개체로서의 음악 경험이란 음악이 표현하거나 전달하고자 하는 특정한 사회적 메시지를 느끼고 인식하는 음악적 경험을 의미한다. 예를 들면, 음악은 인종, 종교, 생태학적 문제, 관심, 지역, 성별, 사회 및 경제 계층, 민족, 문화, 치료 등과 관계할 수 있기 때문에 이러한 맥락에서 분석하고 이해할 필요가 있다는 것이다. 학생들은 음악 수업에서 음악의 다양한 상징적 메시지를 파악하는 활동을 통해 음악에 관한 많은 정보를 획득하고, 음악의 가치를 느끼며, 또한 음악에 대한 자신의 가치관과 세계관을 형성하게 될 것이다.

음악은 정치적·사회적 목적을 가지고 국민과 사회 구성원의 의식을 고취시키거나 어떤 특정한 방향으로 이끌어 갈 수 있다. 독일의 사회학자이며 음악사회학자인 아도르노(Th. W. Adorno, 1903~1969)는 음악이 인간의 내재적 욕구를 충족시키는 한편, 현대 사회의 위기 상황을 극복하기 위한 사회비판적 기능을 수행하여야 하며, 사회 개혁과 인간화를 위하여 역할을 하여야 한다고 강조하였다. 노래가 또래 집단에게 메시지를 전달하고 감정을 주입시키는 데 가장 강력한 도구가 된다는 것 그리고 교육시키고자 하는 사회적 메시지를 음악을 통해서 전달한다는 것 등은 현대 통합 교육과정과 교수 방법에서 지속적으로 활용하고 있는 음악적 경험 중 하나이다.

④ 통합으로서의 음악 경험

특정한 시대 혹은 특정한 문화권의 음악들은 인간의 풍요로운 삶을 위하여 그때그때마다 사회적·문화적 기능을 수행하면서 가치화되었다. 따라서 음악의 의미를 제대로 이해하기 위해서는 음악과 인간의 상호작용, 시대적·사회적·문화적 맥락, 삶의 체험, 음악의 표현 요소 등 전체를 통합하여 파악하여야 한다.

경험중심 음악교육은 통합적 관점에서 전체적인 현상을 이해하는, 즉 음악의 다면적 경험을 통하여 음악의 미를 발견하는 능력을 요구한다. 이러한 점에서 경험중심 음악교육철학은 포스트모더니즘의 사고 양식이 요구하는 모든 개념과 맥락적 관점들을 포괄적으로 수용하여야 한다. 음악과 인간의 상호작용 그리고 음악의 사회적·문화적 기능과 가치라는 측면 모두를 통합적으로 다룰 때 의미 있는 음악 경험이 될 것이다.

리머는 그린(L. Green)이 제시한 '음악의 의미'를 두 가지 개념으로 나누어 설명하였다. 그는 '음악의 의미'를 '내적인 음악의 의미(inherent musical meaning)'와 '묘사적인 음악의 의미(delineated musical meaning)'로 구분하였다. '내적인 음악의 의미'에서 '내적'이란 음악이 음들의 조직과 구조로 이루어지며 음악이 소리의 유기적 완성체로서 내적 질서에 기인한다는 것을 의미한다. 내적인 음악 경험은 일차적인 음악 경험으로서 필수불가결적인 경험이긴 하지만, 이 내적인 음악 경험이 모든 유의미한 음악 경험의 세계를 포괄할 수는 없을 것이다.

이에 반하여, '묘사적 음악의 의미'는 사회적 · 문화적 · 역사적 맥락들로부터 음악적 의미가 유추될 수 있다는 것을 가리킨다. 리머는 내적인 음악 경험뿐만 아니라, 내적 의미와 묘사적 의미가 균형 있게 포함된 음악적 경험도 강조한다. 리머는 과거에 자신이 비미적인 경험으로 간주하였던 시대, 사회, 문화 등과 같은 다양한 맥락에서의 음악 경험을 내적인 음악 경험과 통합한 형태로 이끌어야 한다고 주장한다. 실제로 음악의 미적 가치를 발견하는 음악 학습은 두 가지 유형의 경험 의미를 통합하여 균형 있게 이끌어 낼 때 더 가치 있는 상승효과를 거둘 수 있을 것이다.

(2) 음악 경험의 주요 영역

음악은 예술적 · 미적 · 지각적 조직화 과정을 통해 창출되고 공유되는 것으로서, 음악의 내적 성격은 여러 가지 영역의 음악 경험들을 요구한다. 리머는 음악 경험의 영역을 네 가지 영역, 즉 감성 영역, 창작 영역, 의미 영역, 맥락적 영역으로 범주화하였다.

① 감성 영역

감성 영역은 인간이 음악에 대하여 일차적으로 반응하고 수용하는 가장 중요한 영역이다. 인간의 뇌와 관련된 심도 있는 최근의 연구 결과에 따르면, 사고와 느낌은 더 이상 분리된 영역이 아니다. 인간의 신체, 정신, 감정은 서로 밀접하게 연결되어 있으며, 상호 의존적으로 작동되고 함께 작용한다. 인간의 느낌과 감정은 의식 혹은 사고 체계에 영향을 준다. 이러한 점에서 학교의 음악교육은 음악만이 제공할 수 있는 특별한 감성의 세계를 학습자가 심도 있게 접하고 내면화하도록 해야 한다.

음악의 내적인 구성 요소들의 통합과 연결은 인간의 감정과 정서 세계에 존재하는 수많은 미세한 느낌과 감정을 고양시킨다. 인간의 감정과 정서는 개인과 공동체 모두에게 필요한 경험 영역이다.

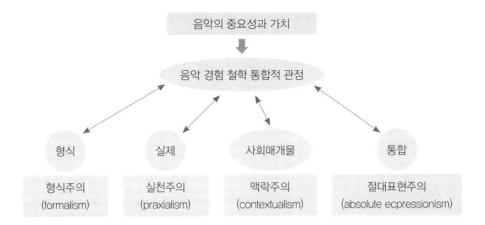

② 창작 영역

음악이 만들어질 때에는 특정한 사고 과정과 행위가 근본적으로 작용하게 된다. 음악 경험에서의 창작 영역은 개인의 내적 · 정신적 삶의 한 부분을 드러내는 음악 행위이다. 무엇인가를 만들어 내는 창의성, 노래를 부르거나 연주할 때 나타나는 창의성, 즉흥연주 때 나타나는 창의성, 음악 감상 때 작용하는 창의성은 인간에게만 가능한 가장 고차원적인 정신 작용으로서, 감성 및 신체가 통합적으로 어우러져 나타나는 영역이라 할 수 있다. 가드너는 음악적 지능을 이 창작 영역에서 필수적으로 작용을 하는 인간의 기본 지능(intelligence)으로 간주하였다.

③ 의미 영역

음악 경험에서 의미 영역은 언어가 지닌 의미와는 다르다. 즉, 언어는 개념화 과정과 소통의 과정을 통해 창출되고 공유되지만, 음악은 예술적 · 미적으로 지각된 것을 음의 조직화 과정을 통해서 언어가 제시하거나 표현할 수 없는 의미들을 만들어 낸다. 그러나 포괄적인 관점에서 보면 이러한 음악 의미도 언어 의미와 같이 다양한 앎의 한 형태나 방식에 속하는 것이다. 음악이 본질적으로 지닌 내적 의미는 다양한 차원의 부가적 의미들을 통합하여 이끌어 낼 수 있다.

④ 맥락적 영역

음악 경험의 맥락적 영역은 음악이 지닌 문화적 · 역사적 맥락을 매우 중요하게 여긴다. 문화적 구조물로서의 음악은 인간 의식의 형성에 기여한다. 즉, 문화적 경험은 인간 의식의 형성에 매우 중요한 요인으로 작용한다는 것이다. 현대 사회에서 문화의 뿌리는 과거 어느 때보다 더 광범위하고 강력하게 의식 형성에 영향을 미치기 때문에, 문화적 맥락에서의 음악의 역할은 보다 더 강조되고 중요하게 다루어져야 한다. 학교의 음악교육은 음악을 보편적인 문화와 특수적인 문화(민족적)를 통합적이며 균형 있게 가르쳐야 한다.

4. 음악교육철학의 전망

음악교육철학은 음악교육의 본질과 가치를 논하는 학문이다. 다양한 관점으로부터의 음악적 경험들의 중요성과 가치에 대한 논쟁은 현대의 음악교육철학에서뿐만 아니라, 미래에도 지속적으로 대두될 것이다. 최근 음악교육철학의 관점은 심미적 관점에서 음악교육의 본질을 규명하고, 사회적·문화적 맥락 속에서 음악이 존재하는 의미와 가치를 발견하는 것이다. 음악의 역할을 이해하는 음악적 경험은 음악교육의 본질과 가치를 논할 때 가장 핵심적인 대상이 될 수 있다. 이 점에서 음악적 경험 세계의 원리는 음악교육철학에서 반드시 다루어야 할 쟁점이다. 음악교육철학에서 다루는 다양한 음악적 경험의 근본 개념들은 음악과 교육과정의 제작, 음악 수업의 목표 설정, 학습 내용의 선정 그리고 음악적 활동 등에 방향을 제시해 준다. 이러한 지침들은 궁극적으로 개인과 사회 그리고 정신적 고양에 영향을 주게 된다.

사실상, 음악적 행위를 강조하는 실천주의 철학이나 음악의 심미성과 경험을 강조하는 경험중심 철학은 엘리엇과 리머의 음악교육철학에서 처음 대두된 것은 아니다. 이미 음악교육의 역사적 흐름에서 확인한 바와 같이, 아리스토텔레스도 경험을 매우 중요하게 여겼다. 이처럼 경험을 대상으로 논하는 철학은 고대 그리스시대부터 줄곧 존재해 왔다고 볼 수 있다.

최근의 음악교육철학은 음악이 지니고 있는 고유한 내적 의미를 중요하게 여길 뿐만 아니라, 시대의 변화 속에서 보다 더 다양한 의미를 포괄하게 되었다. 이같이 다양한 의미를 내포하는 음악적 경험들은 지속적으로 개인과 공동체의 욕구를 충족시켜 주고, 음악적 능력을 발전시켜 주며, 인간의 삶을 고양케 주는 데 매우 중요한 역할을 할 것이다. 특히 음악적 경험은 인간의 음악적 발달과 전인적 발달을 위해 근본적으로 필요하다. 그러므로 음악교육자들은 음악적 경험 세계의 원리를 인식하고, 실제 교육현장이나 학교의 교육과정 속에서 구조적으로 체계화, 발전시켜 나가며 자신의 교육관을 확립해야 한다.

토의 주제 ....

1. 교육철학에 근거하여 실제 음악 수업에서 일어날 수 있는 음악교육의 상황들에 대하여 토의해 보자.

2. 현대의 다양한 음악교육철학에 대하여 토의해 보자.

📯 .... 참고문헌

김판수, 박수자, 심성보, 유병길, 임채성 외(2000). **구성주의와 교과교육**. 서울: 학지사.

박의수, 강승규, 정영수, 강선보(1999). **교육의 역사와 철학**. 서울: 동문사.

송진범(2000). **음악교육학**. 서울: 학문사.

유한구(1998). **교육인식론 서설**. 서울: 교육과학사.

이홍수(1989). **음악교육의 현대적 접근**. 서울: 세광음악출판사.

정영근, 정혜영, 이원재, 김창환(2002). **교육학적 사유를 여는 교육의 철학과 역사**. 서울: 문음사.

Abeles, H. (1991). **음악교육의 기초**. (방금주 역). 서울: 삼호출판사.

Aristoteles (2009). **정치학**. (천병희 역). 경기: 도서출판숲.

Bamberger, J. (2000). *Developing musical intuitions*. New York: Oxford University Press.

Donald, G. J., & Claude, P. V. (2000). *A history of western music*. New York: W. W. Norton & Co.

Dunbarhall, P. (2008). *Cultural diversity in music education: Directions and challenges for the 21st century*. New York: Basic Books.

Eisner, E. (2004). *The arts and the creation of mind*. New Haven, CT: Yale University press.

Elliott, D. J. (1995). *Music Matters: A new philosophy of music education*. New York: Oxford University Press.

Elliott, D. J. & Silveman, M. (2015). *Music matters: A philosophy of music education*. (2nd ed.). New York: Oxford University Press.

Elliott, D. J. & Silveman, M. (2021). **실천주의 음악교육철학**. (최은식 외 공역). 경기: 교육과학사. (원저는 2015년에 출판)

Gardner, H. (2000). *Intelligence reframed: Multiple intelligences for the 21st century*. New York: Basic Books.

Houlahan, M., & Tacka, P. (2008). *Kodály today*. New York: Oxford University Press.

Mark, M. L. (1996). *Contemporary music education*. New York: Schimer Books.

_____ (2002). *Music education source readings from ancient Greece to today*. London: Routledge.

Merriam, A. P. (1964). *The anthropology of music*. Evanston, IL: Northwestern University Press.

Reimer, B. (1970). *A philosophy of music education*. Englewood Cliffs, NJ: Prentice Hall.

_____ (2003). *A philosophy of music education: Advancing the vision* (3rd ed.). Upper Saddle River, NJ: Prentice Hall.

Regelski, T. A. (1981). *Teaching general music*. New York: Schimer Book.

제**3**장

음악교육의 심미적 기초

이연경

음악교육의 방향과 방법을 모색하기 위해서는 음악은 무엇이며, 음악의 가치는 무엇인지에 대해 명확하게 규명할 필요가 있다. 특히 미를 추구하는 예술 과목으로서 음악교과의 본질을 이해하기 위해서는 미를 연구하는 미학에 대한 기본적 이해와 음악 예술의 표현적 특성과 미적 의미에 대한 이해가 요구된다. 즉, 음악교과의 본질에 합당한 교육 목표와 방향의 설정은 음악 예술의 본질과 가치를 탐구하는 데에서 출발해야 한다. 이 장에서는 음악 예술의 본질과 의미에 대한 이해를 토대로 미적 감수성을 계발할 수 있는 교육을 할 수 있도록 음악 지도에서 고려되어야 하는 미학적 논제들을 살펴보도록 한다. 이 논제들은 ① 음악 예술의 본질, ② 인간의 삶에서 음악의 역할 및 가치, ③ 음악 예술 미학의 정의, ④ 음악 작품의 미적 특성과 의미를 설명하는 대표적 미학적 이론, ⑤ 심미적 경험의 특성, ⑥ 미적 본질에 대한 인식을 촉진하기 위한 음악 지도의 기본 원리이다.

1. 음악 예술의 본질 및 가치

교육에서 음악의 중요성을 주장하기 위한 근거를 마련하기 위해서는 음악의 실체는 무엇이고, 음악이 왜 우리 인간의 삶에 중요한지 음악의 가치에 대한 이해가 필요하다. 또 음악 예술의 미적 특성을 경험할 수 있는 음악 수업을 계획하고 음악적 활동을 제공하기 위해서는 우선 음악 예술의 본질적 속성이 무엇인지 알아야 한다. 음악교육의 궁극적 목표는 음악 예술의 미적 의미를 느끼고, 감득하고, 음악을 향유할 수 있는 미적 감수성을 계발하는 데 있다고 할 수 있다. 음악 교사는 심미적 음악교육의 본질과 가치를 올바르게 이해함으로써 학교 음악 지도에서 고려해야 하는 다음의 여러 교육적 논점을 음악교육의 본질과 가치에 일관되게 풀어 나갈 수 있을 것이다.

첫째, 어떤 관점에서 음악을 지도해야 하는가?
둘째, 음악 수업에서 무엇을 지도해야 하는가?
셋째, 어떠한 음악을 들려주어야 하는가?
넷째, 어떠한 방법으로 음악을 지도해야 하는가?

1) 음악 예술의 본질

(1) 음악의 어원 및 정의

'음악'은 희랍어의 'mousike(뮤지케)'가 어원으로서, 이 'mousike'는 예술과 학문의 여신인 'muse(뮤즈)'에서 유래되었다. 가장 보편적으로 언급되고 있는 음악에 대한 정의는 '음을 재료로 하여 형식적 아름다움을 추구하며 인간의 사상과 감정을 표현하는 소리의 구성'이다. 음악은 작곡가의 음악적 상상력에 의해 소리가 조직화되어 표현된 미적 실체로서, 음악 작품은 '음'이라는 소재를 표현 수단으로 하여 창조된 예술적 형성의 결과물이라 할 수 있다.

음악 작품에서 구체적 매체는 '음악적 음(musical tone)'이며, 추상적 매체는 음이 예술적 패턴으로 조직된 리듬, 가락, 화성, 형식, 강약 등의 음악적 요소가 된다.

(2) 추상 예술

음악의 본질적 특성 중 하나는 음악이 '추상 예술'이라는 점이다. 두 가지 측면에서 추상 예술의 특성이 지적될 수 있는데, 첫째, 추상성의 특성은 음악은 한 가지 명확한 의미로 느껴지지 않고 사물이나 사상, 내용 등이 구체적으로 묘사되지 않는다는 점이다. 성악곡은 가사가 있어 구체적 내용이 표현되지만 기악곡에서는 분명한 메시지가 전달되지 않는다.

둘째, 음악 예술의 추상성은 음악의 매체인 소리가 공간 어디에도 사물로서 존재하지 않는다는 점이다. 음악이 공간적으로 존재하지 않으면 어떻게 청자가 음악을 파악하고 경험하게 되는 것인가? 음악은 물체가 진동하여 생긴 음파가 공기를 통하여 청자의 귀에 전달되어 인간의 의식 안에 존재하게 될 때 그 의미를 지니게 된다. 따라서 물리적인 형태인 소리가 음악적 의미를 지니기 위해서는 소리의 음 현상을 지각하고 반응하는 청자의 신체적 · 감각적 · 지적 작용이 요구되며, 그렇기에 음악은 청자의 개인적 감수성에 따라 그 예술적 의미가 다르게 이해될 수 있다.

(3) 시간 예술

음악의 본질적 속성은 미술, 건축, 조각 등의 공간 예술과 달리 시간의 흐름에 따라 전개되는 '시간 예술'이라는 점이다. 음악은 음이 조직적으로 연결되고 구성된 형태로, 음악의 매체인 소리가 시간의 진행 속에 구상화된 실체라 할 수 있다. 예를 들어, 음악의 주요 요소인 리듬은 음의 지속 시간과 관련된 개념으로 리듬 인식력은 시간의 흐름에 대한 감각에 의존한다고 할 수 있다. 음악 예술의 시간론적 관점에서 음악을 감상할 때, 청자는 주제의 반복 및 변화를 인식하고 형식적 구성을 파악하기 위하여 시간이 경과된 후에 들은 음을 기억할 수 있는 능력을 가지고 있어야 한다.

(4) 과학으로서의 음악 예술

음악은 예술인 동시에 과학이다. '예술'로서의 음악은 연습과 정교성을 필요로 하는 창의적 과정과 연주 기술의 결과로서 그 자체에 의미를 지니고 있으며, '과학'으로서의 음악은 인간의 신체 조건과 이론적 구조 두 가지 요소에 기반을 두고 작곡되고 연주 방법이 결정된다는 것이다. 즉, 인간의 신체적 특성을 고려하여 악기와 음악이 만들어지게 된다. 예를 들어, 작곡가가 곡을 쓸 때 피아노곡의 경우 손가락이 닿을 수 있는 범위를 고려하여 연주 가능한 패턴으로 음악을 작곡하게 된다. 또 음 조직의 기본 체계를 형성하는 조성, 음계, 박자 등 기존의 이론에 근거하여 음악이 작곡되게 된다. 이러한 점에서 음악은 작곡가의 독창성에 의해 창조되는 예술이면서 동시에 연주자의 신체적 한계성과 소리의 체계에 대한 인식을 요구하는 과학의 양면성을 지니는 것으로 설명될 수 있다.

(5) 음악 창조 행위 및 영향을 주는 요인

음악 작품이 창조되는 과정에 대해 머셀(Mursell, 1986: 145)은 "작곡이란 시적 감정을 음으로 구체화하는 행위"이며 그것은 "가장 소박한 것에서부터 고도의 것에 이르기까지 모두 우리들이 느낀 것을 음과 리듬의 패턴으로 변형하는 행위"(1986: 145)라고 설명하였다. 모든 형태의 음악 창조는 여러 방식으로 소리를 조합하는 것을 수반하는데, 모든 음악이 항상 아름다움만을 추구하거나 개인의 정서 표현과 관련된 것은 아니다. 음악은 작곡가 개인에 의해 만들어지지만 작곡가가 음악을 작곡하는 의도나 양식, 표현 방식은 작곡가가 살고 있는 시대의 여러 관습 및 상황적 요소에 의해 영향을 받게 되는 것이다. 예를 들어, 바흐(J. S. Bach)가 수백 곡에 이르는 칸타타를 작곡한 것은 바흐 개인의 정서를 표현한 것이라기보다는 당시 교회가 사회 전반을 지배하던 시대에 교회에 예속된 작곡가로서 매주 교회의 미사를 위해 작곡을 해야만 했던 상황에 의한 것이라 할 수 있다.

(6) 미적 실체 정의의 어려움

20세기 이전의 음악에서는 작곡가들이 소리의 아름다움을 추구하기 위해 불협화음을 엄격히 금하여, 화성법에 근거하여 화성적으로 어울리는 소리만을 음악에 사용하였다. 그러나 현대 작곡가들은 조성 자체를 파괴하고 소음도 음악의 소재로 사용하는 등 소리의 아름다움을 추구하는 공통 관습 시대의 작곡가들이 수용하기 어려운, 기존 음악 작곡 체계에서 벗어난 새로운 음악을 자유롭게 표현한다. 이와 같이 전통음악의 관점에서는 아름답지 않은 소리인 불협화음이나 소음성의 음향을 현대 음악에서 사용하는 것을 보면, 음악의 아름다움을 정의하는 데는 보편적인 기준을 적용하기 어려우며 이러한 점은 음악 예술의 또 다른 속성이라고 설명할 수 있다.

(7) 시대적 특성의 반영

음악은 인간의 정서적·신체적·사회적 표현을 촉진하면서 인류 역사가 발달하는 과정 동안 지구상의 모든 시대와 문화 속에 존재해 왔다. 음악은 인간의 일상 경험에 기반을 두고 있기에 그 시대의 문화와 사회적 특성이 반영된 시대의 문화 관념 표현과 의사소통을 위한 통로를 제공하는 도구로 사용되었다. 따라서 음악을 설명하는 모든 정의는 시대의 문화적·종교적·사회적 상황의 특성과 관련되어 있다고 할 수 있다. 단일 문화나 사회 안에서, 또는 단일 음악적 사건에서도 음악에 대해 여러 가지 정의가 존재할 수 있다(Liske, 2008).

2) 음악의 가치

(1) 삶의 질을 증대

현대 사회에서는 학교, 백화점, 슈퍼마켓, 식당, 운동 경기, 대중 행사 등 어느 장소에서나 쉽게 음악을 접할 수 있다. 이처럼 음악은 우리의 생활에 많은 부분을 차지하고 있으며 영화와 TV 프로그램에 음악이 없으면 단조롭게 느껴지고, 극적인 분위기가 제대로 표현되지 않을 것이다. 음악은 인생을 풍요롭게 하고 사람들의 삶에 변화를 가져온다. 예를 들어, 기분이 우울할 때 음악을 들으면서 기분을 전환할 수 있으며, 노래를 부르고 악기를 연주하면서 마음이 상쾌해지는 즐거움을 맛볼 수 있게 된다. 이처럼 음악은 삭막해지기 쉬운 일상생활을 윤택하게 해 준다.

(2) 인간 최상의 내적 만족 경험

동물은 갈증, 식욕, 수면, 추위 등의 생존에 필요한 일차적인 생리적 욕구가 충족되면 만족하지만 인간은 여기에서 만족하지 않고 사회적 소속감, 타인에 의한 인정 등 여러 사회적 욕구가 충족되기를 바라며, 이와 더불어 미적 대상을 통한 정서적 만족을 추구한다는 점에서 동물과 다르다. 미적 대상인 음악은 이러한 속성을 가진 인간에게 미적 만족과 희열을 느끼게 하는 경험을 제공해 준다. 심리학자 매슬로(A. Maslow)는 인간은 인간 최고의 경험(peak experience)으로 일컬어지는 미적 경험을 통해 자아실현을 이루게 된다고 하였는데, 이러한 점에서 음악 예술이 인간의 삶의 질에 얼마나 중요한 요소인지 그 가치를 알 수 있다.

(3) 창조적 표현 욕구 충족

음악은 소리를 통해 자신의 감정과 느낌을 표현하고자 하는 인간의 창조적 욕구를 충족시킨다. 이미 원시 시대의 인간 사회에 음악이 창조된 것은 이와 같은 예술적 형태로 표현 욕구를 충족시키고자 하는 인간의 본성에 기인한 것으로 유추해 볼 수 있다. 따라서 학교에서 음악을 통해 감정을 표현할 수 있는 기회를 제공하여야 하며, 자신을 심사숙고하게 하는 매체로서 음악을 사용할 수 있도록 안내하여야 한다.

(4) 미적 욕구 만족

음악회와 전람회, 영화, 연극 등의 티켓 및 음반의 구입에 돈을 지불하고 시간을 사용하는 행위 등을 보면 사람들이 음악이나 예술을 통한 즐거움에 많은 가치를 두고 있음을 알 수 있다. 특별한 실용적 목적이 없어도 이런 활동에 많은 의미를 두고 있다는 것을 볼 때 우리 인간들에게 음악은 중요한 가치를 지니고 있음을 알 수 있다. 이처럼 음악이 사람들의 삶에 중요한 부분이라는 점에 근거하여 학교에서 음악이 왜 지도되어야 하는지 그 교육적 당위성에 대한 근거로 심미적 교육이 주장되어야 한다. 음악교육자들은 어린 학생들이 음악을 통해 미적으로 풍성한 삶을 영위할 수 있도록 학교에서 음악을 지도해야 하는 것이다.

(5) 행동치료의 도구

음악은 인간에게 정서적 만족을 주는 미적 가치 외에도 비본질적 가치인 실용성을 지니고 있다. 음악은 인간 행동에 영향을 주는 도구로 사용되기도 하는데, 그중 하나로 치료 요법적 가치를 들 수 있다. 최근 들어 음악의 생리학적·심리학적 효과와 관련하여 음악 치료 요법에 대한 관심이 많아지면서 심신허약자나 장애인들의 건강 증진에 음악이 사용되고 있다.

2. 음악 예술 미학

일반적으로 '미학(美學, aesthetics)'은 아름다움이 무엇인지와 예술에 대한 이론을 제공해 주는 철학의 한 분야로 정의된다. 20세기 예술 작품은 때로는 아름다움을 느끼게 하지는 않으나, 그럼에도 표현에 효과적이며 감동을 주는 요소가 내재되어 있어 미학의 정의를 확장하는 데 기여하였다. '미학'의 의미는 미학의 반대 개념인 무감각적인 것을 뜻하는 '비미학적

(anesthetic)'이라는 단어와 대조하여 비교해 보면 미학에서 강조하는 의미가 더욱 분명히 이해될 수 있다. '비미학적'인 것은 느낌이나 의식, 참여, 또는 감성이 전혀 없는 상태로 아름답지 않은 것이나 예술적이지 않은 것과는 다른 것이다.

'음악 예술 미학'은 음악 예술에 포함된 미학적인 문제를 다루며, 음악 예술의 본질과 가치, 음악 작품의 미적 법칙성, 미의 기본 구조와 형태에 대한 인식, 미의 논리나 미적 존재 양식 및 인간 사회에서 음악의 역할과 기능 등과 같은 내용을 철학적인 근거로 탐구하는 학문적 작업의 총칭이라 할 수 있다.

인간의 감정과 표현 동기는 상당히 복합적인 양상을 지니기 때문에 인간이 음악을 창조하고 듣는 이유를 한 가지 이론이나 이유로 설명하기는 어렵다. 음악 예술이 어떠한 의도로 만들어지고, 음악 예술에서 표현하고 전달하고자 하는 내용은 무엇이며, 음악 작품의 미적 특성과 의미는 무엇인가 등의 미학적 논제를 설명하는 대표적 미학적 관점은 크게 관련주의, 형식주의, 표현주의, 절대표현주의의 네 가지로 구분된다.

1) 관련주의

관련주의(referentialism)는 음악이 어떤 음악 외적인 목적을 위해 감정적이거나 개념적인 내용을 표현하려는 의도에서 만들어졌다는 논리에 근거를 두는 이론이다. 사회주의 국가에서 음악을 통한 사회주의 의식의 고양이나 민족 정서와 국민 정신의 함양을 위한 국민주의 성향의 음악, 치료 요법이나 상업용으로 사용되는 음악, 행진곡, 군가, 종교 음악 등은 관련주의 음악에 속한다.

관련주의적 관점은 순수 기악 음악보다 성악이나 특정한 의미를 전달하는 표제 음악에 좀 더 적합하다. 그러나 때로는 관련주의 음악에서 전달하려는 내용이 항상 분명하거나 특징적이지 않고 막연한 감정이나 분위기, 감정 상태만을 암시하기도 한다. 쿡(D. Cooke)은 특정한 음정과 음계가 다음과 같은 감정을 나타낸다고 설명한다. 장3도는 '기쁨', 장7도는 '격렬한 갈망', 상행하는 단음계의 5음은 '참을 수 없는 고통(불행에 대한 슬픔, 불만, 저항)'(Cooke, 1959: 90-133)이라는 것이다.

관련주의적 이론을 교육 현장에 적용할 때 나타나는 문제점 중의 하나는 절대음악에서 비음악적 메시지를 찾으려 하는 것으로서, 음악의 고유한 질로부터 관심을 다른 곳으로 돌리게 하는 결과를 초래한다는 것이다. 소리라는 자체의 범주 속에서 무엇이 진행되는가에 초점을 맞추기보다는 학생들이 비음악적인 관련적 내용을 억지로 상상해 내려 하고, 이러한 상상이 그 음악이 진정으로 표현하는 것과는 다를 수가 있기 때문이다(Abeles, Hoffer, & Klotman, 1984: 57).

작곡가가 기악 작품에서 줄거리를 묘사하기를 진정으로 원했다면 실제 사건이나 사물과 거의 흡사한 소리를 만들었을 것이고, 그런 경우 음악 작품으로서의 흥미는 더 이상 존재하지 않을 것이다. 음악의 미묘한 특성은 감상자에게 특정한 메시지를 정확히 사실적으로 전달하는 것이 아니라 막연한 감정 상태와 분위기가 느껴지게 하는 것이다. 작곡가가 특정한 메시지를 전달하려면 성악곡 형태를 선택하는 것이 더 낫다.

관련주의적 견해를 수용한 교육을 한다고 할 때 음악 속에 내포된 관련 내용이 학생에게 영향을 줄 수 있으므로 음악 작품의 선택에 신중을 기해야 한다. 사회주의 성향의 음악이나 이념성이 강한 음악, 너무 감상적인 분위기의 음악, 비도덕적인 음악 등은 학생의 가치 체계 형성과 정서 교육에 유익하지 못하다.

2) 형식주의

형식주의(formalism)는 19세기 미학가인 한슬릭(E. Hanslick)을 중심으로 발전된 이론이다. 예술의 의미는 예술 작품 그 자체 안에 존재하며 음악에 있어서 모든 의미는 객관적이며 본질적으로 음악적이라는 관점을 주장한다. 특정한 감정의 의미나 언어적 설명은 가능하지 않다. 형식주의자들은 기악 음악과 절대음악을 옹호하며 표제음악을 배척하는 입장을 취하며, 음악의 형식이라는 구체성과 음악적 어휘로서의 음악의 의미를 파악하려고 한다. 형식주의자의 관점에 근거할 때 음악 작품의 의미를 발견해 내려면 소리의 예술적 구성 그 자체에 주의를 기울여야 하고, 음악 이외의 외적 영역인 부수적인 면에 주의를 기울여서는 안 된다는 것이다.

형식주의는 심미적 행위는 지성을 요구한다는 19세기 엘리트 의식(elitism)과 연관성을 지니며, 예술적 경험을 지적 행위로서 음악 학습을 훈련으로 생각하여 지식의 습득과 기술 발달을 주된 관심으로 삼는다. 음악 지도의 접근 방식은 지적 이해력을 함양시키기 위한 인지적 학습을 중심 목표로 음의 구성 및 음들의 상호관계에 대한 개념적 학습과 분석적 태도의 육성을 중시하게 된다.

지적인 학습을 강조하는 형식주의 시각을 취하는 음악 지도에서는 논리적인 음악적 사고력과 통찰력은 배양되나 음악교과의 순수한 개인적·감정적 교류가 제한되기 때문에 음향 그 자체의 아름다움을 감각적으로 경험하면서 느끼게 되는 즐거움은 방해를 받을 수 있다. 즉, 형식주의 입장에서는 음악 요소에 대한 분석적 사고력 신장을 위한 인지적 영역의 이론 학습에 치중하게 되고 정서적 감흥과 만족을 고무시키는 감정적 영역의 학습은 주된 활동이 되지 못하므로 지적인 이해가 부족한 학생은 음악에 대한 흥미가 저하될 우려가 있다.

음의 구성에 대한 지나친 논리적 감상 태도는 자유롭고 풍부한 상상력을 고무하는 데 저해가 될 수 있다. 또한 형식적 미보다는 감각적·음향적·표제적 요소가 강조된 음악은 형식주의 관점에서의 음악 양식의 미적 의미와 내용을 설명하기에 충분하지 못하다.

우리가 음악을 지도할 때 음악적 요소의 지적인 이해에만 집중하여 가르치는 것은 가능하나, 음악을 들을 때 저절로 일어나는 감정이나 음악에 대한 반응 행위는 가르치거나 통제할 수 없으며, 음악을 들으며 어떤 감정을 느껴야 한다는 식으로 개인적·주관적 영역의 감정을 교육한다는 것도 바람직하지 못하다(Abeles et al., 1984: 60).

3) 표현주의

듀이(J. Dewey), 랭거(S. Langer), 마이어(L. B. Meyer), 레너드(C. Leonhard)에 의해 대변되는 표현주의(expressionism)는 관련주의와 형식주의의 극단적인 입장에서 벗어나 절충적 위치에서 이론적 논쟁을 전개한다. 음악사적 관점에서 표현주의 작곡가로는 쇤베르크(A. Schoenberg)가 있다. 표현주의는 예술 작품의 미적 가치와 의미가 인간이 체험하는 일상의 경험에 있다고 보며, 음악이 표현하고자 하는 음향의 상징적 의미에 큰 관심을 갖는다. 표현주의 관점에서 볼 때, 음악은 인간의 감성 세계를 소리로 유추한 것으로서 언어로 표현될 수 없는 미묘하고 복잡한 상태의 인간 느낌을 상징적·추상적 형태로 표상화한다.

예술 작품의 심미적 구성 요소가 인간 경험에 내재해 있는 질과 근본적으로 밀접한 관계가 있다고 보는 표현주의의 미학적 주장은 듀이의 실용주의적 입장을 강조하는 예술해석론과 연관이 있는데, 듀이는 그의 저서 『경험으로서의 예술(Art as Experience)』에서 예술과 일상생활의 연속성에 대해 다음과 같이 설명하였다.

> 예술 박물관에 소장된 많은 예술품이 과거의 문화에서는 원래 실용적 목적을 위해 창조된 것이다.
> 그리스 화병이나, 건축물, 조각품들은 대중이나 개인의 일상생활을 향상시키기 위해 창조된 것이시

소수 개인의 만족을 위해 박물관에 전시될 목적으로 만들어진 것은 아니다(Dewey, 1934: 214).

듀이의 이런 실용주의적 예술관은 예술을 고상하고 비범하게 여기는 형식주의적 견해와는 다른 입장을 취하는 반면, 예술이 일상생활의 갈등, 투쟁, 평정 등의 감정을 표현하고 반영한다는 표현주의적 개념과 일치한다. 그는 음악이 특정한 재능을 지닌 예술가나 작곡가에 의해 고귀한 사상이 표현되는 것이라는 형식주의적 견해에서 탈피하여 일반 대중들의 공통된 감정 생활을 표현한다는 일반 대중을 위한 예술론을 주장하였다.

듀이는 '미학'이라는 용어가 소비자의 입장을 의미하는 것이지 예술 자체에 내재해 있는 질을 뜻하는 것이 아니라는 의견을 제시하는데, 이런 관점은 슈바드론(A. Schwadron)에 의해 다음과 같이 설명되었다.

> 실용주의자들은 예술 작품의 심미적 특성을 생산자인 작곡가의 위치보다는 소비자인 감상자의 위치에서 해석하고자 한다. 심미적 행위는 활동적인 창조자와 더불어 감상자도 함께 연루시킨다. 예술가는 창조하는 동안 그 자신 속에 수용자인 감상자의 태도, 감정을 구현하는 것이다(Schwadron, 1966: 189).

예술 작품 속의 감정은 예술가 자신의 어떤 개인적 느낌이 표현된 것이라고 생각하기보다는 감상자에 의해 생기게 되는 감정이라고 생각해야 한다고 보는 것이다. 그 이유 중 하나는 예술 작품의 표현적 질은 문화와 관련되어 있기 때문에 예술 작품에 대한 감정적 반응도 문화적 배경에 따라 다르게 반응이 나타날 수 있기 때문인 것이다(Abeles et al., 1984: 59). 예술이 원래 미적이지 않다는 근거하에 예술 그 자체를 위한 예술적 논리는 받아들여지지 않으나, 그 대신 즉각적인 청중의 활발한 참여가 중요시되어야 한다(Schwadron, 1966: 189).

표현주의자의 견해를 좀 더 확고히 표명한 것은 랭거였다. 랭거는 음악이 특정한 정보나 감정을 전달하는 언어가 아니라 암시적인 방법으로 인간 감정을 상징화한 것이라는 예술적 해석을 제시하였다. 음악은 일상생활에서 감정의 세계를 맛볼 수 있는 기회를 제공하며 언어로 묘사되거나 설명될 수 없는 감정들을 표상화함으로써 언어 이상의 세계를 표현한다(Langer, 1951). 랭거의 이론은 예전의 철학가들에 의해 부여된 심미적 특성의 차원을 넘어서서 언어 메시지가 없는 기악 음악에 적합한 예술적 관점으로 평가되고 있다.

4) 절대표현주의

절대표현주의(absolute expressionism)는 음악 작품의 의미와 가치를 소리의 형식적 구조에서 찾고자 하는 형식주의의 입장과, 음악은 인간의 경험과 느낌을 소리라는 음악적 매체를 통해 상징적으로 표현한다고 주장하는 표현주의의 관점을 절충한 미학적 이론이다. 절대표현주의라는 단어의 '절대(absolute)' 부분은 음 자체의 고유한 절대적 가치를 주장하는 형식주의 입장을 의미하고, '표현주의(expressionism)' 부분은 감정 표현 측면에서의 표현주의와 관련주의의 음악 외적인 관련성을 포함한다.

절대표현주의는 리머(B. Reimer)가 주장하였는데, 리머는 형식주의자들이 주장하는 예술 작품의 형식적 요소의 미적 가치를 인정하면서 이런 요소들이 인간 생활로부터 분리되어야 한다는 형식주의자들의 관점에는 반대의 입장을 취한다. 예술 작품의 미적 구성 요소는 모든 인간 경험에 내재한 질과 밀접한 관련이 있기에 예술 작품의 미적 내용의 질에 공감할 때 모든 인간 경험을 형성하는 질에도 또한 공감하게 되는 것이며, 감상자는 예술 작품의 질과 인간 경험의 질 사이의 관계를 '의미 있고 중대한' 것으로 느끼게 된다. 절대표현주의는 어느 이론적 학파보다 미학가, 예술가, 특히 음악교육자들이 보편적으로 널리 받아들이고 있는 이론으로 민주주의 사회의 대중 교육에 가장 적절히 부합되는 이론으로 제시되고 있다.

절대표현주의자들의 견해에 의하면 작곡가가 음악을 만들 때 메시지를 전달하려고 하거나 특정한 감정을 표현하려고 하는 의도가 없더라도 작곡 과정 속에 작곡가의 삶의 경험과 느낌에 내재한 속성들이 투영되면서 음악 속에 어떤 느낌이 내재하게 된다는 것이다. 음악 작품에 내재된 정서적 표현성으로 인하여 감상자는 음악을 들으면서 음악을 소리의 조직적인 구성으로만 인식하는 것이 아니라, 음악 작품의 심미적 요소에 반응하면서 인간 내면에 존재하는 다양한 감정을 느끼게 된다. 그러나 음악 속의 감정은 일상생활에서 느끼는 말로 서술할 수 있는 구체화될 수 있는 감정이 아니라 소리의 구조와 패턴 등의 음악적 속성에 의해 창출되는 추상적이고 함축적인 느낌이다.

절대표현주의가 주장하는 음악 예술의 미적 의미는 소리를 통해 어떤 느낌과 정서를 표출하는 것뿐만 아니라, 음악을 구성하는 요소들로써 만들어지는 전체적인 표현 형식에 의해 표상적·상징적으로 경험되는 것이다. 즉, 리듬, 가락, 화성, 음색, 성부조직, 빠르기, 셈여림, 형식과 같은 음악 요소들의 총체적인 구성에 의해 음악적 의미와 정서가 표현되는 것이기에 감상자는 이러한 음악 요소의 형식적 속성에 의해 파생되는 미적·징시적·음악적 의미를 지각하고 반응·경험하게 된다.

음악 작품 속에 내재된 미적 요소를 직관과 통찰을 통해 그 미적 의미를 경험할 수 있을 때 비로소 음악을 이해하고 즐길 수 있기 때문에 절대표현주의자들은 음악 학습을 통한 심미적 감수성 계발을 중시한다. 특히 리머의 이론은 음악교육에 많은 의미와 가능성을 시사한다. 리머는 예술 작품이 인간 감정 영역을 심미적 형태와 형식으로 표현한 것이므로 심미적 교육은 느낌의 교육이라 간주하면서 음악을 통해 학생들이 감정이 풍부해지도록 교육할 것을 주장하였다(Reimer, 1987: 35). 그러나 학생들의 느낌과 감정이 진지하게 교육될 수 있는지에 대한 문제점이 있다.

3. 심미적 경험의 특성

음악교육의 주요 목표는 학생들이 음악의 아름다움을 가능한 한 많이 느끼고 발견하고 즐길 수 있는 심미적 감수성을 계발하는 것으로, 이를 위해 음악 수업에서 심미적 경험을 할 수 있는 기회를 제공해 주는 것이 중요하다. 심미적 경험을 촉진하기 위해서는 심미적 경험의 특성에 대한 구체적인 이해가 요구되며, 이는 심미적 경험과 비심미적 경험을 확실히 구별해 낼 수 있는 기준을 제공함으로써 바람직한 심미적 행동 양식을 유도하는 데 도움을 줄 수 있다. 심미적 경험의 특성은 다음과 같이 일곱 가지로 설명할 수 있다.

1) 고유성

심미적 경험의 첫 번째 특성은 '고유성'이다. 심미적 경험은 실질적이거나 실용적 목적과는 무관한 것으로, 그 자체의 경험을 위한 만족이지 그 이외의 가치를 획득하는 데 관심을 두는 실리적 경험과 다르다. 심미적 경험은 경험 자체로부터 파생되는 정서적 감응과 만족, 즐거움에 가치를 두기 때문에 그 외에 다른 실용적인 결과에는 관심이 없어야 한다.

그동안 음악의 순수한 경험 자체로부터 느끼는 심미적 희열의 가치보다는 음악에 의해 부수적으로 파생되는 비음악적 결과, 다시 말하면 도덕적 함양, 종교적 목적, 치료 요법 기능, 국민적 자질 육성 등에 많은 관심을 두어 왔다. 이러한 교육적 사조는 음악 예술 고유의 자족적 성격인 심미적 경험의 교육적 의미를 약화하게 된다. 일상생활을 영위하는 데 아무런 실리적 이득이 없는데도 우리가 음악회에 가거나 음반을 구입하는 데 경제적 지출을 하는 것을 보면, 음악이 인간의 삶의 질을 높이는 데 중요하고 의미 있는 경험이라는 것을 알수 있다.

2) 감정 수반

심미적 경험은 감정을 수반하여야 하는 특성을 가진다. 인간은 일상생활에서 느끼는 단순하거나 분명한 감정뿐만 아니라, 말로는 정확히 표현하기 어려운 미묘한 형태의 감정을 갖게된다. 심미적 경험은 미적 대상 속에 내포된 심미적 조건들에 의해 감정적 반응을 유발하며미적 대상 속에 자아를 투사하거나 동일시하게 되는데, 이러한 참여를 '감정이입(empathy)'이라 한다(Reimer, 1987: 93). 예를 들면, 우리는 슬픈 소설을 읽고 눈물을 흘리거나, 공포 영화를보며 긴장감과 스릴을 느끼는데, 이러한 정서적 반응을 보이게 되는 이유는 소설이나 영화 속의 주인공과 자신을 일체화하는 감정이입 현상이 나타나기 때문이다. 음악의 경우도 즐거운음악을 들으면 상쾌한 기분이 되는 것은 그 음악이 지닌 정서적 내용과 분위기에 자신의 감정이 흡수되고 투영됨으로써 음악의 감정적 요소에 심미적 반응이 일어났기 때문이다.

3) 지적 숙고

심미적 경험은 미적 대상의 표현적 특질을 지각할 수 있는 지적인 숙고를 필요로 하는 특성을 갖는다. 심미적 대상을 의식적으로 주시하고 그 대상을 이전의 경험과 연관시키고 미적대상으로 인해 유발되는 반응들을 의식적으로 자각할 수 있게끔 적극적이고 능동적이며 민활한 정신 활동이 요구된다. 미적 대상과의 감각적인 접촉이 이루어졌어도 심미적으로 형상화된 그 미적 대상의 표현 특성의 심미적 의미와 내용을 이해하고 파악할 수 있는 지적 통찰력과 이해력이 없으면 완전한 심미적 경험은 발생하지 않는다. 이러한 맥락에서 주관적이고개인적인 특성을 지닌 심미적 경험은 학습과 훈련을 통해 그 강도가 증진될 수 있을 것이다.

4) 주의집중

심미적 경험은 주의집중을 필요로 하는 특성을 지니는데, 이는 오직 미적 대상만을 관조할 수 있도록 마음을 비워야 한다는 것을 의미한다. 심미적 경험이 발생하기 위한 전제 조건으로 그러한 경험을 일으키는 미적 대상이 존재하여야 한다. 그러나 그러한 대상이 존재하는 것만으로는 심미적 경험이 일어나기에 충분하지 않고, 거기에는 반드시 감상하는 사람이 관조적 태도로 심사숙고할 수 있는 마음 자세가 필요한 것이다.

예를 들면, 벽에 그림이 걸려 있어도 그 그림에 주의를 기울이지 않거나, 그림을 보면서도 다른 생각에 잠겨 있다든지 해서 집중하지 않고 그림을 감상하는 태도에서는 심미적 경험이 일어나지 않는다. '소리를 듣는다.'라는 의미의 영어 단어로 'hear'와 'listen'이라는 두 단어가 있는데, 이 어휘의 의미 차이는 집중을 하고 소리를 듣느냐, 그렇지 않느냐에 있다. 들으려는 의지와 전혀 관계없이 들려오는 자동차 소리, 소음 등을 저절로 듣는 것은 수동적인 'hear'의 상태이고, 'listen'은 감상자가 자신의 의지로 능동적이고 적극적인 태도로 의식을 갖고 소리를 들으려는 행위를 뜻한다. 음악 예술의 심미적 경험은 'hear'가 아닌 'listen'의 태도로 음악에 몰입할 때 비로소 미적 대상과의 감정적 교류를 갖게 되기 때문에 음악 교사들은 학생들의 음악 감상 태도가 심미적 감수성 계발에 얼마나 중요한 비중을 차지하는지에 특별한 관심을 기울여야 한다.

5) 직접적 경험

심미적 경험은 다른 사람의 심미적 경험을 훔치거나 빌려 올 수 없고 타인이 대신해 줄 수 없는 특성을 지닌다. 자신이 직접 참여하고 경험해야만 하는 것이다. 왜냐하면, 동일한 미적 대상을 여러 사람이 감상하더라도 거기에 대한 반응과 느낌이 각각 다르고, 수학이나 기하학 과목에서와 같이 정확한 답이 한 가지만 있는 것이 아니라 감상자의 주관에 따라 무한정하게 다양한 반응이 나타나게 되므로 심미적 경험에 정답이란 있을 수 없다.

영화, 연극, 그림, 소설 등을 직접 보거나 읽지 않고, 다른 사람이 체험한 심미적 경험을 이야기하거나 설명을 통해 듣게 되는 간접적 경험을 통해서는 감상자가 예술 작품을 통해 느낀 정서적 특성은 전달되지 않는다. 심미적 경험이란 미적 대상과 그 미적 대상을 감상하는 주체 사이의 직접적인 상호작용 속에서 가능한 개인적 성격의 독특한 경험이기 때문이다. 소리라는 미적 질에 직접 참여하지 않고는 음악의 심미적 경험을 할 수 없기 때문에 심미적 감수성 계발을 중시하는 현대적 음악교육에서의 음악 수업은 항상 음악 작품을 모든 분야의 학습 활동의 도구로 활용해야 한다는 점을 강조한다.

6) 자아실현

심미적 경험은 인간의 본질적 만족을 구현하는 수단으로서 좀 더 풍요롭고 삶의 의미를 주는 가치를 지닌다는 특성을 갖는다. 인간은 동물과 달리 일차적인 생리적 욕구 충족만으로 행복을 느낄 수 없기에 그다음 단계의 욕구가 발생되는데, 이를 이차적인 심리적 욕구라 한다. 경제적 안정, 사회적 소속감, 사회로부터의 승인, 존경을 받고 싶은 욕구 등의 여러 유형의 심리적 욕구를 충족한다 해도 완전한 삶의 만족은 성취되지 않는다고 한다. 심리학에서는 심리적 욕구의 가장 높은 단계의 만족 형태로 일컬어지는 자아실현이 이루어질 때 비로소 인간이 최고의 만족감을 느낀다고 한다. 이 자아실현은 인간이 자각하는 최고의 만족과 가치로서 예술 작품의 심미적 경험을 통한 정서적 치유와 만족의 결과에서 비롯된다고 한다.

7) 잠재적 능력

심미적 경험은 지성인이나 특정한 계층의 사람들에게만 한정된 경험이 아니다. 심미적 경험을 할 수 있는 능력은 누구에게나 잠재해 있는 보편적인 능력이다. 단지 사회적·문화적·교육적 배경의 차이로 인해 개개인의 반응 형태나 심미적 만족의 심도가 달라지는 것뿐이다. 슈바드론은 다음과 같은 요인들이 심미적 경험에 영향을 준다고 지적하였다. 음악적 경험의 배경, 해석 및 추상적 관념화의 능력, 문화적 여건, 민족적 성향, 자기중심적 성향, 집중력의 정도 및 개인적 취향이 그것이다(Schwadron, 1966: 190).

4. 심미적 교육을 위한 지도 방법

1) 미학적 관점에서의 음악 지도

(1) 관련주의 관점에서의 음악 지도

관련주의 입장을 고수하는 학습 방식에서는 음악 외적인 내용에 대한 실행에 치중하게 되어 음악을 들으면서 곡의 줄거리나 자연 풍경 등의 회화적 요소 및 시적 정서나 감정적 분위기 등의 감정적 측면에 관심을 갖게 한다. 표제음악의 감상에서 어느 정도의 표제와 관련된 비본질적인 정보도 필요하겠지만 학습 시 제시되는 정보나 내용은 가능한 음악 그 자체와 관련된 내용이어야 한다. 음악 작품 속에서 소리 그 자체에서 파생되는 미적 특성보다 특정한 줄거리나 음악 외적인 내용을 끌어내려고 지나친 상상을 유도하는 관련주의적 음악 감상은 순수한 미적 요소의 이해에 방해가 될 수 있다.

따라서 음악 학습에서 곡에 대한 외형적인 내용, 즉 작곡가의 생애, 작곡 연도, 작곡 배경 등의 설명은 심미적 경험과는 무관하다. 미적 특성을 부여하는 소리의 특질과 형태, 감정을 유발하는 내면적인 표현 요소에 초점이 맞추어져야 한다. 음악을 구성하는 음색 · 선율 · 리듬 · 조성 · 형식 · 셈여림 등은 이것들에 의해 음악이 표현되고 분위기가 창출되어 연상과 이미지가 환기된다는 의미에서 표현 요소라 일컬어진다. 그러므로 표현 요소에 대한 반응력을 촉진하는 것은 심미적 반응을 증진하는 데 도움이 된다.

(2) 형식주의 관점에서의 음악 지도

형식주의자는 음악의 표현 요소는 심미적 의식을 촉진하는 중요한 미적 자료로 간주하여 표현 요소에 대한 개념적 이해를 도모하기 위한 교육의 중요성을 강조한다. 머셀은 "음악은 원래 인간의 경험을 음으로 객관화한 것"이라고 언급하며 음악의 미적 요소에 대한 감정적 반응은 다양하고 주관적이지만 그 반응을 일으키는 음악 요소는 객관적으로 설명되고 지적될 수 있다고 하였다. 그러나 개념적 이해를 위한 분석 학습이 음악 요소에 대한 단편적이고 개별적인 지식의 습득이 되어서는 안 되고 음악을 하나의 통일체로 작품을 경험해야 한다고 하였다.

이러한 주장은 학습 이론 심리학의 한 분야인 형태 이론(gestalt theory)과도 맥락을 같이한다. 즉, 표현 요소의 복합적인 상호관계에 의해 표출되는 미적 의미를 식별해야 한다는 것이다. 예를 들면, 악곡의 감정적 클라이맥스는 여러 표현 요소의 복합적인 작용에 의해 창출되는데, 다시 말해 화음에서는 불협 화음, 리듬적으로는 긴 음표가 사용되거나 선율적으로 높은 음이 나오는 곳, 셈여림 측면에서는 악센트가 주어졌거나 이런 음악 요소의 결합 결과로 나타나는 미적 표현 현상을 전체적인 형태로 인식해야 한다는 것이다. 연주 학습의 경우도 악곡과 분리된 음계의 기계적인 연습은 음계가 작품 전체에서 차지하는 음악적 의미나 미적 효과를 느끼게 할 수 없고 기계적 패시지의 지나친 부분 연습은 이 패시지의 작품 전체 구성과의 미적 관계를 지각하게 하는 데 도움을 주지 못한다.

(3) 표현주의 관점에서의 음악 지도

음악은 인간의 삶이 음향이라는 상징적 표현 양식을 통해 투영된 것이며, 음악 속에는 인간의 다양한 감정과 정서가 표현되었다는 견해를 제시하는 표현주의자들은 음악 지도 과정에서 음악을 들을 때 음악 속에 표현된 감정과 음향의 상징적 의미에 관심을 갖도록 해야 한다고 주장한다. 그러나 음악이 표현하는 느낌이나 감정은 말로 구체적으로 설명할 수 있는 특정 정서가 아니기 때문에 교사는 개인의 주관적 정서를 중시해야 하며, 음악을 통해 일상생활에서 경험할 수 없는 다양한 감정을 느낄 수 있도록 표현성이 풍부한 음악을 들려주어야 한다.

표현주의 시각에 기반을 둔 음악 지도의 주요 목표는 심미적 감수성의 계발로, 이를 위해 교사는 학생들이 음악 속에 내재된 정서와 느낌에 민감히 반응할 수 있도록 다양한 음악적 경험을 제공해 주어야 한다. 또한 음악은 인간 삶에 나타난 다양한 감정과 정서가 표상화된 예술이라는 점을 학생들에게 이해시키기 위해 학생들에게 자신의 주관적 느낌을 음악으로 표현할 수 있는 활동을 제공해 주도록 해야 한다.

(4) 절대표현주의 관점에서의 음악 지도

음악에는 형식적 속성과 정서적 표현성이 공존하게 된다는 절대표현주의자 입장을 수용하는 경우 음악 작품 속에 내재된 감정적 의미는 감상자의 막연한 상상 속에서 찾게 하는 것이 아니라 소리의 표현 요소를 탐구함으로써 발견하여야 한다. 예를 들면, 대위법적인 악곡에서 다양한 주제가 얽혀 전개되면서 쌓이는 긴장감이나 복조성 음악에서 두 개의 조성이 동시에 연주됨으로써 초래되는 이중적 표현 양식은 인간이 생활에서 느끼는 감정적 갈등이나 두 가지 감정이 공존하는 삶의 이원적 현상으로 해석될 수 있다. 불협화음이 협화음으로 해결되는 것은 인간 감정의 긴장과 이완을 의미한다는 것을 이해하게 함으로써 화음의 감정적 표현 특성을 인식하게 하는 것이다. 음악 지도 과정에서 교사는 학생들이 음악 작품 속에 내재된 음악적 구성 요소의 속성과 경험적 의미를 직관과 통찰을 통해 개별적으로 의미 있는 것으로 체험할 수 있도록 안내하는 것이 중요하다.

2) 음악교과의 특성을 고려한 음악 지도

(1) 실음 중심의 음악 지도

음악 학습에서는 심미적 경험을 할 수 있는 기회가 제공되어야 한다. 음악 학습 활동은 심미적 반응이 고무되고 심미적 지각이 촉진되는 데 중점이 있어야 한다. 작품에 대한 지식이나 정보 등의 이론적 사실만을 지도하는 경우가 많은데, 음악이라는 예술이 소리를 매체로 표현된 예술임을 생각하여 볼 때 소리 그 자체의 경험에서 벗어난 다른 내용에 대한 주의 집중은 순수한 심미적 반응이나 경험에 지장을 줄 수 있다. 악곡의 작품 배경이나 작곡가의 생애, 표제 및 줄거리 등과 같은 '음'이라는 본질적 매체 밖의 비본질적인 내용을 중심으로 한 학습은 바람직하지 못하다. 심미적 경험의 전제 조건은 심미적 경험의 실체인 소리라는 자극이 존재해야 하기 때문에 음악 수업의 학습 소재는 항상 실제 음악을 사용하여야 하며, 소리 자체와의 청각적 접촉을 통해 미적 요소를 탐구할 수 있는 분위기를 조성해야 한다. 음악 지도의 핵심은 소리의 표현력과 소리 그 자체가 지닌 미적 가치를 충분히 감지하도록 유도하는 데 있다.

(2) 심미적 태도의 계발

다른 분야의 교육은 논리적이고 객관적이며 이성적인 사고 방식 함양에 기본 목표를 두고 있는 반면, 예술 분야 학습은 느낌을 갖고 미적 대상을 지각하도록 상상력과 민감한 감수성을 지닌 심미적 태도의 육성에 관심을 둔다. 심미적 태도는 심미적 경험의 만족도에 많은 영향을 주는데, 미적 대상에 얼마만큼 주의집중과 몰입을 하느냐 하는 마음 자세가 중요한 것이다. 교사는 음악적 흥미를 유발하고 음악에 대한 관심을 증대시켜 능동적인 태도로 음악을 즐기게 하는 효과적인 지도 방법을 구상하도록 해야 한다.

순수한 미적 공감을 형성하기 위해서는 개인의 주관적인 태도로 예술 작품을 향해 가치 판단이나 평가를 하지 않도록 해야 한다. 지나치게 평가하려는 주관적 태도는 표현 내용에 자신을 투사하여 직접적인 심미적 교류를 하는 데 지장을 줄 수 있으므로 순수하고 솔직한 마음으로 외부적인 요인이 배제된 상태에서 미적 대상을 경험해야 한다.

(3) 음악적 이해력 계발

어떤 음악을 '좋아한다'는 말과 그 음악을 '느낀다' '지각한다' '이해한다'는 말은 심미적 차원에서 다른 의미라 할 수 있다. 음악을 좋아해도 그 음악이 지닌 미적 내용과 의미는 이해하지 못할 수 있기 때문이다. 그러므로 교사는 음악을 좋아하게 하는 수준의 교육, 즉 주관적·감정적 범주의 교육에 머물러서는 안 되고 음악적 의미를 통찰하여 이해하는 수준의 교육으로 끌어올려야 한다.

(4) 객관적 용어 사용

음악은 미묘하고 복합적인 인간 느낌이 상징적·추상적 형태로 표현된 것이기에 어떤 악곡의 감정적 분위기가 분명히 포착되거나 유일한 감정으로 지적되거나 기술될 수 없다. 따라서 음악에 대한 감정적 반응은 수학이나 과학처럼 정답이 있을 수 없으며 어떤 단어가 그 음악의 분위기를 나타내는 데 적합한가 하는 것은 중요하지 않다. 필요 이상으로 음악에 언어적 설명을 부가하는 것은 바람직하지 않으며, 이는 때로는 음악을 즐기는 데 방해 요소가 될 수 있다.

그러나 심미적 지각과 심미적 통찰을 증진시키기 위한 하나의 도구로 언어가 활용될 수 있는데, 이러한 경우 교사가 사용하는 언어는 미적 특성을 지적하는 데 적절한 것으로서 서술적이어야 하되 해석적이어서는 안 된다. 즉, 교사는 음악 작품에 대해 설명을 할 때 주관적 용어는 피하고 객관적 용어를 사용해야 하는데, 이는 학생의 감정 반응에 영향을 주는 어휘는 순수한 소리 그 자체의 심미적 특질을 왜곡할 수 있기 때문이다.

심미적 교육의 목표는 음악의 미적 특성과 의미를 좀 더 의식적으로 자각하도록 하기 위한 것이지 학생들이 느낀 정서적 반응을 객관화하기 위한 것이 아니다. 예를 들면, 어떤 음악을 듣고 그 음악의 느낌을 슬픈, 우울한, 어두운, 조용한 등의 형용사 등을 사용해 말하게 되는 경우가 있는데, 이러한 어휘들은 음 자체나 음의 구조에 대한 주의집중에 도움이 되지 않는다. 왜냐하면 이러한 주관적인 감정을 묘사하는 단어들로는 개인에 따라 제각기 다르게 느끼는 감정적 반응을 확실하게 설명하는 것이 불가능하기 때문이다.

음악 학습에서 그 작품의 분위기가 어떠한가를 구체적인 언어를 사용하여 설명하는 것은 중요하지 않다. 중요한 점은 그 작품에서 음악의 표현 내용상 어떤 것이 전개되었으며 음악 속에서 내재된 예술적 의미를 얼마나 민감하게 의식하고 느꼈는가 하는 점이다. 그러므로 이런 음악의 미적 본질에 부합된 내용들을 설명하는 데 적합한 서술적이고 객관적인 용어를 사용해야 하며, 주관적이거나 개인적·해석적·감정적 영역의 표현이어서는 안 된다.

(5) 다양한 유형의 음악 지도

심미적 경험의 필수 요건인 미적 특질을 갖춘 객체의 질적 내용은 심미적 경험의 질에 밀접한 영향을 주게 된다. 이러한 이유로 교사는 예술성이 높은 음악을 들려주어야 한다. 주관적 속성을 지닌 음악 예술을 객관적 기준에 의해 평가하기란 어렵다. 폭넓은 심미적 경험의 기회를 제공하기 위해서는 시대, 장르, 양식, 형식, 지역, 문화적 배경 면에서 다양한 유형의 음악을 학생들이 접하도록 해야 한다. 공통 관습 시대 음악만을 제한적으로 사용해 온 경향이 있는데, 20세기 음악의 새로운 표현 기법에 대한 미적 이해를 도모하기 위해 현대 음악도 교과과정에 포함하여 지도해야 한다.

 토의 주제

1. 음악 지도에 심미적 관점을 고려해야 하는 이유에 대해 토론해 보자.

2. 심미적 경험의 특성을 설명해 보자.

3. 음악과 관련된 대표적인 미학적 관점들에 대해 설명해 보자.

4. 음악 수업에서 교사가 미학적 원리들을 어떻게 적용하여 심미적 감수성을 계발할 것인지에 대해 토의해 보자.

 참고문헌

Abeles, H. F., Hoffer, C. R., & Klotman, R. H. (1984). *Foundation of music education*. New York: Schirmer Books.

Cooke, D. (1959). *The language of music*. London: Oxford University Press.

Dewey, J. (1934). *Art as experience*. New York: Minton Balch.

Langer, S. K. (1951). *Philosophy in a new key*. New York: New American Library.

Liske, K. L. (2008). *Philosophy of music education*. Retrived November 2, 2008. http://www.uwosh.edu/faculty_staff/liske/philosophy.html.

Mursell, J. L. (1986). **음악교육과 인간형성**. (편집부 역). 서울: 삼호출판사.

Reimer, B. (1987). **음악교육철학**. (신도웅 역). 서울: 세광음악출판사. (원저는 1970년에 출판)

Schwadron, A. (1966). Aesthetic values and music education. In Bonnie C. Kowell (Ed.), *Perspective in music education: Source book III*. Washingtion, D.C.: MENC.

제**4**장

음악교육의 심리학적 기초

승윤희

심리학 역사를 살펴보면 심리학의 정의는 시대에 따라서 계속 변화해 온 것을 알 수 있다. 철학으로부터 새로운 학문으로 독립하기 시작할 무렵의 초기 심리학은 '마음'의 연구 분야로 간주되었다. 그 후 객관적으로 측정이 가능한 현상만을 다루어야 한다는 주장과 함께 인간과 동물의 '행동'을 심리학의 연구 대상으로 보았으며, 최근에는 행동뿐만 아니라 인간의 '정신 과정'을 과학적으로 연구하는 학문으로 심리학을 정의한다. 그렇다면 교육과 심리학은 어떠한 관계가 있을까? 학교교육에서 심리학에 대한 관심은 인간의 심성과 행동을 계획적으로 '변화'시키기 위한 '방법'의 문제에 있다. 음악교육을 위한 심리학적 기초는 크게 교육심리학과 음악심리학의 배경을 가진다. 교육심리학 이론과 원리들은 올바른 음악 교수 · 학습 방법을 위한 신뢰할 만한 근거를 제공하며, 음악심리학은 음악의 지각과 인지, 음악 능력, 음악 학습 등과 관련하여 음악 교수 · 학습 방법 연구에 구체적이고 실질적인 기반이 된다.

1. 교육심리학과 음악교육

현대 심리학의 연구 방법은 행동주의적 접근, 인지적 접근, 인본주의적 접근, 신경생물학적 접근, 정신분석학적 접근의 다섯 가지로 분류될 수 있다. 이 중에서 일반 학교교육은 특수교육에 유용한 정신분석학적 연구 방법을 제외한 네 가지의 심리학 연구 방법에서 실질적인 도움을 받으며, 이는 일반 음악교육에 있어서도 마찬가지이다.

심리학 연구는 같은 연구 주제라 하더라도 각기 다른 연구 방법으로 접근할 수 있다. 예를 들어, '음악 능력의 발달'이라는 주제하에 행동주의 관점에서는 음악 능력을 발달시키기 위한 환경적 조건을 연구하여 음악교육과 환경의 중요성을 인식시키고 교육을 통한 음악 능력의 계발을 강조할 것이며, 인지주의 관점에서는 음악 정보를 지각, 인지하고 처리하는 과정에 초점을 두어 음악 인지발달과 음악적 기억 등에 관한 연구 자료를 제공할 것이다. 인본주의 관점에서는 음악적 성장을 즐거워하는 아동에 초점을 두어 음악 능력의 발달과 관련된 개인의 주관적 경험과 자아실현 가능성에 대한 연구를 할 것이고, 신경생물학 관점에서는 음악 정보를 처리하는 뇌의 기능과 작용을 연구한 결과를 제공하여 장기적인 음악교육이 뇌에 영향을 준다는 것을 실증적으로 이해시킬 것이다. 각각의 심리학 연구 방법에 따른 연구 성과들을 종합하여 보면 '음악 능력의 발달'에 관하여 다면적인 심리학 지식을 가지게 되고, 이러한 지식은 음악 능력을 발달시키기 위한 교수 · 학습 과정에 여러 가지 방법으로 적용될 수 있다.

교육심리학은 심리학의 여러 이론과 원리에 기초하여 교육 현장에서 교육을 이해하고 교육의 목표를 달성하기 위한 효율적인 교수 · 학습의 방법을 연구하는 학문이다. 교사의 심리학적 지식에 따라서, 즉 교수 · 학습 방법의 심리학적인 배경을 이해하는 정도에 따라서 수업의 질은 달라질 수 있다. 또한 심리학적인 지식과 원리에 기초하여 가르치는 교사는 문제 해결을 위한 방법도 다각적으로 모색할 수 있다. 음악 교수 · 학습 과정에서 유일하고 절대적인 교수 · 학습 방법은 존재하지 않는다. 음악 교수 · 학습 과정에는 음악 수업의 내용과 성격을 고려하여 적절한 교수·학습 방법이 제공되어야 한다. 다음은 다양한 심리학적인 이론과 원리를 음악교육에 적용하여 효과적인 음악 교수·학습 방법을 연구하는 데 기반이 되는 내용들이다.

1) 행동주의 심리학과 음악 교수·학습

행동주의 심리학은 환경 조건(자극)과 그것에 대한 유기체의 반응 간의 관계에 관심을 두기 때문에 자극-반응 심리학(S-R 심리학)으로 불리기도 한다. 행동주의 심리학은 관찰할 수 있는 행동에 연구의 중점을 둔다. 기본적으로 인간 행동은 통제될 수 있다는 입장이며, 환경조건에 따라 학습 행동이 어떻게 변하는지를 관찰하는 데 관심을 가진다. 행동주의 심리학은 연습과 반복 학습의 중요성, 학습자의 외적 동기유발, 구체적인 학습의 조건과 환경적 지원, 분명한 행동 목표의 필요성 등을 제시하는데, 이러한 내용은 음악 수업에서도 매우 유용하다.

(1) 반복 연습과 연습의 분배

반복 연습은 학습의 기능과 활동 능력을 향상시킨다. 음악 기능을 잘 수행하기 위해서는 정확하고 반복적인 연습의 과정이 중요하다. 음악 학습에 있어 악보 읽기와 악기 다루기 등은 자동적으로 이루어질 때까지 지속적인 반복 연습을 필요로 한다.

악기 연습은 하루 종일 집중 연습하고 며칠간 쉬는 것보다 매일 꾸준히 일정 시간 연습하는 것이 더 효과적이다. 그러나 기계적이고 강제적인 반복 연습은 적절하지 않으며, 학습의 목표와 활동의 이해가 병행될 때 효과적으로 이루어진다. 연습은 목표와 의미가 있어야 하며 학습자가 연습의 필요성을 인식할 때 더 효과적이다.

교사는 학습자의 능력과 흥미, 연령에 따른 주의력과 집중력을 고려하여야 하고, 연습의 최적 한도 내에서 연습하도록 수업을 계획하여야 하며, 학습한 내용이 다음 수업 이전에 충분히 연습될 수 있도록 지도하여야 한다.

(2) 외적 동기와 강화제

동기는 학습자의 행동 변화에 원동력이 된다. 내적 동기는 뚜렷한 보상 없이 작용하는 반면, 외적 동기는 수업에서의 성취와 관련하여 외부로부터의 명백한 보상을 필요로 한다. 명백한 보상이란 주로 실질적이거나 언어적인 강화제를 의미하는 것으로, 보상은 어떤 성취 행동 후에 기대하는 욕구를 충족시켜 준다.

음악 학습에서도 학습자의 연령이 낮은 경우, 학습자들이 좋아하는 스티커, 과자와 같은 실질적 강화제나 칭찬과 같은 언어적 강화제 등을 적절하게 사용하여 학습자의 외적 동기를 유발시킴으로써 음악적 성취 행동을 유도하거나 학습자의 음악적 행동을 수정할 수 있다.

외적 동기와 관련된 문제들은 강화제를 사용하여 음악 수업에서 다양한 음악적 행동의 목표를 동기화시키는 것이다. 그러나 이러한 방법은 음악적 성취를 위해 효과적으로 사용될 수 있지만, 학습자들의 음악적 행동에 지나친 보상이 따르거나 음악 수업의 목표와 성취 수준이 적절하지 않은 경우 또는 장기간에 걸쳐 지속적으로 보상하는 것은 바람직하지 않다.

(3) 구체적인 학습의 조건과 환경적 지원

구체적인 학습의 조건을 제시하고 적절한 환경을 지원하는 것은 모든 연령의 학습자에게 효과적이다. 학습 조건이 분명하게 제시될 때, 학습자가 학습에 대한 준비가 되어 있을 때, 학습자는 학습 과정에 능동적으로 참여하게 된다.

학습 목표(내용)에는 한 가지 또는 여러 가지 조건이 제시될 수 있다. 예를 들어, '다장조 주요 3화음을 이해하고 실로폰과 멜로디언으로 화음 반주하기'는 여러 가지 조건이 포함된 학습 내용의 예이다. 학습 내용에는 중요하고 필요한 조건만을 제시하여야 한다. 학습자의 연령이 낮을수록 학습 조건은 단순하게 제시되는 것이 바람직하며, 학습의 조건이 너무 많거나 학습자가 학습에 대한 준비가 부족한 경우 또는 제시된 학습 조건과 다른 조건이 수업에서 요구되는 상황은 학습자에게 심리적으로 불안한 요인이 될 수 있다.

교사는 음악 학습의 조건이 적절하게 제시되었는지에 유의하고 음악 학습에 대해 긍정적으로 반응할 수 있도록 친숙한 음악적 환경과 학습자를 배려하는 안정된 교실 환경을 제공하여야 한다.

(4) 학습자의 행동 목표 제시와 평가

학습 목표에 따른 학습자의 행동 목표 또는 행동 양식은 분명하게 제시되어야 한다. 활동적 용어로 제시되는 행동 목표는 학습 과정에 나타나는 학습자의 행동을 관찰, 분석, 평가할 수 있는 준거가 된다.

분명한 행동 목표의 제시는 미적 감수성을 계발하는 예술 과목에도 효과적이다. 행동 목표는 학습자의 입장에서 진술되는 것이 바람직하다. 이때 행동 목표는 관찰, 평가할 수 있는 단어로 제시되어야 한다. 예를 들어, '느낄 수 있다.' '알 수 있다.'와 같이 평가하기 모호한 학습 목표보다는 '말할 수 있다.' '구별할 수 있다.' 등의 평가하기 명확한 학습 목표로 표현하는 것이 바람직하다. 학습 목표가 분명할 때 학습자의 음악적 행동은 올바르게 관찰되며, 학습자의 음악적 행동의 성취도 분석과 평가는 다음 수업을 계획하는 기초가 된다.

교사는 학습을 통해 도달해야 하는 궁극적인 음악적 행동을 위해, 학습자의 음악적 행동 목표를 다양한 영역에서 구체화하고 음악적 행동의 관찰, 분석, 평가가 가능하도록 음악 수업을 계획하여야 한다.

2) 인지주의 심리학과 음악 교수 · 학습

인지주의 심리학에서는 인간의 내적인 정신 과정에 관심을 가지며 마음을 이루는 인지 요소 및 그 작용이 무엇인지 연구한다. 인지심리학자들에게 인간은 '능동적인 정보처리자'로 간주된다. 인지심리학의 연구 범위는 인간이 세상을 지각 · 인식하고, 정보(지식)를 얻어 기억 속에 저장하고, 필요시에 이를 다시 인출하는 모든 정신적 과정을 포함한다. 인지심리학은 음악 학습이 어떠한 절차와 과정을 통해 이루어지는지 이해할 수 있는 기반을 제공하며, 음악 정보를 보다 많이 기억하고 인출하며 재구성할 수 있도록 도움을 주는 유용한 내용을 제공한다.

(1) 학습자의 주의집중 유지와 적절한 학습 분량

학습 과정에서 주의(attention)는 중요한 역할을 한다. 주의를 기울인 정보나 선택적으로 지각된 정보는 단기기억(작업기억 또는 활동기억)으로 들어가게 되는데, 단기기억은 시간과 용량에 제한을 받는다.

학습자가 주의를 기울이지 않은 수업 내용은 학습되지 않는다. 즉, 학습자에게 주목받지 못한 수업 내용은 학습자의 기억 속에 저장될 수 없다. 또한 단기기억 내의 정보는 짧은 시간 동안만 유지되기 때문에 반복이나 암송 과정 없이는 망각되는데, 단기기억에서 즉각적으로 기억할 수 있는 정보의 개별 항목의 수는 7±2 정도에 불과하다. 따라서 음악 수업에서 학습자의 주의력을 분산시키는 요인들은 통제되어야 하며, 학습 분량은 단기기억의 정보 처리 능력이 감당할 수 있을 만큼의 분량이어야 한다.

교사는 학습자들이 중요한 내용에 주의집중할 수 있도록 관심을 유도하는 방법을 사용하거나 학습과 기억에 도움이 되는 자료를 제공해 주어야 한다. 또한 학습자의 연령이 낮을수록 주의집중 시간이 짧고 단기기억에 주어지는 과도한 인지적 부하는 학습의 효과를 감소시킨다는 사실에 유의하여 학습의 분량을 적절하게 계획하여야 한다.

(2) 유의미 형태의 패턴에 따른 지각 학습

인지주의 심리학으로 계승된 형태주의 심리학은 "전체는 각 부분의 합 이상으로 지각된다."라고 주장하였다. 삼각형의 꼭짓점에 해당하는 3개의 점만을 표시한 경우에도 이것은 단순한 3개의 점으로 지각되기보다는 많은 경우에 삼각형으로 지각된다.

음악은 낱낱의 분리된 음으로 지각되는 것이 아니라 하나의 단위로 지각된다. 이러한 단위로는 리듬 패턴, 선율 패턴, 화성 패턴을 들 수 있다. 리듬, 선율, 화성 패턴은 '좋은 패턴'을 이룰 때 음악적으로 의미가 있으며, 유의미 형태의 음악을 지각하고 반복적으로 경험함으로써 음악의 구조가 더 잘 이해된다. 음악 수업에서 학습자에게 프레이즈를 알게 하고 프레이즈를 느끼도록 가르쳐야 하는 이유가 여기에 있다. 기본적인 프레이즈는 보통 4마디이지만 박자에 따라서 4마디가 너무 길 경우에는 2마디 패턴도 무방하다. 좋은 화성 패턴의 예로는 I-IV-V-I 등의 마침꼴 화음 진행을 들 수 있다. 프레이즈나 화음의 진행을 패턴으로 듣고 느끼게 하는 음악 수업은 음악을 안정적으로 지각하게 하고 음악 지각력을 향상시키는 데 효과적이다.

교사는 리듬적·선율적·화성적으로 의미 있는 좋은 패턴을 제시하고 학습자의 청각적 지각력 향상에 관심을 가져야 한다. 음악을 듣고 지각하는 능력은 음악 학습에 필수적이다. 또한 리듬 악보나 그림 악보, 오선 악보를 제시할 경우에는 리듬, 가락, 셈여림 등이 시각적으로 알아보기 쉽고 음악적으로 잘 표현된 자료를 사용하도록 한다.

(3) 인지발달과 성장에 따른 학습 단계

인간은 일반적으로 일련의 인지발달 단계를 통해 성장한다. 학습은 학습자의 인지발달 단계를 고려하여 계획되어야 한다.

동화(assimilation)와 조절(accommodation)의 균형적 순환(평형)에 의한 인지 구조의 발달과 성장을 주장하는 피아제(J. Piaget)의 인지발달 이론이나, 지식의 구조, 발견학습, 나선형 교육과정을 제시하며 '활동적-영상적(시각적)-상징적 양식(방법)'의 순서로 학습하고 지식을 표현한다는 브루너(J. Bruner)의 표상양식 이론, 또한 근접발달영역(Zone of Proximal Development: ZPD)에 대한 개념과 사회·문화적 맥락을 강조한 비고츠키(L. S. Vygotsky)의 인지발달 이론을 음악교과의 입장에서 이해하고, 이러한 내용들을 음악 교수·학습에 적용하는 것은 중요하다. 그림 악보나 막대 악보, 음악 개념을 설명하기 위해 다양한 그림을 활용하는 수업은 브루너의 영상적(시각적) 양식이 강조된 음악 수업의 예이다.

음악 수업은 일반적인 인지발달 단계뿐만 아니라 이 장의 후반부에서 언급할 음악심리학에서 연구되는 음악적 인지발달 단계를 고려하여 계획할 때 효과적이다. 교사는 학습자의 음악적 성장을 위해서 일반적인 인지발달과 음악적 인지발달 단계를 이해하고 단계에 알맞은 수업 내용, 음악 자료, 음악 활동 등을 계획하여야 한다.

(4) 개념 형성과 표상 양식의 다양화

개념적인 사고는 기억과 학습을 용이하게 한다. 학습에서 기초적이고 근본적인 개념적 사고는 지식의 구조를 이해하는 데 필수적이다.

음악 학습에서 음악 개념은 리듬, 가락, 화음(화성), 음색, 형식 등을 말한다. 음악을 개념적으로 사고하게 하거나 개념적으로 접근하게 하는 방법은 음악의 구조를 이해하도록 돕는다. 음악 개념들은 언어적·상징적 설명에 의해 형성되기도 하고 다양한 신체적·청각적 활동 그리고 보이지 않는 음악 소리를 눈으로 확인할 수 있는 시각적·영상적 자료들을 통해서 형성되기도 한다. 동일한 내용이 다양한 경험을 통해서 개념화되고 여러 가지 방식으로 저장된다면, 음악 개념은 장기기억 속에 더 많은 연결망을 구축하게 될 것이다. 장기기억 속에 저장되는 음악 개념에 관한 지식은 이후의 학습 과정에서 효과적이다. 또한 새로운 수업이 선행 수업과 관련이 있고, 비슷한 정도의 수준에서 이루어지거나 저장된 지식으로부터 추론 가능한 방식으로 이루어진다면 음악 지식은 전이되며 개념은 강화된다.

음악 개념은 반복 학습과 심화 학습을 통해 형성되고 강화된다. 교사는 반드시 선행 학습의 내용을 고려하여야 하며, 음악 개념이 반복·심화되도록 수업을 계획하여야 한다. 또한 동일한 학습 내용도 활동적·시각적·청각적·언어적 양식 등 다양하게 표상되도록 다면적 교수 전략을 계획하여야 한다.

(5) 정보의 체계화, 조직화 및 정교화

수업에서 정보 처리의 주체는 학습자이다. 학습자들이 학습 내용을 장기기억에 저상할 수 있게 하는 효과적인 방법은, 새로운 정보와 기억 속의 정보가 서로 관련성을 가지게 하고 정보를 체계화·조직화하는 것이다. 체계적으로 잘 조직된 정보는 쉽게 기억되고 학습된다. 또한 새로운 정보에 의미가 추가되고 관련 지식이 증가됨으로써 정보는 정교화된다.

　음악의 구조를 이해하게 하고 개념적·위계적 학습에 초점을 두는 방법은 음악 정보를 보다 체계화·조직화·정교화할 수 있다. 그러나 개념 학습이나 이해 학습은 흔히 언어적 (상징적) 체계화·조직화·정교화에만 초점을 두게 되는데, 음악의 본질은 소리이기 때문에 진정한 의미의 음악 정보는 반드시 청각적 심상과 함께 저장되어야 한다. 이는 실음 중심의 음악교육이 강조되는 이유이다.

　교사는 학습자들이 다양한 청각적 경험과 정교한 청각적 심상을 가질 수 있게 하고 학습자들의 내청 능력을 향상시킬 수 있는 수업을 계획하여야 한다. 음악 감상의 경우 무조건 음악을 많이 듣게 하는 것이 가장 효과적인 방법은 아니다. 감상 수업에서 처음에는 음악의 한두 가지 요소에 집중하여 듣고 반복을 통해 차츰 다른 요소들도 듣게 하는 방식으로, 학습자들이 스스로 들을 수 있도록 '듣는 방법'을 가르치는 것이 중요하다.

(6) 메타인지와 다양한 인지적 전략의 사용

　학습자는 인지적 전략을 사용해서 사고의 흐름과 학습의 과정을 의도적으로 수정할 수 있다. 이러한 인지적 전략은 메타인지(metacognition) 또는 상위인지라는 주제로 연구되었다.

　메타인지는 학습을 계획·관찰·점검하고 적절할 때에 잘못을 바로잡는 능력, 즉 학습 과정을 관리하고 수정하는 학습자의 자기 조절 능력과 학습자가 자기 자신의 수행에 대해 깊이 숙고하는 반성 능력 등의 인지적 전략을 의미한다. 자기 조절 능력은 상당히 일찍 나타나는 것에 비해 반성 능력은 늦게 발달된다(Bransford et al., 2000: 97). 자기 조절 행동과 반성적 사고 그리고 정보의 저장을 촉진하기 위해서 사용되는 다양한 인지적 전략의 중요성은 음악 학습에서도 강조되어야 한다. 일반적으로 학습자의 연령이 높을수록 학습자는 다양한 인지적 전략과 기억 전략을 더 계획적이고 의도적으로 활용할 수 있다.

　음악적 사고의 질을 향상시키고 보다 나은 음악 학습의 결과를 기대하기 위해서, 교사는 학습자들이 학습 과정에서 다양한 인지적 전략을 사용하여야 하는 이유와 이를 효과적으로 사용할 수 있는 시기를 설명해 주어야 한다. 반성적 사고와 같은 인지적 전략의 활용 방법은 실기 능력의 향상을 위한 연습 과정에서 구체적으로 가르쳐 줄 필요가 있다.

3) 인본주의 심리학과 음악 교수·학습

인본주의(인간주의) 심리학은 개인의 주관적인 경험을 강조하고 인간이 가치의 중심이 된다는 관점이다. 인본주의 심리학에서는 개인의 내적 생활과 주관적 경험에 대한 이해를 중요시하며 자유의지, 자아실현, 잠재력 계발 등의 주제를 중요하게 다룬다. 인본주의 심리학을 적용한 음악 수업은 학습자중심의 수업을 강조하고, 음악 수업을 통해 학습자의 자아가 실현되고 음악적 잠재력이 계발될 수 있도록 주관적이고 창의적인 음악 경험에 많은 관심을 가진다.

(1) 개인의 특성을 중시하는 학습자중심의 교육

인본주의 심리학자들은 인간을 주체적이고 창의적인 존재로 본다. 로저스(C. Rogers)와 매슬로(A. Maslow)로 대표되는 인본주의 심리학자들은 건강한 아동들에게는 성장과 전진을 즐기는 열정이 나타나며, 인간은 외적 환경에 의해 수동적으로 결정되는 존재가 아니라 그 자신이 스스로를 결정하는 인자라고 주장한다.

인본주의 관점은 학습에서도 선택의 주된 결정인자는 외적 환경이 아닌 인간 자신이기에 아동들은 그들 자신의 발달과 성장 과정에서 많은 선택을 할 수 있어야 한다는 것이다. 음악 수업에서 개인차는 다양하게 나타나는데, 인본주의 심리학을 적용한 음악 수업은 이렇듯 다양한 개인의 음악적 특성을 인정하고 학습자중심의 음악 학습 상황을 제공하여야 하며 학습자의 기분과 감정을 최대한 고려하여야 한다.

교사는 모든 음악 교수·학습 상황에서 개인의 음악적 특성을 중시하고 개인의 주관적인 음악 경험과 음악 능력의 발달 가능성을 고려하여야 하며, 학습자중심의 음악 수업이 될 수 있도록 학습 목표와 내용을 설계하여야 한다.

(2) 내적 동기와 자아실현

인본주의 심리학에 따르면, 인간은 성장을 즐길 뿐만 아니라 자아실현을 추구하려는 강한 내적 동기를 가지고 있다. 내적 동기는 어떤 행동을 하고자 하는, 또는 어떤 목표를 이루고자 하는 욕구가 자신의 내적인 추진력에 의해서 일어나는 것을 의미한다.

학습자들은 연령과 성장 단계에 따라 동기 유발이 다르게 나타난다. 매슬로에 따르면, 인간은 생리적 욕구, 안전 욕구 등과 같은 하위 단계의 욕구들이 만족될 때 점차적으로 자아실현 욕구와 같은 상위 단계의 욕구를 지속적으로 가지게 됨으로써 내적 동기가 극대화된다. 자아를 실현하기 위해서 학습자는 자신을 바르게 인식할 수 있어야 하며, 내적 동기를 유발하는 적절한 학습 환경이 학습자에게 제공되어야 한다.

교사는 지적 성장의 능동적인 성향을 발현하는 학습자를 위해 풍부한 음악적 교육 환경을 제공해 주어야 하며 학습자의 음악적 잠재력을 최대한으로 계발시켜 주기 위해 노력하여야 한다. 또한 음악적 행동 유발을 위한 음악 수업 연구가 필요하며, 음악적 동기 유발은 학습의 목표와 주제, 내용 등에 부합되어야 한다.

4) 신경생물학적 접근과 음악 교수 · 학습

생물심리학으로 불리는 신경생물학적 접근 방법은 생리심리학, 신경심리학, 신경생리학 등으로 다양하게 불리기도 한다. 학습과 기억의 기제(mechanism)에 대한 관심이 높아짐에 따라 생물심리학이 현대 심리학에서 차지하는 비중은 점차 증가하고 있다. 이에 따라 생물심리학, 신경 과학, 인지 과학의 연구 결과를 기초로 하는 학습 과학(science of learning)은 교수 · 학습 방법의 새로운 패러다임으로 제기되고 있다. 학습 과학은 교육에 있어서 뇌의 구조와 기능, 인지와 정서, 기억 등에 관한 뇌 과학 분야의 연구를 이해하고, 연구 결과를 효율적인 학습을 위해 활용해야 한다는 새로운 접근 방법으로 음악 수업에서도 유용한 내용이다.

(1) 정서의 보호와 풍부한 학습 환경 조성

생물심리학과 뇌 과학 연구에 기반한 교수 · 학습 방법의 핵심 원리 중 하나는 학습에서 정서 또는 감성의 강력한 역할을 이해하고 이를 의미 있게 활용하는 것이다. 학습에서 학습자의 정서가 보호받지 못한다면 어떠한 학습이든 학습은 더 이상 이루어지지 않는다.

음악 정서는 음악 수업에서 저절로 계발되지 않는다. 학습을 위한 정서가 보호받지 못하는 음악 수업에서 음악 정서의 계발을 기대하기는 어렵다. 음악 학습은 전체적인 학습 상황과 환경에 따라 정서적으로 영향을 받으며, 풍부한 음악 학습 환경을 조성한다는 것은 단순히 학습자를 바쁘게 하고 복잡한 환경을 제공하는 것을 의미하지 않는다. 또한 "이 곡은 밝은 느낌(혹은 슬픈 느낌)으로 느껴진다."와 같은 설명 방식의 수업으로 학습자의 음악 정서를 강요하는 일은 바람직하지 않다.

교사는 음악 실기 능력이 부족한 학습자들에게 강압적인 분위기보다는 정서적으로 친밀감을 보이고, 수업 목표를 보고 좌절감을 가지지 않도록 학습자들의 수준에 맞는 과제를 고려하여 음악 학습을 위한 기본적인 정서가 안정적으로 보호받는 환경을 조성하여야 한다.

(2) 패턴에 의한 정보 처리와 유의미 학습

인간의 뇌는 패턴에 반응하고 패턴을 인식한다. 따라서 패턴에 의한 정보 처리와 저장 작용은 자연스럽게 일어난다. 의미가 없거나 주제를 벗어난 정보는 기억 속에 저장되기 어려우며 새로운 정보에서 의미가 발견될 때 뇌의 패턴화 작용은 활성화된다(Jensen, 2000). 따라서 학습은 의미를 탐색하는 자연스러운 뇌의 작용에 부합하는 경험으로 이루어져야 한다.

음악이 패턴으로 지각되는 방법에는 리듬 패턴, 선율 패턴, 화성 패턴이 있다. 이 중에서 특히 선율, 화성 패턴에 대한 지각은 음악의 의미를 이해하고 음악 정보를 원활하게 처리하기에 좋은 방법이다. 따라서 음악 수업에서 다양한 패턴 읽기는 반복적으로 연습할 필요가 있다. 또한 장기기억 속의 정보와 새로운 음악 정보가 서로 연결되어 더 많은 음악 지식을 습득, 저장할 수 있는 유의미한 학습이 되기 위해서 음악 수업은 체계적으로 계획되어야 한다.

유의미 패턴을 사용하는 음악 학습, 의미를 탐색하는 음악 학습, 체계적인 음악 학습은 자연스러운 뇌의 작용을 이해하여 이를 수업에 적용하는 학습 방법이다. 교사는 효율적인 음악 학습을 위해 수업에 적용할 수 있는 과학적인 연구 결과를 이해할 필요가 있다.

(3) 좌 · 우 반구 기능의 균형적 계발

최근의 뇌 연구들은 교육에서 좌 · 우 반구의 균형적 계발의 중요성을 강조한다. 어떤 영역에서든 높은 수준의 인지 과정이나 창의적 사고 과정은 좌 · 우 반구의 활동을 모두 요구하기 때문에, 좌 · 우 반구의 계발이 균형 있게 이루어지지 않는다면 인간은 제한된 사고 능력에만 의존하게 될 것이다.

음악을 이해하고 경험하는 것은 다양한 인지 작용, 감성 작용, 신체 작용을 필요로 하는 전뇌(全腦)의 활동이다. 음악가들이 음악을 들을 때에는 전뇌의 활동이 관찰되며, 비음악가들이 음악을 들을 때에는 주로 우반구의 활동이 관찰된다는 영상 과학적 연구들이 보고되었다(승윤희, 2000; Seung et al., 2005). 어려서부터 음악교육을 체계적으로 받은 사람들은 음악 정보를 처리할 때 좌 · 우 반구적 사고에 자유로우며 통합적인 음악적 사고가 가능하다. 따라서 음악 학습에서도 좌 · 우 반구를 균형 있게 활성화하는 수업을 고려하여야 한다. 음악 수업에서 교사의 언어적 · 분석적 설명이 지나치게 많아 좌반구의 사고 과정만을 요구하거나, 지나치게 느낌과 감성에 치중하여 우반구의 사고 과정만을 요구한다면, 음악 수업에서 좌·우 반구가 균형 있게 사용되는 것을 기대하기 어려울 것이다.

음악 수업에서 좌·우 반구가 모두 계발될 수 있도록 지각적·직관적·분석적·논리적·언어적·감성적·표현적·총체적·창의적 방법, 문제 해결 방법 등의 다양한 교수 전략이 연구되어야 한다.

5) 구성주의·다중지능 이론과 음악 교수·학습

구성주의와 다중지능 이론은 인지심리학에서 언급되기도 하지만 각각의 이론으로 발전하게 된 배경을 이해할 필요가 있다. 구성주의는 철학적 견해로서의 구성론적 인식론에서 출발하였으며, 다중지능 이론은 인간의 잠재력과 인지 능력을 뇌손상 환자들에 대한 임상적 자료들에 근거하여 신경생물학적 관점에서 기술한 것이다. 능동적인 지식의 구성 과정을 강조하는 구성주의와 지적 능력으로서의 음악 지능을 설명하는 다중지능 이론은 음악 수업에 유용한 내용을 제공한다.

⑴ 능동적인 지식의 구성과 포괄적 평가

구성주의는 인간이 지식을 습득하고 형성하는 과정을 단순히 수동적인 작용이 아니라 개인의 능동적인 인지 작용의 결과로 보는 상대주의적 인식론으로부터 출발한 것이다. 이는 기존의 절대주의적 인식론에서 중요하게 여겼던 객관성·보편성과는 구분된다.

상대주의적 인식론이라는 배경을 가진 구성주의는 현대 지식정보화 시대의 교육환경에 적합한 학습 이론 또는 교수 이론이라고 할 수 있다. 구성주의 이론에서는 새로운 지식을 학습할 때 지식을 잘 조직화하여 학습자에게 단순히 전달해 주는 것보다 학습자가 기존 지식과의 관계성을 파악하여 능동적으로 지식을 구성해 가는 과정에 초점을 둔다. 이러한 관점에서 볼 때 음악 지식은 학습자의 음악적 경험으로부터 구성되어야 하며, 음악 학습은 학습자 스스로의 구성적 과정을 통해 내적 표상을 만들어 가야 한다. 또한 평가 면에서는 학습 활동이 끝나는 시점에서 실시되는 일회적이고 획일적인 평가가 아니라, 학습 활동의 모든 과정을 중시하는 가운데 실시되는 다면적이고 포괄적인 평가를 강조한다.

교사는 무의미한 단순 암기가 아니라 다양한 음악 경험을 통해 학습자 스스로가 음악 지식을 구성하는 과정을 중시하도록 문제를 제기하여 해결하게 지도하며, 음악 지식(학습)의 구조를 능동적으로 파악하는 발견학습 방법을 활용하여야 한다. 또한 학습자의 관점을 중시하고 학습자의 이해를 촉진하기 위해 음악교육과정을 조정하고 교과서를 재구성하여 지도하며, 다양화·전문화된 음악 평가 방법을 도입하고 음악 학습 활동의 모든 과정을 포함하여 평가하여야 한다.

(2) 음악 지능의 이해 및 계발

가드너(H. Gardner)는 지능의 다원성을 수용하는 다차원적인 지능의 개념으로 다중지능이론(theory of multiple intelligences)을 제시하였다. 가드너에 따르면, 대부분의 인간은 다양한 형태의 지능들을 소유하고 있으며, 각각의 지능은 상호 관계 속에서 비교적 독립적이다. 가드너의 다중지능 이론은 이러한 다양한 지능이 서로 다른 뇌 영역에서 기능을 수행하고 정보를 처리한다는 견해이며, 다양한 인간의 잠재력과 인지 능력을 신경생물학적 관점에서 기술한 것이다.

음악 능력은 지능이나 인지와 관련된 영역보다는 재능이나 감성과 관련된 영역으로 인식되어 왔다. 이는 그동안 이성의 발달을 주목표로 삼은 교육과 사회에서 음악이 언어와 수리 영역보다 덜 중요한 영역으로 인식되어 온 이유이기도 하다. 그러나 음악 지능은 언어 지능이나 수리 지능과 동일하게 중요한 지능이며, 인간의 타고난 고유의 능력이고 학교교육을 통해서 반드시 계발되어야 하는 독립적인 정신 활동이다.

음악 지능이 독립적이라는 것은 다른 지능이 결코 음악 지능을 대신할 수 없다는 것을 의미한다. 또한 음악 지능은 그 자체로 독립적인 지능일 뿐만 아니라 다른 지능을 향상시키는 역할을 한다. 이러한 음악 지능 계발의 중요성은 이제 과학적으로도 인정되고 있어 이에 대한 교사들의 올바른 인식이 필요하다.

2. 음악심리학과 음악교육

전통적인 음악심리학의 영역은 음향 심리(psychoacoustics), 음악 능력의 측정과 예견(measurement and prediction of musical ability), 기능 음악(functional music), 음악 패턴의 문화적 조직(cultural organization of musical patterns), 음악 학습(music learning), 음악에 대한 정서적 반응(affective response to music) 등을 포함한다(Radocy & Boyle, 1997: 4). 1970년대 중반

이후 음악 인지는 음악심리학의 주요 영역이 되었으며, 음악의 지각과 인지에 관심을 가지는 신경과학 연구는 음악심리학의 연구 영역을 확장해 주었다. 음악심리학은 최근 들어 '음악의 지각과 인지(music perception and cognition)'로 많이 알려졌다.

음악적 발달, 음악적 정서, 음악 학습, 음악 지식의 표상 등에 관한 음악심리학 연구 결과는 음악교육 연구에 유용한 자료를 제공하고, 이러한 자료는 구체적으로 음악 학습의 내용, 방법, 학습 단계 등 교수·학습 방법 연구에 이론적인 기초가 된다. 다음은 음악심리학의 연구 주제 중에서 음악교육에 실질적으로 도움이 되는 음악의 지각과 인지, 음악 능력의 발달, 음악 지식의 표상, 음악적 창의성에 관한 내용이다.

1) 음악의 지각·인지와 음악 능력의 발달

음악적인 소리는 청각적으로 어떻게 지각되고 저장되는가? 이를 이해하기 위해서 시각적·청각적 지각 구성의 원리와 음악적 소리의 저장 과정을 살펴보기로 한다. 또한 여기에서는 음악 능력의 발달에 관한 내용이 포함되는데, 음악 능력에 대한 정의와 음악 능력의 구성 요소(요인)들에 대한 논의는 학자들마다 다르다. 학자들은 음악 능력을 음악 적성, 음악성 등과 구분하여 설명하기도 하지만 포괄적인 의미에서의 음악 능력은 유전, 학습, 경험, 환경 모두에 영향을 받는다. 음악 능력은 언어 능력과 마찬가지로 인간 고유의 능력이다. 68%의 사람들은 평균 정도의 음악성(musicality)을 가지고 있고, 14%의 사람들은 평균보다 더 음악적이고, 14%의 사람들은 평균보다 덜 음악적이다. 또한 2%의 사람들은 음악적으로 상당히 높은 재능을 가지고 있고, 2%의 사람들은 음악적으로 낮은 재능을 보인다(Gembris, 2002: 489). 이는 정도의 차이는 있지만 음악 능력은 누구나 가지고 태어나는 능력이며 인간은 누구나 음악적이라는 견해를 지지한다.

(1) 음악의 지각과 인지

심리학에서는 감각(sensation), 지각(perception), 인지(cognition)의 단계를 구분하여 설명한다. 이러한 단계의 구분을 명확하게 규정할 수는 없지만, 감각은 감각 기관에서 수용된 자극이 신경 정보로 변환되는 과정이며, 지각은 감각 자극을 해석하는 과정으로 감각을 통해 일어나는 의식의 과정이다. 이 단계에서 선택적으로 기울인 주의는 중요한 역할을 하며, 주의를 기울이지 못한 정보는 유실된다. 인지는 선택적 주의에 의해 수용된 지각 정보에 의미를 부여하여 지식을 획득하는 과정이며, 기억과 기억의 인출, 추론과 판단, 이전의 경험에 비추어 새로운 지식을 해석하고 지식을 활용하는 모든 사고의 과정이다. 음악교육에서도 감각을 포함한 음악의 지각과 인지 과정, 음악적 기억과 저장, 음악적 사고에 관한 음악심리학 연구는 중요하다.

청각적 음악 정보(음악적 소리)는 어떻게 처리되는지, 즉 인간이 음악을 어떻게 지각하고 인지하는지를 이해하기 위해서는 매우 광대한 분량의 연구 결과 고찰이 필요하다. 이와 관련된 연구들을 간단히 살펴보면, 실험에 사용된 음악(자극), 연구 과제의 성격과 난이도, 피험자의 음악 경험, 연구 조건이나 환경 등에 따라 다양한 연구 결과가 보고되는 것을 알 수 있다. 이러한 연구 결과들은 서로 일치하기도 하지만 전혀 다르게 나타나기도 한다. 최근에는 심리학 분야뿐만 아니라 신경 과학 분야에서도 음악의 지각과 인지 연구에 대한 관심이 높아졌다. 음악과 관련된 신경 과학 연구에 따르면, 언어 정보와 음악 정보는 동일한 청각적 지각 과정을 거치기는 하지만 언어 정보와 음악 정보를 처리하는 뇌의 작용이나 활동은 차이가 있다는 것이 일반적인 견해이다.

다른 소리와는 구별되는 음악적 소리가 어떻게 지각되는지를 이해하기 위해서는 형태심리학에서 설명하는 지각 구성의 원리가 도움이 된다. 형태심리학에서는 시지각(視知覺)의 구성을 좌우하는 원리들로, 가까울수록 보기 쉬운 근접성의 원리, 비슷할수록 보기 쉬운 유사성의 원리, 지속될수록 보기 쉬운 연속성의 원리, 같은 방향으로 진행할수록 보기 쉬운 공통 방향의 원리 등을 든다. 시지각 구성의 원리에 따라 음악 선율이 청각적으로 지각되는 과정을 설명하면, 음들은 시간적·공간적으로 가까이 있을 때 하나의 선율 단위로 쉽게 지각되며(근접성의 원리), 반복되는 음들이나 같은 악기(음색)의 음들이 하나의 선율 단위로 지각되고(유사성의 원리), 상행하거나 하행하는 음들의 진행에 따라 하나의 선율 단위로 지각되며(연속성의 원리), 같은 방향으로 진행되는 음들이 함께 묶여 하나의 선율 단위로 지각된다(공통 방향의 원리). 〈악보 4-1〉은 이러한 원리들의 예이다.

지각된 음악 정보는 다른 정보와 마찬가지로 부호화되어 장기기억 속에 저장되는데 그 과정에서 음악 정보는 지각된 정확한 소리로서가 아니라 그 자체의 성질과 형태로 저장된다. 먼저 음악 정보가 소리 자체의 성질로 기억된다는 좋은 예는 장·단 화음의 차이를 기억하는 것을 들 수 있다. 우리가 장·단 화음의 울림이나 구조의 차이를 구별하는 것은 화음을 구성하는 음들을 정확하게 지각하기보다는 장·단 화음의 '서로 다른 성질의 소리'를 기억하기 때문이다. 이 밖에도 음악 정보가 소리 자체의 성질로 기억된다는 것을 뒷받침하는 또

악보 4-1 선율의 청각 지각 구성의 원리

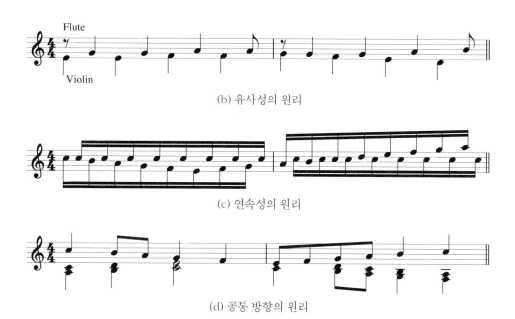

(a) 근접성의 원리
(같은 구성음이라도 마디 2는 하나의 선율 단위로 쉽게 지각되지 않음)

(b) 유사성의 원리

(c) 연속성의 원리

(d) 공통 방향의 원리

다른 예는 절대음감을 들 수 있다. 절대음감은 음고(음높이)에 대한 지각력뿐만 아니라 옥타브 영역이 다른 경우에도 같은 음이름은 같은 성질의 음으로 지각하는 능력, 즉 음고의 성질을 감지하는 기억 능력이다. 이러한 장·단 화음의 차이와 절대음감의 예는 음악 정보가 소리 자체의 성질로 기억 속에 저장된다는 사실을 입증해 준다. 또한 음악 정보는 소리 조합의 형태로 기억 속에 저장된다. 윤곽(contour) 정보는 음악을 기억하는 기초가 되는데, 여기에서 선율을 구성하는 음고들의 관계는 중요한 요소가 된다. 선율을 기억하는 것은 선율을 구성하고 있는 음들을 정확하게 기억해서가 아니라 우리의 뇌가 음정들 간의 관계를 기억하고 있기 때문이다. 익숙한 곡을 피아노의 어떤 음에서 시작하여도 노래 부를 수 있는 이유가 여기에 있다. 이와 같이 음악 정보는 음(소리)들이 가진 그 자체의 성질과 선율을 이루는 윤곽 형태로 장기기억 속에 저장된다고 설명할 수 있다.

음악의 지각과 인지 과정을 설명할 때 음악적 스키마(schema)는 중요한 개념이다. 음악적 스키마는 우리 마음에 형성된 음악 지식의 구조이며 이는 다양한 음악 경험으로 형성된다. 예를 들어, V도 화음(딸림화음)으로 악곡이 끝났다면 서양 음악의 조성 체계에 익숙한 사람들은 뒤따르는 I도 화음(으뜸화음)을 기대하게 된다. 이는 V-I도 화음으로 끝나는(정격종지) 화성 진행에 대한 음악적 스키마를 가지고 있기 때문이다. 음악적 스키마는 음악을 이해하고 음악적 사고를 형성하며 확장하는 토대가 된다.

또한 음악적 스키마는 음악 정보를 기억하고 저장하는 단계에서 중요한 역할을 한다. 인지심리학에서 설명하는 정보 처리 모형에 따르면, 현재의 의식인 단기기억에서 기억 용량의 한계는 7±2 항목에 불과하다. 음악 정보를 처리함에 있어서도 정보가 7±2 항목을 넘으면 기억 용량은 초과된다. 제한된 단기기억의 용량에도 불구하고 많은 정보를 처리하기 위해서는 음악 정보의 항목을 축소화하는 능력, 즉 음악 정보를 효율적으로 묶음으로써 음악 정보를 통합하거나 재구성하는 능력이 필요하다.

예를 들어, 하나의 프레이즈 안에 있는 10개의 음들을 낱낱의 음들로(10개의 항목으로) 외우는 것은 단기기억에서 작업할 수 있는 7±2 항목의 기억 용량을 초과하게 된다. 그러나 선율의 윤곽을 기초로 10개의 음을 하나의 프레이즈, 하나의 단위로 외운다면 이것은 단지 1개 항목이기 때문에 기억 속에 쉽게 저장될 수 있다(무지개색을 7개 항목으로 외우는 것보다 '빨주노초파남보'의 1개 항목으로 외우는 것이 더 쉽다). 이와 같이 음악 정보를 커다란 덩어리로 묶어주면(chunking), 즉 프레이즈 단위로 기억해야 할 음악 정보의 항목 수를 줄여 주면, 기억 용량을 초과하지 않고 더 많은 음악 정보를 저장할 수 있다. 두도막형식의 곡을 4개 항목, 즉 4개 프레이즈로 묶어 정보를 처리한다면 기억 용량을 초과하지 않고 악곡은 쉽게 외워질 것이다. 만약 4개 프레이즈를 1개 항목으로 정보의 단위를 더 축소할 수 있는 사람은 제한된 단기기억의 용량에도 더 많은 정보를 처리할 수 있어 보다 긴 악곡도 장기기억 속에 수월하게 저장할 수 있을 것이다.

기억해야 할 음악 정보의 항목을 축소화하는 능력은 음악적 스키마에 의존하게 된다. 음악적 스키마는 다양한 음악 경험을 통해 음악적 소리에 친숙해짐에 따라 우리 마음과 기억에 형성된다. 음악을 이해하고 음악 정보를 저장하며, 이후에 새로운 음악 정보를 수용하여 이를 통합하고 재구성하는 능력은 학습자의 음악 경험과 음악적 스키마 수준에 따라 커다란 차이가 발생하는 것이다.

(2) 음악 능력의 발달

음악의 기원에 관한 이론 중에서 네틀(B. Nettl)의 이론은 음악의 기원을 언어도 음악도 아 닌, 그러나 언어와 음악에 공통적으로 나타나는 세 가지 특징(음고, 강세, 길이)을 지닌 미분 화된(undifferentiated) 소통 방식으로 추정한다. 네틀은 이러한 소리는 문화적으로 오랜 시간 동안 서서히 분화와 구체화의 단계를 거치고, 언어는 자음과 모음의 성격을 가지게 되며, 음 악은 고정 음고의 성격을 가지게 된 것으로 가정한다(Radocy & Boyle, 1997: 24). 네틀이 가정 한 미분화된 소통 방식의 좋은 예는 아기의 '옹알이'이다. 신생아의 옹알이는 음악적인 소리 도 언어적인 소리도 아니지만 시간이 지남에 따라 음악적 소리와 언어적 소리로 발전하게 되는 전음악적(premusical)이고 전언어적(prelinguistic)인 표현 수단이다. 음악적 옹알이는 자연스럽게 노래 부르기로 발전하는데, 노래 부르기는 인간이 처음으로 하는 적극적이고 자 발적인 음악 활동이다. 노래 부르기로 시작한 음악 활동과 음악 능력은 개인차가 나타나지 만 태어나서부터 성인이 될 때까지 일련의 발달 단계를 거친다.

① 노래 부르기

아기의 음악적 옹알이를 관찰한 연구들에 따르면, 생후 3~4개월이 된 아기의 옹알이 소 리는 대부분 윤곽(contour)이 하행 글리산도(glissando) 형태로 나타나는데, 초기에 우세하 던 하행 윤곽들은 이후에는 차츰 다양해지고 다른 선율 윤곽들의 비율이 증가한다. 생후 1년 정도 되면 대부분의 유아 발성에서 노래 부르기와 말하기가 구분되는 것을 볼 수 있 다. 다울링(W. J. Dowling)에 따르면, 생후 9개월경에서 12개월 사이에 유아의 자발적인 (spontaneous) 노래가 시작된다(Dowling, 1999). 처음에는 좁은 음역에서 하나의 음절에 의 한 글리산도 같은 즉흥연주가 이후에는 연속적인 소리 조직을 가진 인식할 수 있는 노래로 발전한다. 이 시기 유아들은 자신의 소리를 가지고 '말놀이'를 하며 음성의 범위와 가능성을 탐색하는 듯이 보인다. 이러한 행동은 생후 12개월에서 18개월 사이에 나타난다. 18개월 된 유아의 전형적인 노래는 지속적으로 변하는 음정으로 일정한 선율 윤곽을 유지하며 반복적 으로 부르는 특징을 보인다.

만 2세 된 유아들은 짧은 프레이즈들을 노래할 수 있으며, 이것은 자주 자발적인 즉흥연 주로 변하고 여러 번 반복해서 부르는 것이 관찰된다. 자발적 노래의 미분음(microtonal) 형 태는 차츰 정확한 음정으로 발전하게 된다. 만 3~4세 아동들은 여러 가지 다른 노래들과 노 래의 일부분들을 혼합하여 접속곡처럼 부른다. 이 시기 아동들은 노래를 듣고 따라 부를 수 있으며 노래를 확장할 수 있다. 만 4세 아동은 하나의 프레이즈 안에서는 안정적인 음계 패턴을 유지하지만 다음 프레이즈에서는 새로운 조성으로 빠져 버리는 것을 볼 수 있는데, 만 5세 이후에는 안정적으로 조성을 유지하며 부르는 것이 가능해진다. 만 6~7세가 되면 아동들은 한 옥타브의 노래 음역을 갖는다. 아직은 여전히 어떤 음정은 어려워하기도 하지만 음정을 인식하지 못하는 것은 아니다.

노래 부르기 능력의 발달은 대략 만 8세경까지 이루어진다. 일반적으로 이 시기의 아동들은 정확하게 노래를 부를 수 있다. 아동들의 개인차는 다양하게 나타나지만 노래 부르기 능력은 음악교육이나 연습이 지속되지 않는다면 이후에도 이 정도의 수준에 머무르게 된다. 음악교육을 받지 않은 성인들의 노래 부르기 능력은 만 8~10세 아동들의 노래 부르기 능력과 크게 다르지 않다(Gembris, 2002: 495 재인용).

② 음악 능력의 발달 단계

노래 부르기로 시작된 아동의 음악 활동은 성인이 될 때까지 일련의 음악적 발달 단계를 거친다. 음악 능력의 발달 단계를 연구한 음악심리학자들 중에서 짐머만(M. P. Zimmerman)과 하그리브스(D. J. Hargreaves)의 연구를 중심으로 살펴보기로 한다.

널리 알려진 피아제의 인지발달 이론은 음악심리학자들이 음악적 발달 단계를 설명하는 데 도움이 되었다. 짐머만은 피아제의 인지발달 이론에 따라 음악 능력의 발달 단계를 설명한 음악심리학자이다. 피아제의 인지발달 이론에서 각 단계는 연령으로 구분된다. 피아제의 인지발달 단계는 ① 감각운동기(0세~만 2세), ② 전조작기(만 2~7세), ③ 구체적 조작기(만 7~11세), ④ 형식적 조작기(만 11세 이상)의 4단계로 이루어져 있다. 짐머만은 피아제의 인지발달 단계에 따라 음악 능력의 발달과 각 단계에 적절한 음악 활동 및 지도 방법을 제시하였는데(Zimmerman, 1971), 내용을 간단히 정리하면 〈표 4-1〉과 같다.

이에 비해 하그리브스는 피아제의 인지발달 이론을 예술 영역에 응용하는 것은 적합하지 않다고 주장하였다(Hargreaves, 1986, 1996). 하그리브스는 영역에 관계없이 인지발달 구조의 보편성을 주장한 피아제의 인지발달 이론은 주로 논리·과학적인 사고를 위한 인지 과정을 강조하는 문제점이 있다고 지적하였으며, 예술 영역에서의 인지 과정은 다르다고 주장하였다.

그는 예술 영역에 적합한 발달 모형을 제시하였으며, 이러한 모형은 예술 영역과 심리학에 관련된 광범위한 문헌과 인지발달 연구에 기초한 것이다. 그가 제시한 예술 영역에 적합

표 4-1 인지발달 단계와 음악 능력의 발달

인지발달 단계	음악 능력의 발달	음악 활동 및 지도
감각운동기 (0세~만 2세)	• 2세경 5도(레~라)의 노래 음역	• 음악적 반응
전조작기 (만 2~7세)	• 4세 이전에 상대적 셈여림 구별 • 전조작기 초기는 반음 구별 능력 부족 • 5~6세 일정박 유지(빠른 박) • 6~7세 청각 지각 능력 중요한 발달 • 6~8세 선율 지각 능력 향상 • 6~9세 음정 구별 능력 향상	• 전조작기 초기에는 그룹 음악 활동 • 시각적 자료 사용 • 초기에는 넓은 음정, 이후에는 좁은 음정 구별 경험 • 음악 요소는 독립적·통합적으로 가르침 • 리듬 패턴은 선율 패턴 학습 이전에 가르침 • 선율 경험은 매일의 경험이 되어야 함
구체적 조작기 (만 7~11세)	• 6~8세 선율 지각 능력 향상 • 6~9세 음정 구별 능력 향상 • 8세 조성 감각의 현저한 발달 • 8세 청각 지각의 안정 시기 • 8세 화성 지각 능력의 발달을 위한 결정적 시기의 시작 • 8~9세 조성 기억(tonal memory) 능력의 향상(14세까지) • 9세 이후 일정박 유지(빠른/느린 박) • 9세 음악(요소) 보존 능력 안정기 • 10세 두 옥타브의 노래 음역	• 소리를 표현하고 나름대로 기보하는 경험적 활동 • 전조작기의 음악 활동이 9세 이전에 다양하게 경험되어야 함 • 8세경부터 간단한 화음 학습 • 8~9세 조성 기억을 돕기 위한 음악 활동 강조 • 음악 개념 학습
형식적 조작기 (만 11세 이상)	• 12세경 음정 구별 능력의 결정적 시기 지나감	• 음악에 대한 인지적 판단에 악보가 도움이 됨(구체적 조작기 후기부터)

한 모형은 ① 감각운동 단계(sensorimotor phase, 0세~만 2세), ② 형상적 단계(figural phase, 만 2~5세), ③ 도식적 단계(schematic phase, 만 5~8세), ④ 규칙 체계 단계(rule systems phase, 만 8~15세), ⑤ 전문적 단계(professional phase, 만 15세 이상)의 다섯 단계로 구성된다. 이것을 피아제의 인지발달 단계와 비교하여 제시하면 〈표 4-2〉와 같다.

하그리브스는 피아제의 이론이 음악 능력의 발달과 일치하는 부분들을 인정하였지만, 피아제의 이론은 특히 전조작기와 구체적 조작기 설명에서 예술 영역에는 적합하지 않음을 주장하였다. 피아제 이론의 전조작기와 구체적 조작기에 해당하는 발달 단계는 예술 영역을 위한 하그리브스의 모형에 의하면 형상적, 도식적, 규칙 체계의 세 단계로 구성된다. 각각의

표 4-2 피아제와 하그리브스의 발달 단계 비교

피아제의 발달 단계	연령(만)		하그리브스의 발달 단계
감각운동기	0~2세	0~2세	감각운동 단계
전조작기	2~7세	2~5세	형상적 단계
		5~8세	도식적 단계
구체적 조작기	7~11세	8~15세	규칙 체계 단계
형식적 조작기	11세 이상	15세 이상	전문적 단계

예술 발달적 특징을 간단히 설명하면 다음과 같다.

형상적 단계의 아동들에게는 실제로 존재하지는 않아도 사물이나 사람, 상황을 상징화할 수 있는 능력이 나타난다. 이것은 그림으로 가장 잘 표현되는데, 이 시기 아동들의 그림을 보면 사물의 전체적인 모습은 나타나지만 아직 세부적인 부분은 정확하게 묘사되지 않는다. 예를 들면, 만 3세 무렵까지 아동들은 몸통은 없고 팔다리가 머리에 붙어 있는 그림을 그린다. 음악의 경우, 형상적 단계의 아동들은 눈에 보이지 않는 음악을 듣고 그림으로 표현할 수 있게 된다. 이 시기 아동들의 형상적 그림은 음악을 그림으로 표현할 때 세부적으로 정확하지는 않아도 음악의 흐름을 그들 나름의 표현 방식으로 상징화할 수 있음을 잘 보여 준다.

도식적 단계의 아동들은 성인들이 사용하는 표현 방식에 관심이 높아진다. 이 시기에는 성인의 방식에 따라 표현하고자 하지만 이전 단계의 표현 방식이 혼합되어 아직은 미완성 구조의 예술 작품이 대부분이다. 그림 그리기의 경우, 도식적 단계의 아동들은 종이 아래에는 땅을 표시하는 선을 긋고, 종이 위에는 하늘을 표시하는 선을 그어 전체적으로 하늘과 땅의 공간적 구성을 표현한다. 그러나 이러한 그림은 실제적이지는 않다. 만 10세 무렵까지 나타나는 공간적 구성을 표현하는 그림은 아동들의 표현 방식과 성인들의 표현 방식이 혼합된 것을 보여 주는 좋은 예이다.

[그림 4-1]은 〈리자로 끝나는 말은〉으로 번역된 노래의 마지막 가사 '유리항아리' 부분을 각각 만 5세, 만 6세, 만 7세 아동이 표현한 그림이다. [그림 4-1]에서 음악을 그림으로 표현한 것을 잘 보면 형상적 단계에서 도식적 단계로 성장하는 아동들의 음악적 발달의 변화를 관찰할 수 있다.

[그림 4-1]을 보면 만 5세 아동의 그림에는 음악이 단일 차원에서 묘사되었다. '유리항아리'의 5개 음의 개수는 정확하지만 선율적·리듬적인 표현은 나타나지 않는다. 이에 비해

그림 4-1 만 5세·6세·7세 아동의 〈ㄹ자로 끝나는 말은〉에서
'유리항아리' 부분 표현(Hargreaves, 1996: 163 재인용)

만 6세 아동의 그림은 음악의 묘사가 단순한 단일 차원의 수준을 넘어서 표현되었다. 윗부분에서는 음들의 길고 짧은 리듬적 표현이, 아랫부분에서는 하행하는 선율적 표현이 나타난다. 그러나 만 7세 아동의 그림에서는 음악의 리듬적·선율적 표현이 통합적으로 나타나는 것을 알 수 있다. 이것은 음악의 구조에 대한 아동의 이해 능력이 점진적으로 발달하고 있음을 보여 주는 좋은 예이다.

규칙 체계 단계의 아동들은 예술적 관용 어법을 정확하게 사용하는 것이 가능해진다. 규칙 체계 단계에 있는 아동들의 예술적 표현 방식은 문학, 그림, 음악 영역에서 성인의 표현 방식과 동일하다. 이 시기의 아동들은 문화관습적인 어법과 양식을 분명하게 인식하고 있으며, 이들이 성인들의 어법과 동일한 어법을 획득해 가는 것은 예술에 대한 미적 비평의 발달에도 나타난다.

짐머만이 제시한 음악 능력의 발달과 하그리브스가 제시한 예술 영역의 발달 단계 외에도, 음악 능력의 발달 단계를 설명한 심리학자들로는 스와닉(K. Swanwick)과 틸만(J. Tillman)이 있으며 예술 영역의 인지발달 단계를 설명한 심리학자들로는 울프(D. Wolf)와 가드너가 있다. 이들이 제시한 인지발달 단계를 간단히 설명하면, 먼저 스와닉과 틸만은 음악 능력의 발달 단계를 연령에 따라서 숙달기(mastery, 0세~만 4세)-모방기(imitation, 만 4~9세)-상상기(imaginative play, 만 10~15세)-메타인지기(meta-cognition, 만 15세 이상)의 4단계로 구분하고 각 단계별로 두 가지 성격의 음악 경험에 중점을 두어, 실제로는 총 8단계가 되는 음악 능력의 발달 수준을 나선형 방식으로 제시하였다(Swanwick & Tillman, 1986). 즉, 스와닉과 틸만이 제시한 음악 능력의 발달 단계 모델은, ① 숙달기(감각적 숙달-조작적 숙달), ② 모방기(개별적 모방–어법적 모방), ③ 상상기(사유적 상상–관습적 상상), ④ 메타인지기(상징적 메타인지– 체계적 메타인지)로 발전하게 되는 음악적 수준의 변화가 나선형 구조 속에 나타난다.

그리고 예술 영역의 인지발달 과정을 연구한 울프와 가드너는 예술적 발달 단계를, ① 직접 소통기(child as direct communicator, 0~18–24개월), ② 상징 사용기(child as symbol user, 18–24개월~만 5–7세), ③ 숙련기(youth as craftsman, 만 5–7세~만 11–13세), ④ 예술적 비평/참여기(youth as critic and full participant in the artistic process, 만 11–13세 이상)의 4단계로 구분하였다(Wolf & Gardner, 1980). 울프와 가드너가 제시한 4단계 구분은 기본적으로는 연령에 따른 것이지만, 각 단계에서 연령의 구분은 미적 발달 단계의 특성상 상당히 넓은 가변성을 나타내고 있다.

2) 음악 지식과 음악적 창의성의 이해

지식이 기억 속에 저장되는 방식은 인지심리학에서 중요한 연구 주제이다. 마찬가지로 음악심리학에서도 음악 지식이 기억 속에 저장되는 방식은 흥미로운 연구 주제이다. 여기에서는 음악 지식의 개념과 종류는 무엇인지, 음악 지식의 저장은 어떻게 이루어지는지, 저장된 음악 지식을 사용하여 표현되는 음악적 창의성은 어떠한 음악적 사고 과정을 거치는지에 관한 내용을 살펴보기로 한다.

(1) 음악 지식과 음악 지식의 표상

① 음악 지식

일반적으로 지식과 사고는 인지 영역의 능력으로 간주된다. 그러나 감성과 중요한 관계가 있는 음악의 경우, 음악 지식과 음악적 사고를 이야기할 때 인지와 정서 영역을 구분하는 것은 적절하지 않으며, 음악 지식과 음악적 사고가 음악 연주라는 활동으로 표현될 때 이들의 영역을 구분할 필요는 없어 보인다. 따라서 음악 지식, 음악적 사고는 인지, 정서, 활동 영역을 모두 포함하는 포괄적인 개념으로 이해할 필요가 있다.

이러한 개념은 음악교육학자 엘리엇(D. Elliott)의 철학에도 나타나는데, 그에게 음악교육이란 다양한 유형의 음악 지식을 계발하는 것이다(Elliott, 1995). 1995년에 발행된 그의 저서『Music Matters』1판(MM1)에서 엘리엇은 다양한 유형의 음악 지식이란 본질적으로 과정적(procedural) 지식이며, 형식적(formal), 비형식적(informal), 감성적(impressionistic), 통제적 (supervisory) 지식을 말한다고 설명하였다.[1] 이에 비해 2015년에 발행된『Music Matters』2판 (MM2)에서 엘리엇은 음악 지식의 유형을 다섯 가지에서 여덟 가지로 확장하였으며 MM1에서 기술한 지식(knowledge)이라는 표현 대신에 사고와 지식(thinking and knowing)으로 구체화하였다. 음악적 이해를 위한 여덟 가지 유형의 사고와 지식에는 과정적(procedural), 언어적(verbal), 경험적(experiential), 상황적(situated), 직관적(intuitive), 감식적(appreciative), 윤리적(ethical), 통제적(supervisory) 음악 사고와 지식이 있다. MM1의 감성적 음악 지식, MM2의 직관적 음악 사고와 지식의 개념은 인지와 정서의 구분이 분명하지 않은, 즉 사고 없는 느낌이나 느낌 없는 사고란 있을 수 없음을 시사한다.

MM1에 따르면, 언어 개념과 관련된 형식적 지식을 제외한 음악 지식은 근본적으로 비언어적 지식이며 상황적 지식으로, 음악 지식이란 본질적으로 활동하며 알고, 활동하며 사고하는 실행적 지식을 의미한다. 또한 MM2에서 기술한 음악적 이해란 음악적 실천 과정에서 모든 의식과 행위 속에 작동하는 이해(working understanding)를 의미하는 것으로, 음악적 이해를 위한 모든 유형의 음악 사고와 지식은 역동적으로 상호작용하게 된다.

② 음악 지식의 표상

인지, 정서, 활동 영역을 모두 포함하는 포괄적인 개념인 음악 지식은 장기기억 속에 어떻게 기억되는가? 지식(정보)이 어떠한 형태(format)로, 어떠한 양식(modality)으로 기억에 저장되는지는 심리학에서 표상(representation)이라는 용어로 설명할 수 있다. 표상은 인지심리학에서 중요한 개념으로, 간단히 말해서 '저장된 정보'라고 정의할 수 있다. 표상과 지식은 때로는 같은 의미로 사용되기도 하지만 표상은 주로 지식이 저장된 형태나 양식을 강조한다(Mandler, 1998: 257). 현재까지 인지심리학에서 연구된 내용을 기반으로 하여 다양한 음악 지식이 각기 어떠한 양식으로 저장되는지를 설명하는 것은 음악 수업에서 음악 지식을 효과적으로 저장하게 하기 위한 음악 교수·학습 방법 연구에 이론적 기초가 된다. 다음은 음악 지식이 저장되는 다양한 표상 양식에 관한 설명이다.

---

1) '제2장 현대의 음악교육철학' 참고

㉑ 언어(상징) 표상

　명제(proposition)는 진위(眞僞)를 판단할 수 있는 의미를 가진 지식(정보)의 최소 단위이다. 명제로 저장되는 지식은 언어적 지식이며 사실을 아는 지식이다. 하나의 명제는 수많은 명제와 연결되어 있으며, 명제는 장기기억 속에 상호연결된 명제들의 집합인 명제망(propositional networks)의 형태로 존재한다는 것이 많은 인지심리학자의 생각이다.

　[그림 4-2]는 정보가 장기기억 속에 명제망의 형태로 저장된다는 가설로부터, 다른 사실적 정보와 마찬가지로 사실적인 음악 정보가 언어적 양식으로 장기기억 속에 저장된다는 것을 나타낸 것이다. (a)는 "모차르트는 고전시대의 천재적 작곡가이다." "조성 음악에서 악곡의 처음과 마지막에는 I도 화음이 쓰인다." 등과 같은 서술적 지식들이 명제망 속에 서로 연결되어 저장되어 있음을 가정한 것이다. 이에 비해 (b)는 "만일 조성 음악의 악곡 마지막에 종지감이 없다면, 그러면 I도 화음으로 끝났는지 확인하라."라는 절차적 지식을 표상하는 절차적 단위들이 서술적 지식과 함께 명제망 속에 존재함을 가정한 것이다. 일반적으로 절차적 지식은 과정과 방법에 관한 지식을 의미하며 운동기술이나 자전거 타기 등 반복을 통해 체득된 자동화 특성을 가진다. 그러나 절차적 지식이 모두 비언어적 지식인 것은 아니다. 언어로 설명할 수 있는 절차적 지식은 '만일…… 그러면……'의 구조를 가진다. 이와 같이 언어적(상징적) 양식으로 저장되는 음악 지식은 (b)에서 볼 수 있듯이 명제망 속에서 상호 연결되어 있는 서술적·절차적 저장 체계의 개념으로 이해할 수 있다.

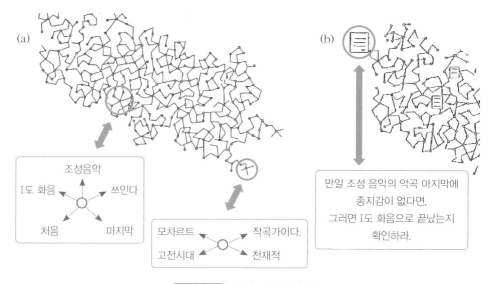

그림 4-2　음악 지식의 명제망

서술적 지식과 절차적 지식은 구별되는 지식이지만 밀접하게 상호작용을 하며, 기억은 상호작용을 촉진하는 방식으로 구성된다. 언어적(상징적) 양식으로 저장된 음악 지식은 음악에 관련된 사실적 정보들을 필요로 할 때 기억으로부터 적절한 정보를 인출해 내는 사고 과정에서 유용하다.

ⓛ 심상(유추) 표상

우리는 감각에 의해 경험한 것을 심상(心像, imagery)으로 떠올릴 수 있다. 이때 우리의 마음에 그려진 심상은 이전의 경험과 지각적 유사성을 가지며, 이것을 유추표상이라 한다. 유추표상에는 시각적 표상뿐만 아니라 다른 감각 양식들로 얻어진 정신적 표상이 모두 포함된다.

심상 표상 또는 유추 표상되는 음악 지식으로는 시각적 심상과 청각적 심상을 들 수 있다. 먼저 시각적 심상이란 우리 마음속에 떠오르는 음악적 대상이나 음악적 상황에 대한 영상기억, 또는 악보, 음악 관련 그림, 지도, 도형 등에 대한 기억을 의미한다. 악기의 모양이나 연주 장면 또는 그림 악보나 오선 악보 등이 기억에 저장된 예를 들 수 있다. 이에 비해 청각적 심상이란 우리 마음속에 떠오르는 음악적 소리에 대한 기억을 의미한다. 음악적 경험과 관련된 소리 기억을 가지고 있거나 악기의 음색과 화음의 특징을 듣고 구별할 수 있고, 음악을 상상할 수 있는 음악적인 마음(내청 능력)이 형성된 것 등을 예로 들 수 있다. 또한 청각적 경험을 시각적 방법으로 유추하는 경우는 청각적 심상을 거친 시각적 표현의 예라 할 수 있다.

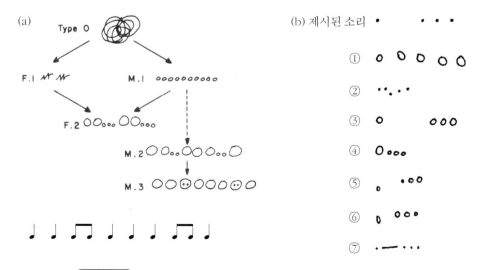

그림 4-3 아동의 리듬 지각의 그림 표현(Hargreaves, 1986: 96-98 재인용)

음악을 듣고 음악의 느낌을 그림으로 표현하는 활동이 이에 해당된다.

[그림 4-3]은 아동들이 리듬을 듣고 이것을 그림으로 표현한 예이다(Hargreaves, 1986: 96-98 재인용). (a)의 리듬은 음악심리학자 뱀버거(J. Bamberger)가 아동의 리듬 인지 실험에서 사용한 것인데, 손뼉으로 쳐 준 이 리듬 패턴을 듣고 이것을 표현한 아동의 그림은 크게 두 가지 유형으로 구분된다. Type O 단계는 아직 심상을 가졌다고 보기 어려우며, F. 1과 M. 1은 표현 방식에서 각기 다른 유형으로 발전하게 되는 심상의 초기 단계를 보여 준다. (b)의 ①에서 ⑦은 시간적 간격을 두고 제시된 소리에 대한 아동들의 다양한 그림 표현이다.

음악 지식은 언어적(상징적) · 심상적(유추적) 양식을 다양한 방법으로 결합하여 학습 과정에서 적절하게 사용할 때 기억에 더 선명하게 저장될 수 있다. 즉, 음악 지식은 한 가지 양식보다는 다양한 양식으로 저장되는 것이 기억하기 용이하다. 음악 수업에서 언어적 설명과 함께 시각적 자료를 보여 주고 실음을 들려주는 것은 학생들이 새로운 음악 지식을 더 잘 기억하도록 할 수 있는 효과적인 방법인 것이다.

㉣ 연결 표상

연결 표상 시스템에서는 외부로부터 들어온 정보를 처리하는 정보 처리 단위들의 연결방식이 중요하다. 연결 표상 시스템에서 지식은 여러 단위 사이에 분포되는 활성화 형태로 저장된다. 바루샤(J. J. Bharucha)가 제시한 연결망 모형은 음악 지식이 연결망의 활성화 형태로 저장되는 것을 잘 설명해 준다(Bharucha, 1987).

[그림 4-4]에서 볼 수 있듯이 바루샤는 조(keys), 장화음(major chords), 음(pitch classes), 단화음(minor chords)이라는 각각의 단위층 사이에 형성되는 연결망의 활성화를 통해서 기대되는 화음과 암시되는 조성의 배열을 설명하였다. 예를 들어, C장조 3화음(C, E, G)을 치면, 장화음 단위층에서 아래층으로는 C장조 3화음을 구성하는 음들(C, E, G)이, 장화음 단위층에서 위층으로는 C장조 3화음과 관련된 조성들(F, C, G 장조: 5도권 관계에 있는)이 서로 연결되어 활성화된다. 그리고 이번에는 활성화된 조성 단위층이 이 조성들과 관련된 화음 단위층을 또 활성화시키고 음 단위층에서도 활성화가 일어난다. 음 단위층에서 보았을 때, E음은 C장조에도 속하고 A와 E장조에도 속하기 때문에 A와 E장조 화음은 함께 활성화가 일어나지만, E음을 공유하지 않는 G와 D장조 화음은 활성화가 전혀 일어나지 않게 된다. 이 모형에 따르면, 음, 화음, 조성 단위층의 활성화 양상에 따라 어떤 화음과 어떤 조성이 암시되고 기대되는지를 예견할 수 있게 된다.

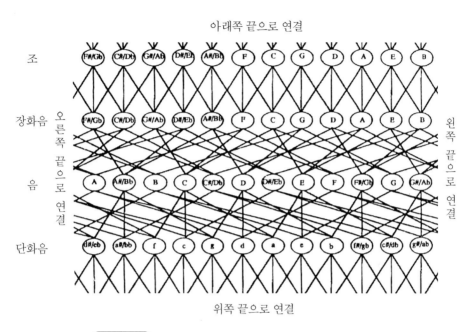

그림 4-4   바루샤의 화음 기대 연결망 모형(Bharucha, 1987)

바루샤가 제시한 이 모형은 연결 시스템에 따라 음악 학습을 설명하는 하나의 예이다. 음악 지식이 저장될 때, 화음이나 조성 지각 학습과 같은 비명제적인 정보의 처리 과정은 연결 표상으로 설명할 수 있다. 서로 연결된 단위층들 사이의 연결 강도(세기)는 연결의 반복 정도에 따라 달라지게 된다. 여러 번 활성화가 되었다면 연결망은 더 견고해진다. 음악을 지각할 때 각각의 단위층 사이의 활성화가 반복되고 강화되었다면 이에 따라 지각적으로 학습된 음악 지식의 연결망은 견고하게 구축된다.

㉣ 활동 표상

역동적 양식과 같은 활동 표상 이론(비표상 이론)은 신체 활동적인 정보와 같이 개념적으로 표상되지 않는 종류의 정보 처리를 잘 설명한다. 운동 기술이나 음악 연주 표상을 설명하는 데 적합한 역동적 양식에서는 지식의 형태를 밝히는 것이 아니라 정보처리 변화 자체에 초점을 둔다. 활동성에 의미를 두는 이러한 관점에서는 지식을 '시간의 흐름에 따른 활동 패턴'으로 본다.

음악을 연주하는 것은 실행적 지식이다. 클라크(E. F. Clarke)는 위계적인 구조와 유사한 개념이지만 보다 생성적인 관계를 중시하는 생성적 구조(generative structure)를 통해 음악

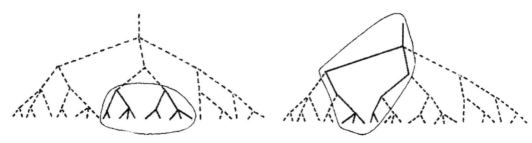

(a) 프레이즈 중간 부분을 연주할 때 활성화되는 모습   (b) 프레이즈 경계 부분을 연주할 때 활성화되는 모습

그림 4-5 음악 연주 시 부분적으로 활성화되는 지식 구조의 도식적 표상(Clarke, 1988)

연주의 실행적 지식이 어떻게 저장되는지를 설명하였다(Clarke, 1988). 클라크는 거꾸로 된 나무도형(tree diagram)을 사용해 생성적 관계를 설명했으며, 이는 음악 연주를 위한 이상적인 지식 구조는 위계적인 구조로 되어 있음을 보여 준다. 연주 표상에서는 음악 연주의 흐름에 따라 지식 구조의 활성화 형태가 다르게 나타난다. 연주 시 어떤 특정한 순간에서 생성적 구조는 일부분만이 활성화되고 활성화되는 부분은 연주가 진행됨에 따라 변한다. [그림 4-5]는 음악 연주 시 지식 구조의 활성화 패턴을 설명한다. (a)는 연주자가 프레이즈 중간 부분을 연주할 때 활성화되는 모습이다. 이때 연주자는 프레이즈 내에서의 세부적인 연결 구조에 관심을 가지기 때문에 높은 수준의 지식 구조에서는 활성화가 나타나지 않는다. (b)는 연주자가 프레이즈 경계 부분을 연주할 때의 활성화 양상을 보여 주는 것으로, 연주자는 앞뒤 프레이즈의 관계와 악곡의 전체적 구조의 관계를 이해하며 연주를 하기 때문에 이때에는 높은 수준의 지식 구조에서 활성화가 나타나게 된다.

　클라크는 이러한 도형으로 음악 연주라는 실행적 지식의 표상을 구조적으로 도식화하여 설명하였다. 역동적 양식은 다른 양식으로는 설명할 수 없는 음악 연주의 역동적이고 매 순간 변화하는 정보 처리의 과정을 잘 설명해 준다.

　지금까지 살펴본 바와 같이 음악 지식은 언어나 숫자, 기호를 사용하여 언어적(상징적) 양식으로 저장되기도 하고, 시각적ㆍ청각적으로 유사성을 가지는 심상적(유추적) 양식으로 저장되기도 하며, 화음 진행과 같이 반복적인 지각 학습을 통해 강화되는 연결망 양식으로 저장되기도 하고, 또한 연주와 같은 활동적 양식으로 저장되기도 한다. 음악 수업에는 이러한 다양한 형태의 음악 지식들이 기억 속에 더 많이 저장되고 더 잘 저장될 수 있도록 다양한 음악 교수ㆍ학습 방법이 계획되어야 한다. 학습자의 음악적 성장을 위해서 개념과 이론을 설명하는 수업, 그림 악보와 같은 시각적(영상적) 자료를 제시하는 수업, 실음과 내청을 중시하는 수업, 느낌이나 지각에 중점을 두는 수업, 활동과 연주의 향상을 위한 수업 그리고 이러한 음악 지식들을 재구성하고 창의적으로 표현하도록 하는 수업이 모두 중요한 이유이다.

(2) 음악적 창의성

창의성의 개념, 정의, 구성 요소(요건) 등은 심리학자들에 따라 다양하게 기술되고 있다. 마찬가지로 음악적 창의성이란 무엇인가에 대한 견해도 음악심리학자나 음악교육학자들마다 다를 수 있으므로, 이에 관한 이해를 돕기 위해 웹스터(P. R. Webster)의 음악적 창의성 관련 내용(Webster, 1990, 2002)을 살펴보기로 한다.

웹스터는 1987년에 창의적인 음악적 사고의 모형을 제시하고 이후에 모형을 수정하였다. [그림 4-6]과 [그림 4-7]은 각각 처음 모형과 수정 모형을 나타내는 그림이다. 이 두 모형을 비교해 보면 창의적인 음악적 사고 과정에 대한 이해를 넓힐 수 있을 뿐만 아니라 웹스터가 모형을 발전시키면서 거쳤을 사고의 흐름을 읽을 수 있다.

두 모형은 크게 창작 의지, 사고 과정, 창작품의 세 부분으로 나뉘어 기본 구조는 동일하게 구성되어 있다. 그러나 처음 모형에서는 창작 의지 부분이 작곡, 연주, 분석으로 구분되었던 것이 수정 모형에서는 작곡, 연주, 듣기, 즉흥연주로 구분되었고, 듣기는 반복 듣기(분석)와 일회 듣기로 세분화되었다. 또 사고 과정을 살펴보면, 음악적 기술과 비음악적 조건의 상호 작용, 확산적 사고와 수렴적 사고의 역동적인 교류 과정, 그리고 월러스(S. G. Wallas)의 창의적 사고 과정의 단계가 중요한 개념으로 나타나는 것은 동일하지만 수정 모형에서는 이 내용들이 처음 모형보다 구체적으로 제시되었다. 특히 모형 중심에 있는 월러스의 창의적 사고 과정의 단계가 보다 발전된 형태로 제시되었다. 즉, [그림 4-6]의 중심에 있는 준비(preparation), 숙고(incubation), 조명(illumination), 확인(verification)의 과정이 [그림 4-7]에서는 준비(preparation), 숙고(time away), 작업(working through), 확인(verification)의 과정으로 용어상의 변화가 나타나고, 양방향으로 진행될 수 있는 순환적인 사고 과정 구조 속에 각각의 세부 내용들이 추가되었다. 이 중에서 초기 제스처(Primitive Gesturals: PGs)란 선율이나 리듬 프레이즈, 화성, 음색, 좀 더 길고 복잡한 음악적 패턴일 수 있는 음악적 사고의 동인(動因)을 의미한다. 웹스터에 따르면, 이러한 음악적 요소들은 음악을 창의적으로 상상하게 하고 악기로 표현 가능하게 할 수 있는 창의적인 음악적 사고의 시작점이 된다. 그리고 두 모형의 차이점은 창작품에서도 발견할 수 있다. 수정 모형 [그림 4-7]에서는 준비 과정에서 작

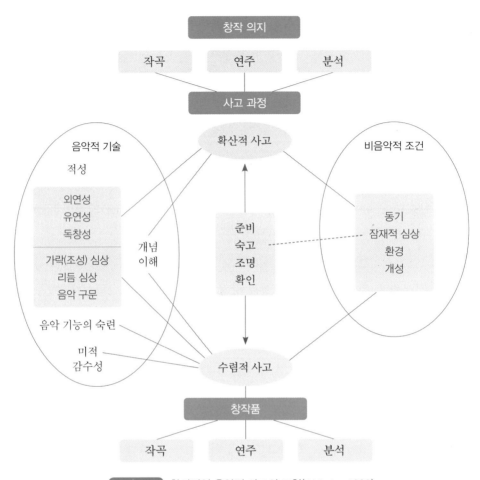

그림 4-6 창의적인 음악적 사고의 모형(Webster, 1990)

업 과정으로, 그리고 작업 과정에서 곧바로 창작품으로 연결된 화살표를 볼 수 있다. 이는 일회 듣기와 즉흥연주 동안에 창작자는 새로운 아이디어를 형성하고 작업하여 곧바로 창작품을 산출할 수 있음을 설명하는 것이다. 이는 웹스터가 일회 듣기와 즉흥연주에서 나타날 수 있는 '순간적 창의성'의 특성을 고려한 것으로 보인다. 작곡, 연주, 반복 듣기(분석)와는 달리 일회 듣기와 즉흥연주는 그 특성상 숙고할 수 있는 충분한 시간 없이 즉각적으로 음악적 흐름이 일어나게 되는데, 웹스터는 이 또한 창작자의 의지가 표현되고 창작품을 산출할 수 있는 영역이 될 수 있다고 본 것이다.

이와 같이 음악 창작의 영역은 작곡, 연주, 즉흥연주, 감상, 분석을 포함한다. 이러한 음악 활동은 모두 창작자의 창의적 의지가 표현되고 창의적 사고가 일어나는 영역인 동시에

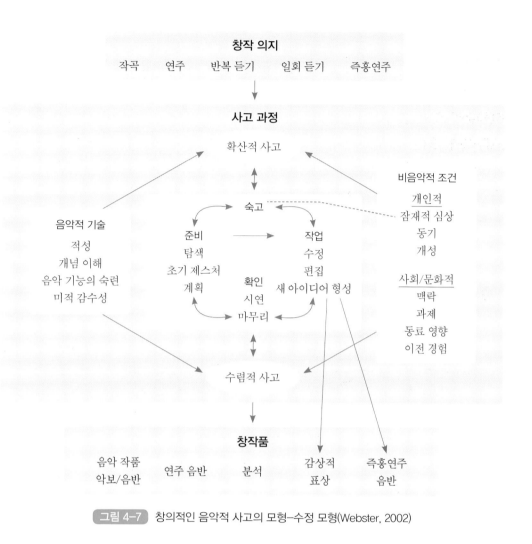

그림 4-7 창의적인 음악적 사고의 모형-수정 모형(Webster, 2002)

창작의 최종 산출 영역이 된다. 따라서 작곡이나 즉흥연주만을 창의적 사고 과정을 거친 창작품이라 볼 수는 없다. 웹스터는 각 영역에서의 창작 활동은 그 과정에서 세부적인 차이가 있지만 내적인 작업은 유사하다고 보았으며, 수정 모형에서는 반복 듣기와 일회 듣기를 구분함으로써 순간적 창의성에 대한 특성을 기술하였다.

그 밖에 수정된 내용으로는 처음 모형의 음악적 기술 하단에 있는 상자 안 내용이 초기 제스처들(PGs)과 같이 수정 모형의 중심이나 확산적 · 수렴적 사고 과정에 흡수된 것, 비음악적 조건이 개인적 조건과 사회/문화적 조건들로 좀 더 확장된 것을 들 수 있다. 웹스터는 음악 적성, 개념 이해, 음악 기능의 숙련, 미적 감수성 등을 음악적 사고의 기반을 형성하는 음악적 기술(능력)로 명시하고, 개인에 따라 상당히 다를 수 있는 비음악적 조건들은 음악적 기술과 함께 창의적 사고 과정에 영향을 주는 변인들로 설명하였다.

정리하자면, 웹스터는 음악 창작품을 산출하기 위해서는 어떠한 사고 과정이 요구되는지 음악적인 사고 과정 그 자체에 초점을 두었다. 그에 따르면, 창의적인 음악적 사고 과정은 타고난 음악 기술과 학습된 음악 기술 그리고 비음악적 조건들에 의해 작동되는 확산적·수렴적 사고의 역동적 교대 작용이 단계적으로 진전하면서 최종 창작품을 산출하는 정신 과정이다. 웹스터의 두 모형은 음악 창작의 영역과 창의적인 음악적 사고 과정을 연구하고 사고 과정에 따른 산출물로서의 창작품을 이해하는 데 도움을 준다.

  토의 주제

1. 심리학적 기초가 음악교육에 필요한 이유를 논의해 보자.

2. 음악교육에 적용할 수 있는 심리학 원리에는 어떠한 것들이 있는지 알아보자.

3. 음악심리학의 연구 내용들이 구체적으로 어떻게 음악교육에 적용될 수 있는지 알아보자.

참고문헌

박창호, 권혁철, 김정호, 서영삼, 김문수 외(2001). 현대 심리학 입문. 서울: 정민사.

변영계(2005). 교수·학습 이론의 이해(개정판). 서울: 학지사.

승윤희(2000). 신경과학 연구에 근거한 음악교육의 중요성. 연세음악연구, 7, 201-225.

_____(2001). 음악 정보의 처리과정과 창의적 사고의 이해. 음악교육연구, 21, 27-51.

_____(2002). 음악교육의 심리학적 기반의 중요성에 관한 연구. 음악교육연구, 23, 145-179.

_____(2004). 지식표상 이론과 음악지식의 표상. 음악교육연구, 27, 129-154.

_____(2005). 정보처리 이론에 기초한 음악 교수·학습 방법 연구, 음악교육연구, 29, 45-73.

_____(2007). 생물심리학과 음악 교수·학습 방법 연구, 음악과 민족, 34, 399-425.

이훈구, 한종철, 정찬섭, 오경자, 한광희 외(2003). 인간 행동의 이해(2판). 서울: 법문사.

Bharucha, J. J. (1987). Music cognition and perceptual facilitation: A connectionist framework.

Music Perception, 5(1), 1–30.

_____ (1994). Tonality and expectation. In R. Aiello & J. Sloboda (Eds.), *Musical perceptions* (pp. 213–239). New York: Oxford University Press.

Bransford, J. D., Brown, A. L., & Cooking, R. R. (Eds.). (2000). *How people learn.* Washington, D.C.: National Academy Press.

Clarke, E. F. (1988). Generative principles in music performance. In J. A. Sloboda (Ed.), *Generative processes in music* (pp. 1–26). New York: Oxford University Press.

Dowling, W. J. (1999). The development of music perception and cognition. In D. Deutsch (Ed.), *The psychology of music* (2nd ed., pp. 603–625). San Diego: Academic Press.

Elliott, D. J. (1995). *Music matters.* New York: Oxford University Press.

Elliott, D. J. & Silverman, M. (2015). *Music matters: A philosophy of music education* (2nd ed.). New York: Oxford University Press.

Elliott, D. J. & Silverman, M. (2021). 실천주의 음악교육철학. (최은식 외 공역). 경기: 교육과학사. (원저는 2015년에 출판).

Gagné, E. D. (1993). 인지심리와 교수-학습. (이용남, 박분희 외 공역). 서울: 교육과학사. (원저는 1985년에 출판)

Gardner, H. (1973). *The arts and human development: A psychological study of the artistic process.* New York: John Wiley & Sons.

_____ (1983). *Frames of mind: The theory of multiple intelligences.* New York: Basic Books, Inc.

Gembris, H. (2002). The development of musical abilities. In R. Colwell (Ed.), *The new handbook of research on music teaching and learning* (pp. 487–508). New York: Oxford University Press.

Hargreaves, D. J. (1986). *The developmental psychology of music.* New York: Cambridge University Press.

Hargreaves, D. J. (1996). The development of artistic and musical competence. In I. Deliege & J. Sloboda (Eds.), *Musical beginnings.* New York: Oxford University Press.

Hodges, D. A. (Ed.). (1996). *Handbook of music psychology* (2nd ed.). San Antonio, TX: IMR Press.

Jensen, E. (2000). *Brain-based learning.* San Diego, CA: The Brain Store Publishing.

Mandler, J. M. (1998). Representation. In W. Damon, D. Khun, & R. S. Siegler (Eds.), *Handbook of children psychology* (5th ed., Vol. 2, pp. 255–268). New York: John Wiley & Sons, Inc.

Pogonowski, L. (1989). Metacognition: A dimension of musical thinking. In E. Boardman (Ed.), *Dimensions of musical thinking* (pp. 9–19). Reston: MENC.

Radocy, R. E., & Boyle, J. D. (1997). *Psychological foundations of musical behavior* (3rd ed.). Springfield: Charles Thomas Publisher, Ltd.

Seung, Y., Kyong, J., Woo, S., Lee, B., & Lee, K. (2005). Brain activation during music listening in individuals with or without prior music training. *Neuroscience Research, 52,* 323–329.

Sloboda, J. A. (1985). *The musical mind: The cognitive psychology of music.* Oxford: Clarendon Press.

Sternberg, R. J. (2003). *Cognitive psychology* (3rd ed.). Belmont: Wadsworth/Thomson Learning, Inc.

Swanwick, K. (1988). *Music, mind, and education.* London: Routledge.

Swanwick, K., & Tillman, J. (1986). The sequence of musical development: A study of children's composition. *British Journal of Music Education, 3*(3), 305–339.

Webster, P. R. (1990). Creativity as creative thinking. *Music Educators Journal, 76*(9), 22–28.

_____ (2002). Creative thinking in music: Advancing a model. In T. Sullivan, & L. Willingham (Eds.), *Creativity and music education* (pp. 16–34). Toronto: Britannia Printers.

Wolf, D., & Gardner, H. (1980). Beyond playing or polishing: A developmental view of artistry. In J. Hausman (Ed.), *Arts and the schools.* New York: McGraw-Hill.

Zimmerman, M. P. (1971). *Musical characteristics of children.* Reston, VA: MENC.

제**5**장

음악교육의 사회학적 기초

민경훈

1. 사회학적 관점에서 본 음악교육

2. 음악교육의 사회적 과제

　　음악교육은 사회에 의하여 만들어진 제도, 내용, 방식, 인구, 질적 능력 그리고 경제적 조건 등에 의해서 제한적으로 영향을 받는다. 그러나 동시에 음악교육은 사회에 영향을 미친다. 이 점에서 사회학적 관점에서의 음악교육학은 수동적으로 사회, 문화, 정치, 경제 등의 조건에 의하여 음악교육이 어떻게 영향을 받는가를 연구하는 한편, 능동적으로 음악교육이 사회에 어떠한 영향을 끼치고 있는가를 연구하는 학문이다. 음악교육의 사회적 과제는 학습자가 다양한 음악 활동을 통하여 인간과 사회에 기여하고, 시대적·사회적·문화적 맥락에서 음악의 사회적 역할과 가치를 이해하며, 사회에서 경험할 수 있는 다양한 음악적 정보를 획득하고 음악적 지식을 습득하도록 하는 것이다.

1. 사회학적 관점에서 본 음악교육

1) 성격

음악교육의 사회적 목표는 궁극적으로 학교 음악교육의 장기적 목표로 간주된다. 학교교육이 사회적 관점에서 인간과 사회가 서로를 필요로 한다는 점을 이해시키고, 이에 관한 많은 정보를 획득하고 지식을 넓혀 사회적 목표에 도달하기 위한 실천의 장이라고 한다면, 학교 음악교육의 사회적 목표는 이에 부응하여 우선적으로 음악 활동을 통하여 사회에 기여하고 봉사하는 마음을 길러 주고, 사회에서 경험할 수 있는 다양한 음악적 현상을 소개하여 많은 정보와 지식을 제공하는 것이다. 또한 비판적 능력을 길러 줌으로써 미래의 성인으로 준비시키는 것이라고 할 수 있다. 이러한 면에서 사회학적 관점에서의 학교 음악교육은 인간과 사회에 기여할 수 있는 다양한 음악 활동을 전개하고, 시대적·사회적·문화적 맥락에서 음악의 사회적 역할과 가치 그리고 음악의 생성과 향유에 대하여 이해하며, 사회 속의 다양한 음악적 현상에 대하여 알아보고 비판·토론하는 것을 지향하여야 한다. 더불어 다양한 음악적 정보를 획득하며, 음악적 지식을 습득하는 교육으로서의 성격을 지녀야 한다. 이러한 성격의 음악교육은 궁극적으로 생활 속에서 삶의 질을 높이는 것을 목적으로 하고 있다.

2) 사회와 음악교육의 관계

[그림 5-1]은 사회와 음악교육의 관계를 그림으로 나타낸 것이다. 사회학적 관점에서의 음악교육은 두 가지 속성을 가지고 있다. 첫째는 수동적 기능으로서 음악교육이 사회적 조건들(예: 사회, 문화, 정치, 경제 등)로부터 영향을 받는다는 것이며, 둘째는 능동적 기능으로서 음악교육이 사회에 영향을 끼친다는 것이다. 음악교육은 사회에 의하여 만들어진 제도, 내용, 방식에 따라서 그리고 인구, 질적 능력, 경제적 조건 등에 의해서 제한적으로 실천되고

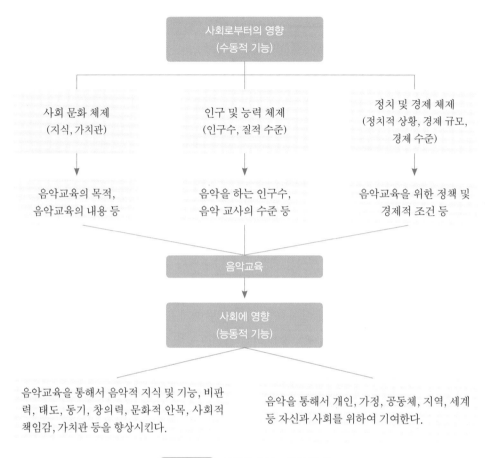

그림 5-1 사회와 음악교육의 관계

있다. 그러나 동시에 음악교육은 사회에 영향을 끼치는 기능을 가지고 있기도 하다.

2. 음악교육의 사회적 과제

'이 악곡이 마음에 듭니까?' '이 음악은 좋은 음악입니까?' '이 음악은 나쁜 음악입니까?'의 질문처럼 학교의 음악교육은 음악을 추상적인 것으로 간주하면서 정신적 고양을 위하여 그리고 특정한 방식 안에서 주관적 감정의 만족을 위하여 사용되었다. 그러나 음악이 모든 시대 및 문화권의 사회에서 인간의 삶과 매우 밀접하게 관계하면서 개인과 사회에 유형·무형으로 중요한 영향을 끼쳐 왔다는 사실로부터 이제는 사회적 관점에서 음악교육을 재조명해 볼 필요가 있다. 사회학적 관점에서의 음악교육학 연구는 사회에서 음악교육이 왜 필요하며, 음악 교사들이 왜 사회학적 측면에서 음악교육에 대한 전반적인 지식을 갖추어야만 하는가를 깨닫게 해 준다. 사회학적 관점에서 본 음악교육은 다음과 같은 과제를 갖는다.

첫째, 음악교육학은 시대적 · 문화적 · 사회적 맥락에서 음악교육의 본질이 얼마나 복잡한지를 알게 해 주어야 한다. 예를 들면, 음악을 가르치는 교사는 세대별 음악적 취향을 올바로 이해하여야 하고, 다문화적 관점에서 다양한 민족의 음악을 어떻게 가르쳐야 할지를 고민하여야 한다.

둘째, 음악교육학은 음악 교사가 책임을 져야 할 음악교육적 임무를 지속적으로 반성하고 성찰해 볼 수 있도록 철학적 · 방법론적 측면에서 기여를 하여야 한다. 음악 교사는 자신의 음악교육적 임무를 수행하는 과정에서 몇 가지 어려움에 부딪치게 된다. 음악 교사는 학생들이 진출하는 사회와의 관계를 생각하지 않을 수 없다. 음악 교사는 학생들의 음악적 재능을 망가뜨리는 교육을 하지 않았는지, 학생들이 사회에 나가서 자신의 기량을 마음껏 펼칠 수 있게끔 음악적 재능을 발휘하도록 도와주고 음악적 현상에 대한 많은 정보를 제공해 주었는지, 또한 학생들의 음악적 능력의 다양성에 대하여 어떻게 대처해 나가고 있는지를 고민해 보아야 한다.

셋째, 음악교육학은 사회 안에서 음악의 다양한 쓰임새에 대하여 이해시켜 주어야 한다. 사회에서 음악이 어떻게 사용되고 있으며, 인간에게 어떠한 영향을 끼치고 있는지, 즉 음악의 사회적 가치와 역할을 밝히려는 노력이 있어야 한다.

넷째, 음악교육학은 정책에 대한 평가를 통해서 실질적인 기여를 하여야 한다. 음악교육학은 정책 수립 부문에서도 교육사회학 및 교육철학을 근거로 특정 집단에 대하여 적용 가능성을 타진할 수 있는 정책적 판단 준거를 마련해 주어야 한다. 역시 음악교육 정책 수립에 관여하는 전문가들은 음악교육의 사회학적 연구를 통해서 음악교육에 영향을 주고 있는 사회적 문제를 이해하고, 교육 체제에 영향을 주는 방법에 대한 지식을 얻을 수 있다.

다섯째, 음악교육학은 학교가 사회와 연계하여 성취하려는 음악교육의 목적과 목표의 설정을 판단하는 데 도움을 주어야 한다. 음악교육학은 학교의 음악 프로그램의 결과로 나타나는 사회적 행위를 결정하는 데 일조하여야 한다. 심리학적 관점에서 본 음악교육학이 개인의 학습 행동을 판단하는 데 도움을 준다면, 사회학적 관점에서 본 음악교육학은 음악교육 프로그램에 포함되는 집단 행동의 목표를 결정하는 데 기여하여야 한다.

여섯째, 음악교육의 사회적 기능에 대하여 정보를 제공해 주어야 한다. 음악교육의 사회

표 5-1 | 음악교육의 사회적 기능

차례	음악교육의 사회적 기능	내용
1	인간교육의 기능	인간성을 회복하고 사회성을 기르는 데 일조하는 음악교육이어야 한다.
2	문화유산의 전달 기능	문화유산의 전달 기능은 모든 사회의 존재 조건 중 기본적인 요소이다.
3	사회 통합의 기능	인간에게는 공동체적 삶이 반드시 필요하며, 이는 음악 활동을 통하여 보다 효과적으로 달성할 수 있다.
4	음악 관련 직업에 대한 정보적 기능	어느 사회든 전문성에 따른 분화가 이루어져 있다. 음악교육은 음악 관련 직업에 대한 정보를 제공해 줌으로써 음악 관련 능력을 갖춘 인력을 양성하여 공급하고, 충원하는 데 기여하여야 한다.
5	산업 문화의 발전적 기능	문화 산업의 발전을 도모하는 동시에 거기서 발생할 수 있는 문제점을 해결할 수 있는 대안을 찾는다.

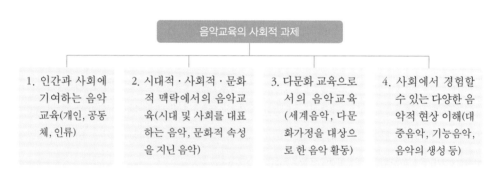

그림 5-2 | 음악교육의 사회적 과제

적 기능을 정리하면 〈표 5-1〉과 같다.

1) 인간과 사회에 기여하는 음악교육

음악 활동이 사회와 공동체에 기여할 수 있다는 사실은 자칫 노래하고 연주하는 외형상의 기능으로만 비칠 수 있다. 그러나 이 음악 활동에서 우리가 더 깊이 숙고해 보아야 할 것이 있다. 그것은 바로 음악의 움직임에 전념하는 행위가 인간과 인간 사이를 보다 더 견고하게 연결해 줄 수 있다는 사실을 인식하여야 한다는 것이다. 1920년대에 '청소년음악운동(Jugendmusikbewegung)'을 이끌며 '음악의 생활화'를 주창한 독일의 민중 음악교육자 외데

(F. Jöde)는 소리가 감성적인 것으로 이동할 때 비로소 음악이 되고, 이러한 감성적 음악 활동을 통해 서로가 사랑하게 되고, 인간을 교화하며, 공동체를 실현하고, 또한 사회를 정화할 수 있다고 주장하였다. 외데는 인간과 음악을 비유의 방식으로 설명하면서 다성 음악은 하나의 특정한 선율 그 자체로만 존재하지 않고 서로 간의 선율이 조화롭게 공존하기 때문에 공동체적 삶의 중요성을 느끼게 해 주며, 단성 음악은 "인간은 하나이다."라는 통합을 의미한다고 하였다(민경훈, 2000: 313-314). 사회 안에서 힘들어하는 인간들에게 음악을 통하여 정신적 위안을 주어야 한다는 강한 의지를 보인 외데는 19세기 유럽의 귀족적 '연주회 문화(Konzertkultur)'가 국민의 정신적 위안에 도움을 줄 수 없다고 비판하면서 "외형적인 면을 중시하는 음악 연주회는 지양되어야 하며, 음악 활동은 축제와 같이 즐겁게 행해져야 한다."라고 주장하였다.

음악적 정서는 인간의 인지적 영역과 감성적 영역이 함께 어우러지는 고등 정신의 일종이다. 인간들의 정서와 느낌의 세계는 무한하다. 학생들은 음악이라는 예술을 내면화하는 과정을 체험하면서 자신들의 정서 생활 함양을 위해 음악을 적극 활용하고, 다른 사람에게 정성이 담긴 음악을 들려줌으로써 위로와 희망을 줄 수 있다. 개인이 생활 속에서 쉽게 접할 수 있는 음악 활동은 노래를 부르는 것이다. 사람은 자신의 느낌과 생각을 노래로 표현하는 활동을 통해서 음악의 아름다움을 발견하고, 만족스러운 정서 상태로 이끌면서 스스로를 위안할 수 있다.

사회적 관점에서의 음악교육은 학생들에게 한 가지 이상의 악기를 다룰 수 있는 능력을 갖추는 것을 요구한다. 학생이 자신의 흥미와 관심에 따라 한 가지 이상의 악기를 선택하여 연주할 수 있는 능력을 겸비하는 것은 풍부한 음악적 능력을 증진시키고 다양한 미적 체험을 가능하도록 할 뿐만 아니라, 전인 교육, 인성 교육, 정서 생활 함양의 차원에서 매우 유용하다. 외데는 자신의 논설에서 학교의 연주 활동은 학교에서만 이루어지는 것이 아니고 거리, 공원 등 대중이 쉽게 접할 수 있는 연주 장소라면 어디에서든지 행해서 시민 교육에 봉사하여야 한다고 주장하였다. 또한 그는 학교에서 음악교육이 인간교육을 위하여 매우 중요하게 취급되는 것처럼, 사회에서도 음악교육이 음악을 위한 음악 활동을 하는 것이 아니라 음악을 통한 인간교육으로서 다수의 시민을 교화하여야 할 중요한 임무를 가지고 있다고 하면서 음악의 생활화를 강조하였다(한국음악연구학회, 1985: 214).

역시 사회적 관점에서의 음악교육은 학생들에게 공동체 안에서의 다양한 음악 활동에 적극적으로 참여하는 태도를 가질 것을 요구한다. 사람들은 단체 음악 활동을 통해서 음악을 아름답게 그리고 조화롭게 만들면서 여가 시간을 의미 있게 보낼 수 있다. 합창과 합주 활동은 음악 미적인 체험을 통한 건전한 마음으로의 전이, 협동하는 마음, 배려하는 마음 등 인성 교육 · 감성 교육에 도움을 준다. 학생들은 학교에서 혹은 사회에서 합창과 합주를 하면서 자신의 음악적 재능을 향상시키고, 풍부한 정서 생활을 영위하며, 공동으로 음악극 · 배경 음악 만들기 등의 활동을 통하여 협동하는 태도를 기를 수 있다. 이 외에도 학생들은 지역사회의 음악 행사에 참여할 수 있는 많은 기회를 가짐으로써 지역 주민들에게 즐거움을 주고, 공동체적 의식을 기르며, 음악을 생활화하는 데 기여할 수 있다. 학생들은 음악회를 준비하고 연주를 하는 과정을 통해서 자신감과 성취감을 느낄 수 있는 소중한 체험을 할 것이다. 이러한 면에서 공동체적 음악 활동은 학교교육의 중요한 과제 중 하나라고 볼 수 있다. 학생들은 학교 내외에서 〈표 5-2〉에 나타나는 공동체적 음악 활동과 행사에 적극적으로 참여할 수 있다(교육인적자원부, 2007).

표 5-2 공동체적 음악 활동 및 행사

장소	음악 활동 및 행사
학급	모둠별 발표회, 작은 음악회, 급가 및 응원가 만들어 발표하기 등
학교	합창반, 합주반, 기념일 행사, 학교 행사(입학식, 졸업식 등), 학교 축제, 합동음악회 (학생+학부모+교사) 등
사회	지역사회의 행사, 지역사회의 축제, 초청 연주회, 다른 학교와의 음악적 교류, 봉사 활동, 병원 및 양로원 방문 공연 등

2) 시대적 · 사회적 · 문화적 맥락에서의 음악교육

오늘날 지구촌시대에서 음악교육의 주요 과제 중 하나는 시대적 · 사회적 · 문화적 맥락에서 음악을 이해함으로써 인간 생활의 보편성과 음악의 특수성을 이해하고 느껴 보는 것이다. 이 같은 음악교육의 목표는 다양한 시대 및 문화권의 음악을 골고루 체험함으로써 달성할 수 있다.

다양한 시대의 음악을 경험하는 활동은 각 시대에서의 사회적 상황 및 인간 삶의 보편성을 통찰할 수 있도록 해 줄 뿐만 아니라, 그 음악들이 속한 시대의 음악적 특수성을 이해할 수 있도록 해 준다. 예를 들면, 바로크시대 궁정 음악의 특징, 고전주의 및 낭만주의 음악의 특징, 국민악파 음악의 사회적 기능, 현대 음악의 발전과 기법의 특징 등을 살펴봄으로써 각 시대별 음악의 역할과 가치를 이해할 수 있다. 또한 문학이나 미술과 마찬가지로 한 시대를 대표하는 음악 장르인 오페라는 한 시대의 사회적 산물로서 음악의 사회적 상황을 잘 반영해 주었다. 실러의 원작에 로시니(G. A. Rossini)가 작곡한 오페라 〈윌리엄 텔(Wilhelm Tell)〉은 외세의 압력에 저항하여 자유를 되찾고 독립을 이룬 스위스 국민의 역사적 사건을 다룬 내용으로, 이 작품의 내용을 통해 스위스의 역사를 이해할 수 있을 것이다.

또한 음악교육은 사회적 맥락에서 음악을 이해하려는 노력을 하여야 한다. 1964년 독일의 음악교육학자 알트(M. Alt)가 철저하게 가창중심의 교육 내용과 지도 방법들에 대하여 새로운 개혁을 요구한 이래, 많은 음악교육학자는 1970년대에 이르러 과거의 가창중심 음악 수업이나 고전시대의 음악 양식을 중심으로 세우는 전통적 교육 내용을 탈피하고, 다양한 사회에서 다루어지는 여러 가지 음악 관련 현상을 음악과 교육과정 및 교과서에 대폭 포함하는 새로운 음악교육의 장을 활짝 열어 놓았다. 특히, 독일의 사회학자이자 음악사회학자인 아도르노(Th. W. Adorno)가 저서 『현대 음악의 철학(Philosophie der neuen Musik)』(1949)에서 순수 음악으로서의 현대 음악을 가치화한 이래 음악교육학 영역에서는 현대 음악에 관한 연구들이 지속적으로 행하여졌으며, 이 결과물들은 1970년대 이후 학교 음악교육의 내용을 혁신적으로 변화시키는 결과를 가져왔다.

사회적 맥락에서의 음악교육은 음악을 사회적 맥락에서 파악하고 이해할 때, 즉 음악에 사회적 의미를 부여할 때 심미성이 배가된다는 것을 강조한다. 실제로 표현주의를 대표하는 작곡가 쇤베르크(A. Schoenberg)의 작품 〈바르샤바의 생존자(A Survivor from Warsaw, op. 46)〉는 제2차 세계대전 당시의 참상을 표현한 음악으로, 우리가 이 음악을 소리로서만 이해한다면 시끄러운 소음에 불과하지만, 당시의 사회적 상황과 삶의 경험을 이해하고 그 의미를 음악에 부여하면서 감상한다면 그때 비로소 감동이라는 체험을 할 수 있다. 이처럼 사회적 맥락에서 음악을 이해하려는 노력은 심미적 체험을 위한 음악교육적 가치가 있다고 볼 수 있다.

이와 더불어 음악교육은 문화적 맥락에서 음악을 이해하는 것을 중요시하여야 한다. 모든 민족은 자신만의 고유한 풍습·언어·예술을 소유하고 있다. 이러한 문화적 요소들은 각 민족마다 서로 달라, 이를 토대로 발생한 음악은 그 민족만이 느낄 수 있는 독특한 특성을 지니고 있다. 이 점에서 한 나라의 독특한 음악적 아름다움을 바르게 이해하고, 그 속에 스며 있는 민족의 고유한 정서를 느껴 보는 활동은 문화적 정체성을 일깨워 준다는 점에서 매우 의미가 있다.

3) 다문화 교육으로서의 음악교육

(1) 다문화적 음악교육의 필요성

오늘날 정보 통신 기술 및 교통의 발달로 민족 간, 국가 간의 산업·지식·문화의 교류가 활발해짐에 따라 '세계화시대' 혹은 '지구촌시대'라는 용어가 보편적으로 자연스럽게 사용되고 있다. 세계화의 흐름 속에서 서로 음악 문화의 다양성을 인정하고, 상호 간의 문화를 존중하며, 상호 간의 음악을 함께 공유하면서 즐기는 태도는 국제 이해 교육의 차원에서 매우 의미가 있다고 본다.

최근 한국에서는 다른 아시아 국가의 여성과 국제 결혼이 급증하면서 코시안[1] 어린이가 많이 증가하였다. 2006년 교육인적자원부는 2010년에 우리나라 다문화가정의 자녀 수가 10만 명에 이를 것이라고 보았다(교육인적자원부, 2006). 이러한 사실은 이제 더 이상 우리가 단일 민족을 자랑으로 내세울 수 없으며, 서로 다양한 문화적 배경을 가진 민족과 앞으로 어떻게 공존할 것인가를 고심해야 할 시점에 와 있다는 것을 말해 준다.

실제로 2007년 8월 유엔(United Nations)의 인종차별철폐위원회(Committee on Elimination of Racial Discrimination: CERD)는 한국 사회의 다민족적 성격을 인정하고, 한국이 사실과는 다른 '단일 민족 국가'라는 이미지를 극복해야 한다고 지적하였다. 그리고 이를 위하여 교육, 문화, 정보 등의 분야에 적절한 조치를 취해 서로 다른 민족·국가들의 역사와 문화에 관한 정보들을 초·중등학교 교과목에 포함시킬 것을 권고하였다. 보고서의 주요 내용은 한국 사회가 단일 민족을 강조하는 순혈주의에서 벗어나야 함을 지적한 것과 '혼혈(mixed blood)'과 같은 인종차별적인 단어 사용을 반대한다는 것이다. 이와 함께 한국 내에서의 외국계 배우자와 자녀 문제, 한국 내에서의 외국인 노동자 문제 등이 언급되었다(CERD, 2007). 2022년 10월 25일 법무부가 발표한 보고 자료에 따르면, 국내 외국인 근로자의 인구수는 약 114만 명 이상이다. 국적별로 체류 외국인의 인구 수를 살펴보면 〈표 5-3〉과 같다.

─────────────── ♪♪

1) 코시안(Kosian)은 '코리안(Korean)'과 '아시안(Asian)'을 합성하여 만든 신조어로 혼혈아 등 용어에 담긴 차별성을 해소하기 위해 사용하기 시작한 용어이다. 이는 1990년대부터 아시아계 여성과 한국 남성의 결혼이 이루어지면서 이들 가정에서 태어난 2세들을 부르는 말로 사용되었다. 코시안은 초기에는 국제 결혼 가정의 2세를 가리켰으나 점차 한국에서 결혼한 이주 노동자의 자녀도 포함되었다. 현재는 일반적으로 한국인과 아시아계 외국인의 결혼을 통하여 출생한 2세를 일컫는다. 여기에서는 한국인 남성과 아시아계 여성의 국제 결혼을 통하여 한국에서 출생·성장하는 한국 국적의 자녀에 한정하여 코시안이라 지칭한다.

표 5-3 등록외국인 국적별 현황(2022년 9월 말 기준)

순위	국가	인구수(명)
1	한국계 중국	240,873
2	베트남	189,654
3	중국	173,365
4	우즈베키스탄	46,178
5	캄보디아	41,921
6	필리핀	41,384
7	네팔	40,235
8	인도네시아	36,618
9	타이	32,756
10	미국	30,877
총계		1,143,696

자료: 법무부(https://www.moj.go.kr/bbs/immigration/227/564127/artclView.do).

이 같은 국제 사회의 권고는 코시안의 증가가 가장 큰 원인이 되었다. 이 권고는 우리 사회가 우리나라를 단일 민족 국가로 인식하던 기존의 가치관에서 벗어나 다민족 국가로 새롭게 재인식하여야 한다는 시대적 요구로 받아들여진다. 코시안 초등학생, 학부모, 담임교사를 대상으로 한 연구(오성배, 2005: 61-83)는 코시안들이 한국 사회의 새로운 소외 계층으로 자라나고 있음을 밝혔다. 이 연구에 따르면, 코시안 학생들은 〈표 5-4〉에 나타난 바와 같이 성장과 환경의 영향을 받고 있다.

표 5-4 코시안 학생들의 성장 및 환경적 배경

코시안 학생들의 성장 및 환경적 배경
1. 성장 과정의 영향에 따른 다른 학생들과의 다른 경험
2. 언어 학습 능력이 떨어지는 현상이 정체성과 대인관계 형성에 부정적인 영향을 끼침
3. 외모 및 문화의 차이로 인한 소극적인 대인관계
4. 코시안 교육에 대한 교사의 능력 부족
5. 코시안을 위한 프로그램 부족으로 인한 성장 과정에서의 부적응

정서적이나 감정적으로 민감한 시기에 놓여 있는 코시안 어린이나 외국 어린이들이 학교

에서 차별로 인하여 정체감 형성 및 학업에 어려움을 겪게 될 경우, 학업을 포기하는 사례가 늘게 될 것이며, 이는 교육 불평등으로 인한 심각한 사회 문제를 야기할 것이다. 이러한 국면에서 다문화 교육은 절실히 필요하다고 본다.

(2) 한국에서의 다문화 교육의 의미

1970년대 이후로 '상호문화(Interkultur)'와 '다문화(Multikultur)'라는 용어가 자주 사용되고 있다. 특히, 교육학의 영역에서는 '상호문화적 교육' 혹은 '다문화적 교육'이라는 용어가 통상적으로 사용된다. 그러나 이 용어들 간에는 근본적으로 의미상 차이가 있으므로 이 개념의 바른 이해는 한국의 상황에 적합한 개념과 정체성을 심어 주고 이를 실천하는 데 중요한 역할을 할 것이다.

'상호문화적 교육(또는 간문화적 교육, Interkulturelle Erziehung)'이라는 용어는 1970년대 후반에 독일의 취학 전 조기교육에서 처음으로 사용된 용어로, 1980년대에 이르러 일반 학교의 교육 목표로 일반화되었다(Auernheimer, 1995: 168). 1960년대에 독일에는 외국인 노동자들(예: 터키, 이탈리아, 그리스 등)의 유입에 따른 외국인 자녀들의 교육 문제가 심각한 사회 문제로 대두되었다. 특히 독일의 기독교 문화와 중동아시아의 이슬람 문화 간의 갈등은 심각한 상태로, 오늘날에도 다문화주의의 수용을 저해하는 요인이 된다. 이러한 배경에서 독일 교육계는 외국인 교육학(Ausländerpädagogik)이라는 학문 영역을 발전시키고, 이 영역에서 '상호문화성(Interkulturalität)'에 기초한 '상호문화적 교육'이라는 용어를 사용하였다. '상호문화성'이란 특정한 문화를 흡수하거나 다른 문화를 지배하여 획일화하려는 것이 아닌, 서로 간의 관용적 태도와 다원적 세계관을 바탕으로 상호 간에 문화적 상관성을 동시에 인정하면서 서로 동등한 위치에서 교류하고 접촉한다는 성격을 지니고 있다(민경훈, 2004: 434).

'다문화적 교육(multicultural education)'이라는 용어는 1971년 캐나다 정부가 외국으로부터 들어온 이주민들과 관련된 사회적 문제로부터 추진하였던 교육 프로그램에서 처음으로 사용되었다(Hohmann, 1983: 5). 그 당시 캐나다는 혼합 민족으로 구성된 자국 내에서 인종 차별을 없애기 위한 일환으로서 다양한 인종을 폭넓게 수용하고 이해하려는 노력을 하였다. 그러므로 캐나다가 '다문화적'이라는 표현을 사용한 것은 혼합 민족이라는 사회적 구조에 기인한다고 볼 수 있다(민경훈, 2004: 435).

이와 같이 '상호문화적'이라는 표현은 '상호 간의 공존'이라는 의미를, 반면에 다문화적이라는 표현은 '혼합'이라는 의미를 보다 강조한다. 이처럼 '상호문화적'과 '다문화적' 사이에는

표 5-5 우리나라의 다문화 사회 진입의 원인

다문화 사회 진입의 원인
1. 급격한 도시화로 인한 농어촌 청년들의 국제 결혼 문제
2. 노동력 수출 국가에서 이주 노동력 유입 국가로의 탈바꿈
3. 북한 탈출 난민인 새터민[2]의 꾸준한 증가

분명히 의미상 차이가 있으며, 따라서 독일의 경우 '상호문화적'이라는 수식어를, 미국이나 캐나다의 경우 '다문화적'이라는 수식어를 사용하고 있다.

　우리나라 음악교육학 영역에서는 '상호문화' 혹은 '다문화'라는 세밀한 개념의 구분 없이 보편적으로 '다문화'라는 개념을 사용하고 있다(교육학 영역에서는 '상호문화적' 혹은 '다문화적' 모두를 사용하고 있다). 비록 '상호문화적' 그리고 '다문화적'과 관련된 음악 수업의 내용이 외형적인 모습에서 똑같이 드러날 수는 있지만, 그럼에도 우리가 음악교육학 영역에서 통상적으로 사용하는 '다문화적'이라는 개념은 미국이나 캐나다에서 사용하는 '다문화적'의 개념이 아닌, 상호 간 공존이라는 '상호문화적'과 비슷한 개념으로 이해되어야 할 것이다.

　우리가 다문화 사회로 진입하게 된 것은 미국, 캐나다, 독일 등과 같은 국가와는 그 배경이 다르다. 우리나라의 다문화 사회 진입은 우리 사회가 겪고 있는 현실적 문제가 직접적인 원인이다. 우리가 현재 겪고 있는 현실적 문제를 세 가지 관점에서 살펴보면 〈표 5-5〉와 같다.

　첫째, 급격한 도시화로 인해 농어촌 청년들의 국제 결혼이 급증하였다. 급격한 도시화로 인하여 많은 농어촌 여성이 도시로 진출하게 되었다. 그 결과 농어촌에 살고 있는 결혼 적령기 남성들이 결혼할 배우자를 찾지 못하게 되었고, 궁여지책으로 민간단체들이 우리나라 남성과 외국 여성 간의 국제 결혼을 추진하게 되었다.

　둘째, 우리나라가 노동력 수출 국가에서 이주 노동력 유입 국가로 전환되었다. 우리나라는 1960~1970년대에는 노동력을 수출하는 나라였다. 그러나 1988년 이후 우리나라는 아시아인이 직업을 찾기 위해 선호하는 나라가 되었다. 더욱이 고학력 인구가 늘어남에 따라 국내인의 인건비가 비싸지면서 상대적으로 인건비가 저렴한 외국인 노동자를 원하는 국내 시

---

2) 최근 남한에서는 탈북자라는 용어가 부정적으로 인식될 수 있으므로 다른 용어로 바꾸어야 한다는 의견이 제시되었다. 이에 따라 2005년 1월 9일 대한민국 통일부는 한국 거주 탈북자를 순화 용어인 '새터민[-民]'으로 바꾼다고 발표하였다. 이 말은 '새로운 터전에서 삶의 희망을 갖고 사는 사람'이라는 의미로 해석할 수 있다.

장이 점차 늘어나게 되었다.

셋째, 북한 탈출 난민인 새터민이 꾸준히 증가하고 있다. 북한 사회의 경제 사정이 매우 어려워지면서 북한을 탈출하여 남한으로 오는 난민이 꾸준히 증가하고 있다. 비록 북한 사람은 우리와 같은 민족이지만 정치적 · 경제적 · 문화적으로 우리 사회와는 다른 이질적인 사회에서 살았기 때문에 남한 사회가 외국이나 다름없다(김인, 2008: 153).

(3) 다문화 교육으로서 음악교육의 역할

① 음악적 관점에서의 다문화적 음악교육

오늘날 각 국가는 '문화적 고유성'의 확보와 함께 '지구촌은 하나'라는 공동체적 흐름 속에서 서로를 포용하고 이해하고 수용하는 자세를 보이고 있다. 우리 민족이 세계 민족들 중의 한 부분이며, 반만년의 문화를 자랑하는 민족이라고 자부한다면, 다른 나라 민족의 문화도 그들 고유의 가치가 있으며 자부심을 느끼는 문화라는 것을 인정하여야 한다. 각 나라의 민속 음악은 각각 나름대로의 독자적인 특징과 절대적인 가치를 지니고 있기 때문에 어떤 특정한 음악 문화권이 다른 음악 문화권보다 질적으로 보다 더 우수하다고 평가할 수 없다. 지금까지 우리나라의 음악교육은 세계 여러 나라 음악을 취급함에 있어서 유럽의 민요나 고전 음악 등과 관련하여 실음 위주의 제한적인 음악 어법이나 정보적 소개 정도에 그쳤다. 그러나 다문화적 교육으로 접근하기 위해서는 실음 중심의 음악교육도 중요하지만 다양한 정보 및 문화 경험적 차원에서의 개방적 음악교육으로의 전환이 요구된다. 각 나라의 민속음악이 그들 나름대로의 독자적인 특징과 절대적인 가치를 지니고 있다는 점에서 각 문화 간의 상대적 특징을 비교하여 알아보는 것도 다문화적 음악교육의 과제라 할 수 있다.

다문화 교육의 관점에서 음악교육을 다룰 때에는 학생들의 인지발달 단계를 고려하여 초등학교에서는 감정에 바탕을 둔 감각과 감정 교육으로서의 음악교육으로, 중학교에서는 감정과 지적인 측면을 동시에 고려하는 음악교육으로, 고등학교에서는 사고에 바탕을 두고 지적인 면을 중시하는 음악교육으로 발전하여야 한다.

학생들은 학문적 관점에서 해당 나라의 역사, 문화, 사회적 현상을 이해하여야 한다. 교사는 다문화적 음악교육을 통해 학생들이 세계 여러 나라의 많은 역사적 · 문화적 · 사회적 정보를 획득할 수 있도록 실용적인 교육 방법을 모색하여야 한다. 그렇게 하기 위해서는 다른 나라의 민요들을 단순히 음악 활동의 객체로만 보는 것이 아니라, 문화적 주체로 존중하고

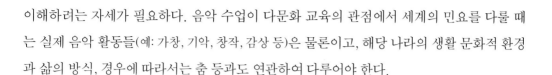

이해하려는 자세가 필요하다. 음악 수업이 다문화 교육의 관점에서 세계의 민요를 다룰 때는 실제 음악 활동들(예: 가창, 기악, 창작, 감상 등)은 물론이고, 해당 나라의 생활 문화적 환경과 삶의 방식, 경우에 따라서는 춤 등과도 연관하여 다루어야 한다.

② 외국 학생을 대상으로 한 다문화적 음악교육의 역할

코시안의 급증과 아시아권에 있는 많은 외국인이 국내에 거주함에 따라 음악교육은 이 학생들의 사회성과 정체성을 배려하여 그들 문화권에 속하는 음악에 대하여 다루어야 할 필요성을 점차 느끼고 있다. 외국 학생들을 위한 다문화적 음악교육의 과제는 외국 학생들의 '동화(Assimilation)'에 중심을 두어야 한다. 즉, 외국 학생들이 한국 학생들과 함께 어울려 즐겁게 노래하고 연주하는 것을 통하여 한국의 새로운 문화와 환경에 동화·적응할 수 있도록 동화 교육(Assimilationspae dagogik)에 바탕을 두어야 한다는 것이다. 독일은 외국 학생을 상대로 한 동화 교육에 있어서 특히 음악교육이 다른 과목에 비해 성과가 현저히 우수하다는 것을 증명하였다(Nolte, 2004: 22-23). 메르크(Merkt, 1993: 141-145)도 수업 중에 주로 말이나 이론이 주가 되는 다른 과목들에 비해서 감각적이며 감성적인 통합적 음악 활동(노래하기, 연주하기, 신체 표현하기 등)이 외국인 교육에 매우 효과적이라고 주장하였다.

코시안 학생들과 외국인 학생들이 사회성을 기르고, 그들 문화의 정체성을 회복하기 위해서는 한국의 음악뿐만 아니라, 그들 문화와의 지속적인 관계 속에서 자신들의 음악도 경험하여야 한다. 왜냐하면 자신의 문화에 대한 자부심은 사회적 동화에 긍정적 효과를 가져올 수 있기 때문이다. 이러한 이유에서 다양한 국가·문화권의 고유한 음악 및 춤 등과 관련된 학습을 점차 확대하여야 할 필요성이 있다.

③ 한국 학생을 대상으로 한 다문화적 음악교육의 역할

한국 학생을 대상으로 한 다문화적 음악교육의 역할은 다음과 같다.

㉮ 다문화적 음악교육은 다른 나라의 음악 문화를 존중하는 태도를 요구한다.
㉯ 다문화적 음악교육은 모든 인류의 평화적 공존을 위해 특별한 가치를 갖는다. 따라서 다른 문화권 학생들을 배려하고 존중하는 마음을 심어 주어야 한다.
㉰ 다문화적 음악교육은 다른 음악 문화와의 만남을 통하여 '함께'라는 인식을 갖도록 해 주어야 한다.

㉑ 각 나라 간의 문화적 상이함을 인정하면서 세계화시대에 알맞게 문화적 다양성을 수용하는 자세를 가져야 한다.

㉒ 각 민족은 그들 삶의 필요에 따라 독특한 형태로 자신들의 음악을 발전시켰다. 따라서 다문화적 음악교육은 모든 민족의 음악 문화들을 똑같이 평등하게 다루어야 한다. 각 문화 간의 음악을 서로 비교하여 가치를 평가하는 것은 바람직하지 않다.

다문화적 음악교육에서 음악 안에 스며 있는 민족들의 정서를 느껴 보는 과정은 음악적 심성 함양을 넘어서서 감정의 동화, 존중, 연대성 등을 추구한다. 여기서 '연대성(Solidarität)'이란 서로가 다른 것을 인정하지만 함께 존재한다는 공동체적 행위를 의미한다. 이 점에서 다문화적 음악교육은 모든 인종에 편견을 갖지 않도록 바른 세계관을 심어 주는 데 기여하여야 한다. 그리고 이러한 교육은 어릴 때부터 시작되어야 한다. 다른 나라의 음악을 인정하고 이해한다는 것은 학습자의 국제적 친화 능력을 향상시켜 주는 데 효과적인 수단이 될 것이다.

(4) 다문화적 음악교육의 연구 과제

다문화적 음악교육의 연구 과제들을 [그림 5-3]과 같이 설정할 수 있다(민경훈, 2004: 440-443).

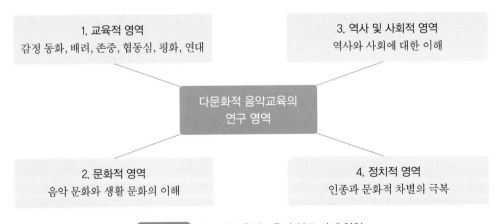

그림 5-3 다문화적 음악교육의 연구 과제 영역

① 교육적 영역

다문화적 음악교육이 추구하는 것은 넓은 의미에서 사회 교육의 학습에 속하는 것으로 감정의 동화, 배려, 존중, 공동체적 능력, 연대성 등이다. 희망이 있는 국가 공동체란 지식, 창의, 자유, 문화, 참여, 다양성, 조화, 배려, 존중, 나눔, 봉사, 결집 등이 중요한 덕목으로 살아 움직이는 공동체이다. 다문화적 음악교육은 감정의 동화, 배려, 나눔, 존중, 협동심, 연대성 등 사회적 기능을 추구하면서, 모든 나라와 인종에 편견을 갖지 않도록 바른 세계관을 심어 주는 데 일조하여야 한다.

② 문화적 영역

다문화적 음악교육은 각 나라 간의 문화적 차이점을 인정하면서 세계화시대에 알맞게 문화적 다양성을 수용하는 방향으로 나아가야 한다. 여러 나라의 다양한 음악을 접하고 문화를 이해한다는 것은 외국인의 문화를 존중하고 인정하는 태도를 보여 주는 것이다. 다문화적 음악교육은 자국의 고유한 음악을 소중히 여기는 것처럼 다른 나라의 문화에 대해서도 가치 있게 평가하고 이들 음악 문화도 소중하다는 것을 느끼게 해 주어야 한다.

악보 5-1 〈소년 한스〉

소년 한스

독일 민요 · 함희주 역사

한 스 는 갔 지 요 넓 은 세 상 밖 으 로
지 팡 이 모 자 가 어 울 렸 다 네
엄 마 슬 퍼 울 었 죠 한 스 보 고 싶 어 서
행 운 을 빌 면 서 기 다 린 다 네

자료: 주대창 외(2011).

특히 외국의 음악을 바르게 이해하는 것은 다문화 교육의 차원에서 매우 중요하다. 지난 과거에 우리는 별 의식 없이 외국 곡의 원래 가사를 자유롭게 개사하여 불렀다. 이러한 현상은 외국의 문화를 이해하는 데 도움을 줄 수 없으며, 다문화적 음악교육의 의도에도 어긋난다. 다문화적 음악교육의 관점에서 본다면, 원래 곡의 가사 내용을 멋대로 바꾸어 불러서는 안 된다. 왜냐하면 그 음악이 반영하고 있는 감정적 · 사회적 · 문화적 본질이 왜곡될 수 있으며, 음악적 느낌 또한 달라질 수 있기 때문이다. 단적인 예로 어린이들이 즐겨 부르는 〈나비야〉를 소개하고자 한다. 〈나비야〉는 원래 독일의 민요로 원 제목은 〈소년 한스(Hänschen klein)〉이다. 이 노래는 3절로 되어 있으며, 집을 떠난 꼬마 한스가 어른이 되어서 다시 집으로 돌아온다는 내용이다. '제7차 교육과정'에 기반을 둔 초등학교 2학년 교과서 『즐거운 생활』에 소개된 〈소년 한스〉의 악보와 독일어로 된 3절까지의 원곡 가사를 번역하여 소개하면 다음과 같다.

〈Hänschen klein(소년 한스)〉
원곡의 가사 내용

1절
Hänschen klein geht allein in die weite Welt hienin
(소년 한스는 홀로 넓은 세상으로 나갔지요)
Stock und Hut steht ihm gut, ist gar wohl gemut
(모자와 지팡이가 그에게 정말 잘 어울립니다)
Aber Mutter weinet sehr, hat ja nun kein Hänschen mehr
(엄마는 더 이상 한스를 보지 못해 매우 슬펐죠)
Wuensch dir Glueck, sagt ihr Blick, kehr nur bald zurueck
(행운을 빌면서 빨리 돌아오라고 합니다)

2절
Sieben Jahr, trueb und klar, Hänschen auf der Reise war
(바깥세상에서 한스는 7년의 세월을 보냈지요)
da besinnt sich das Kind, eilet heim geschwind
(한스는 느꼈지요, 집으로 빨리 달려갑니다)

Doch nun ist's kein Hänschen mehr

(이제 더 이상 작은 한스가 아닙니다)

nein, ein grosser Hans ist er

(그는 큰 한스가 되었습니다)

Schwarz gebrannt Stirn und Hand

(이마와 손이 검게 탔습니다)

Wird er wohl erkannt?

(과연 한스를 누가 알아볼 수 있을까요?)

3절

Eins, zwei, drei gehn vorbei

(하나, 둘, 세 사람이 지나갑니다)

wissen nicht, wer das wohl sei

(그들은 한스를 알아보지 못합니다)

Schwester spricht: "Welch Gesicht" kenn den Bruder nicht

(동생이 말합니다. "누구지?" 오빠를 못 알아봅니다)

Doch da kommt sein Mutter ein, schaut ihm kaum ins Aug' hinein

(엄마가 달려옵니다. 한눈에 그를 알아봅니다)

spricht sie schon: "Hans, mein Sohn!"

(엄마가 말합니다. "한스, 나의 아들아!")

"Gruess dich Gott, mein Sohn!"

("잘 왔다, 나의 아들아!")

흔히 들을 수 있는 〈노래는 즐겁다〉 역시 잘못된 '노가바식(노래 가사 바꾸기 식)' 노래이다. 이 곡은 독일 남부 슈바벤 지방의 민요로, 원곡의 제목은 〈석별(Abschied)〉이다. 이 노래는 여자 친구와의 석별을 아쉬워하면서 다시 만날 날을 기약하며, 꿋꿋한 마음으로 헤어지려는 청년의 의지가 담긴 노래이다. 독일의 중세와 산업혁명 시기에는 젊은이들이 일자리를 구하기 위해 고향을 떠나 먼 곳으로 가는 일이 많았기 때문에 독일 민요에는 여행이나 이별을 주제로 한 것이 많이 있다. 다음은 우리나라에서 흔하게 들을 수 있는 〈노래는 즐겁다〉의 악보와 독일어 원곡의 1절 가사이다.

악보 5-2 〈노래는 즐겁다〉

노래는 즐겁다

♩ = 112 (활기 있게)

독일 민요 · 안병원 역사

노래 는 즐겁구 나— 산 너머길 나 무들이 울— 창 한 이 산 에

가 고 갈 수 록 산 새 들 이 즐 거 이 노 래— 해

햇 빛 은 나뭇잎 새로 반 짝이며 우 리들의 노— 래 는 즐 겁 다

자료: www.musicscore.co.kr

〈Abschied (석별)〉*

원곡의 가사 내용(1절)

첫째 단

Muss i denn muss i denn Zum staedtele hinaus

(나는 가야만 하네, 도시를 향하여)

staedtele hinaus, und du mein Schatz bleibst hier

(도시로 나가지만, 사랑하는 당신은 이곳에)

Wenn I komm, wenn I komm, wenn I wieder wieder komm

(내가 다시 돌아온다면, 내가 다시 돌아온다면)

wieder wieder komm, kehr I ein, mein Schatz bei dir

(내가 다시 돌아온다면, 나의 사랑하는 당신 곁으로 돌아오리)

둘째 단

Kann I auch, immer bei dir sein

(내가 항상 당신 곁에 있을 수 있을 거야)

hab I doch mein Freud an dir

(당신 곁에서 나는 기쁨을 누릴 것이야)

셋째 단

Wenn I komm, wenn I komm, wenn I wieder wieder komm

(내가 다시 돌아온다면, 내가 다시 돌아온다면)

wieder wieder komm, kehr I ein, mein Schatz bei dir

(내가 다시 돌아온다면, 나의 사랑하는 당신 곁으로 돌아오리)

* 이 곡은 〈Muss i denn〉이라는 제목으로도 불린다.

③ 역사 및 사회적 영역

다문화적 음악교육에서 역사 및 사회와 관련된 현상을 이해하는 것은 중요하다. 지금까지 일반적으로 학교의 음악 수업은 다른 민족의 민요들을 단지 부르는 대상으로만 다루었다. 다문화적 음악교육은 세계의 민요들이 역사적·사회적 주체로 드러날 수 있도록 하여야 한다.

④ 정치적 영역

다문화적 음악교육은 인종과 문화적 차별의 극복을 위한 수단으로 이용될 수 있다. 상호 간의 문화를 존중하는 다문화적 음악교육은 정치적 특성을 배제할 수 없다. 흑인들의 불리한 입장을 정치적으로 해결하기 위해 시행한 영국의 반인종차별 교육(anti-racist education)이나 캐나다 정부가 프랑스어권 주민의 독립적 요구를 정치적으로 해결하려는 의도에서 다문화 교육을 시도한 것, 그리고 독일이 외국인 노동자들과 그들의 가족들을 이해하기 위한 학문적 노력으로 외국인 교육학을 만들어 낸 것을 생각하면, 다문화 교육이 정치와 깊은 관계가 있음을 알 수 있다(민경훈, 2004: 442). 다문화적 음악교육은 정치적 측면에서 인종차별의 극복과 화합에 기여할 수 있다.

(5) 다문화적 음악교육의 교수 · 학습 방법

다문화적 음악교육이 효과적으로 이루어지기 위해서는 질 높은 교수·학습 방법과 포괄적인 학습을 통하여 세계 여러 나라 음악을 충분히 경험하여야 한다. 다문화적 음악교육은

표 5-6 다문화적 음악교육의 교수 · 학습 방법

다문화적 음악교육의 교수 · 학습 방법
1. 학습자의 인지발달 과정과 음악적 재능을 고려하면서 다양한 문화권의 음악을 직접 표현하는 기회를 통해 타 음악 문화와 표현 방법을 이해한다.
2. 각국의 음악이 지니고 있는 독특한 음악적 표현 양식을 인지적 · 정의적 측면에서 이해한다.
3. 음악을 표현하는 방법 및 연주 방식을 이해한다.
4. 다른 나라의 노래를 부르는 것과 춤을 추는 것을 통하여 그리고 다양한 발표와 토론을 통하여 타 민족의 문화와 음악을 이해한다.
5. 자국의 전통 음악에 관해서도 큰 관심을 기울이고 이해한다.

단순히 다른 나라의 음악을 부르거나 소개하는 정도의 수준에 머물러서는 안 되고, 학습자가 다른 나라의 음악, 문화와 친해질 수 있도록 음악 활동을 전개하여야 한다.

학교 음악 수업에서 다문화적 음악교육이 성공적으로 이루어지기 위해서는 다양한 학습 자료를 활용한 효율적인 지도 방법을 모색하여야 한다. 음악 수업은 노래 부르기, 연주하기, 음악 만들기, 감상하기 등을 중심으로 그 음악을 다른 예술 형태로 바꾸어 표현해 보는 활동에 이르기까지 다양하게 이루어져야 하며, 단순히 노래를 부르거나 듣는 정도의 감상 활동은 지양되어야 한다. 〈표 5-6〉은 다문화적 음악교육의 교수 · 학습 방법에 관한 내용이다.

4) 사회에서 경험할 수 있는 다양한 음악적 현상 이해

(1) 음악과 관련한 다양한 정보 제공

음악은 그 자체로 미적인 의미가 있지만, 또한 사회에서 다양한 가치를 가지고 자신의 역할을 수행하고 있다. 음악교육은 문화적 속성과 소비적 속성으로서의 음악 소통에 대한 이해와 음향의 생성 구조를 알려 주어야 한다. 예를 들면, 음악교육은 학습자에게 음악이 영화의 배경 음악으로 사용되거나, 백화점에서 소비자의 구매를 촉진하는 방법으로 활용되고 있음을 깨닫게 해 줄 수 있다. 또한 기술적 관점에서 음향이 어떻게 만들어지는지, 음악 문화 및 음악 산업이 어떻게 형성되는지 소개해 줌으로써 학생들로 하여금 음향에 대한 관심을 갖도록 해 주어야 한다. 사회에서의 음악과 관련한 다양한 현상을 〈표 5-7〉에서처럼 '음악의 사회적 역할과 가치'와 '음악의 생성과 향유'의 두 영역으로 구분하여 살펴볼 수 있다.

표 5-7 음악과 관련한 다양한 정보

영역 구분	다룰 수 있는 주제의 예		
음악의 사회적 역할과 가치	• 각 시대별 음악의 역할과 가치(예: 바로크시대 궁정 음악가의 위치, 계몽 사회가 고전음악에 끼친 영향, 국민악파 음악의 사회적 기능, 사회적 상황과 낭만 예술 음악의 관계, 사회적 상황과 현대 음악의 관계 등)	• 오페라와 사회 • 음악과 정치 • 재즈 음악의 역사 • 사회와 록 음악 • 한국 대중음악의 발전 • 힙합 문화와 음악 • 청소년 문화와 음악 • 음악과 광고 • 음악과 영화 • 음악과 산업	• 음악과 노동 • 거리 음악의 역할 • 배경 음악의 효과 • 음악 치료 • 행진곡의 기능 • 의식 음악의 가치 • 현대 사회와 전위 음악 • 퓨전 음악 • 풍물놀이의 역할 • 판소리의 가치
음악의 생성과 향유	• 민요의 자연적 발생에 대한 이해 • 문화적 유산으로서의 전통 의식 음악의 생성 • 작곡 및 편곡을 거쳐 음악이 완성되기까지의 과정 • 음악 공연의 기획과 연주단체의 소개 • 음악 청중의 태도	• 컴퓨터를 활용한 음악의 제작 과정 • 예술 음악에 대한 감상 태도 • 음반 발매 순위 • 순수음악과 대중음악의 특성 • 음악과 심리 • 음악과 방송매체	• 연주회장의 구조와 음향관계 • 음악 공연의 준비 과정(예: 오페라 공연의 준비 과정, 뮤지컬의 제작 과정 등) • CD 음반의 생산 과정, 녹음 기술의 이해 • 컴퓨터 파일과 음원의 이해 • 음향 스튜디오의 이해

(2) 음악과 관련한 다양한 현상의 이해

학교의 음악교육은 사회에서 경험할 수 있는 다양한 음악적 현상에 대하여 이해하고 비판적인 능력을 길러 주어야 한다. 지금까지의 학교 음악교육은 실음 학습에 비하여 음악의 내면화와 음악적 향유를 위해 필요한 언어 표현 활동 및 음악에 대한 생각을 자유롭게 언어로 구사하는 활동을 상대적으로 소홀히 다루었다. 대개 학생들은 음악과 관련된 주제에 대하여 어떻게 표현하여야 할지 고민하게 된다. 학생은 자신의 개인 생활 속에서 경험하는 음악의 다양한 기능에 대하여 조사·발표하고 토론함으로써 음악의 역할에 대하여 이해하고 음악의 가치에 대하여 판단하는 능력을 기를 수 있다. 학생들은 음악과 사회와의 관계성, 지휘자에 대한 평가, 무대 장치의 구성에 대한 비판, 연주곡과 관련된 에피소드, 연주에 대한 인상, 연주 주법에 대한 비평, 작품 비평, 연주자에 대한 비평 등 음악과 관련한 다양한 현상에 대하여 설명하고 비판할 수 있다. 또한 사회에서의 음악과 관련하여 긍정적인 현상과 부정적인 현상에 대하여 서로 토론하면서 음악의 역할과 가치에 대하여 이해하고, 음악에 대한 가치관을 형성할 수 있다. 이러한 비판적 사고에 관한 학습은 음악적 사고력과 통찰력을 증진시키고 감상 수준을 높게 향상시켜 줌으로써 일상 속에서 음악을 음미하고 즐길 수 있는 태도를 길러 준다. 음악과 관계하는 다양한 현상에 대하여 비판과 비평을 할 수 있는 학습은 토론 학습을 지향하는 최근 교육계의 동향에 부응하는 것이라고도 볼 수 있다.

① 긍정적 현상에 대한 이해

음악은 사회와 밀접한 관계를 가지고 발전되어 왔다. 이 점에서 학교 음악교육은 당연히 사회에서 경험할 수 있는 음악의 다양한 역할과 가치를 다루어야 한다. 즉, 음악은 심미적 대상인 동시에 다양한 기능으로 사용될 수 있음을 이해시켜 줄 필요가 있다는 것이다. 예를 들면, 음악이 영화의 배경 음악이나 인간의 심리 치료 방법, 백화점에서 소비자의 구매를 촉진하는 방법으로 활용될 수도 있고, 종교적 수단으로서나 사회의 구성원을 통합시키는 데도 사용될 수 있음을 알려 주어야 한다.

음악은 사회 속에서 다양한 기능을 가지고 여러 가지 역할을 수행한다. 이 때문에 학교는 학습자에게 특정한 종류의 음악만 가르쳐서는 안 된다. 음악교육이 음악이 사회에서 실제로 다양한 목적으로 사용되고 있다는 사실과 함께 나름대로의 가치와 역할을 수행하고 있음을 학습자에게 이해시켜 줄 때 사회적 관점에서의 음악교육의 임무를 성취할 수 있다. 오늘날 과학과 기술의 발달은 음악의 향유 방식에 큰 변화를 가져왔으며, 악기 제작 기술의 발달과 컴퓨터의 발달은 음악의 생산에 엄청난 영향을 주었다. 이처럼 가속화하는 테크놀로지의 발달에 힘입어 음악의 표현적 · 기능적 · 사회적 역할의 가능성은 더 다양해지고 더 커지고 있다.

컴퓨터를 활용하여 다양한 악기의 음색을 만들어 내고, 작곡도 할 수 있게 되었다. 그리고 교통과 통신의 발달은 세계의 다양한 연주자가 연주하는 것을 가까이에서 보고 듣게 만들었고, 인터넷은 세계 어디에서든 음악을 손쉽게 즐길 수 있도록 해 주었다. 작곡가는 저작권 제도가 확립됨에 따라 음악의 창작에 정당한 대가를 받게 되어 이제 음악은 무형의 고부가가치를 가지게 되었다. 음악을 생산하는 데 엄청난 자본이 투자되고, 자본 투자의 크기만큼 대형화된 음악이 생산되고 있다. 이처럼 음악은 개인적 활동을 위한 대상인 동시에 주요한 경제적 산물이 되고 있다. 학교 음악교육은 이와 같은 음악과 관련된 긍정적인 상황에 대해 사회로의 진출을 준비하거나 직업을 준비하는 학생들에게 알려 주어야 할 책임이 있다.

② 부정적 현상에 대한 이해

테크놀로지를 기반으로 한 최첨단 산업의 발달에 힘입어 음악은 자신의 문화적 역량을 최대한 발휘하고 있다. 그러나 이러한 변화 앞에서 이로 인하여 파생될 수 있는 여러 가지 문제점도 충분히 짚어 보아야 한다. 예를 들어, 작품의 반주를 멋지게 만들어 주는 컴퓨터의 음향 기술 혁신의 이면에는 실제로 악기를 연주하는 순수한 음악 연주자들이 그들의 독창적이고 개성 있는 음악적 능력을 발휘할 수 있는 기회들을 서서히 잃어 가는 현실이 있다. 또 극히 소수의 스타는 방송에서의 음악 활동과 상업적인 광고를 통해 엄청난 경제적 부를 창출하지만, 반면에 순수음악 작곡가들은 경제적 빈곤이라는 압박 때문에 자신의 시간 대부분을 작품을 위해서 쓰기보다는 생계를 위한 일에 사용함으로써 창조적 재능을 발휘하지 못하고 있다. 이와 같은 현대의 음악과 관련된 부정적 상황들에 대하여 논의하는 것 역시 음악교육의 과제이다.

 토의 주제

1. 사회적 관점에서 음악교육의 필요성에 대하여 논의해 보자.

2. 음악교육의 사회적 과제에 대하여 설명해 보자.

3. 다문화적 음악교육의 필요성에 대하여 논의해 보자.

참고문헌

강순희(2001). 다방향적 확산과 문화적 정체성. 음악과 민족, 21, 민족음악학회.

교육인적자원부(2007). 2007년 개정 초등학교 음악과 교육과정 해설. 서울: 교육인적자원부.

권덕원(2000). 다문화주의 음악교육과 국악교육. 음악과 문화, 2호, 세계음악학회.

민경훈(1999). 학교 음악교육에 현대음악 도입 가능성에 대한 연구. 낭만음악. 통권42호, 서울: 낭만음악사.

_____(2000). 프리츠 왼데의 청소년 음악 운동에 관한 고찰. 음악과 민족, 20, 민족음악학회.

_____(2001). 생활 음악 문화의 환경 조성에 관한 연구. 예술교육연구, 20, 한국예술교육학회.

_____(2004). 세계화에 있어서 다문화적 음악교육의 과제와 전망. 음악과 민족, 28, 민족음악학회.

방금주(2005). 미국 학교 음악교육의 다문화 주의에 대한 연구. 열린교육연구, 13(2), 한국열린교육학회.

성경희(1988). 음악과교육론. 서울: 갑을출판사.

안재신(2001). 유아 음악교육의 세계화를 위한 다문화적 접근의 프로그램 개발. 음악교육연구, 21, 한국음악교육학회.

오병남(1991). 예술의 본질: 그 정의는 가능한가. 예술문화연구, 1, 서울대학교 인문대학 예술문화연구소.

오성배(2005). 코시안(Kosian)아동의 성장과 환경에 관한 사례 연구. 한국교육, 32, 61-83. 한국교육학회.

이지선, 조효임(2004). 월드뮤직의 수용과 다문화적 음악교육에 관한 초·중등교사의 의식 연구. 월드뮤직의 수용과 다문화적 음악교육의 접근방안. 국제학술대회. 서울교육대학교.

정영근(2001). 세계화시대 상호문화교육의 목표와 과제. 한독교육학연구, 6(1), 한독교육학회.

조상현(1992). 제20차 ISME 세계대회를 정점으로 한 한국 음악교육의 현재와 전망. 서울: 도서출판 청목.

주대창, 조효임(2004). 음악 교과서에 나타난 다문화적 접근(I): 초등학교를 중심으로. 음악연구, 33, 한국음악학회.

주대창, 강주원, 양재욱, 강현정, 민미식, 최윤경, 한승모, 이지향(2011), 초등학교 음악 3-4. 서울: 비상교육.

최종민(2001). 음악교육의 한국화. 제32회 음악교육 학술세미나 및 연수회 발표자료. 한국음악교육학회.

함희주(2003). 초등학교교육에서 다문화적 음악교육 적용가능성 탐색. 음악교육연구, 25, 한국음악교육학회.

供田武嘉津(1985). 세계음악교육사. (한국음악교재연구회 역). 서울: 세광음악출판사.

Abel-Struth, S. (1970). *Materialien zur Entwicklung der Muikpädagogik als Wissenschaft*. Mainz.

Auernheimer, G. (1995). *Einfürung in die interkulturelle Erziehung*. Darmstadt.

Baker, G. (1983). *Planning and organizing for multicultural instruction.* Addison-Wesley Publishing Company.

Choate, R. A. (1968). *Documentary report of the Tanglewood symposium.* Washington D. C.: Music Educators National Conference.

Essinger, H., & Graf, J. (1984). Interkulturelle Erziehung als Friedenserziehung. *Erziehung in der multikulturellen Gesellschaft.* Baltmannsweiler.

Gonzo, C. (1983). Interkulturelle Erziehung–eine Bestandaufnahme. *Ausläderkinder in Schule und Kindergarten, H. 4.* Münster.

Gruhn, W. (1993). *Geschichte der Musikerziehung.* Hofheim.

Kaiser, H. J. (1997). Operative Grundlagen äthetischer Rationalität. Suchbewegungen. *Äthetische Erfahrung. Perspektiven äthetischer Rationalität.* Grüewald/ Dietrich u. a.: Velber.

Merkt, I. (1993). Interkulture Musikerziehung. *Musik und Bildung, 22,* Mainz.

Nolte, E. (1994). Interkulturelle Musikerziehung: Entwicklung, Theoreme und grundschulspezifische Aspekte. 각국 초등학교에서의 간문화적 음악교육의 전망. 대구교육대학교 국제학술세미나. 대구교육대학교.

Stein, G. (1976). *Schulbuchkritik als Schulkritik.* Saarbruecken.

Wolfgang, S. (1987). *Musikpaedagogik heute Tendenzen und Aspekte.* Wolfenbttel.

법무부. https://www.moj.go.kr/bbs/immigration/227/564127/artclView.do
www.musicscore.co.kr

주대창

제**6**장

음악과 교육과정

　　　　모든 교육 활동은 목적이 있으므로 나름의 계획이 있기 마련이다. 공교육의 형태로 실시되는 학교 음악교육의 경우 관련자들의 공감대를 바탕으로 교육이 이루어져야 하며, 그것을 규정하고 안내하는 일이 매우 중요하다. 현대 음악과 교육과정은 인간 사회에서 음악이 지닌 유용성에 따라 음악교과의 지향점과 실시 방안을 안내한다.

　　　　음악은 인간 생활의 한 부분인 동시에 사회적 소통물이며, 나아가 인간 가치를 드높이는 예술품이다. 오늘날 학교에서 가르치는 음악교과는 음악의 이러한 성격을 반영하여 미적 교육과 사회화의 교육을 수행하고, 이것들의 융화를 통해 학생의 전인적 성장을 촉진한다. 따라서 학교 음악 수업을 이끄는 교사는 음악과 교육과정의 전체 구조와 내용을 파악하고 그것을 현실에 맞게 재구성하여 실행할 수 있는 능력을 갖추어야 한다.

1. 음악과 교육과정의 원리

1) 교육과정의 구성

오늘날 교육과정은 일반적으로 교육 활동에 대한 조직 사항의 전체를 일컫는다. 즉, 세부적 학습 내용의 조직뿐만 아니라 학습과 관련된 전체 경험의 조직까지 포함한다. 단위 교과의 하위 내용 조직만을 지칭할 때는 교수개요(syllabus)라는 말이 자주 쓰인다. 교육과정은 그것을 넘어서서 교수·학습의 모든 사항을 포괄하므로 교육의 목적 및 목표, 내용 그리고 방법의 전반을 다룬다. 현대 여러 나라의 음악과 교육과정 역시 크게 보아 음악교과의 목표, 내용, 방법으로 간추려지는데, 한국은 1992년 6차 교육과정부터 성격, 목표, 내용, 방법, 평가로 구분해 오고 있다. 평가는 넓은 의미에서 교육 방법의 일환으로 볼 수 있지만, 그것의 체계적 안내를 위해 따로 구분되고 있는 셈이다.

음악과 교육과정의 중심 부분은 내용의 조직이며, 교육과정 문서에서 대개 양적으로 가장 많은 부분을 차지한다. 하지만 원론적인 면에서 음악교과의 목적(성격)에 따라 목표와 내용 및 방법이 설정되어야 한다. 이것은 음악과 교육과정이 교과의 취지를 효과적으로 살릴 수 있는 가이드라인의 역할을 하여야 하기 때문이다. 즉, 음악교과의 성격을 어떻게 규정하느냐에 따라 하위의 내용 구조 및 교육 방법이 설정된다.

19세기 서양에서 음악교과는 자주 노래 수업으로 인식되었고, 그에 따라 음악과 교육과정은 배울 노래를 묶어 놓은 것에 불과하였다. 20세기 중반의 한국 학교 현장에서도 음악 교과서가 교육과정 구실을 하는 것처럼 여겨지던 경우가 자주 있었다. 선정된 노래가 교육과정의 실체인 것처럼 비치면, 음악교과는 '노래 활동을 통해~'로 그 성격이 규정될 수밖에 없다. 그래서 음악과 교육과정 구성의 핵심은 음악교과의 목적에 상응하는 교육 내용의 구체적인 조직과 그것을 효율적으로 소화해 낼 방법을 유기적으로 연결하는 것이다.

2) 교육과정의 내용 제시 수준

음악과 교육과정의 내용 분야는 내용 구성의 관점에 의한 구체성에 따라 여러 수준으로 나뉠 수 있다. 소극적 내용 구성의 관점에서는 음악교과의 성격 내지 목표만을 제시하고, 그 것의 실행을 위한 세부 사항이 현장의 교사에게 일임된다. 마치 대학 교육에서 강의 과목 및 그 취지가 설정되면, 강의 내용의 세부적 사항은 담당 교수가 조직하여 강의에 임하는 것과 같다. 이 관점은 무엇보다도 음악의 다양성과 추상성 때문에 구체적 내용을 명시하는 것이 효과적이지 못할 수 있다는 것에 기초한다. 이를테면 학생들에게 아름다운 노래를 찾아 부 르도록 안내하는 것이 필요하지만, 특정 노래를 전국의 모든 학생이 반드시 함께 배워야 한 다는 것은 현대 음악교과 교육의 취지에 맞지 않다는 입장이다.

이에 비하여 적극적 내용 구성의 관점은 공교육으로서의 음악교과 교육에서 구성원들의 의사를 반영하여야 하고, 그에 따른 책임을 다해야 하므로 최소한의 교육 내용들이 공통으 로 교육 현장에 전달되도록 해야 한다는 입장이다. 그 수준을 다소 약화시켜 음악과 교육과 정에서 구체적 악곡이나 활동 방안을 모두 제시하지는 않더라도 배워야 할 핵심 개념과 활 동 주제를 안내하는 방안이 있다. 중간 수준에 속하는 이 관점은 현장에서 어느 정도 일반성 을 확보하고 있다. 그러나 교육과정 내용과 실제 활동 소재의 자율적 연결에서 오는 현장의 부담이 사라지지는 않는다. 실제로 교사 또는 교과서의 저자들은 교육과정 내용을 주도면 밀하게 분석하여 그에 합당한 구체적 교육 제재를 도출해야 한다. 이러한 부담은 현장 교사 들에게 차라리 교육과정과의 관련성이 어느 정도 검증된 '교과서' 대로만 가르치자는 경직성 을 주기도 한다.

음악교과 교육의 세부적 내용을 자세히 제시하는 방식은 교육과정의 적용에서 현장의 오 해가 없도록 가급적 많은 사항을 직접 보여 주려고 한다. 어떤 음악이론적 사항을 어느 악곡 또는 어떤 활동에서 다룰 것인지가 제시된다. 따라서 교육과정 지침의 서술에는 구체적 음 악이론, 악곡, 활동 방식들이 자세히 언급된다. 이 수준의 교육과정은 현장의 교육 활동을 지나치게 간섭하는 면이 있다. 또 교육과정 문서의 부피를 늘려서 그 활용성을 오히려 떨어 뜨릴 소지도 있다. 이러한 단점을 극복하는 방안으로 음악과 교육과정의 내용을 활동 주제 중심으로 구성하고 세부적 사항을 예로 덧붙이는 방법이 있다. 즉, 음악과 교육과정의 중심 부분인 활동 안내는 주제별로 유형화하여 제시하고, 특정 악곡이나 음악 이론 등은 부수적 참고 자료로 제시하는 방식이다.

세부적 수준의 교육과정 구성과 관련하여 사용할 수 있는 방식 중 하나가 교육과정에 대한 해설서를 첨부하는 것이다. 음악과 교육과정 해설서 역시 교육과정과 동일한 권위의 기관에 의해 개발되고 보급된다. 그러므로 실제에서 교육 내용을 구체적으로 제시하는 수준의 교육과정에 매우 가깝다. 다만 해설서라는 형태를 띠고 있으므로 원자료가 되는 교육과정을 재구성하거나 그 틀을 벗어나서 새로운 활동 주제를 제시하는 데에는 한계가 있다. 또한 교육과정 문서의 부피가 늘어나는 것에 따른 불편함이 여전히 존재한다. 따라서 이 두 종류의 문서를 합한 형태의 음악과 교육과정이 지역별 또는 학교별로 개발되어 쓰일 가능성은 열려 있다.

3) 음악교과의 목적 및 목표

교육과정의 내용은 앞에서 언급하였듯이 상위의 목적 및 목표에 따라 구체화된다. 내용 부분에서 소화할 수 없는 사항을 목표나 목적으로 내세우는 것은 설정된 교과의 성격과 현장의 교육 수행 사이에 괴리를 만들 수 있으며, 자칫 목적만 거창하게 제시된 실속 없는 교육과정이 될 수 있다. 같은 이치로, 목적이나 목표와 직접적 관련이 없는 사항들을 음악교과의 내용에 넣어 두게 되면 교육과정 실행에 혼란을 줄 수 있다.

특히 공통 필수 교과로서의 음악교과는 어느 나라에서든 대개 음악의 지엽적 기능이나 지식보다 음악의 활용을 전면에 놓는다. 그렇게 음악교과의 성격에서 언급된 사항들은 음악 내부의 사항과 체계적으로 엮어서 제시된다. 이를테면 노래를 잘 부르게 만드는 것이, 또는 음악 이론을 잘 알게 하는 것이 어떤 교육적 의미가 있는지가 드러난다. 특히 실기 기능과 음악 이론 및 이의 활용을 통한 태도적인 면까지 아우르는 학교 음악교과를 위해 교육과정의 목적 및 목표 단계에서 분명하고 현실적인 교과의 방향을 안내할 필요가 있다.

(1) 음악교과의 목적 지향

음악과 교육과정의 최상위 지침은 교과의 목적을 제시하는 부분이다. 여기에서는 교과의 당위성이 분명히 나타난다. 학교 음악교과의 목적은 오늘날 민주사회의 관점을 반영한다. 그래서 무엇보다도 구성원들의 공감대를 배제할 수 없다. 극단적으로 이야기하면 구성원의 대부분이 원치 않으면 일부 음악교육자들의 주장이 있더라도 음악교과는 공통 교과에서 배제될 수밖에 없다. 학교 현장에서 음악과 교육과정을 준수한다는 것은 일차적으로 이 목적에 충실한 교육 활동을 전개함을 말한다. 그 하위의 내용 및 방법(평가 포함)과 관련한 지침이 이 목적에 위배되지 않아야 함은 물론이며, 나아가 목적의 효율적 달성을 위한 체계성을 갖추어야 한다.

한편, 해당 사회의 음악 문화적 특성은 음악교과의 존립에 영향을 미친다. 그러므로 해당 사회에서 음악을 어떻게 바라보느냐에 따라 강조하는 면이 다소 다를 수 있다. 물론 과거 권위주의 또는 독재 체제에서처럼 음악교과에 이데올로기적 성격을 덧씌우는 경우는 오늘날 거의 없다. 하지만 원론적 관점에서 음악교과의 목적은 필요에 따라 새로 설정될 수 있으며, 음악교과의 이데올로기적 성격 역시 여전히 열려 있다.

① 이데올로기적 목적 설정

이 방향의 시초는 고대 사상가들의 음악교육론에서 나타난다. 통치 계급에 해당하는 군자(君子)의 성품을 가꾸는 데 음악을 사용하는 예악 사상이나, 지배 계급인 군인의 양성에 음악을 사용하는 에토스론이 그 전형에 속한다. 20세기의 군국주의에서 민족적 우월성의 강조를 위해 내세운 체제 유지용 음악교육 역시 이 계열에 포함된다.

오늘날 문화 예술 교과로서 음악교과의 인본적 성격이 인정받고 있는 상태이므로 음악교과의 목적 설정에서 특정 이데올로기를 내세우는 것은 쉽지 않다. 다만 각 문화권에서 음악을 문화적 자의식을 높이거나 사회적 단결력을 공고화하는 방법으로 사용하려 할 경우 부분적으로나마 이데올로기적 목적이 음악과 교육과정에 자리 잡을 수 있다. 나아가 실제 교육 현장에서 음악교육자가 특정한 의도를 가지고 임의적 교육 활동을 전개할 수도 있다. 하지만 그것은 공포된 교육과정을 준수해야 하는 공교육에서 당연히 배제되어야 할 것이다.

② 고전주의적 목적 설정

음악교과의 목적 설정에 나타날 수 있는 그다음의 방향은 음악의 예술적 가치를 전제로 인간의 품성을 가꾼다는 소위 고전주의적 음악교육관이다. 이 방향의 논의는 근대 계몽주의를 바탕으로 한 자연주의적 교육관의 산물로 볼 수 있다. 수요자를 위한 공교육의 발전에 중요한 기여를 했던 페스탈로치(J. Pestalozzi)의 교육에 음악(노래)이 들어 있었던 것은 음악이 인간에게 긍정적으로 작용한다는 믿음을 반영한다.

이 분야에 사상적으로 기초를 놓은 철학자는 칸트(I. Kant)이다. 그가 음악교과 교육을 염두에 두고 발언한 것은 아니지만, 그의 인식론적 음악관은 음악(예술)의 독립적 아름나움이 지닌 가치를 드높였다. 물론 목적론자인 그는 음악적 아름다움이 결국 인간의 도덕적 성품과 연결되어야 함을 역설하였다. 본질을 벗어난 외적 개념에 종속적이지 않은 음악적 아름다움이 논의됨에 따라 음악의 교육적 자율성도 함께 인정받는 계기가 되었다. 이어 나타나는 헤겔(F. W. Hegel)의 조망에서도 정신고양의 과정에 음악이 동참한다.

이후 소위 표현주의 내지 절대표현주의 계열의 음악 미학적 관점에서는 음악교과가 고귀한 아름다움의 전수를 통해 인간다움을 드높일 것을 주장한다. 미적 교육(aesthetic education)을 주창한 쉴러(J.C.F. Schiller)가 예술 교육을 통한 이상적 국가를 꿈꾸며 인간은 아름다움을 통하여 자유로 나아간다고 역설한 것은 그 단적인 예이다.

③ 포스트모더니즘 시대의 목적 설정

음악 문화의 주체적 향유 능력을 음악교과 목적 설정의 전면에 배치하는 것은 비교적 최근의 경향이다. 포스트모더니즘 시대에 특정 음악 유산에 대한 정보만으로는 미래에 대처하는 사람을 제대로 길러 낼 수 없다고 본다. 그래서 서로를 배려하는 자유로운 음악 향유 자체가 곧 음악교과의 궁극적 목적으로 자리 잡는다. 이 관점에서는 음악을 도구화하는 경향이나 음악에 대한 막연한 믿음은 절대적 위치를 점하지 못하고, 개인 향유물로서 그리고 상호 소통물로서의 음악이 서로 융화된다. 무엇보다도 음악 활용의 주체성을 강조하여 스스로 음악의 가치를 판단하여 향유하는 능력을 우선한다.

이것은 특정 이론이나 체계로 압축할 수 없는 다양한 음악이 이 세상에 존재하고 또 창조될 것이라는 점, 음악의 아름다움에 대한 기준이 가변적이라는 점이 고려된 결과이다. 나아가 음악은 사회가 전수해야 할 유산임과 동시에 개별 인격체가 선택적으로 누리는 향유물이라는 시각이 깔려 있다. 오늘날 음악교과의 성격은 역사 속에 나타났던 어느 한 방향만을 선호하지 않는다. 과거의 음악교육적 유산을 종합하고 미래를 향한 새로운 패러다임을 형성시키는 복합적 진화의 성격을 띤다.

하지만 음악을 실제로 접하여야 앞에서 논의한 가치 지향의 의도를 살릴 수 있다. 그러므로 음악적 능력을 키우는 것이 음악교과의 과업에 포함될 수밖에 없다. 음악교과의 이러한 양면성은 '음악으로의 교육(education to music)'과 '음악을 통한 교육(education through music)'으로 자주 지칭된다. 이 두 가지는 음악교과의 과업을 조망하는 위치에 따라 다르게 나타날 뿐 실제에서 동떨어져 있는 것이 아니다. 마치 동전의 양면처럼 붙어 있다고 볼 수 있다. 이 구도는 음악교과가 음악 내재적(immanent) 목표와 음악 초월적(transcendental) 목표를 함께 가지고 있음을 말한다(Schlegel, 2004: 22). 후자는 흔히 음악교과의 성격 및 목적의 제시에, 전자는 그것을 추구함에 있어서 필요한 과정적 목표의 서술에 사용된다. 주목할 것은 공통 교과로서의 음악교과가 추구하는 당위성이 음악 내재적 사항에서 도출될 수 없다는 점이다. 음악적인 사항에 의미를 부여하는 주체가 인간이고, 인간이 추구하는 가치는 음악 안에 독립적으로 존재하는 것이 아니라 인간 삶의 전체에 공통으로 걸쳐 있기 때문이다.

(2) 음악교과의 목표 제시

'목표'는 일반적으로 성취 정도의 측정이 가능한 형태의 진술을 의미한다. 그리고 가치 지향적이며 추상적 형태의 교육 의도를 담고 있는 것이 '목적'이다. 따라서 목표와 목적을 내용적 측면에서 분명히 나누기는 쉽지 않으나, 제시된 사항의 실현 정도를 구체적으로 가늠하게 할 수 있는 서술이 목표에 해당할 것이다.

학교에서 음악을 가르치는 이유는 음악만을 잘하게 만들기 위함이 아니다. 그러므로 음악교과의 목표들은 단순히 음악 내재적 사항들의 학습 형태로 나타날 수 없다. 이를 위하여 근본적으로 학교 음악교육의 유용성에 대한 논의가 필요하다.

이와 관련하여 의미 있게 거론되는 유형으로 이상적·재료적·중간적 목표가 있다(Abel-Struth, 1985: 359). 이상적 목표라 함은 음악을 통한 미적 교육을 의미하는데, 인간됨을 온전하게 계발하는, 소위 음악을 통한 전인교육을 지향한다. 이것은 음악교과의 목적에 가깝다. 재료적 목표에는 음악에 대한 학습 목표로서 청각적·기능적·인지적 활동을 통한 음악 배우기가 중심에 온다.

중간적 목표는 음악 외적인 작용을 염두에 둔 것으로, 음악이 다양한 실제적 사회생활의 도구로 쓰이게 함을 뜻한다. 이 목표는 이상적 목표의 의미가 다소 약화되고, 그것에 대한 허상을 실제적인 것으로 대체하려는 움직임과 관련이 있다. 이 관점에서 보면 예술 작품으로서의 음악만이 음악교과의 주요 소재가 아니다. 음악은 기본적으로 인간의 소통물이며 예술 음악은 음악의 독특한 한 형태이다. 그러므로 음악은 언어처럼 실생활에서 다양하게 쓰일 수 있어야 한다.

이러한 사항에 대한 논의를 보다 구체적으로 전개하려 할 때 다음 여섯 가지 목표가 거론될 수 있다(Gruhn, 2003).

① 문화적 유산의 보존으로서 작품 이해하기

② 학생들의 요구 반영하기

③ 음악에 대한 새로운 접근 안내하기

④ 인지적 전이 효과 활용하기

⑤ 창조성 촉진하기

⑥ 주지적 · 합리적 접근에 대응하는 예술–문화적 교육 실현하기

이러한 목표들을 좀 더 세분화하면 청각적 · 인지적 · 정서적 및 동기 부여적 · 표현적 · 심동적 · 전이적 · 창조적 · 탐구적 · 사회적 학습 목표들을 제시할 수 있다(Nolte, 1982). 그리고 여기에 미적 학습 목표가 더해지기도 한다(Schlegel, 2004: 103). 이러한 조망은 음악교과 목표의 점검에 어느 정도 유용한 측면이 있지만, 실제 현장에서 활용할 목표들의 도출에는 큰 도움이 되지 못한다. 실제 활동 및 거기에서 다루고 성취시켜야 할 내용이 아직 구체화되지 않았기 때문이다.

그래서 오늘날 음악교과의 목표는 실제 활동을 중심으로 제시되며, 그것이 곧 이후 언급할 교육 내용과 직접적으로 연계된다. 음악교과의 목표 제시 방식은 다음에서 다룰 내용 체계의 다양함처럼 국가나 지역에 따라 조금씩 다르다. 예를 들면, 영국(1999년)의 경우 교과 목적과 목표가 명시적으로 나타나 있지 않은 대신, 음악 학습이 기여하는 바를 예시함으로써 그것에 갈음하고 있다. 거기에는 다음과 같은 세 가지 방향이 제시되어 있다. 첫째, '음악을 통하여' 학생의 정신적 · 도덕적 · 사회적 · 문화적 발달을 촉진시킨다. 둘째, '음악을 통하여' 기본 능력, 즉 의사소통, 수(數)의 응용, ICT 활용, 공동 작업, 자기 학습과 수행의 개선, 문제 해결 등의 능력을 촉진한다. 셋째, 사고 기술, 기획 및 흥행 기술, 직업 관련 학습 등의 다른 사항들을 촉진한다. 그 하위에 음악 관련 지식, 기능, 이해가 제시되는데, 그것이 실제적 목표 역할을 한다. 물론 여기에서 '이해(understanding)'라고 함은 음악 구성 요소(음악적 개념)를 염두에 둔 것이 아니라 말 그대로 음악의 이해를 뜻한다.

캐나다 노바스코샤주의 경우 음악교과가 기여해야 할 바로 '미적 체험' '시민 정신' '의사소통' '개인 성장' '문제 해결' '기술적 숙련'을 내세우고 있다. 그것들은 전체 학생들이 고등학교를 졸업하기까지 성취해야 할 표준적 학습 내용의 길잡이 역할을 한다. 그래서 외형적으로는 목표에 가까우나 내용적으로 목적 제시의 역할을 겸한다.

4) 교육과정에서의 내용 체계

(1) 음악 개념 및 음악 활동중심의 교육과정

학교 음악교과에서 무엇에 중점을 두어 가르칠 것인가에 따라 음악과 교육과정의 내용 체계가 달라진다. 세부 내용의 조직은 곧 음악교과의 성격을 반영하므로 그 체계의 선정은 음악교과의 주안점과 직결된다. 음악교과의 지도 내용을 기초 학력에 준하는 것으로 이해 한다면, 음악과 교육과정의 내용 체계는 우선 음악 이론적 사항을 전면에 배치할 수 있다. 흔히 음악의 구성 요소 또는 음악적 기초 개념으로 명명되는 이 사항들은 내용의 체계화에 유리하다. 하지만 음악 '소개'의 성격을 갖는 학교 음악교과에서 음악이론적 사항만으로 교 육 내용을 구성할 수는 없다. 음악을 어떻게 배우고 수용할 것인가에 대한 안내는 곧 실제 음악 활동을 필요로 한다.

활동 유형의 제시와 관련하여 일차적으로 생각해 볼 수 있는 것은 일반적 음악 활동 방식 이다. 음악적 기능을 연마하면서 음악을 향유하므로 '노래 부르기' '악기 연주하기' '창작하 기'가 학교 음악교육 활동에 그대로 적용될 수 있다. 나아가 음악을 청취하고 활용하는 방식 은 '음악 청취하기(감상)'라는 활동 영역을 형성할 수 있다. 이 구도에 의하면 가창, 기악, 창 작, 청취(감상)가 음악과 교육과정의 주요 내용 체계가 된다. 여기에 앞에서 언급한 음악 이 론적 사항의 이해까지 덧붙이게 되면 음악에 대한 전반적 활동을 모두 포괄하게 된다. 음악 활동과 음악 이론의 두 가지 범주는 흔히 씨줄과 날줄의 형태로 엮어 제시되며, 교육 현장에 서 두 가지를 통합하여 지도할 것이 자주 권장된다.

(2) 음악 수용 능력의 강조

음악 활동의 방식을 음악교육의 방식에 그대로 접목하는 것은 일관성 및 공통성의 관점 에서 일면 편리함을 주나, 학교 음악교과 교육이 음악을 가르치는 음악 전수 교육만을 의 미하지 않는다는 점에서 효용성을 담보하지 못할 수 있다. 교육학 분야에서 논의되는 인지 적·심동적·정의적 영역의 구분은 외견상 음악교과에 잘 어울린다. 하지만 구체적 활동을 제시하려고 할 때 교과교육으로서의 음악교육 활동을 잘 담아내지 못한다. 군이 이 구분을 적용하자면, 음악 이론적 사항이 인지적 영역에 가깝고, 음악 활동이 심동적 영역에 해당되 며, 청취(감상)가 정의적 영역의 성격을 많이 가지고 있다. 그러나 음악 이론적 사항에서 정 의적 영역을 배제하거나 악기 연주하기 등의 활동에서 인지적 영역을 빠뜨릴 수 없다. 청취

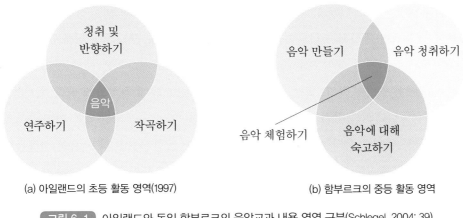

(a) 아일랜드의 초등 활동 영역(1997)   (b) 함부르크의 중등 활동 영역

그림 6-1   아일랜드와 독일 함부르크의 음악교과 내용 영역 구분(Schlegel, 2004: 39)

역시, 이론이나 연주와 연계하지 않고 정의적 영역에 해당하는 사항만으로 구성하기가 거의 불가능하다.

그래서 음악교과의 주안점을 제시하는 방식에 따라 교육과정의 내용 체계가 약간의 차이를 보인다. 이를테면 전통적인 음악 활동인 노래하기 및 연주하기, 창작하기, 청취하기 외에 음악 수용을 위한 별도의 영역이 추가되기도 한다. [그림 6-1]은 아일랜드의 초등 음악과 교육과정 해설서에 제시된 내용 영역 구분과 함부르크의 중등 음악과 교육과정의 내용 영역

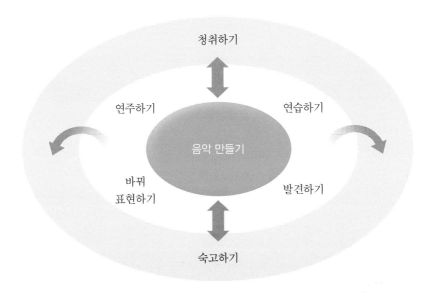

그림 6-2   음악 수용을 중심으로 한 활동 영역(Schlegel, 2004: 40)

구분을 나타낸 것이다(Schlegel, 2004: 39). 전자에서는 음악에 대한 반향적 사고 활동이 '청취' 활동과 연계되어 제시되고 있으며, 후자에서는 그것이 따로 구별되어 있다.

　수업 현장의 관점에서 음악 활동을 종합적으로 포괄하고자 하려는 시도는 일반적 음악 활동 방식의 적용을 유보하고, 대신 음악 수용의 관점을 전면에 배치하게 한다. [그림 6-2] 는 유럽 10여 개 나라의 음악과 교육과정을 비교 분석한 연구에 제시된 활동 영역 구분의 제안이다. 이 구분 방식은 음악을 청취하고 사고하는 활동을 중심으로 다른 음악 활동들이 엮여 있음을 보여 준다. 즉, 생각하며 청취하는 작업을 수반한 음악 활동이 음악 수업의 바탕에 있어야 함을 강조한다. 여기에서 '음악 만들기'는 창작 활동이 아니라 음악의 의미를 형성하는 모든 교육 활동을 총괄한다.

(3) 병렬식 제시와 단계적 구분

　음악 이론과 활동의 이원적 내용 구성 방식을 피하고, 그 대신 음악교과에서 소화해야 할 기본적인 사항을 큰 틀에서 안내하는 개괄적 교육과정의 대표적 예는 미국에서 이전에 사용하던 국가 음악교육 표준안이다. 이 교육과정은 통일된 음악교과를 염두에 두지 않은 일종의 느슨한 가이드라인으로서의 성격을 띠고 있어서 한국의 음악과 교육과정과 직접 비교할 수는 없다. 미국의 경우 음악교과가 국가 수준의 공통 기본 교육과정 안에 속해 있지 않기 때문에 각 주는 자체적인 음악 관련 교과 체계를 가지고 있으며, 중학교부터는 선택 교과의 형태를 취하는 곳이 많다. 즉, 미국음악교육전국협회(National Association for Music

표 6-1 이전 국가 음악교육 표준안의 내용 구성

구분	내용
1	혼자 또는 다른 사람과 함께 다양한 악곡을 노래하기
2	혼자 또는 다른 사람과 함께 다양한 악곡을 연주하기
3	선율, 변주, 반주를 즉흥적으로 하기
4	제시된 안내 지침에 따라 작곡하고 편곡하기
5	음악을 읽고 쓰기
6	음악을 청취하고, 분석하며, 서술하기
7	음악과 음악 연주를 평가하기
8	음악과 다른 예술, 예술 밖의 다른 영역들과의 관계를 이해하기
9	역사와 문화의 맥락에서 음악 이해하기

Education: NAfME)에서 내놓은 음악교과의 내용은 교육 현장에서 실제적 구속력이 없다. 하지만 학교 음악교과 교육의 수행에 필요한 사항을 포괄적으로 제시하고 있다는 점에서 음악과 교육과정의 하나의 틀을 보여 준다.

2010년대까지 사용된 이 교육과정은 기본 지침과 그것을 구체화한 실행 지침의 형태로 이루어져 있다. 우선 큰 틀에서 '국가 음악교육 표준안(National Standards for Music Education)'이라는 이름 아래 아홉 가지의 내용이 제시된다. 말하자면 음악교과의 내용을 한 체계 안에 모아 병렬식으로 나타내고 있다.

언급하였듯이 〈표 6-1〉의 기준에 따른 하위의 실행 지침 문서가 있다. 하나는 『학교 음악 프로그램(The School Music Program: A New Vision)』이며, 다른 하나는 『음악 수행 기준(Performance Standards for Music)』이다. 전자는 학교급에 따라 국가 수준의 음악교육 기준을 학생의 성취 기준 형태로 구체화한 것이다. 후자는 그것을 보다 자세하게 풀어서 안내하는 방식을 취한 것인데, 각 성취 기준별로 기초 단계, 숙련 단계, 심화 단계의 등급이 있다.

이 세 형태로 구성된 음악과 교육과정은 각 주의 교육과정, 나아가 각 학교의 교육과정 구성에 참고가 된다. 하지만 현장의 음악교육 활동을 염두에 둔 세부적 내용 체계는 다시 개별적으로 만들어야 한다. 이를테면 매사추세츠주의 경우 '노래(singing)' '읽기와 기보법(reading and notation)' '악기 연주(playing instruments)' '즉흥연주와 창작(improvisation and composition)' '비평적 반향(critical response)'의 틀로 교과 내용을 제시하고 있다. 이 프레임워크는 MENC(NAfME의 전신)의 기준과 더불어 각 지역 단위의 교육지원청별로 실제 실행을 위한 조망(overview)의 형태로 구체화된다. 그러나 음악교과가 공통 학력 평가의 교과군에 들어 있지 않기 때문에 이 지침 역시 개별 학교에 따라 다르게 적용될 수 있다.

이전 국가 음악교육 표준안이 나온 지 20년이 지난 2014년에 새로운 버전의 표준안이 제시되었다(이하 주대창, 2016: 109). 물론 음악교육 분야만의 단독 개정이 아니며 "국가수준 핵심 예술 표준안: 예술학습을 위한 개념적 틀(National Core Arts Standards: A Conceptional Framework for Arts Learning, 이하 '예술 표준안')"이 먼저 구안되었다. 정부 연구비가 관련 단체에 일부 지급되기는 했으나, 이 예술 표준안은 광범위한 예술교육 관련자들의 자발적 참여로 빛을 보게 되었다. 이 예술 표준안에 따라 음악교육 표준안도 바뀌었고, 그 이름이 핵심 음악 표준안 또는 2014 음악 표준안(이하 '음악 표준안')이다. 음악 표준안의 가장 큰 특징은 예술 표준안의 개념 분류 방식에 따라 음악교육 내용을 제시하여 핵심 예술교육 분야의 융화력과 교차적 활용성을 높인 점이다.

핵심 예술들을 망라하는 전체 틀을 내세운 것은 예술을 향유하는 주체가 '하나'의 인간이라는 점과 일맥상통한다. 수용 중심의 예술교육에 의하면, 예술교육의 대상 및 수혜자는 일반적 개별 인간 및 그 집단이다. 그러므로 음악인, 미술인, 연극인 등을 구별하여 교육하는 것이 비효율적일 수 있다. 최근 개정된 한국의 교육과정에서 핵심 역량, 핵심 개념 또는 빅 아이디어(big idea)를 내세우는 것도 이러한 방향 설정과 일맥상통한다.

2014년 예술 표준안은 예술 분야 공통의 기본 영역을 '창조하기(creating)' '연주하기(performing)' '반응하기(responding)' '연계하기(connecting)'로 설정한다. 두 번째의 '연주하기'는 분야에 따라 '나타내기(presenting, 시각 예술)' 또는 '생산하기(producing, 미디어 예술)'로 제시되나, 그 기본 원리는 동일하다. 예술 분야 모두가 그 표현 매체의 다양성에도 불구하고 동일한 성격의 활동 영역을 갖추게 된 것은 예술을 수용하는 '예술적 과정들(artistic processes)'이 동일하다고 보았기 때문이다. 어느 예술 분야이든 이 네 가지 과정이 필수적이라는 이야기이다. 이 영역들의 세부적 안내를 위하여 각각 두세 개의 하위 지표가 배정되어 있다(www.nationalartsstandards.org).

(4) 관점에 따른 다원적 구분

학생의 음악에 대한 접근 방식을 기준으로 하여 음악과 교육과정의 내용 체계를 구성하려 할 경우, 유럽에서 자주 언급되는 생산, 재생산, 수용, 반향(反響), 전이(轉移)를 생각해 볼 수 있다. 물론 이러한 학문적 도식이 현장의 활동을 그대로 안내하기 어려우므로 교육과정에서는 현장의 활동 용어로 재구성되어 제시된다. 이를테면 목소리 및 악기 다루기(생산, 재생산), 음악 청취하기(수용), 음악에 대하여 이야기하기(반향), 신체표현 및 그리기(전이) 등이 쓰인다(Nolte, 1982: 30). 또는 '음악 형성하기' '음악 청취하기' '음악 숙고하기' '음악 바꿔 표현하기'로 나타나기도 한다. 같은 맥락에서 '음악 청취하기' '음악 바꿔 표현하기' '음악 만들기' '음악 발견하기' '음악에 대하여 알기'의 다섯 가지 영역을 내세울 수도 있다(Schlegel, 2004). 이러한 구분은 용어 사용에서 약간의 차이가 있지만 기본적으로 학습자의 관점을 고려한 음악 수용을 강조한다. 〈표 6-2〉는 오늘날 음악교과 내용 영역의 구조가 어느 정도 그러한 공통의 바탕을 가지고 있음을 보여 준다.

음악교과의 내용 구조가 세계화의 추세에 따라 어느 지역에서든 비슷하게 나타나더라도 그 분포는 해당 사회의 문화적 특성에 따라 다양하게 나타날 수밖에 없다. 이를테면 오스트리아, 바이에른, 룩셈부르크, 벨기에, 프랑스 등에서는 초등 음악교과의 주요 활동 영역이

표 6-2	음악과 교육과정의 주요 내용 분류 방식

한국	미국		유럽-전체 조망 (Schlegel, 2004: 311)
• 연주(가창, 기악) • 창작	기능	• 가창 • 기악 • 즉흥연주 • 창작 • 청취하기	• 음악 만들기 • 음악 발견하기 • 음악 바꿔 표현하기
• 감상	지식	• 음악 읽고 쓰기 • 평가하기	• 음악 청취하기 • 음악에 대해 알기
	태도	• 다른 영역과의 관계 • 역사와 문화적 맥락	

'노래하기' '청취하기' '기악' '움직임'으로 제시되어 실제적 음악 활동의 안내에 초점이 있다. 이와 달리 아일랜드, 영국, 네덜란드, 이탈리아, 포르투갈 등의 교육과정은 '음악 청취하기' 외에 '음악에 대해 알기(이해하기)' '음악 만들기' '음악 발견하기'를 우선적으로 제시하고 있어서 창조적 활동의 비중이 높다.

그리고 비슷한 내용 체계를 가지고 있어도 그 세부적 안내 방식은 주안점을 어디에 두느냐에 따라 차이를 보인다. 초등 음악과 교육과정의 내용 지침의 분량을 비교한 [그림 6-3]에서, 기준 등분 모델에 가장 근접한 내용 분포를 보이는 것은 포르투갈의 교육과정이다. 이에 비하여 바이에른과 룩셈부르크의 교육과정에는 '음악 발견하기(창작하기)'가 없으며, 그에 상응하는 내용이 '음악 만들기(말하기와 노래하기, 간단한 악기로 연주하기)' 영역에 나타난다. 아일랜드의 교육과정에는 '음악 바꿔 표현하기'가 보이지 않는다.

이러한 활동중심의 내용 구분에 대응하여 수업에서 다룰 내용을 세 가지로 요약하여 제시하기도 한다. 이를테면 음악 관련 '주제 내용들(음악과 언어, 연주회장의 음악, 음악가와 연주가 등)' '고찰 관점(사회적, 구조적, 형태적, 역사적 등)' '전통적이며 구조적인 학습 영역(음악론, 화성론, 악기학, 형식론 등)'이 그 예에 속한다(Nolte, 1991: 49). '음악 종류' '음악 관점' '음악 관련 활동 방식'은 같은 삼분적 방식이지만 그 관점이 약간 다르다(Meißner, 1996). 캐나다 노바스코샤주의 음악과 교육과정은 삼분적 체계의 실제 예를 보여 준다. 즉, '창작하기 · 만들기 · 나타내기' '다양한 시대와 지역 및 공동체의 맥락을 이해하고 관련시키기' '수용하기 및 반향하기'의 체계를 가지고 있다. 이러한 내용 구분 방식들은 상위의 목적 내지 목표들을 현

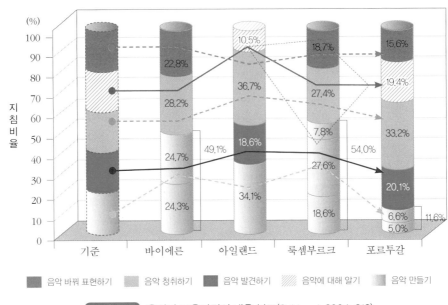

그림 6-3 음악과 교육과정의 내용 분포(Schlegel, 2004: 312)

장의 수업 방식에 가깝게 연결시키는 과정에서 나름의 효율성을 추구한 결과이다.

실용성을 강조하는 입장에서 학생의 접근 방식과 음악적 내용을 혼합하여 제시하는 내용 체계를 만들 수도 있다. 이것은 음악 활동에서 곧바로 음악교육 활동을 이끌어 내지 않으며, 또한 학생의 입장에서 선정된 활동만을 사용하지도 않는다. 이 혼합 제시 방식은 대영역 형태의 일목요연한 체계에 사용하기 쉽다. 이를테면 '음악 익히기' '음악 청취하기' '음악과 신체 움직임' '음악 기초 이론' '우리 주변의 음악'으로 전체 내용을 대별하는 경우를 상정해 볼 수 있다. 나아가 수업 소재와 활동 방식, 고찰 방식을 미리 구분하고, 그 세부적 사항을 하위

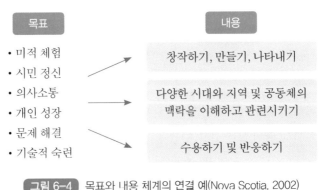

그림 6-4 목표와 내용 체계의 연결 예(Nova Scotia, 2002)

표 6-3 세 기준을 조합한 구성의 예

대영역	중영역		설명 방식
수업 소재	• 노래들 • 음향 창작 • 간단한 움직임 및 춤 동작 • 목소리 • 간단한 음악적 형식들 • 4개의 음악작품	• 기초적 노래 반주 • 기초적 연주곡 • 교실 악기 • 악보 • 구성 요소 • 3명의 작곡가	취지 및 내용의 구체적 제시
활동 방식	• 노래하기/말하기 및 노래 목소리 • 악기 연주하기 • 음악 발견하기 • 음악 청취하기/청취 교육 • 음악 전이시키기 • 음악에 대해 숙고하기		
고찰 방식	• 음향과 정돈으로서의 음악 • 표현, 서술, 작용으로서의 음악 • 문화적 기록물 및 유산으로서의 음악 • 생활에서의 음악		

에 위치시켜 전체를 조망하게 하는 방식도 가능하다(Hamburg, 2003; 〈표 6-3〉 참조).

근래에 OECD를 중심으로 미래의 웰빙(well-being)을 향한 역량 중심의 교육 비전(Learning for 2030)이 공유되고 있다. 그에 따르면, "학생들이 그들의 능력을 구현하고 그들의 공동체 및 이 지구의 웰빙에 기여하는 데 필요한 지식, 기능, 태도 및 가치"가 종합적으로 고려되어야 한다(OECD, 2020). 즉, 음악과 교육과정이 특정 지식이나 지식의 전수를 넘어서서 태도와 가치까지 아울러야 한다. 이것은 보편적 음악교과의 내용 체계가 음악적 사항을 위주로 설정되기 어려움을 말해 준다. 전문 음악가 양성의 음악교육과 일반 음악 교양인 양성의 음악교육은 일정 부분 연대할 수는 있지만 각자의 고유성이 있으므로 특화된 교육과정은 상호 구별될 수밖에 없다.

이를테면 독일의 경우, 연방 체제에서 각 주가 고유한 음악과 교육과정을 운영하고 있는데 전반적으로 음악수용 중심의 내용 구조를 보여 준다. 주마다 다양한 구조의 음악과 교육과정을 선보이고 있음에도 불구하고, 대부분의 음악과 교육과정은 내용 체계에서 역량 함양을 전면에 내세운다. 다시 말하면 세부적 기능이나 지식을 넘어선 음악의 포괄적 활용 능력을 강조하려는 의도를 드러낸다(주대창, 2022: 71-72).

　　제한된 시수와 기간의 음악 수업을 염두에 둔 음악과 교육과정의 구성에서 음악과 관련된 모든 역량을 다 담을 수는 없다. 결국 역량의 선택과 집중이 필수적이다. 음악교과의 역사가 상대적으로 긴 서양의 사례에 나타나듯이 음악 역량보다 음악적 활용 역량의 함양이 음악교과의 취지에 더 정합적이다. 이러한 맥락에서 오늘날 공통 교과로서의 음악교과는 내용의 상세화에서 벗어나 대강화의 관점에서 역량을 제시하는 경향이 강하다. 특정 음악 이론이나 음악 기능 등 지엽적인 사항을 필수 역량 요소로 설정해 버리면, 교육 현장에서 그것에 대한 성취도를 관리해야 하므로 교과가 지향하는 포괄적 역량에 대한 집중이 약해질 수밖에 없다. 반면, 음악교과의 역량을 너무 포괄적으로 제시하면 그것의 함양을 위하여 구체적으로 어떤 수업 활동을 해야 하는지가 모호해진다.

　　어떤 형태의 교육과정이든 수업 현장에 최적화된 완벽한 상세화를 구현하는 것은 현실적으로 불가능하다. 그러므로 어느 방식의 교육과정을 적용하든 상세화의 도달은 결과적으로 음악 수업을 이끄는 교사의 몫이 된다. 그러므로 음악 수업의 구성자 및 실행자로서 음악교사는 곧 음악교재의 구성자일 수밖에 없다. 음악 교과서는 바로 그러한 작업의 한 예이다. 그러나 하나의 음악 교과서 역시 일종의 제안에 불과한 것이므로 음악 교사는 교육과정을 참조하여 음악 교과서를 재구성하여 사용하게 된다. 오늘날 포괄적 역량 중심으로, 말하자면 대강화의 방식으로, 음악과 교육과정을 구성한다는 이야기는 그만큼 교사에게 교사-학생-여건을 고려한 맞춤형 재구성을 기대한다는 말이기도 하다.

2. 한국의 음악과 교육과정

1) 구한말과 일제강점기

　　한국에서 현대적 의미의 학교 음악과 교육과정이 첫 모습을 보인 것은 구한말 시기인 1906년 8월 27일이다. 당시의 학부(學部)는 공공학교의 교육을 새롭게 정비하는 칙령(勅令)을 공포하였는데, 거기에 처음으로 음악 관련 교과가 편제되었다. 즉, 보통학교(普通學校)에 '창가(唱歌)' 과목을, 고등학교에 '음악' 과목을 개설할 수 있도록 하였다. 보통학교는 이전의 소학교(小學校)를 대신하는 것으로 4년제였으며, 고등학교는 그다음 단계의 학교로서 역시

4년제였다. 그 이전에 공포된 소학교령(1895년 7월 15일)과 중학교규칙(1900년 9월 3일)에는 그러한 과목이 없었다. 그리고 1909년의 개정 사범학교령 시행규칙에 이르러 교사 양성 과정에서도 음악교과는 필수가 되었다(류덕희 외, 1995: 208).

한편, 기독교계의 사설학교에는 그 이전에 이미 음악교과가 편제되어 있었던 것으로 보인다. 예를 들면, 배재학당에서는 1886년에 서양식 벽돌 교사를 짓고 창가 과목을 가르쳤다고 한다(배재중·고등학교 편, 1995). 그리고 그 과목의 중심적 내용은 찬송가 학습이었다.

1906년의 칙령으로 나타난 음악과 교육과정은 기본적으로 서양의 전통에 의한 것이다. 당시 대한제국의 학부(오늘날의 교육부)는 고문정치(顧問政治)의 틀 안에서 통감부의 지시에 따라 교육과정을 개편하였다. 학교의 성격과 종류, 입학 자격 등을 규정하는 각급 학교령에 이어 시행규칙이 공포되었으며, 그것이 오늘날의 교육과정에 해당하는 역할을 하였다. 하지만 매우 개괄적인 형태를 띠고 있어서 교과의 편제와 각 교과별 기본 내용 정도가 제시되었다. 그런데 그 체제와 내용은 1900년에 개정된 일본의 것을 바탕으로 하고 있다. 그리고 일본의 음악 관련 교과의 내용은 직접적으로 유럽의 것과 유사하다(Gruhn, 1993: 122).

시행규칙의 과목 안내

"音樂. 歌曲을 唱함을 知得케 하여 아름다운 興韻을 感發하고 心情을 高潔케 하며, 兼하여 德性涵養에 資함을 要旨를 함이라." (學部令 第21號)

"唱歌. 平易한 歌曲을 唱케 하여 美感을 養하고 德性을 資함으로 要旨를 함이라. 歌詞及樂譜는 平易雅正하야 理會키 易하고 且 心情을 快活純美케 할 것을 選함이라." (學部令 第23號)

일제강점기의 음악과 교육과정은 외형에서 근대 서양 전통의 학교 음악교과의 것을 그대로 계승하였다. 하지만 사용 언어가 달라지고 점차 이데올로기적 성격이 가미되었다. 이를테면 제1차 조선교육령(1911~1922년)에 나타난 창가 과목의 내용은 학부령의 것과 큰 차이는 없으나 일본어로 서술되었고, 총독부 편찬의 교과용 도서를 사용하도록 하였다(朝鮮總督府令 第110號). 제2차 조선교육령(1922~1938년)에는 기원절(紀元節), 천장절축일(天長節祝日), 새해(1월 1일)에 국가적 이념을 담은 기미가요와 각 의식일에 상응하는 노래를 부르도록 규정하였다(朝鮮總督府令 第8號). 그리고 제3차 조선교육령(1938~1941년) 이후에는 "황국신민으

로서의 정조(情操)를 함양하기에 적당한 노래를 사용"하라는 내용이 덧붙여졌다(朝鮮總督府令 第24號).

2) 해방 이후

(1) 교수요목기

해방 이후의 음악과 교육과정은 1945년 미군정 아래에서 이루어진 학교교육에 대한 긴급 조치로 시작되었다. 1954년 제1차 교육과정이 제정될 때까지의 이 기간을 흔히 교수요목기 라고 부른다. 1945년 9월 발표된 일반명령 제4호는 일제강점기의 교육행정을 수용하는 방 식이었으나 '신조선의 조선인을 위한 교육'이라는 제목에 나타나 있듯이 공교육 전반에 대 한 새로운 방향을 안내하였다. 개별 교과에 대한 지침은 없었으며, 제3조 "조선학교는 종족 및 종교의 차별을 무(無)함", 제5조 "조선의 이익에 반하는 과목은 교수하거나 실습하지 아 니할 사(事)" 등은 음악교과의 성격을 미루어 짐작하게 한다.

같은 달에 발표된 '학교 개교에 관한 일반 방침'의 '교육상 유의할 점'에는 "예능을 중시하 여 순량온아(醇良溫雅)한 품성을 도야할 것"이라는 안내가 있으며, 함께 발표된 2부제 초등 학교(당시 국민학교)의 교과 편제에 '음악체조'가 주당 3시간으로 배정되었다. 전일제의 경우 4~6학년에 체조와 분리된 주당 2시간의 음악 수업이 배정되었다. 중등학교의 경우 남자 중 학교 1~2학년에 주당 1시간, 그 외에는 2시간이 부과되었다.

이후 1946년의 편제에서는 초등학교 전 학년에 음악교과를 별도로 개설하였고, 중학교 (당시 초급 중학교)에는 필수 교과로 주당 2시간, 선택 교과로 주당 1~2시간을 설정하였다. 고등학교(당시 고급 중학교)에는 음악교과가 주당 1~3시간의 선택 교과로 운영되도록 하였 다. 하지만 음악교과의 목적과 목표, 내용, 방법을 총괄하는 본래적 의미의 교수요목이 제정 되지는 못하였다. 그러한 교수요목은 '국어' '수학' '사회 생활' '이과'에서만 발간되었다.

음악교과 교육의 기틀을 다진 것은 1949년 제정된 교육법이다. 국민생활에 필요한 초등 보통교육을 실현하기 위한 목표 가운데 "인간생활을 명랑하고 화락하게 하는 음악, 미술, 문 예 등에 대하여 기초적인 이해와 기능을 기른다."(제94조 6항)를 명시하였다. 중등학교에서 는 이 기초 위에 "그 성과를 더욱 발전·확충"(제101조 1항)시킴으로써 음악교과가 학교교육 전반에서 확실한 지지 기반을 갖춘 셈이다. 이 법률에 따라 본격적인 음악과 교육과정의 제 정을 시작할 즈음에 6·25전쟁이 발발하였다.

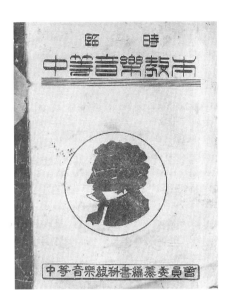

그림 6-5　『초등 노래책』(1946) 표지(왼쪽)와 『임시 중등음악교본』(1946) 표지(오른쪽)

　자세한 교수요목이 없던 교과들은 서둘러 편찬한 교과서를 일종의 교육과정처럼 여기게 되었다. 초등 음악 교과서는 1946년 '초등 노래책'이라는 이름으로 임시 발행되었다. 그리고 뒤이어 1949년 『초등 음악책』(국민음악연구회), 1951년 『초등 음악』(국민음악연구회), 『전시 음악 공부』(장백사)라는 음악 교과서가 발행되었다. 중등 분야에서는 1946년 『임시 중등음악교본』(중등음악 교과서편찬위원회), 『중등 노래교본』(계정식), 1947년 『중등 악전교과서』(김순룡), 『중등 음악』(오창진), 『여자 중등 음악교본』(김신덕) 등이 사용되었다. 이 교과서들은 필요에 의해 자율적으로 발행된 것이거나 수시 검인정의 형태로 공급된 것들이었다. 그동안 일부 교육 현장에서 노래 부르기 및 음악 이론 공부가 음악 수업의 대부분을 차지하고, 교과서대로 가르치는 것을 곧 교육과정의 준수로 여겼던 전통은 교육과정의 구성이 제대로 정비되지 못했던 시기에 노래책 또는 이론책 형태의 교과서가 그 기능을 대신했던 것과 관련이 깊다.

(2) 제1~7차 교육과정

　6·25전쟁이 끝나고 사회 전체의 재건 운동이 활발하게 이루어지면서 공교육 정비가 이루어졌다. 1954년 4월 문교부는 초등·중등 교육에 대한 교육과정 시간 배당 기준령을 공포하고, 이듬해 8월 각 학교급별 '교과과정'을 제정하였다. 중등학교는 전쟁 중인 1952년 미국

제도의 틀에 따라 중학교와 고등학교로 분리되어 운영되었다.

제1차 교육과정은 진보주의 교육사상의 영향을 받아 생활중심 교육 내용을 강조하였으나, 음악교과의 경우 학교 음악 수업에서 주로 새로운 것을 안내하는 형태였다. 이 제1차 교육과정에서부터 각급 학교별 음악교과 시수가 오늘날의 형태로 큰 틀이 잡혔다. 음악 교과서 역시 교육과정과 연동되어 제작되었다.

① 제1차 음악과 교육과정

이 교육과정(당시 교과과정)의 음악교과 목표는 크게 세 부분으로 이루어졌는데, '음악교과의 일반 목표' '각급 학교 음악교과의 목표' '각 학년의 지도 목표'가 그것이다. 음악교과의 일반 목표는 서양 전통의 미적 교육과 사회화의 조합으로 제시되었다. 이 방향은 기본적으로 구한말 음악교과의 목표와 크게 다르지 않다. 애국 애족 관련 목표는 '사회화' 부분을 국가 및 민족 단위로 좁혀서 본 것으로 이해된다. 이 부분은 제2차 교육과정에까지 나타났다가 제3차 교육과정에서 중간적 색채인 '바람직한 국민으로서의 교양'으로 바뀌었고, 이후 음악을 통한 일반적 품성 함양으로 통합된다.

> **음악교육의 일반 목표, 제1차 교육과정**
>
> "음악적 체험을 통하여 아름다운 정서와 원만한 인격을 갖춤으로써 가정인, 사회인, 국제인으로서의 교양을 높이고, 애국 애족의 정신을 기름에 있다."

제1차 교육과정에서 내용 체계는 중등학교의 경우 '가창' '기악 연주' '감상' '음악의 기초 이론' '창작'으로 나뉜다. 이 분류 방식은 이후 한국 음악과 교육과정의 기본 틀이 된다. 소위 5분법의 틀을 가지고 있는데, 특히 가창, 기악, 감상, 창작은 이후 역대 음악과 교육과정에서 기본적으로 쓰는 분류 기준이 되었다. 초등학교의 경우 '음악의 기초 이론'이 없는 대신 '음악의 생활화'가 설정되었다. 그리고 중등의 '가창'과 '기악 연주'는 초등에서 '기능 연마'라는 내용 영역으로 통합하여 표시되었다.

학급별 목표는 오늘날의 입장에서 보아도 그것의 달성을 기대하기 어려운 사항을 담고 있어서 음악 내의 입장을 지나치게 고려한 것이라는 지적을 받는다. 이 현상은 무엇보다 음악 수용을 우선하는 공통 교과로서의 학교 '음악교과' 교육과, 음악적 기능을 강조하는 음악인 양성으로서의 '음악 전공' 교육의 구별이 모호했던 것에 기인한다.

사회의 모든 구성원이 굳이 작곡 능력을 갖춰야 하는 이유가 설득력을 얻기 어려웠을 상황에서 초등학교 창작 영역의 목표로 '음악의 기초 이론을 가르쳐 청기법(聽記法)을 훈련함으로써 작곡을 할 수 있는 힘을 기른다.'를 제시한 것이 그 단적인 예이다. 고등학교 목표로 가창 영역에 있는 '리이드(Lied), 오라토리오, 오페라(아리아, 중창곡, 합창곡) 등을 많이 가창하여 일상생활을 즐겁게 한다.', 기악 연주 영역에 있는 '건반 악기와 많이 쓰이는 악기의 구조를 이해하도록 하고 보관과 간단한 수리를 하도록 한다.', 음악의 기초 이론 영역에 있는 '화성학, 대위법, 악식의 기초 지식을 습득하여 창작에 응용하도록 한다.', 창작 영역에 있는 '일부형식, 이부형식, 삼부형식, 복합삼부형식의 멜로디[1](melody)를 짓고 화음을 붙인다.'와 '합창곡과 합주곡도 지어 본다.' 등은 오늘날 음악대학 학생들에게나 부과할 수 있는 내용이다.

② 제2차 음악과 교육과정

이 교육과정은 1963년에 공포되었고 이후 10여 년간 사용되었다. 이때부터 '교과과정' 대신 '교육과정'이라는 용어를 사용하였다. 개정의 취지는 기초 학력의 제고와 인격 도야 및 실생활 관련성의 강화였으며, 전반적으로 경험중심 교육과정을 표방하였다. 음악교과의 경우에 제1차 교육과정에서와 마찬가지로 실생활에서의 음악적 활동을 반영하기보다 그것을 이끄는 방식이었으며, 이러한 경향은 제7차 교육과정에 이르기까지 주된 흐름을 형성하였다.

제2차 음악과 교육과정은 목표의 서술에서 경험중심의 성격을 일부 담고 있기는 하다. 즉, 아름다운 정서와 원만한 인격, 초보적 표현 기능, 음악을 즐기는 능력과 태도, 초보적 독보 능력을 언급하면서 이것들이 일상생활에 필요한 음악의 체험을 통해 이루어져야 함을 직시하였다. 그런데 학년 목표 및 지도 내용을 안내하는 구분은 '가창' '기악' '창작' '감상'으로만 제시되었다.

제1차 교육과정에 없던 '지도상의 유의점'이 새로 추가된 것은 이제 음악과 교육과정이 교육과정의 기본 요소인 목표, 내용, 방법의 세 가지를 모두 포괄하게 되었음을 말해 준다. 이 지도상의 유의점 제1항에는 '편의상 가창, 기악, 창작, 감상 등의 네 영역으로 나누어 구성하

1) 당시의 표기 방식이다.

였으나, 실제 학습에서는 아무런 구획점이 없이 혼연된 종합체로서 운영되어야 한다.'라고 명시되어 있다. 이를 통해 학교 현장에서 내용 체계 구분의 취지를 잘못 이해하여 영역별로 수업이 전개되는 것에 대한 우려가 이미 당시부터 존재하였음을 짐작해 볼 수 있다.

③ 제3차 음악과 교육과정

이 교육과정은 1973년에 개발되어 이후 약 9년간 사용되었다. 경험중심 교육사조가 교육의 수준을 질적으로 끌어올리는 데 적합하지 않다는 비판을 받은 후 개발된 것인데, 당시는 이른바 학문중심 교육과정을 표방하던 시기였다. 하지만 체제 면에서 전반적으로 제2차 교육과정과 유사하다.

눈에 띄는 점은 학년 목표에서 음악 기초 요소에 해당하는 '음악적 감각' 분야를 기존의 가창, 기악, 창작, 감상의 네 가지 앞에 넣어 설명하고 있다는 것이다. 그러나 활동 영역에서는 이전처럼 뒤의 네 가지만을 사용하고 있다. 다시 말하면, 그러한 음악 기초 요소들은 제2차 교육과정에서처럼 각 영역별 활동 안내 지침에서 소화하고 있다. 그리고 음악교과의 목표에서 '음악성'과 '창의성' '문화유산의 계승'과 '민족문화의 발전'이 추가된 것은 특기할 만하다. 이것은 1968년 국민교육헌장이 선포된 이후 그 지침을 수용하려는 노력의 결과로 보인다. '민요' '우리나라 리듬악기' 등 한국 전통음악에 대한 직접적 언급이 나타난 것도 이 시기의 교육과정부터이다.

④ 제4차 음악과 교육과정

이 교육과정은 1981년에 만들어졌으며 약 8년간 사용되었다. 이때는 소위 인간중심 교육과정의 경향을 수용하고자 하였다. 또한 1960~1970년대 미국에서 제기된 포괄적 음악교육의 사고가 적극 수용되었다.

인간중심 경향은 무엇보다도 음악교과의 목표에 '조화로운 인격'이 나타난 것과 관계지을 수 있다. 제1~2차 교육과정에서 '원만한 인격', 제3차 교육과정에서 '조화된 인격'이 제시되었는데, 이제 '조화로운 인격'으로 바뀐 것이다. 이 표현들의 의미는 기본적으로 비슷하나, 그 전달에서 미세한 차이를 보인다. '원만한'은 순응의 분위기가 강하고, '조화된'은 수동의 느낌이 든다. '조화로운'에서 비로소 인간의 객체적 인격이 존중받는 형태가 되었다.

포괄적 음악교육은 특정 음악에 국한되지 않은 음악적 개념을 강조하였다. 음악 수업에서 이 집근법의 효과에 대한 논란은 열려 있지만, 이때부터 한국의 음악교과 교육은 음악적 개념중심의 교수법을 강조하게 되었다. 그리고 그러한 면을 반영하여 음악과 교육과정의 내용 체계가 음악적 기초 개념을 제시하는 '기본 능력', 기존의 활동 영역이었던 '표현 능력', 음악의 수용을 촉진하는 '감상 능력'으로 나타났다. 이것은 전체적으로 보았을 때 제1차 교육과정의 다섯 영역을 다르게 묶은 것에 가깝다. 즉, 오분법적 구분에서 세 가지 활동 분야를 하나로 묶고, 감상 능력을 별도로 분리해 낸 것이다. 음악적 기초 개념은 리듬, 가락, 화성, 형식, 빠르기, 셈여림, 음색의 일곱 가지로 제시되었다. 그리고 지도상의 유의점에 처음으로 평가 부분이 추가되었으며, 평가에 대한 언급은 이후의 교육과정에서 계속 나타난다.

⑤ 제5차 음악과 교육과정

이 교육과정은 1987년에 개발되어 이후 약 6년간 사용되었다. 제6차 교육과정(1992~1997년)과 함께 비교적 단명한 교육과정이다. 제5차 교육과정은 이전과는 다르게 특정한 교육사조의 수용을 강조하지는 않았다. 교육과정의 주기적 질 관리와 정치·사회적 상황을 반영했던 것이라고 볼 수 있다.

이 교육과정에서 음악교과는 학교급별 목표의 가시화와 이분법적 내용 체계를 시도하였다. 제1차 교육과정에서 학교급별 목표를 제시한 이후, 제2~4차에서는 기본적으로 전체를 아우르는 교과 목표를 공통으로 사용하였다. 그리고 내용의 위계성은 학년별 목표에서 드러냈다. 그런데 제5차 교육과정에서는 전체 교과 목표에 이어 일부 구별적인 학교급별 목표를 제시하였다.

내용 체계를 '표현'과 '감상'으로 이원화함에 따라 음악의 기초 이론, 즉 음악적 기초 개념의 학습이 표현 활동 안에 위치하였다. 그래서 '악곡의 구성 요소를 감지하고 표현하는 것'이 표현 영역의 첫째 사항이 되었다. 그리고 기존의 삼분법적 활동 구분(가창, 가악, 창작)이 없어지고 개별적 활동 안내 지침으로 대체되었다. 즉, '표현'과 '체험'의 범주로 나누어 내용이 제시된 것이다.

한국의 전통음악에 대한 사항은 이 교육과정에 이르러 보다 구체적으로 언급되기 시작하였다. 이를테면 '우리나라 전통음악에서 쓰이는 조' '우리나라의 대표적인 전통악기' '민요, 구군악[대취타], 농악, 산조, 합주 판소리' 등이 제시되었다. 또한 제4차 교육과정 시기 때 초등학교 저학년의 음악, 미술, 체육 교과를 그대로 둔 상태에서 교과서를 '즐거운 생활'로 통합하였는데, 제5차 교육과정에 이르러 별도의 통합 교육과정을 가지게 되었다. 이로써 음악적 능력이 활발하게 자라는 초등학교 저학년 때 음악 수업이 오히려 약화되는 결과를 낳았다.

⑥ 제6차 음악과 교육과정

이 교육과정은 1992년에 개발되어 약 6년간 사용되었다. 이때는 교육 프로그램의 전반적 효율성을 점검하고 새 시대에 적응할 수 있는 역동적 인간상을 추구할 것을 내세웠다. 그리고 기존의 논의들을 종합하고, 탄력적 적용을 위한 전체적 조망을 강조하였다. 이 교육과정에서부터 내용 지침의 뒤에 오는 '지도 및 평가상의 유의점' 부분이 '방법'과 '평가'로 나뉘어 표기되었다.

이 교육과정의 가장 큰 특징은 음악교과의 '성격' 부분을 전면에 배치한 것과, 음악적 기초개념을 포괄하는 '이해' 영역(7개념)을 구분하여 제시한 점이다. 성격 부분을 추가한 것은 다양한 견해를 종합하여 보다 가시적인 교과관을 확보하게 하고자 한 것이었다. 하지만 음악교과의 목적에 부합하는 음악을 '예술'에 한정하여 폭넓은 음악 수용을 도외시하였다는 지적도 받는다. 학교급별 목표는 이 성격 부분에서 함께 다루어졌다.

'이해' 영역의 구분은 음악의 기초 이론을 포괄하며, 이 영역이 씨줄을 형성하고 '표현' 및 '감상' 활동이 날줄을 이루는 음악 수업의 일반화를 가져왔다. 그것은 교육과정 지침의 구체적 조합을 현장에 일임하는 탄력적 운영을 나타내기도 하지만, 동시에 모든 음악 수업이 음악 개념에 종속되는 듯한 인상을 주기도 하였다. 또한 일반적 언어 사용과는 다른 '이해'라는 표현으로 인해 음악적 기초 개념 또는 음악이론이라는 의미가 잘 드러나지 않는 면이 있다.

⑦ 제7차 음악과 교육과정

이 교육과정은 1997년에 개발되어 20세기를 마감하고 21세기를 여는 시기에 사용되었다. '세계화' '정보화' '다양화 사회'를 염두에 두고, 학생중심 교육과정, 공통과 선택을 조화시킨 교육과정을 지향하였다. 전인적인 인간의 육성에 음악교과의 목적을 둔 것과 고등학교 2~3학년에 음악 선택 교과인 '음악과 생활'을 둔 것이 특징적이다. 음악 선택 교과는 본래의 취지와 다르게 학교별 선택이 이루어짐에 따라 학생의 선택권이 제대로 존중되지 못하였다. 또한 전 교과에 포괄적으로 부여된 교육과정의 자율적 재구성은 초등의 경우 국정 교과서의 사용으로 거의 유명무실해졌다.

음악교과 교수 · 학습 방법의 안내에서 이전의 '학생 및 학교의 특성에 따라' 부분이 '지역의 특성, 학생 및 학교의 요구와 실정'으로 확대된 점과, '모든 학습 활동은 학습자를 중심으로 이루어져야' 함을 안내한 점은 다양화 시대와 학습자중심의 경향을 적극 수용한 것으로 여겨진다. 학습자중심의 음악교과 교육을 가장 분명히 나타내는 부분은 무엇보다 '전인적인

표 6-4 역대 교육과정의 구성

교육과정	교과 목표(목적)	내용 체계	비고
교수요목기 (1945~1954)	인간 생활을 명랑하고 화락(和樂)하게 함(교육법 제94조)	음악교과의 세부 내용(교수요목)이 작성되지 못함	–
제1차 (1954~1963)	아름다운 정서와 원만한 인격 함양, 가정인, 사회인, 국제인으로서의 교양과 애국애족 정신 함양	가창, 기악, 감상, 기초 이론, 창작(오분법)에 따른 학년 목표	–
제2차 (1963~1973)	아름다운 정서와 원만한 인격 함양, 국민적 교양, 애국애족, 우리나라 문화 향상에 기여하는 기초적인 능력과 태도 함양	활동 영역(사분법: 오분법에서 기초이론 제외)별 학년 목표	지도상의 유의점
제3차 (1973~1981)	음악성과 창조성 계발, 조화된 인격 형성, 바람직한 국민으로서의 교양 함양	'음악적 감각'(독보 및 청음, 기보의 기초 기능) 포함 오분법의 목표, 활동 영역(사분법: 가창, 기악, 창작, 감상)별 학년 목표	지도상의 유의점
제4차 (1981~1987)	음악성 계발, 풍부한 정서와 창조성 함양, 조화로운 인격 형성	기본 능력(기초 이론), 표현 능력(사분법), 감상 능력에 따른 학년 목표	지도 및 평가상의 유의점(가. 지도, 나. 평가)
제5차 (1987~1992)	음악성 계발, 풍부한 정서와 창조성 함양, 조화로운 인격 형성	표현(삼분법: 악곡의 구성 요소, 표현, 체험)과 감상에 따른 학년 목표	지도 및 평가상의 유의점(가. 지도, 나. 평가)과 '즐거운 생활' 분리
제6차 (1992~1997)	음악성 계발, 창의적인 표현 능력과 감상 능력, 풍부한 정서 함양	이해(음악의 구성 요소-기초 이론), 표현(삼분법: 가창, 기악, 창작), 감상 영역별 학년 내용	교과 '성격' 부분 추가, 학년 통합 성취 목표, (교수·학습) '방법'과 '평가' 구분 제시
제7차 (1997~2008)	음악적 잠재력(음악성), 창의성, 음악적 정서, 높은 삶의 질, 전인적인 인간, 문화유산 비교, 우리 음악 유산의 계승 발전	이해(음악의 구성 요소-기초 이론)와 활동(사분법: 가창, 기악, 창작, 감상)에 따른 학년 내용	제6차의 틀 유지, 선택 교과 '음악과 생활'

인간'의 육성을 음악교과 목적의 중심에 둔 것이다. 전인교육 차원의 음악교육은 때로 음악적 지식과 기능 향상에 소극적 대응을 하는 것으로 비판받지만, 수요자의 요구에 직접 반응하는 장점이 있다.

이 교육과정의 외형적 틀은 제6차의 것을 그대로 이어받고 있으나 감상 부분을 별도로 떼어 내지 않고 활동 영역으로 포함시켰다. 그래서 '이해'와 '활동'이라는 이원적 체제가 보다 공고해졌다. 그리고 이해 영역에 한국 전통음악의 개념(구성 요소)이 명기되어 국악 지도의 내용을 보다 구체적으로 안내하였다.

(3) 2007 개정 음악과 교육과정

① 개정 방향

선택중심 및 학습자중심을 강조한 제7차 교육과정은 그 실현 가능성 여부 때문에 운영 과정 중에 여러 가지 지적을 받아 왔다. 그리고 그 교육과정이 평균적 개정 주기를 웃도는 기간 동안 사용됨에 따라 개정의 필요성이 대두되었다.

그런데 이전까지 사용되던 일련의 번호('제8차') 방식을 탈피하여 개정 연도를 제시한 명칭을 쓰기 시작하였다. 그래서 때로 이 교육과정이 제7차 교육과정의 연속선상에 있는 것인지가 논란거리로 부상한다. 전반적 구조와 내용 지침이 이전의 교육과정과 두드러지는 차이를 보이기 때문이다. 하지만 교육과정의 개발에 있어서 이전의 것을 참고하여 보다 효율적인 것을 도출하려는 의도를 갖는 것은 당연하며, 번호에 의한 구분이 도식적 순서에 의존하는 경직성을 줄 수 있다.

2007 개정 음악과 교육과정은 이전에 비하여 상대적으로 긴 개발 기간을 가졌다. 즉, 4년에 걸친 기초 연구 및 시안 연구가 먼저 이루어졌다. 2007 개정 교육과정은 다음과 같은 배경을 가지고 개발되었다(2007 개정 교육과정 개요, 2007: 75).

⑦ 음악교육의 효과 및 음악의 사회적 역할
④ 음악과 교육과정의 양과 수준에 대한 적정화 필요
⑤ 세계화 시대를 맞아 다양한 시대와 문화권의 음악 수용 필요
⑥ 학교 음악교육의 실제 생활에의 활용성 제고
⑩ 음악교과 선택 과목의 다양화 및 흥미도 제고

이에 따라 음악교과의 목적은 자아실현의 가능성과 삶에 대한 이해의 폭을 넓히는 음악의 교육적 성격을 수용하여 '음악의 가치를 인식하고 생활화할 수 있는 바탕을 마련하는 데' 두고 있다. 하지만 상위의 가치인 '조화로운 인격' 또는 '자아실현'을 수단적 의미인 '음악의

생활화'로 이어 주는 부분이 원활하지 못하다. 말하자면 생활화의 필요성에 대한 언급이 약하다. 그리고 음악의 활용보다 음악 내적 사항이 상대적으로 아직 더 많이 고려되고 있다.

그러나 이전의 교육과정에 비하여 교과의 지향점이 교육 현장의 눈높이에 보다 가까이 제시되었다는 장점이 있다. 특히 학교 음악교육의 가치를 '생활화'에서 찾고 있어서 주제별 수업 구성의 가능성을 열어 놓고 있다. 이 관점은 음악 교과서의 구성 체계를 안내하는 '편찬상의 유의점'에 수업 단원을 주제별, 장르별, 악곡별, 개념별 등 다양한 방식에 의해 창의적으로 구성하도록 안내한 것에 잘 나타난다(교육인적자원부, 2007: 35).

② 다양성과 국악교육의 질 제고

음악의 다양한 역할과 기능은 이전부터 고려되어 왔으나, 개정 교육과정에서는 특히 음악의 사회적 역할과 기능, 음악의 가치 인식, 음악의 시대적·사회적·문화적 맥락을 강조하였다. 다양한 문화의 수용과 관련하여 제7차 교육과정에서는 '다양한 시대와 문화권의 음악'으로 개괄적 안내를 하였다. 2007 개정 교육과정에서는 세계 여러 나라의 음악, 일본·중국의 극음악, 역사 속의 음악, 디지털 매체를 활용한 음악 등을 구체적으로 제시하였다. 음악교육의 기여도를 높이려는 의도는 무엇보다도 '생활화' 영역을 신설한 데서 찾아볼 수 있다.

국악교육의 질을 높이고자 한 측면은 '활동' '이해' '생활화'의 각 영역에 국악 관련 지침을 고루 배치한 것에서 드러난다. 특히 '생활화' 영역에 있는 '우리 음악의 가치 인식하기'는 국악의 질적 활용을 안내한다는 점에서 교육적 의의를 지닌다. 반면, 이 방향은 '우리' 음악이 무엇인지에 대한 질문을 야기한다. 또한 '내용 영역별 지도상의 유의점'에서 영역별로 고루 국악 지도에 대한 사항을 안내하였다. 이전의 '전통음악'이라는 용어 대신 '국악'이라는 용어를 노출해 사용한 점도 새롭다.

③ 구성 체계

개정 교육과정에서는 학교급별 목표를 구분하여 '성격' 부분과 역할을 나누었다. 그리고 내용 체계 뒤에 오는 교수·학습 방법 부분에서도 학교급별로 지도 방향을 구분하여 안내하였다. 특히 '계획' 부분을 삽입하여 교육과정의 재구성에 대해 안내한 것과, 교수·학습 시설 및 기자재 부분을 별도로 언급한 것이 새롭다. 평가 부분도 세부적 구분을 더하여 안내되어 있다.

(4) 2009 개정 음악과 교육과정

① 개정 방향

2009 음악과 교육과정의 개정은 교과 밖의 변화 요인들을 수용하였다. 이 교육과정의 총론은 '추구하는 인간상 실현을 위한 핵심 역량 변화' '학년군에 적합한 내용 개발' '교육과정내용의 적정화와 연계성 강화' '창의 인성 등 국가 사회적 요구 사항의 반영'을 내세웠다. 새교육과정의 출현을 이끈 실제적 변화는 '학년군 교과군 단위'와 '공통 교육과정 기간 재설정'이다. 음악교과 내의 개정 기본 방향은 다음과 같이 나타난다.

- ㉮ 창의 인재 육성 강조: 내용 영역과 기준, 교수·학습 방법, 평가의 융통성과 학습자의 다양성 인정
- ㉯ 음악의 생활화 강조: 생활화 영역 대영역화 유지, 성취 기준 구체화를 통한 음악 생활화능력 체계화
- ㉰ 미래 사회에서 요구되는 핵심 역량 반영: 진로 개발 능력, 평생학습 능력, 창의력, 대인관계 능력, 국제 사회 문화 이해 능력
- ㉱ 학년군 설정에 따른 교육과정 명료화: 학년군 중심의 성취기준 개발 및 학생의 학습 결과를 나타내는 행동 지표로 성취 기준 진술

② 음악의 교육적 수용력 제고

2009 개정 음악과 교육과정에서는 음악의 수용 내지 활용을 통한 질 높은 삶의 추구가 전면에 배치되었다. 그동안 특히 한국에서 음악은 곧 실기를 뜻하는 것처럼 비춰져 온 면이 있었고, 그 결과 현장의 음악 수업은 기능 또는 기능 관련 지식의 전수를 우선하는 경향을 보이기도 하였다. 하지만 음악교과는 본질적으로 음악을 전수하는 데 초점이 있는 것이 아니다. 이러한 관점에서 2009 개정 교육과정에 나타난 음악교과의 목표는 학교 음악교육의 정체성을 다음과 같이 안내한다.

'음악'은 다양한 음악 활동을 통하여 음악의 아름다움을 경험하고, 음악성과 창의성, 음악의 역할과 가치에 대한 안목을 키움으로써 음악을 삶 속에서 즐길 수 있도록 하는 교과이다. 음악교과는 음악적 정서와 표현력을 계발하고 문화의 다원적 가치를 인식하여 타인을 존중하고 배려하는 창의적 인재 육성을 목표로 한다. 이를 통해 우리 문화 발전에 기여하고 세계 시민으로서 문화적 소양을 지닌 전인적 인간이 되는 데 기여한다.

③ 구성 체계

이 교육과정의 구성 방식 및 세부 지침은 2007 개정 음악과 교육과정의 틀을 크게 바꾸지 않고 비슷하게 사용한다. 구성 체계에서 이전의 이해 영역이 빠지고 감상 영역이 분리된 것이 변화의 핵심이다. 이전 교육과정의 이해 영역에 해당하는 음악의 기초 이론 또는 개념들은 부록의 형태로 제시되어 있다. 내용 구성의 면에서 보면, 학습량의 적정화를 위한 정제화가 두드러진다. 즉, 새로 추가된 것보다 이전 것을 다듬고 조정한 경향이 강하며, 전반적으로 지침의 양이 줄었다. 내용에 따른 성취기준과 학습 활동 예시를 교육과정에서 안내함에 따라 이 시기부터 교육과정 해설서가 없어진 것도 주목할 점이다. 이 개정 교육과정의 개요는 〈표 6-5〉와 같다(교육과학기술부, 2009 개정 교육과정 자료).

표 6-5 2009 개정 음악과 교육과정의 개요

교육과정 문서 체제 변화	• 총론과의 연계 강화 • '성격'과 '목표' → '목표'로 통합 • 내용 → 학년군별 목표 삭제
내용 영역 재설정	• 활동, 이해, 생활화 → 표현, 감상, 생활화 • 음악 요소 및 개념 체계표 제시 • 학습 활동 예시 수록 → 재구성하여 활용토록 함
교육과정 내용의 선정과 조직의 기준	• 필수 학습 내용 선정 → 학습 내용의 양과 수준 적정화 • 최소 성취 목표 제시 → 학업 성취 수준 체계적 관리 • 학년군별 기준 시간에 비춘 내용 구성 → 학년군별 적정학습 유지
고등학교 선택과목 재구조화	• 일반과목: 음악과 생활, 음악과 진로 • 심화과목: 음악 이론, 음악사, 시창청음, 음악 전공 실기, 합창합주, 공연 실습, 음악과 매체, 교양실기

(5) 2015 개정 음악과 교육과정

① 개정 방향

역대 교육과정과 비교하였을 때 2015 음악과 교육과정의 가장 큰 특징은 교과의 성격 항목에 '역량(competence)'을 명시한 점이다. 이것은 음악교과의 목적이 음악 내적 능력 제고에만 국한되지 않고 교과 밖의 일반적 역량 제고에 동참한다는 의미이다. 또한 2015 개정 음악과 교육과정은 2009 음악과 교육과정과 비교하였을 때 전반적으로 음악 지도의 방법적 접근을 강화한 것으로 보인다. 특히 성취기준을 제시하고 이와 관련된 교수ㆍ학습 방법이나 평가 관련 사항을 함께 설명함으로써 사용의 편리성과 체계의 유기성 제고에 도움을 준다.

이 두 가지는 전체 2015 교육과정 구성의 중점에서 '교과의 핵심 개념'을 중심으로 학습 내용을 구조화하는 것과 일맥상통한다. 내용의 구조화를 위해서는 구심적 역할을 하는 일정한 개념이 필수적이다. 그 구조가 잘 설계되면 음악과 교육과정에서 안내하는 교과의 목표와 내용 및 방법이 하나의 명확한 논리 체계를 이룰 수 있다. 이를 통해 지도 내용의 우선순위를 가려서 학습량을 적정화할 수 있으며, 교수ㆍ학습의 질을 높일 수 있다.

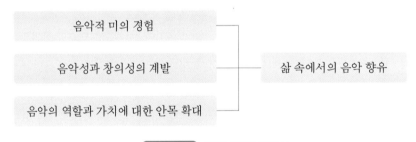

그림 6-6 음악교과의 당위성

음악은 소리를 통해 인간의 감정과 사상을 표현하는 예술로 인간의 창의적 표현 욕구를 충족시키고 다른 사람과 소통할 수 있도록 하며, 인류 문화를 계승ㆍ발전시키는 데 기여한다. 음악교과는 다양한 음악 활동을 통해 음악의 아름다움을 경험하고, 음악성과 창의성을 계발하며, 음악의 역할과 가치에 대한 안목을 키움으로써 음악을 삶 속에서 즐길 수 있도록 하는 교과이다.

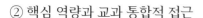

② 핵심 역량과 교과 통합적 접근

2015 음악과 교육과정에서는 감성 역량, 창의·융합 사고 역량, 소통 역량, 공동체 역량, 정보처리 역량, 자기관리 역량을 모두 수용하고 있다. 전체 교과를 아우르는 핵심 역량과의 연계가 음악교과에서 어느 교과 못지않게 광범위하게 나타난다. 물론 그 역량의 매개체와 통로가 음악교과 고유의 것이어야 하기 때문에 음악의 관점에서 받아들이려고 노력하였다. 이를테면 일반적 의미의 감성 역량이 아니라 '음악적' 감성 역량이어야 한다(이하 주대창, 2017: II, 1). 창의·융합 사고 역량 및 소통 역량 역시 음악적이어야 한다. 정보처리 역량도 음악에서 나타나는 사항을 중심으로 이루어지기 때문에 '음악정보처리 역량'으로 명시되어 있다. 이에 비하여 공동체 역량은 음악 관련 사항만을 떼어 보는 것이 현실적으로 불가능하므로 '문화적' 공동체 역량으로 제시하였다.

2015 개정 음악과 교육과정에서 제시한 교과 통합적 접근은 예술 영역들과의 연계와 예술 이외의 다른 교과와의 연계로 나타난다. 그런데 예술 분야에서의 통합적 접근은 음악만의 고유한 특성을 부각하며 심화된 음악적 이해를 이끌도록 지시하는 반면, 다른 교과와의 연계에서는 음악에 대한 시각의 확장과 더불어 관련 과목에 대한 학습 효과를 높일 수 있도록 안내하였다. 요컨대 예술 분야와의 연계에서는 음악의 고유성을 잘 드러내고, 다른 교과와의 연계에서는 음악의 유용성을 잘 구현하여야 한다는 것이다.

③ 구성 체계

2015 개정 음악과 교육과정은 기본적으로 이전 교육과정과 같은 틀을 지닌다. 음악교과의 목표를 먼저 언급하고, 이어서 교과 내용을 제시하며, 교수·학습의 방법에 대한 안내를 덧붙였다. 그러나 그 구조의 하위 단계에서 다소 달라진 것들이 있다. 우선 이전에 목표 항에 넣어 두었던 음악교과의 성격, 즉 교과의 지향점을 별도의 항으로 신설하여 이동시켜 밝혔다. 그리고 내용 체계에 따른 성취기준을 제시하면서 해당 성취기준에 대한 해설을 바로 곁들이고 있으며, 교수·학습 부분에 대한 안내까지 소화하고 있다. 이러한 체제 변화에 따라 교수·학습 방법에 대한 부분이 이전보다 간략해졌다.

2015 개정 음악과 교육과정에서 내용 체계는 표현, 감상, 생활화의 세 영역이 씨줄이 되며, 핵심 개념, 일반화된 지식, 내용 요소, 기능이 날줄의 형태로 엮여 있다. 성취기준은 실제 음악 수업에서 학생들이 도달하여야 할 행동 목표의 형태로 제시되어 있다. 학교 음악교육에서 무엇을 다루어야 할 것인가가 음악과 교육과정의 내용 체계에 들어 있다면, 학생의

입장에서 무엇을 해야 할 것인가를 안내하는 것이 성취기준이다. 각 영역의 성취기준은 관련 학습 요소 및 성취기준 해설과 함께 제시된다. 그리고 성취기준의 도달을 위해 추가로 고려할 사항을 '교수 · 학습 방법 및 유의 사항' '평가 방법 및 유의 사항'으로 제시하였다.

(6) 2022 개정 음악과 교육과정

① 개정 방향

2022 개정 교육과정에서는 역대 교육과정 중 처음으로 교육과정의 설계에 대한 소개를 직접 교육과정 문서에 포함하고 있다. 이것은 음악과 교육과정이 지향하는 교과관 및 운영의 원리를 학교 현장의 교사들이 실질적으로 이해하도록 하는 데 도움을 준다. 무엇보다 교육과정 문서의 하위 단계에 제시되는 세부적 사항이 상위의 안내와 어떻게 연결되는지를 쉽게 파악하게 한다.

음악과 교육과정에는 음악과 관련된 지식과 기능이 다양하게 언급될 수밖에 없다. 전통

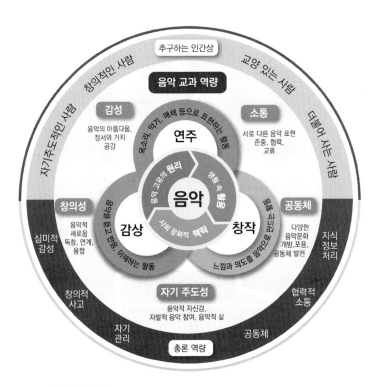

그림 6-7 음악교과 교육과정의 설계 개요(교육부, 2022: 3)

적으로 음악교사는 음악 기능과 이론을 다루는 것이 음악교과의 본업인 것처럼 여겨 온 면이 있다. 하지만 현대 음악교과에서 기능과 이론은 어디까지나 음악 수업의 한 소재에 불과하다. 그것들을 어떤 관점에서 지도할 것인지가 역량 함양에서 더 중요한 기준을 제시한다. 그러므로 음악과 교육과정의 하위에 세부적 사항이 언급되어 있다고 하더라도 상위의 교과 목적에 부합하도록 활용되었을 때 그 가치가 살아난다. 2022 개정 음악과 교육과정은 이러한 면을 음악교과의 내용 제시에 앞서서 밝혔다(그림 6-7 참조).

이러한 설계 원리는 기본적으로 OECD 차원에서 권장한 포괄적 역량 함양 방식에 근거한다. 미래의 학생들에게 필요한 역량이 어느 하나의 영역에 집중해서 나타나지 않는다. 지식과 기능뿐만 아니라, 특히 가치와 태도까지 역량의 주요 축에 포함시켰다. 음악교과가 의도하는 역량 역시 음악적 사항만으로 이루어지지 않는다. 제시된 그림의 중앙에 '음악'이 놓여 있다. 그러나 그것은 음악 내적 사항, 즉 음악 고유의 '원리' 외에 사회 문화적 '맥락', 그리고 생활 속의 '활용'과 연대한다. 사실, 음악의 고유한 원리도 역사적으로 사회 속에서 형성되어 온 것이다. 이것은 음악교과에서 다루는 음악이 변화하는 여건에 놓여 있음을 말해 준다. 즉, 2022 개정 음악과 교육과정은 음악을 전문적으로 익혀 그것을 전하는 '생산 위주의 음악교육'이 아니라, 웰빙에 필요한 음악을 효율적으로 제공하는 '수용 중심의 음악교육'을 표방한다.

학교 음악 수업에서는 음악을 소화시키는 다양한 활동을 필요로 한다. 2022 개정 음악과 교육과정은 이것을 '연주' '창작' '감상'으로 나눠서 안내한다. 다르게 이야기하면, 표현하고 만들며 이해하는 활동을 제시한다. 그리고 '감성' '창의성' '자기주도성' '공동체' '소통'의 다섯 가지 교과 역량을 내세운다. 구조적으로 이 교과 역량의 함양을 위하여 '연주' '창작' '감상'의 활동을 하는 셈이다. 이것은 2022 개정 전체 교육과정 총론의 '심미적 감성 역량' '창의적 사고 역량' '자기관리 역량' '공동체 역량' '협력적 소통 역량' '지식정보처리 역량'을 음악교과에 맞추어 재구성한 결과이다.

주지하다시피 음악교과 역시 일반 학교교육이 지향하는 방향에 동참해야 한다. 그런데 전체 교과를 관장하는 역량들 중 '지식정보처리 역량'은 현 단계에서 음악교과에 바로 적용되기 어려운 면이 있다. 이 역량을 전면에 내세우게 되면 음악교과가 자칫 정보 미디어 매체의 활용에 몰두해야 하는 상황이 생길 것이다. 따라서 2022 개정 음악과 교육과정에서는 지식정보처리와 관련된 사항을 교과 역량으로 내세우지 않되, 하위의 교과 영역 및 내용 체계에 반영함으로써 보조적 관점으로 활용하고 있다. 향후 시대의 변화에 따라 음악교과 내에서 이 역량의 위상이 변화할 가능성은 열려 있다.

② 대강화와 상세화의 문제

이번 음악과 교육과정의 개정 과정에서 가장 큰 논쟁을 불러온 것이 '대강화'에 대한 문제이다. 미래 사회를 대비하여 포괄적 역량 함양을 내세우면서 교육과정의 지침이 세부 내용의 나열을 지양하는 쪽으로 가닥을 잡았다. 이것은 2022 개정 전체 교육과정 총론에서 "미래 사회를 살아갈 학생들이 주도적으로 삶을 이끌어 가는 능력" "미래 사회가 요구하는 핵심 역량을 함양하여 포용성과 창의성을 갖춘 주도적인 사람" 등의 지침을 반영한다(교육부, 2022a: 4). 또한 이것은 "문화적 소양과 다원적 가치에 대한 이해" "공동체 의식을 바탕으로 다양성을 이해하고 서로 존중하며 세계와 소통하는 민주시민" 등의 인간상과도 연결된다(교육부, 2022a: 5).

교육과정에 합리성 또는 형평성에 어긋나는 특정 내용을 강요하듯이 상세히 넣게 되면 교육 현장의 자율성 및 전문성이 침해된다. 교육과정에서 대강화라는 용어는 이것을 예방하려는 의도로 쓰인다. 이 취지는 학습 시간이나 비중에 비하여 지나치게 많은 학습량을 줄여야 한다는 것과 맥을 같이한다(함영기, 2023). 학생의 학습량이 많아지는 것은 지식정보의 축적에 따라 불가피한 면이 있다. 그러나 학생들이 이 세상의 모든 음악을 다 학습할 수는 없다. 꼭 필요한 학습 내용을 선별하려다 보면 우선순위 설정에서 다툼이 발생하기 마련이다. 교육과정 구성에서 대강화는 교육 재료로서의 '내용'보다 교육 목적에 부합하는 '역량'을 담아내는 데 효과적이므로 학습 내용의 구체적 명시를 자제하게 한다. 대강화를 통하여 교육 내용을 포괄적으로 진술하게 되면 지엽적인 내용의 지나친 존재감을 줄이고, 교육과정의 재구성을 통해 학습량을 실제 상황에 적절히 맞추어 나가는 데도 도움을 줄 수 있다. 나아가 학교 밖의 음악 수용과 학교 안의 음악 학습에 존재하는 간극을 좁히는 데에도 기여할 수 있다.

그런데 2022 개정 음악과 교육과정에서 음악교과에 대한 이해도의 차이가 특정 음악 계열의 존중 여부와 결부되면서 이 대강화라는 방향은 다른 교과에서 보기 어려운 독특한 갈등을 불러왔다. 이 문제는 이번 음악과 교육과정의 개정에서뿐만 아니라 향후의 개정에서도 반복하여 이슈가 될 가능성이 높다. 그 논란의 줄기는 크게 세 가지로 정리된다.

첫째, 음악 요소표의 존치이다. 음악 내의 이론적 사항을 교육과정에 명시하는 경향은 초기 음악과 교육과정에서부터 있어 왔다. 하지만 그것을 당연한 것으로 인식하게 만든 직접적 계기는 음악교과의 내용을 '이해'와 '활동'으로 구분한 제6차 음악과 교육과정(1992년 개발)이다. 교육과정의 내용 제시가 이론과 활동의 형태로 엮이면서, 외형적으로는 지식과 기능이 통합되는 모양새를 취했다. 그런데 현장에서 자주 이론 중심의 음악 수업이 이루어짐에 따라 음악교과의 본래 목적인 음악 향유의 촉진이 지해받는 현상을 낳았다. 그래서 2009 개정 음악과 교육과정에서부터는 내용 체계(영역)에 음악 요소나 관련 개념을 넣지 않고, 활동에 참고하라는 의미의 부록으로 제시하였다. 그런데 이것마저도 일종의 기계적 가이드라인으로 작용하여 지엽적 사항의 전달이 음악교과의 취지인 것처럼 비춰진다는 비판을 받아 왔다. 이러한 상황이 대강화와 맞물리면서 음악 요소표의 존치 여부가 2022 개정 음악과 교육과정의 핫 이슈가 된 것이다. 현재는 다른 교과와 다르게 음악과 교육과정에서만 이 방식을 유지하고 있다. 다른 한편, 그러한 음악 관련 개념의 단순한 제시보다 그러한 용어들을 학생의 눈높이에서 설명해 주는 일이 더 시급하다는 견해도 있다.

둘째, 대중음악의 반영이다. 현 시대의 음악을 음악교과에서 적극적으로 다루어야 하는지는 이제 진부한 주제가 되었다. 예술음악과 대중음악의 경계가 모호하며, 음악적 아름다움은 관점에 따라 다양하다. 실제로 전통음악의 상당수는 당시의 대중음악이었다. 그럼에도 불구하고 현 시점의 대중이 애호하는 음악을 음악교과에서 다루는 데는 여전히 찬반이 엇갈린다. 온라인, AI시대에 음악 활용의 대중적 다양성을 제어하는 것이 현실적으로 거의 불가능하다. 하지만 기존 음악 장르들에 관여하고 있는 음악인들은 새로운 종류의 음악이 교과교육에 들어오는 것을 대체로 경계한다. 특히 K-팝의 열풍으로 음악 수요자들의 쏠림 현상을 가속화할 것이라는 우려도 있다. 이후에도 음악과 교육과정의 개정 과정에서 여러 논의가 있을 수밖에 없는 문제이다. 2022 개정 음악과 교육과정에서 대중음악에 대한 사항은 공통 교과의 성취 기준이나 음악 요소표에 명시되지 않았다. 다만, 초등학교의 경우 감상 영역의 성취 기준 해설에서 "대중매체에서 접하는 음악"(4음02-04) 또는 "대중음악"(6음02-04)이라는 큰 범주의 언급을 하고 있다. 중등학교에서는 연주 및 창작 영역의 성취 기준 해설에서 역시 '대중음악'이라는 포괄적 안내를 하고 있다. 2022 개정 교육과정의 대강화에 부합하는 방식으로 볼 수 있으나, 관련 음악인들에게는 아쉬운 일일 것이다.

셋째, 국악의 구별된 위상이다. 이 주제는 대강화와 관련하여 가장 첨예한 논란을 불러일으키는 사항이다. 국악계에서 직전 교육과정에 있는 예시보다 상위의 형태로 국악 관련 내용이 묶이는 것을 반대하는 바람에 대강화의 균형성을 고루 적용하기가 현실적으로 쉽지 않았다. 그 결과 2022 개정 교육과정에서는 직전 교육과정의 국악 관련 사항이 거의 그대로 유지되었다. 이를테면 "생활 속에서 음악을 들으며 느낌과 호기심을 갖고 즐긴다."([4음02-04]) 외에, "우리 지역의 음악 문화유산을 찾아 듣고 국악을 즐기는 태도를 갖는다."(4음02-05)를 부가하고 있다. 상호 포함관계를 보면 전자가 이미 후자를 담고 있다. 이러한 중복적 처리는 그다음 학년 군의 감상 영역에서도 동일한 패턴으로 반복된다. 교수·학습 방법에서도 국악과 관련한 사항은 추가로 제시된다. 말하자면 "국악곡은 되도록 국악기로" 반주하라는 것과 "시김새, 장단 등의 음악 요소"를 살려 연주하라는 것을 덧붙여 명시하고 있다. 다른 영역에서도 같은 방식의 부가적 안내가 이루어진다.

③ 구성 체계

2022 개정 음악과 교육과정에서는 그 구조에 대한 설명을 교육과정 문서의 서두에 '일러두기'의 형태로 제시한다([그림 6-8] 참조). 교육과정 문서의 사용자 관점에서 볼 때 가장 눈에 띄는 것은 아마 내용 체계의 변화일 것이다. 우선 내용 영역이 "연주" "감상" "창작"으로 재편되었다. 그리고 각 영역의 내용은 "지식 · 이해" "과정 · 기능" "가치 · 태도"의 기준에 따라 제시된다. 소위 3(영역 구분)×3(역량 범주)의 방식은 이전 음악과 교육과정에서 사용한 적이 없는 새로운 시도이다.

연주 영역은 노래하기와 악기 다루기를 포괄한다. 감상 영역은 음악의 청취 안내에 집중한다. 무엇보다 흔히 '활동' 안에 포함시켰던 창작을 별도 영역으로 떼어낸 것이 새롭다. 물론 이 영역이 작곡을 대변하는 것은 아니다. 그것보다 더 넓은 음악 창조의 경험으로 음악 향유를 촉진하려는 의도가 담겨 있다. '지식 · 이해' '과정 · 기능' '가치 · 태도'로 나타나는 세 가지의 역량 범주는 OECD의 미래 교육에서 지식, 기능, 가치 및 태도를 묶는 것과 맥을 같이한다.

내용 체계　학습 내용의 범위와 수준을 나타냄

- 영역: 교과(목)의 성격에 따라 기반 학문의 하위 영역이나 학습 내용을 구성하는 일차 조직자

- 핵심 아이디어: 영역을 아우르면서 해당 영역의 학습을 통해 일반화할 수 있는 내용을 핵심적으로 진술한 것. 이는 해당 영역 학습의 초점을 부여하여 깊이 있는 학습을 가능하게 하는 토대가 됨

- 내용 요소: 교과(목)에서 배워야 할 필수 학습 내용
  - 지식 · 이해: 교과(목) 및 학년(군)별로 해당 영역에서 알고 이해해야 할 내용
  - 과정 · 기능: 교과 고유의 사고 및 탐구 과정 또는 기능
  - 가치 · 태도: 교과 활동을 통해 기를 수 있는 고유한 가치와 태도

그림 6-8　2022 교육과정의 내용체계 구성 방식

영역별 핵심 아이디어는 그 영역의 방향과 당위성을 나타낸다. 해당 영역을 왜 설정하였는지를 짐작할 수 있도록 일반화의 관점에서 문장으로 밝힌다. 여기에서 일반화는 곧 대강화와 연계된다. 음악적 세부 사항이 어떤 양상으로 사용되든 그 영역이 염두에 두고 있는 음악교육의 결과를 밝힘으로써 역량 중심의 교과교육을 견인한다. 문맥 속에서 정확한 의미가 더 잘 드러나므로 세부 요소의 기계적 준수보다, 각 영역의 활동에서 핵심 아이디어를 살리려는 노력이 역량 함양을 위해 더 필요하다.

성취기준은 교육성과의 설정 및 확인과 직결된다. 다시 말하면 교육 목표의 구체적 도달을 고려하게 한다. 그러므로 교육과정에서 대강화의 취지를 살릴수록 성취기준이 느슨해질 수밖에 없다. 그런데 2022 개정 음악과 교육과정에서는 대강화를 지향함에도 이전 교육과정에서처럼 '성취기준'을 제시한다. 이것은 대강화로 인한 내용 선정의 부담을 완화시키기 위한 처방으로 이해된다. 같은 맥락에서 '성취기준 해설'과 '성취기준 적용 시 고려사항'을

표 6-6 | 2022 음악과 교육과정의 내용체계

영역명		연주	감상	창작
핵심 아이디어	진술문① 원리	음악은 고유한 방식과 원리에 따라 … 표현한 것이다.	음악은 고유한 방식과 원리에 따라 … 청각적 … 것이다.	음악은 고유한 방식과 원리에 따라 … 만들어 낸 것이다.
	진술문② 맥락	연주는 … 사회문화적 배경에 따라 …	수용과 반응은 … 사회문화적 배경에 따라 …	창작은 … 사회문화적 배경에 따라 …
	진술문③ 활용	생활 속에서 … 활용하여 함께 경험하며 소통한다.	생활 속에서 … 발견하고 공감한다.	생활 속에서 … 활용하여 … 음악을 구성하며 기여한다.
1) 지식 · 이해		① 음악 범위 ② 내용적 · 절차적 지식 ③ 학습 요소 · 관점	연주, 감상, 창작할 대상으로서의 음악 범위 음악 요소/원리/개념 등 내용적 지식 + 연주/ 창작 방법 등 절차적 지식 연주, 감상, 창작 학습 시 초점을 두어야 할 포괄적 요소 · 관점	
2) 과정 · 기능		신체적 · 실천적 기능(노래/연주 등), 인지적 · 연계적 기능(설명/활용 등)		
3) 가치 · 태도		개인의 음악적 태도 · 가치(흥미 등), 사회적 · 문화적 · 정서적 가치 (존중/협력 등)		

덧붙이고 있다. 이 부분이 교육과정의 가장 상세한 지침에 해당한다.

국가 수준의 교육과정에서 성취기준까지 안내하는 것은 다분히 수업 현장의 편리성을 염두에 둔 것이다. 그러나 이러한 안내로 교육현장의 다양성을 모두 고려하기는 어렵다. 그래서 교육활동의 자율성을 축소하고 실효성을 떨어뜨리는 측면이 있다. 그러므로 어떤 형태로 제시되든 성취기준은 현장에서 맞춤형으로 구성하여 활용하는 것이 일반적이다. 교육과정의 관련 지침은 어디까지나 음악 수업을 위한 예시적 가이드라인인 셈이다. 실제의 수업목표는 단원 또는 차시별로 적절하게 재구성하는 것이 더 효과적일 때가 많다. 2022 개정 음악과 교육과정에서는 교육활동 구성에 대한 안내가 '성취기준 해설'과 '성취기준 적용 시 고려사항'에 일부 나온다. 그리고 전체를 조망하게 하는 체계적 지침은 별도의 장(3. 교수 · 학습 및 평가)으로 구분되어 제시된다. 그곳에서 안내하는 사항을 앞의 성취기준과 엮어 내는 일이 음악 교사의 몫이다. 특히, 다양하게 예시된 교수 · 학습 유형과 평가 방법을 참고할 수 있다.

3. 음악과 교육과정의 활용

1) 교육과정 지침의 위계

학교 현장에서 음악교과 수업을 수행하는 교사는 정해진 교육과정을 준수해야 한다. 교사의 사적인 취향을 학생들에게 강요하거나 특정 부류의 음악을 의도적으로 강조하는 일은 배제되어야 한다. 이러한 객관적 교육 업무의 수행을 위하여 무엇보다도 교육과정의 총체적 이해가 요구된다. 교육과정은 공적인 음악교과 수업을 위한 최소한의 공통 지침이다. 모든 음악교육 활동이 음악과 교육과정에 완벽하게 서술되어 있을 수는 없다. 그러나 교사는 자신의 음악 수업을 교육과정에서 도출해 내고, 그 결과 역시 교육과정에 비추어 점검해야 한다.

이를 위하여 음악과 교육과정의 상하 지침이 지닌 관계를 이해하여야 한다. 하위의 지침은 상위의 지침을 보다 구체화한 것이므로, 하위의 세부적 사항이 상위의 목적이나 목표를 침해할 수는 없다. 이를테면 음악 이론을 배우거나 악기를 연주하는 일이 음악의 가치를 인식하고 생활화하는 것에 앞설 수 없다. 그러한 세부 활동이 정당성을 인정받는 일은 바로 교과의 목적 달성에 도움이 될 때에야 가능하다. 물론 목적 및 목표 달성에 어느 정도 기여하여야 되는지는 명확하게 드러나지 않을 수 있다. 하지만 끊임없는 자기 점검과 의견 개진 그리고 학생들과의 의사소통을 통하여 음악교과의 취지에 대한 공감대를 넓혀 갈 수 있다.

이러한 의미에서 음악과 교육과정의 준수는 어떤 절대적 기준을 갖는다기보다 상대적 효율성에 더 노출되어 있다. 즉, 교육과정의 취지를 제대로 살리려는 노력이 중요하다. 교과의 성격이나 목표 외에 교수·학습 방법에 대한 안내에서도 음악교과의 방향은 잘 드러난다. 그러므로 목표와 방법의 취지를 함께 고려하여 음악교과의 내용을 소화해 내는 일이 필요하다. 흔히 내용에서 방법이 나오는 것으로 여기기 쉽지만, 현대 음악교과에서는 오히려 목표와 방법이 내용을 제어하는 것으로 이해될 필요가 있다.

2022 개정 음악과 교육과정에 따르면 음악교과는 "살아가는 데 필요한 미래 역량"을 길러 주고 "다른 사람과 소통하는 전인적 성장"을 촉진한다(교육부, 2022b: 6). 이를 위하여 음악교과는 학생들이 감성, 창의성, 자기주도성을 발휘해 디지털 방식까지 포괄하는 다양한 음악 활동을 문화 공동체에서 소통의 방식으로 수행하도록 배려한다. 이러한 인간상의 추구는 최종적으로 전인적 교육에 모인다. 그래서 음악교과의 목표는 전인적 교육을 지향하는 '감성–창의성–자기주도성–소통–공동체'의 역량 함양으로 나타난다. 그것들은 서로 연결되어 있다. 그중 무엇보다 '소통' 역량이 유기적 역할을 한다.

역량 함양을 향한 음악교과의 목표 아래 연주, 감상, 창작의 영역에 따라 학교급별 내용이

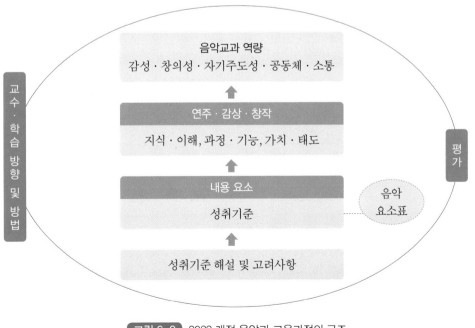

그림 6-9 2022 개정 음악과 교육과정의 구조

안내된다. 다시 말하면 음악교과에서 지도하는 모든 것은 내용적으로 이 세 가지의 영역에 담겨 있다. 이전 교육과정에 있던 음악의 생활화 영역은 별도로 구분되지 않고 이 세 영역에서 소화한다. 이 구도는 역량을 '지식·이해' '과정·기능' '가치·태도'의 복합 형태로 보는 것과 관련이 있다. 즉, 연주, 감상, 창작의 어느 영역이든 '가치·태도'를 다루어야 하므로 이와 밀접하게 묶여 있는 생활화 요소들은 각 영역의 활동에 녹아든다.

각 영역에 제시된 내용 요소의 최상위에는 '핵심 아이디어'가 있다. 개별 요소는 제시된 영역별 핵심 아이디어의 구현을 위한 수단인 셈이다. 그리고 영역별 내용 요소를 4~5개의 활동 안내문으로 바꾸어 제시한 것이 성취기준이다. 학교 현장에서는 일반적으로 이 성취기준을 수업 목표 형태로 재구성하여 사용한다. 영역별 내용 안내의 끝부분에 있는 '성취기준 해설'과 '성취기준 적용 시 고려사항'은 성취기준에 따른 교육활동의 적절성을 가늠해 보는 데 부가적 도움을 준다. 교육과정을 교육현장에서 구현하려고 할 때 교육과정의 얼개에 따라 위에서 아래로, 또는 아래에서 위로 각 단계를 밟으며 수업 주제를 탐색해 보는 것이 가능하다. 아울러, 구상한 교수·학습 활동의 정당성을 각 단계에 차례로 넣어 볼 수 있다.

2) 수업을 위한 재구성

학교 음악교육은 공통 교과의 형태로 실시되므로 그 내용과 범위가 보편성을 확보하여야 한다. 지도 방법 역시 열린 관점에서 탐구되고 설정되어야 한다. 2022 개정 음악과 교육과정에서는 음악교과 교수·학습의 고려 사항을 '방향'과 '방법'으로 나누어 서술한다.

교수·학습의 방향은 교과의 성격을 고려하여 음악 수업의 활동 폭을 넓히는 데 중점을 두고 있다. 그 사항을 간추려 보면 다음과 같다.

(가) 교육과정 지침의 위계에 대한 총체적 고려, 역량 함양 중심의 지도

(나) 다양한 음악 활동, 역량 요소 범주(지식·이해, 과정·기능, 가치·태도)의 통합적 접근, 능동적 수업참여와 실제적 활용

(다) 핵심 아이디어를 활용한 학습 내용 간의 유기성, 주도적 문제 해결

(라) 학생 맞춤형 혹은 개별화 수업, 학생의 선택 기회 제공, 배움이 느린 학습자·다문화 학생·특수 학생 등 배려

(마) 온·오프라인 수업 연속성, 디지털 환경 고려

(바) 학년군 및 학교급 간 연계

(사) 교과 통합의 학습 주제 활용 시 음악교과 성격과 특성 반영

(아) 영역 통합의 진로연계교육 방안

(자) 음악 활동에서의 안전지도 및 관리

　언급한 사항의 대부분은 이전 교육과정에서부터 논의되어 왔던 것이다. 온라인 수업이나 안전지도처럼 현장 여건에 따라 오늘날 당연히 고려할 수밖에 없는 것들도 있다. 그런데 눈여겨볼 것 중 하나는 음악 수업의 구성에서 "수업 설계 과정이나 학습 자료와 학습 활동의 선택 과정 등에 학생들이 능동적으로 참여할 수 있는 기회를 제공한다."(교육부, 2022b: 24)라는 안내이다. 음악교사는 흔히 자신의 판단을 학생에게 강요하려는 경향이 있다. 그러나 학생이 스스로 선택하여 배움을 이어 가게 하면 능동적 참여를 이끌어 내기가 더 쉽다. 전체적으로 보면 역량 함양을 위한 통합적이며 유기적인 접근이 2022 개정 음악과 교육과정에서 강조하고 있는 점이다.

　교수·학습 방법에서는 앞의 '방향'을 음악 수업에서 실제로 반영할 때의 기본 사항을 소개한다.

(가) 최신 교수·학습 유형 예시, 내용 체계와 역량 요소 범주(지식·이해, 과정·기능, 가치·태도)의 종합적 적용, 학생과 여건에 따른 성취기준 재구성

(나) 등교−원격 수업의 연계에서 교사의 실재감, 디지털 플랫폼 활용, 온라인 의견 교환

(다) 양질의 실음 중심 수업, 실감형 음악 학습(인공지능, 가상악기, 메타버스 등)

(라) 학습자 중심(발달 단계, 흥미, 교육적 요구 등)의 제재와 자료

(마) 영역 연계의 포괄적 지도, 생활 속 음악 체험, 다양한 유형의 음악, 타 교과나 예술 분야 및 범교과 연계 주제

(바) 음악행사 공연에서의 질서 유지 및 안전 수칙

　음악 수업에서 무엇을 주제로 하여 수업을 구성할 것인가에 대한 안내는 (가), (라), (마)에 해당한다. 이와 연계하여 음악 수업에서 어떠한 환경을 갖추어 수업을 수행할 것인가에 대한 안내는 (나), (다), (바)에 나타난다. 주목할 점은 성취기준의 재구성이 수업 편의가 아니라 수업 효율을 위한 것이라는 취지이다. 즉, '학습자 상황과 교수·학습 환경', 그리고 '발달 단계

와 흥미, 교육적 요구' 등을 반영하여야 교과의 취지를 더 잘 살릴 수 있다. 그러므로 음악 수업의 설계에서 '여건-학습자-교사'에 대한 종합적 점검을 먼저 해 보는 것이 필요하다.

2022 개정 음악과 교육과정은 무엇보다 포괄적 역량 함양을 내세우고 있으므로 역량 요소 범주(지식·이해, 과정·기능, 가치·태도)의 종합적 적용을 현장의 음악 수업에서 놓치지 않아야 한다. 이를테면 특정 지식이나 기능을 분리하여 가르칠 수는 있으나, 그것들은 어떤 경로로든 가치 및 태도와 연결되어야 한다. 그렇지 못하면 해당 지식과 기능을 학교교육에서 왜 가르쳐야 하는지에 대한 명분이 사라진다.

이러한 입장에서 학교 현장의 교사는 수업 전개 방식 역시 매너리즘에 빠지지 않도록 꾸준히 점검하여야 한다. 2022 개정 음악과 교육과정에서 예시한 수업 유형은 다음과 같다(교육부, 2022b: 25).

> 실기 수업, 토의·토론 학습, 협동·협력 수업, 탐구 학습, 발견 학습, 프로젝트 학습, 문제 해결 학습, 스토리텔링 기반 학습, 사례 중심 학습, 역할놀이 학습, 블랜디드 학습, 거꾸로 학습, 이러닝, 스마트 러닝, 모바일 학습, 인공지능융합 학습 등

2022 개정 음악과 교육과정에서 또 하나 눈에 띄는 것은 온라인 수업에서 교사의 '실재감'을 강조하고 있는 점이다. 디지털 매체를 사용하더라도 교사의 존재 여부가 음악 수업에 긍정적으로 드러나야 한다. 다시 말하면 실감형 음악 학습(인공지능, 가상악기, 메타버스 등)을 위한 환경 구축 및 음악 학습 콘텐츠의 제공에서 교사의 적절한 역할이 전제되어야 한다. 이는 시대의 변화에 따라 원격 음악 수업 또는 디지털 매체 기반의 음악 수업이 그만큼 일반화되었다는 의미로 읽힌다.

음악 체험의 다양화는 이전 교육과정에서도 강조한 사항이다. 이를 위하여 연주, 감상, 창작을 고루 다루어야 하고, 아울러 이것들을 포괄적으로 연계하여 지도하여야 한다. 또한 음악 수업에서 배우는 것들이 생활 속의 음악 체험으로 이어지도록 노력해야 한다. 이를 위하여 시대의 변화를 감안한 다양한 유형의 음악을 다룰 필요가 있다. 나아가 타 예술 분야나 타 교과, 그리고 범교과 주제와 연대하여 음악 수업을 구성함으로써 기존의 음악 경계 안에 갇히지 않은 다양한 음악 수업을 추구해야 한다.

안전에 대한 지침은 크게 보면 모든 교육활동에서 고려할 사항으로서 음악교과만의 주제

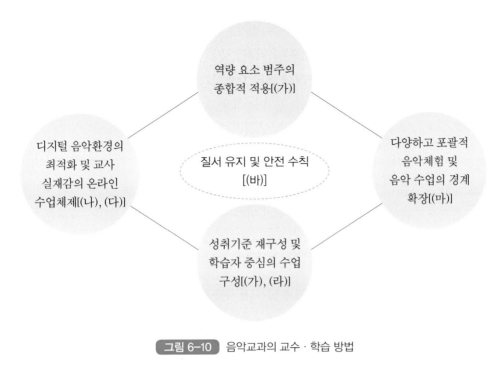

그림 6–10 음악교과의 교수 · 학습 방법

는 아니다. 그럼에도 불구하고 안전 관련 사항을 다인원이 참여하는 음악 활동의 문화 에티켓으로 정착시키는 노력이 필요하다. 거기에는 물리적 안전뿐만 아니라 정신적 안전까지 포함하는 것이 일반적이다. 이를테면 안전하고 쾌적한 청각 환경에 대한 의식을 공유하고 상호 존중하며 고부가가치의 음악문화를 활성화할 수 있다.

② 음악교과의 평가

현대 음악교과는 특정 기능이나 지식의 전달보다 그것을 활용한 음악의 수용에 초점이 맞추어져 있다. 때문에 일반 학교 음악교육에서 평가는 넓은 의미로 교수 · 학습 방법의 하나로 볼 수 있다. 음악 활동의 일부 기능이나 지식을 잘 터득했다고 하더라도 그 능력이 가치 및 태도를 포함한 음악 활용과 연결되어야 한다. 그렇지 않다면, 공통 교과 또는 일반 교과로서의 음악교과는 그 위상을 잃게 된다.[2]

---

2) '2022 개정 음악과 교육과정'에서 일반 교과로서 음악교과군은 크게 두 부류로 나뉜다. 먼저, '공통 교육과정'으로서 초등학교 3학년부터 중학교 3학년에 이르는 '음악' 교과이다. 이 교과에서는 성취 기준이 초등학교 3~4학년,

일반 교과로서의 음악교과 외에 고등학교 '예술 계열 선택 교육과정'이 있다. 이 교육과정 안에 '진로 선택 과목'으로서 '음악 이론' '음악사' '시창 · 청음' '음악 전공 실기' '합창 · 합주' '음악 공연 실습'이 있다. 또한 '융합 선택 과목'으로서 '음악과 문화'가 있다. 이 교과들은 음악을 전공하는 학생들을 염두에 둔 것으로서 흔히 전문 교과라고 부른다.

그러므로 음악 수업에서 군이 평가를 실시한다면 그것은 단순한 측정(measurement)이나 사정(assessment)을 넘어서는 것이어야 한다. 다시 말하면 가치 지향의 종합적 평가는 개별 사항에 대한 데이터로만 이루어질 수 없다. 어떤 기준에 의한 평가(evaluation)라고 하더라도 그것은 음악교과의 교육적 효율성을 높이기 위한 명분을 담고 있어야 한다. 이러한 맥락에서 음악교과의 평가는, 객관적 성취 등급의 부여(검정)나 성취 여부 가늠(점검)보다 교수 · 학습활동의 촉진을 우선해야 한다.

이를 위해 2022 개정 음악과 교육과정에서 제시하고 있는 평가의 방향을 살펴보면 다음과 같다.

(가) 역량 함양 평가 방안 및 <u>역량과 내용을 균형 있게 반영</u>

(나) <u>학습의 과정에 통합</u>하여 실시

(다) <u>역량 요소 범주(지식 · 이해, 과정 · 기능, 가치 · 태도)의 통합적 평가</u>

(라) <u>평가 과정에 평가 주체로서 학생 참여</u>, 적절한 피드백

(마) 학생의 특성을 감안한 평가과제 개발, 학습 속도 차이(배움이 느린 학습자 · 다문화 학생 · 특수 학생 등)에 대한 배려 및 <u>개별 맞춤형 피드백</u>, 일정 기간 학습 완료 후 <u>새로운 상황과 맥락에 적용할 수 있는 평가</u> 실시

(바) 온 · 오프라인 연계의 디지털 교육 환경 고려

(사) 수업 개선 및 역량 함양을 위해 평가 결과를 교수 · 학습에 환류

이러한 방향에서 2022 개정 음악과 교육과정에서는 평가의 방법으로 다음과 같은 사항을

5~6학년, 중학교 1~3학년의 세 단계로 나누어 진술된다. 다음으로, '선택 중심 교육과정'으로서 고등학교 음악 교과가 있다. 그 안에는 '일반 선택 과목'으로서 '음악'과, '진로 선택 과목'으로서 '음악 연주와 창작' 및 '음악 감상과 비평'이 있다. 또한 '융합 선택 과목'으로서 '음악과 미디어'가 있다. 일반 학교의 음악교과라고 하면 보통 이 교과들을 지칭한다.

안내하고 있다.

(가) 평가 목적(방향)과 성취기준의 확인 및 영역 특성에 적합한 방법 선정, 역량 요소 범주(지식·이해, 과정·기능, 가치·태도)를 근거로 한 성취기준 재구성의 평가

(나) 사전 진단과 학습 과정 및 결과를 포괄하는 과정 중심의 평가

(다) 수업 과정이나 적절한 시기에 평가, 행동이나 태도 등에 대한 관찰 평가

(라) 비대면 교수·학습 과정에서도 자기 평가와 동료 평가를 적절히 포함하여 학생 참여와 상호작용의 도모

(마) 연주, 감상, 창작의 각 영역을 연계·통합한 역량 함양 평가

(바) 학생과 학부모에게 목표 도달 여부와 유의미한 향상을 구체적으로 안내

평가 목적의 확인은 어느 종류의 평가이든 평가 활동의 전후에 꼭 이루어져야 한다. 해당 평가를 왜 해야 하는지를 파악해 봄으로써 소위 '평가를 위한 평가'가 아닌 '교육을 위한 평가'를 진행할 수 있다. 이를테면 2022 개정 음악과 교육과정에서는 평가목적과 성취기준을 확인하고, 영역 특성에 적합한 평가 방법을 선정하라고 안내한다. 이는 바로 교수·학습활동을 촉진하는, 즉 교수·학습활동의 일환으로 평가를 실시하라는 말로 이해된다.

이러한 취지에서 단편적이거나 획일적인 평가를 지양하는 것이 좋다. 그 대신 학생의 학습활동을 지원하고 이끌 수 있는 다양한 형태의 평가를 권장한다. 2022 개정 음악과 교육과정에서 예시하고 있는 평가 종류는 다음과 같다.

> 실기 평가, 관찰 평가, 실음 지필 평가, 서·논술형 평가, 보고서 평가, 구술 평가, 면담 평가, 자기 평가, 동료 평가, 포트폴리오 평가, 프로젝트 평가, 토의·토론 평가, 온라인 평가 등

음악교과의 평가에 대한 평가도 필요하다. 이때 평가 도구나 그 결과만을 가지고 평가의 적합성을 바로 판단하기는 이르다. 촉진 평가의 본질적 측면인 학습활동에의 기여를 살펴보아야 한다. 2022 개정 음악과 교육과정의 평가 안내를 종합해 보면 크게 세 축이 연계되어 있음을 알 수 있다. 첫째, 역량 함양을 위한 통합적 접근이고, 둘째, 학습 활동의 전체를 포괄하는 과정 중심의 수행이며, 셋째, 이것들을 연결하는 평가 수요자의 참여 보장이다([그

〈역량 함양을 위한
통합적 접근〉
• 3가지 역량 요소 범주
  고려 [(가)]
• 각 영역의 연계 · 통합
  평가 [(마)]

〈전체를 포괄하는 과정
중심의 수행〉
• 진단과 학습 과정 및
  결과의 포괄 [(나)]
• 행동이나 태도 등에 대
  한 관찰 평가 [(다)]

촉진 기능

〈평가 수요자의
참여 보장〉
• 자기 평가와 동료 평가
  등으로 참여와 상호작
  용 도모 [(라)]
• 학생과 학부모에게 결
  과 및 향상 고지 [(바)]

그림 6-11 음악교과의 평가 방법

림 6-11] 참조). 이 중 2022 개정 음악과 교육과정에서 돋보이는 것은 역량 요소의 범주를 고루 고려하고 각 영역을 연계하여 통합적으로 접근하라는 안내이다. 이는 음악교과의 평가가 지식이나 기능에 치중하지 않고 가치와 태도까지 포괄해야 함을 말해 준다. 그런데 소위 정의적 부분의 평가는 자칫 추상적으로 흐르기 쉽다. 음악 수업을 설계할 때 이에 대한 대안을 미리 숙고해 둘 필요가 있다. 특히, 지식이나 기능과 연결될 수 있도록 가치와 태도를 가늠하는 평가 도구를 그 기준과 함께 정교하게 마련해 두면 유용하다.

토의 **주제**

1. 음악과 교육과정의 내용 선정에 대한 권한을 누가 가져야 하는지 논의해 보자.

2. 2022 개정 음악과 교육과정의 새로운 점과 그것의 도입 의도에 대하여 이야기해 보자(개정 교육과정 참조: 국가교육과정정보센터 홈페이지, http://ncic.go.kr).

3. 음악과 교육과정의 개방성(대강화)과 폐쇄성(상세화)의 예를 찾아보고, 그 장단점을 비교하여 이야기해 보자.

참고문헌

교육부(2015a). 교육부 고시 제2015-74호[별책 3]. 중학교 교육과정.

교육부(2015b). 2015 개정 교육과정. 질의 · 응답 자료.

교육부(2022a). 교육부 고시 제2022-33호[별책 1]. 초 · 중등학교 교육과정 총론.

교육부(2022b). 교육부 고시 제2022-33호[별책 12]. 음악과 교육과정.

교육부-대전광역시교육청(2016). 2015 개정 교육과정 교수 · 학습 자료. 음악 중학교.

교육과학기술부(2007). 중학교 검정도서 편찬상의 유의점. 서울: 교육인적자원부 학교정책실 편수팀.

ㅤㅤㅤㅤㅤㅤ(2008). 교육인적자원부 고시 제2006-75 및 제2007-79호에 따른 초등학교 교육과정 해설(V). 체육, 음악, 미술, 외국어(영어). 서울: 교육과학기술부.

ㅤㅤㅤㅤㅤㅤ(2008). 교육인적자원부 고시 제2007-79호에 따른 중학교교육과정 해설(IV). 체육, 음악, 미술. 서울: 교육과학기술부.

ㅤㅤㅤㅤㅤㅤ(2011). 교육과학기술부 고시 제2011-361호[별책 12]. 음악과 교육과정. 서울: 교육과학기술부.

교육인적자원부(2007). 교육인적자원부 고시 제2007-79호[별책 12]. 음악과 교육과정. 서울: 교육인적자원부.

권덕원, 석문주, 최은식, 함희주(2008). 음악교육의 기초(개정판). 경기: 교육과학사.

김원명, 민경찬, 양종모, 이내선, 장기범 외(2002). 국제 비교를 통한 우리나라 음악과 교과과정의 특성 분석. 음악과 민족, 24. 민족음악학회.

대전교육과학연구원(2015). 2015 개정 교육과정에 따른 인정도서 개발을 위한 편찬상 유의점 및 인정 기준.

류덕희, 최승현, 이석원(1996). 식민지시대와 광복 이후의 한국음악의 동향: 음악교육을 중심으로. 광복50주년 기념논문집, 문학·예술(7). 한국학술진흥재단.

민경훈 외(2016). 음악교육학 총론(2판). 서울: 학지사.

박지현, 김지현 (2021). 음악과 교육과정 국제 비교: 미국, 캐나다, 호주, 뉴질랜드, 싱가포르, 독일, 프랑스, 핀란드를 중심으로. 음악교육연구, 50(4), 71-92.

성경희, 양종모, 이경언, 장기범, 권덕원 외(2005). 음악과 교육과정 개정(시안) 연구 개발. 서울: 한국교육과정평가원.

손인수(1992). 미군정과 교육 정책. 서울: 민영사.

신계휴(2005). 교수요목기의 초등음악교육에 관한 연구. 교육논총, 25(1). 인천: 경인교육대학교.

신계휴, 석문주, 황병훈(1997). 제7차 음악과 교육과정 개정 연구. 인천교육대학교 음악과 교육과정 개정연구위원회.

양종모, 이경언(2001). 음악과 교육 목표 및 내용 체계 연구(I). 한국교육과정평가원, 연구보고 RRC 2001-13.

_____(2002). 음악과 교육 목표 및 내용 체계 연구(II). 한국교육과정평가원, 연구보고 RRC 2002-9.

유봉호(1992). 한국교육과정사 연구. 서울: 교학연구사.

유창완 외(2016). 2030년 미래 사회 변화에 따른 교과 교육 방향 및 과제 탐색을 위한 세미나. 예술·체육 영역: 음악, 미술, 체육. 연구자료 ORM 2016-74.

이경언 외(2015). 2015 개정 교과 교육과정 시안 개발 연구 II. 음악과 교육과정. 연구보고 CRC 2015-25-10. 서울: 한국교육과정평가원.

이순영, 황병훈, 석문주, 김준수(1999). 제7차 음악과 교육과정 해설. 서울: 교육부.

정태수(1992). 미군정기 한국 교육사 자료집(상). 서울: 홍지원.

주대창(2001). 음악듣기 교육의 포괄적 이해. 음악과 민족, 21. 민족음악학회.

_____(2004). 근대 미학적 사고에 비추어 본 음악교과교육의 근거. 음악과 민족, 27. 민족음악학회.

_____(2016). 미국 학교 음악교육에서 생활화 관련 내용의 변천. 음악교육연구, 45(1). 한국음악교육학회.

_____(2017). 현대 역량 교육의 관점에서 바라본 쉴러의 미적 교육. 음악교육공학, 30. 한국음악교육공학회.

_____(2022a). 역량 중심 음악과 교육과정의 구성: 독일 사례 분석을 중심으로. 교육과정평가연구, 25(1). 한국교육과정평가원.

_____(2022b). 음악교과의 내용구성 요소로서 우리 음악. 음악교육연구, 51(4). 한국음악교육학회.

주대창 외(2014). 중학교 음악 교사용 지도서. 서울: 도서출판 태성.

진의남 외(2014). 교과 교육과정의 쟁점 및 개선 방향: 도덕, 실과(기술·가정), 체육, 음악, 미술 교과를 중심으로. 연구보고 RRC 2014-7. 서울: 한국교육과정평가원.

한국교육과정평가원(2016). 2030년 미래 사회 변화에 따른 교과 교육 방향 및 과제 탐색을 위한 세미나. 연구자료 ORM 2016-74.

함영기(2019). 교육과정 생태계의 미래지향적 복원. 2019 대한민국 교육과정 콘퍼런스 발표 자료. https://brunch.co.kr/@webtutor/252

함영기(2023). 교육과정 대강화의 이유. 2023년 1월 31일 국회토론회 발제 내용 정리. https://brunch.co.kr/@webtutor/616

Gruhn, W. (1993). *Geschichte der Musikerziehung*. Darmstadt: Wissenschaftliche Buchgesellschaft.

_____ (2003). *Lernziel Musik*. Hildesheim: Georg Olm.

Günter, U. (2005). *Theorie und Praxis des Musikunterrichts*. Augusburg: Wißner.

Kaiser, H. (1984). Musikunterricht für alle? *Musikpädagogische Konzeption und Schullalltag*. Wilhelmshaven: Heinrichshofen.

Labuta, J. A., & Smith B. A. (1997). *Music education*. Historical Contexts and Perspectives, Upper Saddle River: Prentice Hall.

Mark, M. (1996). *Contemporary music education* (3rd ed.). Belmont: Schirmer Thomson Learning.

Nolte, E. (1982). *Die neuen Curricula, Lehrpläne und Richtlinien für den Musikunterricht an den allgemeinbildenden Schulen in der Bundesrepublik Deutschland und West-Berlin*. Mainz: Schott.

OECD (2018). *The Future of Education and Skills 2030*. Position Paper. https://www.oecd.org/education/2030-project/ (검색일: 2022. 4. 2.)

OECD (2020). *What Students Learn Matters: Towards a 21st Century Curriculum*. Paris: OECD Publishing. https://doi.org/10.1787/d86d4d9a-en

Schlegel, C. M. (2004). *Europäische Musiklehrpläne im Primarbereich*. Augusburg: Wißner.

National Core Arts Standards. www.nationalartsstandards.org

제**7**장

음악 교수법

조순이 ·
양종모 ·
김용희

음악과 교수법은 음악을 가르치고 배우는 데 요구되는 이론과 활동 체계를 의미한다. 음악과 교수법은 음악 교수 · 학습 방법을 중심으로 그것의 철학, 근원 그리고 연속적인 활동을 포함하는 종합적인 구조를 가지고 있으며 학교 음악교육이 일반화된 20세기 이후에 정리 및 소개되어 국가나 지역, 학교와 학급의 교육과정 결정에 중요한 아이디어를 주고 있다. 이 장에서는 현재 많은 음악교육학 문헌에서 소개되고 있고, 전 세계적으로 활용도가 높은 음악과 교수법들을 소개한다. 이들 교수법은 교육적 철학에 따른 지도 방법과 학생들의 음악적 성장에 따른 다양한 교재를 포함하고 있어, 체계적인 수업을 구성하는 데 실질적인 도움을 줄 수 있을 것이다. 유럽에서 20세기 초에 시작되고 전 세계가 인정하고 있는 자크-달크로즈(Jaques-Dalcroze) · 코다이(Kodály) · 오르프(Orff) 교수법, 그리고 미국에서 20세기 후반에 나타난 고든(Gordon)의 음악 학습 이론과 포괄적 음악성을 설명할 것이다. 각 교수법의 개념, 근거, 특징적인 지도법, 교재 등으로 구분하여 제시한다.

1. 자크–달크로즈 교수법

1) 에밀 자크–달크로즈

에밀 자크–달크로즈(Émile Jaques-Dalcroze, 1865~1950)는 오스트리아 빈에서 태어난 작곡가, 피아니스트이자 음악교육자이다. 어린 시절 자크–달크로즈는 도나우 강변의 중심 도시 빈과 제네바에서 여러 문화적 혜택을 누리며 성장하였다. 그는 1877년 스위스 제네바의 콘서바토리움을 졸업하고 파리, 빈에서 피아노와 작곡을 전공하였다. 1892년부터는 제네바의 콘서바토리움에서 화성학을 가르치는 교사로 일하면서 작곡과 연주 활동을 활발히 하였으며, 1893년에는 솔페즈(Solfege) 강의도 맡았다. 자크–달크로즈는 작곡가로도 성공하였다. 그의 오라토리움〈철야(La Veillee)〉(1892)와 그의 오페라 〈쟈니(Janie)〉(1894)와 〈산초 팡샤(Sancho Panca)〉(1897)가 대중들에게 알려졌다. 어린이들을 위한 춤곡도 다수 작곡하여, 오늘날 스위스의 초등학교 교과서에 그의 춤곡이 소개되고 있다. 그의 작품 〈알프스풍의 시(Le Poéme alpestre)〉(1896)와 〈보도아 축제(Le Festival Vaudois)〉(1903)로 자크–달크로즈는 스위스의 전통음악을 능가하는 개가를 올렸다. 그는 또한 1905년에는 솔로투른 시에서 개최된 스위스 예술가 모임에서 자신의 교육 이념과 방법을 자세히 소개하였다. 이후부터는 스위스 학교에 리듬체조 수업이 도입되었고, 독일과 스위스를 중심으로 자크–달크로즈 연구소가 생겼다. 오늘날에도 유럽 등지에서는 자크–달크로즈 교수법(Methode Jaques-Dalcroze)을 '리드믹(Rythmik)'이라고 칭하며, 전 세계의 음악교육계에서 여전히 그 명성을 떨치고 있다.

2) 교수법에 영향을 준 사람들

자크–달크로즈에게 영향을 미친 주요 인물로 크게 4명을 꼽는다. 피아노 교육가이며 음악 이론가인 뤼시(M. Lussy, 1828~1910), 바이올리니스트 이사예(E. Ysaye, 1858~1931), 무대
극 연출가 아피아(A. Appia, 1862~1928), 심리학자 클라파레드(E. Claparède, 1873~1940)이다.

　뤼시는 파리에서 피아노 교사와 음악 이론가로 활동하면서 순수 음악교육적인 방법론에
관심을 기울였다. 뤼시의 리듬 및 음악적 표현에 관한 이론에는 박, 리듬, 프레이즈 및 뉘앙
스라는 네 가지 요소가 서로 긴밀하게 연결된 세 종류의 강조 개념이 있다. 예컨대, ① 박 강
조(accent métrique), ② 리듬 강조(accent rythmique), ③ 감정 강조(accent pathétique)이다. 그
의 교수법은 뉘앙스와 악센트에서 두드러진다. 그는 "악센트는 하나의 독립된 음표를 유용
하게 활용한다는 점에서 '강조'를 의미한다. 뉘앙스 역시 강조를 의미하지만, 일련의 음표
들 무리에 있어 점차 증가하거나 감소하는 분위기를 연출하는 것이라고 할 수 있다."(Lussy,
1886: 215)라고 하였다. 자크-달크로즈가 뤼시에게 받은 영향 두 가지 중 하나는 뤼시가
자크-달크로즈에게 음악을 분석해 내는 작업에 감정을 연계시키는 인격적인 방법을 제안
하였다는 점이고, 다른 하나는 자크-달크로즈가 뤼시의 음악 이론에서 활용된 개념 및 내
용들을 넘겨받았다는 점이다.

　이사예와 자크-달크로즈는 1897년 독일에서 연주 여행을 함께하며 만났는데, 자크-달
크로즈는 이사예를 통해 완전한 음악가의 이상(理想)을 가지게 되었다. 이사예의 '즉흥연주'
를 직접 경험하면서 무한한 연주 기법의 가능성을 깨달았다. 그와 함께 드레스덴의 어느 가
정집에서 연주회를 가졌을 때, 이사예가 잊어버린 프레이즈 대신에 즉흥적으로 다른 것을
연주해 내는 것을 목격한 것이다. 그의 뉘앙스(nuance)와 균형(equilibre) 개념은 자크-달크
로즈에게 매우 중요한 의미를 차지하였다. 또한 이사예와 자크-달크로즈 사이의 공통점은
미학적인 이념과 신체를 동반한 음악 활동에 있었다고 생각된다. 이사예는 연주할 때 자신
의 손가락과 온몸을 매우 유연하게 활용하였고, 그것과 더불어 음악을 표현하는 것을 매우
중요한 토대로 삼았다.

　아피아는 1906년 5월에 제네바에서 처음 리듬체조 공연을 관람하면서 자크-달크로즈와
인연을 맺게 되었다. 실제로 이 두 사람이 음악적 표현과 움직임 표현을 하나로 엮어 낸 중
심 인물이라고 할 수 있다. 아피아는 자크-달크로즈에게 보낸 서신에서 "소리를 잃어버린
예술 음악 영역 안에서 이제 가시적인 표현만이 하나의 새로운 미학적 토대가 될 수 있다."
라고 강변한 적이 있다. 아피아는 당시의 음악 개념이 너무 추상적인 의미로만 가르쳐진다
고 보았다(Appia, 1906). 특히 리듬 교육에 있어 수업 중에 리듬 기호만을 가르쳤을 뿐, 그 본
질적인 내용에 대해서는 느낄 수 있도록 가르치지 못하였다는 것이다. 그는 리듬체조를 위

해서는 그에 적합한 공간이 필요하다고 하였고, 그것을 '리듬공간(espace rythmiques)'이라고 불렀으며, 그것을 기하학적인 구조로 설계하였다.

클라파레드는 심리학자로서 1906년 자크-달크로즈에게 심리-생리학(정신-생리학)의 기본 개념들을 익히도록 안내해 주었다. 자크-달크로즈는 뤼시에게서 넘겨받은 이론, 곧 '모든 음악적 표현은 물리적(생리학적)인 근거를 갖고 있다.'라는 이론의 학문적 기반을 클라파레드를 통해 얻게 되었다. 자크-달크로즈는 그의 도움으로 신체적 활동과 관련된 반응 학습이 우리의 두뇌, 신경 및 근육과 직결된다는 것을 깨달았으며, 그로 인하여 인간의 전반적인 삶은 물론 치료 교육학이나 음악 치료학의 발굴에도 그 토대를 마련할 수 있었다.

3) 제네바와 헬러라우의 자크-달크로즈 연구소

자크-달크로즈 교수법은 1906년 제네바에서 개최된 첫 여름 세미나와 『리듬체조(Rhythmische Gymnastik)』의 출간으로 세상에 빠르게 전파되었다. 솔페즈 공연 중에 자크-달크로즈는 자신의 교수법이 음악적 리듬을 신체로 표현하고자 하는 교육적 시도임을 강조하였다. 그러나 자크-달크로즈는 많은 사람이 오로지 세미나의 한 코스만 거친 후 돌아가서 자크-달크로즈 교수법 교사로 활동하면서 수업에서 자크-달크로즈 교수법을 왜곡된 방법으로 전달한다는 것을 알게 되었다. 이에 제네바에서 자크-달크로즈 교수법의 전문 교사에 준하는 디플롬(Diplom) 취득을 위한 4년간의 교육이 이루어지기 시작하였고, 1909년 처음 공식적으로 여러 리듬체조 교사를 배출하였다.

1909년 독일 드레스덴 근교에 헬러라우에서는 신도시가 건설되면서 학교가 세워졌는데, 자크-달크로즈는 행정가 도른의 초대로 이 학교의 운영을 맡게 되었다. 자크-달크로즈는 고르터(Z. Gorter)와 함께 수업시수의 주 업무를 맡았다. 고르터는 '리듬체조'와 '솔페즈'에 수록된 곡들을 모두 정리했을 뿐만 아니라 교수법 체계를 갖추도록 적극적으로 동참하고 모든 자료를 독일어로 번역하는 일을 하였다. 헬러라우 학교의 '정규 교육'을 마치려면 3년이 걸렸다. 디플롬 취득을 위해서는 리듬체조(주당 5시간), 솔페즈(주당 5시간), 즉흥연주(주당 2시간)와 체조 운동(주당 3시간), 해부학(주당 1시간), 합창(주당 2시간), 조형 미술(주당 4시간) 등 주당 총 22시간을 이수해야만 하였다. 그 밖에도 '청강생'을 위해 별도의 교육과정도 기간별로 다양하게 마련하여 오늘날처럼 평생교육을 원하는 일반인들(성인 및 어린이)에게도 교육의 기회를 제공하였다.

1914년 제1차 세계대전의 발발로 인하여 자크-달크로즈는 독일로 돌아가지 못하는 처지가 되었고, 다양한 국적의 헬러라우 학생들이 전쟁 발발로 귀향하자 학교는 문을 닫게 되었다. 하지만 1915년 10월에는 새로운 헬러라우 학교가 문을 열었고, 1925년까지 존립하였다. 같은 해 여름 이 학교의 모든 팀은 헬러라우를 떠나 오스트리아 빈 근교로 이주하였고, 특별히 무용 부분을 부각해서 교육을 계속해 나갔다. 제네바에서는 자크-달크로즈의 친구들에 의해 1915년 10월 새로운 연구소가 세워졌다(Kugler, 2000: 60-76).

4) 자크-달크로즈의 리드믹 교재

자크-달크로즈의 교수법은 1892년경에 시작되어 1906년까지 교육 현장과 실험을 거쳐 그 토대가 마련되었다. 그리고 1907년부터 1917년까지의 보완 과정을 거쳐 완성되었다. 자크-달크로즈가 8년 동안의 실험적 단계를 정리하여 출간한 첫 저작은 『리듬체조』(1906)이다. 이 책은 총 3부로 구성되어 있는데, 제1부는 '리듬체조', 제2부는 '음표 조직의 연구', 제3부는 '음

표 7-1 자크-달크로즈의 대표적 리드믹 교재 비교

『리듬체조』(1906, 독일어와 프랑스어로 출판)	『리드믹』(1916/1917, 독일어와 프랑스어로 출판)
과[고정된 스키마(Schema), 각 과 동일함]	장(변화된 스키마, 여기서는 제3장을 소개)
일반 연습(호흡, 균형, 근육)	박자 젓기 없는 행진 연습
행진 연습	박자 젓기하며 행진 연습
리드미컬한 호흡 연습	악구와 쉼
행진 연습	길이가 늘어난, 분할된 음가
자율적인 팔다리 연습	박자 변화
자유의지를 개선하기 위한 연습	한 발로 뜀
행진을 중단하는 연습	뛰어오름과 스타카토
교대로 바뀌는 박자의 연습	호흡
청음연습	자유의지
	청음
피아노 반주에 맞춰 노래하면서 리드미컬하게 행진하기	작은 음가로 분할하기
	즉흥연주
	음계를 프레이즈 단위로 연습
	자유 연습

계와 조성, 프레이즈와 뉘앙스'이다. 『리듬체조』의 내용에 이어 해부학적 사진들과 피아노곡을 별책으로 수록한 두 번째 저작은 『리드믹(Rhythmik)』(1916/1917)으로, 자크–달크로즈 교수법 교사를 위한 책으로 독자가 기본 개념에 대한 배경 지식을 가지고 있을 것으로 전제하여 많은 설명을 생략하였다. 두 권은 모두 음악의 리듬적·역동적 셈여림의 특성을 팔과 다리의 움직임으로 전이하는 것을 공통적으로 강조한다. 자크–달크로즈는 『리듬, 음악과 교육(Rhythmus, Musik und Erziehung)』(1921)에서 그의 교육 이념과 교수법을 총정리하였다.

『리듬체조』의 차례는 음표와 쉼표의 음가에 따라 구성되어 있고, 『리드믹』은 2박자에서 시작하여 9박자까지 이르는 것이 요점이다. 〈표 7–1〉은 두 교재인 『리듬체조』와 『리드믹』의 내용을 간단히 비교한 것이다.

(1) 기보

수업에서 경험하는 음악과 움직임을 교육적 전달 수단인 언어적 설명과 몸짓을 통해 고스란히 교재에도 전달하기 위해서는 네 가지 매체가 필요하였다. 즉, 언어적 서술, 음악의 기보, 움직임의 기보와 그림이다. 동작의 진행이 음표로 미처 표기가 안 되는 경우가 종종 있으므로 서술적 전달 방법은 필연적이었다. 자크–달크로즈는 움직임의 기보로 예를 들어 〈악보 7–1〉과 같이 표기하였다.

악보 7-1 『리듬체조』에 표기된 움직임의 기보

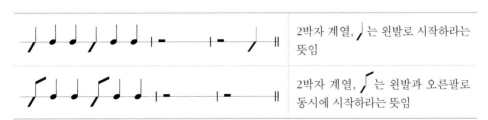

	2박자 계열, ♩ 는 왼발로 시작하라는 뜻임
	2박자 계열, ♫ 는 왼발과 오른팔로 동시에 시작하라는 뜻임

자료: Kugler (2000), p. 10 재인용.

(2) 팔다리 연습

이 연습의 기초는 크게 머리, 팔과 다리를 각각 움직이는 동작으로 구성되어 있다.

표 7-2 『리듬체조』의 주된 팔다리 연습의 기본 동작

머리	• 아래/위로 움직이는 동작 • 왼쪽/오른쪽으로 돌리는 동작 • 왼쪽/오른쪽으로 기울이는 동작
팔	• 팔 전체로 박자를 젓는 동작 • 손으로 박자를 젓는 동작 • 팔 전체로 원/반원을 그리는 동작
다리	• 무릎을 들어올려 발목 부위에서 원을 그리는 동작 • 발뒤꿈치(heel), 발가락(toe) • 한 다리를 구부리고, 뻗고, 원을 그리는 동작

이 기본 동작은 다음과 같이 다양한 방법으로 협응된다.

스키마 1: 두 신체 부위를 동시에 움직이는데 한 신체 부위는 흐르는 동작을, 다른 신체 부위는 분명한 강세를 넣어 표현한다.

스키마 2: 하나의 박자를 두 신체 부위에 의해 반대 방향의 움직임으로 표현한다.

예: $\frac{2}{4}$ 박자 젓기-오른손 ↓ 방향 + 오른발 ↑ 방향

스키마 3: 2개의 박자를 상이한 두 신체 부위로 표현한다.

예: $\frac{2}{4}$ 박자 + $\frac{3}{4}$ 박자 젓기

　－$\frac{2}{4}$ 박자를 머리로 ↔ 방향 + $\frac{3}{4}$ 박자를 오른팔 전체로 원 그리기

스키마 4: 같은 박자를 두 신체 부위로 표현한다. 이때 첫 박의 시작을 다르게 한다.

스키마 5: 제자리에서 걷는 동시에 팔로 박자 젓기를 하는 동작을 표현한다.

스키마 6: 같은 박자, 상반대의 셈여림을 두 신체 부위로 표현한다.

예: 8마디를 발로 크레셴도 + 손으로 데크레셴도

자료: Kugler (2000), p. 106 재인용.

(3) 음악을 움직임으로 표현하기

기초가 된 연습의 기본 형태는 음표와 쉼표의 음가대로 행진하는 것이다. 리듬체조의 첫 학습 단계는 $\frac{2}{4}$ 박자, $\frac{3}{4}$ 박자, $\frac{4}{4}$ 박자를 익히는 것이며, 항상 4분음표로 시작한다. 제자리에서 걷다가 강한 박을 표현하고자 한다면 발을 세게 구른다. 이때 강-약을 언급한다. 걷는 것이 더 이상 의식할 필요가 없을 정도로 정확한 속도를 유지할 때에 팔 동작이 추가된다. 처음에는 한쪽 팔, 다음에는 두 팔, 최종적으로 걷기 동작과 함께 표현한다. 만일 이미 설정한 팔과 다리의 동작이 $\frac{2}{4}$ 박자, $\frac{3}{4}$ 박자, $\frac{4}{4}$ 박자로 자동으로 움직이면 새로운 요소를 추가한다. 예를 들어, 2분음표의 경우 첫째 박은 오른쪽 나리에 무게중심을 실어 한 걸음 앞으로 내

표기	설명
 1. 2. 3. 4.	첫째 박: 오른발 앞으로, 몸무게 지탱하기 둘째 박: 왼발을 오른발 앞으로 교차하기 　　　　새끼발가락 바닥에 닿기 셋째 박: 왼발을 어깨 넓이만큼 옆으로 벌리기 　　　　엄지발가락 바닥에 닿기 넷째 박: 왼발을 오른발 옆에 붙이기 　　　　발바닥이 바닥에 닿기 　　　　발을 제외하고 몸 이완하기

그림 7-1 『리듬체조』 온음표의 동작

자료: 자크-달크로즈 연구소(1911), p. 32.

딛고, 둘째 박은 왼쪽 다리에 힘을 빼고 무릎을 살짝 구부려 끌어당긴다. 점2분음표의 경우 첫째 박은 오른쪽 다리에 무게중심을 실어 앞으로 내딛고, 둘째 박에 왼쪽 다리를 오른발의 앞쪽으로 교차하고, 셋째 박에 제자리에 놓는다. $\frac{4}{4}$박자 온음표의 음가는 [그림 7-1]처럼 표현한다.

어떤 박자에서든 음표의 걸음 동작은 동일하며, 당김음의 경우엔 마디 표시가 없는 것처럼 간주하여 표현하도록 한다. 8분음표는 두세 개의 그룹으로 묶어서 표현하여 학습한다. 이때 발은 음가에 따라 4분음표를 두세 배로 빠르게 표현하듯이 걷는다. 팔은 주어진 박자의 지휘 동작처럼 움직인다. 손은 마디 안의 리듬꼴의 흐름을 표현한다.

악보 7-2 『리드믹』의 불규칙하게 배열한 8분음표

자료: Kugler (2000), p. 120 재인용.

(4) 악곡의 안무

자크-달크로즈의 '리듬 행진'은 일반적인 행진의 의미가 아니다. 노래하면서 걷고 박자를 젓는 동안 박자, 셈여림, 강세와 프레이즈와 같은 음악의 요소가 움직임의 맥락에 나타나야 한다. 따라서 주관적인 표현이 되지 않도록 유의해야 한다. 그래서 자크-달크로즈는 특히 느린 움직임의 중요성을 강조하였다. 제자리에 서 있다가 조금씩 움직이며 다른 모습으

그림 7-2 무용수 동작의 예

자료: Jaques-Dalcroze (1921), p. 198.

로 정지하는 움직임, 즉 조용하고, 느리고, 부드러운 연결을 선호하였다. 그러기 위해서 멈춤 동작에서는 근육의 미세한 힘 조절을 내면으로 느껴야 한쪽 다리에서 다른 쪽 다리로 무게중심을 옮길 때 자연스럽게 표현된다. 무릎을 낮게 구부리거나 팔을 들어올리기 등의 모든 다른 동작들도 느리게 하며, 같은 속도로 흐르도록 한다.

5) 지도 방법

자크-달크로즈 교수법이 완전한 체계를 갖춘『리듬, 음악과 교육』(1921)에서 소개한 구체적인 교육 활동 중에서 특히 중요한 유리드믹스, 청음 연습, 즉흥연주의 세부적인 지도 요소 및 방법은 다음과 같다.

(1) 유리드믹스

사람들은 유리드믹스(eurhythmics[영], rhythmic gymnastics[영], rhythmische erziehung[독], rythmik[독], rythmique[프])의 어원을 슈타이너(R. Steiner, 1861~1925)의 오이리트미(eurythmie)와 마찬가지로 고대 그리스어에서 찾는다. eu-=εὐ̓는 '좋은, 올바른'으로 해석되고 rhythmic=ῥυθμός[ruthmos]는 '흐르다'라는 뜻으로 두 단어를 합쳐서 직역하면 '좋은 흐름결', 의역하면 '좋은 리듬' 또는 '아름다운 움직임'을 의미한다.

자크-달크로즈는 그의 저서에서 리듬의 정의에 대해 힘, 공간, 시간이 연관된 속에서 표현되는 움직임과 관련하여 다음과 같이 정의했다(Jaques-Dalcroze, 1921: 51).

1. 리듬은 움직임이다.

2. 움직임은 신체적인 그 무엇이다.

3. 각각의 움직임은 시간과 공간을 필요로 한다.

4. 신체적인 경험은 음악적 의식이 생기게 한다.

5. 신체적 수단을 통해 얻은 완벽함은 분명하게 감지할 수 있는 결과를 가져온다.

6. 시간 내에 표현된 움직임의 완성을 통해 음악적 리듬에 대한 인식을 확고하게 한다.

7. 공간 안에서 표현된 움직임의 완성을 통해 조형적 리듬에 대한 인식을 확고하게 한다.

8. 시간과 공간 안에서 표현된 움직임의 완성은 체조 방식의 연습을 통해서만, 이른바 리드믹
   을 통해 이루어진다.

자크-달크로즈는 움직임이란 가장 원천적인 리듬(urrhythmus)에 좌우되며, 이 원리듬을 바로 호흡이라고 보았다. 호흡의 흐름 속에 한 마디 안에 서로 다른 에너지가 있는 박들로 구성되어 있는 것을 박자라고 하였다. 4박자의 경우 첫 박은 크루시스(crusis)라 하여 에너지가 ↓ 방향을 향하여 깊고 무거운 힘을 지녔고, 둘째 혹은 셋째 박은 메타크루시스(metacrusis)라 하고 ↔ 방향으로 좌우 박을 연결하는 팅기는 힘을 가졌다고 보았다. 마지막 박은 아나크루시스(anacrusis)라고 하며 ↑ 방향으로 올라가며 에너지가 비축되는 박이다. 또한 근육 기관은 날마다 반복되는 경험을 통해 근육의 기억이 형성되어 리듬을 만들고, 우리의 귀도 반복된 경험을 통해 음의 기억이 형성되어 결국 리듬을 느낀다고 하여 신체 리듬의 자각을 강조하였다. 결국 신체적·정신적·감정적인 에너지와 특성의 다양함이 어우러져야만 완전히 음악적일 수 있다는 자크-달크로즈의 리듬 개념에 착안하여 에이브람슨(R. M. Abramson, 1928~2008)은 유리드믹스 리듬의 질을 세 가지 종류로 구분하였다. 불규칙한 시간과 공간 안에서의 움직임으로 전혀 리듬을 느낄 수 없는 '어리드미(arhythmy)', 시간과 공간은 어느 정도 규칙적인데 움직임을 표현하는 동작이 기계적이고 생동감이 없는 '이리드미(erhythmy)', 시간과 공간을 규칙적으로 하여 움직임의 동작을 아름답게 표현하는 '유리드미(eurhythmy)'가 그것이다.

자크-달크로즈는 이렇게 다양한 방식으로 자신의 리듬 교육을 실험하고 고안하였다. 호흡, 근육의 긴장과 이완, 협응 능력 및 반응 능력을 신장시키는 신체 학습에도 관심을 기울였다. 신체 발달 상태와 학습 내용의 상관관계가 각별히 고려되어야 함을 자각한 것이다. 그

유리드믹스의 목적	

• 움직임을 통하여 전 유기체가 생동하게 된다.
• 유리드믹스는 신체 리듬 감각 능력과 리듬 청음 감각 능력을 기르는 데 유용하다.

신체 리듬 감각 능력	리듬 청음 감각 능력
근육 조직 및 신경중추의 특별한 훈련으로 힘의 미묘한 강약 및 시·공간의 탄력 정도를 지각하고 또 신체로 표현할 수 있는 감각 능력을 가리킨다. 그런 점에서 유리드믹스는 리듬 동작에 있어 집중력과 표현력의 즉흥성에 토대가 된다. 그래서 교사는 학생들이 리듬을 초견으로 읽고, 받아 적고 (내외적으로) 신체와 리듬이 형태를 갖추도록 지도할 필요가 있다.	청음의 특별한 훈련으로 음의 셈여림 정도와 음향의 지속 시간을 파악하고, 소리의 길이를 최대한 빠르게 계산할 수 있는 감각 능력을 가리킨다. 그리하여 유리드믹스는 음을 분석하고 목소리로 재생하는 데에 집중력과 즉흥성을 고무한다. 그래서 교사는 학생들이 처음 리듬을 소리 내어 읽고, 받아 적으면서 (내외적으로) 리듬이 소리와 형태를 갖추도록 지도해야 한다.

래서 그의 유리드믹스(리드믹) 학습은 크게 두 가지를 목적으로 삼는다. 곧 '신체 리듬 감각 능력 향상'과 '리듬 청음 감각 능력 향상'이다(Jaques-Dalcroze, 1921: 76).

① 지도 요소

표 7-3 자크-달크로즈 유리드믹스의 스물두 가지 지도 요소와 지도 내용

지도 요소	지도 내용
1. 근육의 이완과 호흡	처음에는 신체 각 부위의 근육을 미세하게 움직이다 점차 단계적으로 증대시키기, 등 대고 누워서 이완하고 몸의 자세를 다양하게 하며 오로지 호흡에만 집중하기 등을 지도한다.
2. 박자의 구분과 강조	다양한 박자의 첫 박에 발을 높이 들어 올렸다가 구르기, 팔 전체에 힘을 주어 발걸음에 맞추어 흔들다가 교사의 "hopp." 소리에 특히 힘주기 등을 지도한다.
3. 박자의 기억	"hopp." 소리의 활동에 이어 특별한 동작을 취하게 한 후 움직임을 위해 표현한 순서를 기억하기. 설명하고 메모하기 전에 느낄 수 있도록 하는 것이 더 중요하다.
4. 듣고 보는 것을 통하여 박자를 빠르게 이해하기	교사가 들려주는 특정한 박자의 리듬 몇 마디를 잘 듣고 반드시 표현해야 할 움직임을 제시하기, 또는 이 움직임을 관찰하거나 메모한 후 재현하기 등을 지도한다.

〈계속〉

5. 근육 감각을 통한 리듬의 파악	넓은 공간에서 손을 잡고 힘이 다양하게 들어가도록 하여 전달하고 감지하기 등을 지도한다.
6. 자발적인 의지와 배제 능력(금지 능력)의 발달	리듬은 움직임과 정지로 이루어져 있다. 규칙적 또는 불규칙한 리듬에 정확히 움직이고 멈추도록 앞/뒤/옆 방향으로 갑자기 또는 천천히 정지하기 등을 지도한다.
7. 집중, 리듬의 '내적' 청음	움직임을 통해 뇌에서 상상력이 생긴다. 느낌이 강할수록 박자감과 리듬감이 올바르게 발전된다. 주어진 박자와 리듬을 들은 후 눈을 감고 움직임에 대해 계속 생각하여 다음 프레이즈 생각하기 등이다.
8. 신체 균형과 조용한 움직임을 지속	움직이는 정도에 따라 다양한 근력이 요구된다. 동작이 끊어지지 않고 힘이 덜 들도록 움직임을 표현하여 리듬의 악절과 똑같은 느낌 파악하기 등이다.
9. 다수의 움직임 습관 습득과 그것을 자발적인 의지적 행동으로 교체	기계적인 움직임은 항상 새롭게 반응해야 할 뉘앙스와 동작으로 대체하기, 어린이들의 말과 노래에 맞는 동작을 표현하기 등이다.
10. 음 길이의 형체화	4분음표에서 한 걸음 앞으로 내딛는 것은 발을 뗀 순간부터 다시 바닥에 닿을 때까지 균등하고 연속적인 이동 동작의 표현이다. 이에 익숙한 어린이는 상대적으로 긴 음표의 경우에도 공간과 위치에서 다양한 방식의 연속 분할을 통해 해당하는 음 길이만큼 표현하도록 한다.
11. 박자의 분할	4분음표를 교사의 신호에 의해 무게중심을 가볍게 하여 2, 3, 4 잇단음으로 분할하고 이때 걸음걸이 숫자도 동일하게 하기. 이때 공간과 시간의 길이 사이의 관계를 정확히 파악해야 한다.
12. 리듬의 순간적 형체화	근육과 호흡의 움직임을 통해 길이와 강세를 순간적으로 정확하고 민첩하게 표현하기. 그동안의 학습에서 체득된 동작을 목적에 맞게 활용하고 정신적 집중력을 발전시키기 위한 것이다.
13. 관절의 독립	이 연습은 다이내믹의 형태를 준비하는 것이다. 피아노를 치며 한 손은 f, 다른 한 손은 p로 연주해야 할 때 한쪽 팔의 근육은 긴장시키고, 다른 쪽 팔은 힘을 빼기 등이다.
14. 움직임의 정지와 조절	음악의 프레이즈를 구성하는 것처럼 '신체 언어'를 통해 악구와 프레이즈를 조절하는 것이다. 대위법, 어린내기, 호흡의 방법, 행진과 마임 동작을 멈추는 방법 등이다.
15. 두 배, 세 배의 빠르기와 느림	이 연습은 푸가에서처럼 주제가 확대 혹은 축소되는 과정에서 배로 빨라지거나 느려지는 변화를 신체로 준비하는 것이다.
16. 유동적 대위법	대위법의 기술을 간단히 신체 모든 부위를 이용하여 유기적으로 활동하는 것에 익숙해지도록 하는 연습이다. 혼합 리듬은 한 쪽 팔이 특정한 리듬을 표현하기 위해 정신적으로 집중하는 동안 다른 팔이 자동으로 또 다른 리듬을 표현하는 것이다.
17. 혼합리듬	

〈계속〉

18. 과장된 강세-셈여림과 역동적 뉘앙스(음악적 표현)	표현의 뉘앙스를 신체 자극 전달을 통해 아주 빠르게 다른 형태로 옮겨지도록 몸을 흔드는 연습이다.
19. 리듬의 기보	어린이는 리듬을 귀로 듣고, 또는 다른 사람이 연주하는 것을 즉석에서 적을 수 있도록 학습해야 한다.
20. 즉흥연주 (상상력의 촉진)	학생은 교사의 요구에 2마디에서 3, 4, 5, 6마디까지의 순서로 즉흥연주한다. 주어진 요소로 리듬꼴을 짓기, 여린내기가 있는/없는 경우, 악센트, 쉼표, 당김음, 악절에서 프레이즈의 복합리듬 등이다.
21. 리듬의 지휘(개인의 느낌과 감정을 다른 사람, 독주자와 그룹에게 재빠르게 전달)	학생은 리듬의 구조를 외울 정도로 잘 알고 있어야 한다. 한 사람씩 앞에 나서서 템포와 다이내믹을 표현하는 제스처로 뉘앙스를 제시한다.
22. 많은 학생그룹을 통한 리듬 공연(음악적 프레이즈의 소개)	리듬 악절의 각 악구는 학생 그룹을 교대하며 제시되도록 한다. 그룹들은 악곡의 상이한 부분을 마치 음악적 '대화'를 나누듯이 마친다.

② 지도 방법

㉮ 신체 리듬 감각 능력

　이 능력의 향상을 위해서는 자유로운 몸놀림(호흡, 동작)에 필요한 복장과 부드러운 체조 신발을 사용한다. 자크-달크로즈는 신체 리듬 감각 능력 향상을 위해, 첫째, 호흡의 중요성을 강조하고 다양한 형태의 호흡 방식을 개발하였다. 그는 들숨 때 아랫배와 가슴을 최대한 확장시키는 방법이 특별히 도움을 준다고 생각하였다. 둘째, 근육의 긴장과 이완은 적합한 동작을 취하는 데 도움을 준다고 하였다. 점차 시간(템포)과 빠르기를 개입시킨 움직임을 학습시킨다. 셋째, 신체의 협응 능력이 중요하다고 하였다.

　자크-달크로즈는 각각의 악기를 다룰 때, 예컨대 바이올린 연주자, 피아노 연주자의 모습에서 지휘자의 활동에 있어 자유자재로 팔을 움직이고, 그에 뒤따른 자연스러운 몸 전체의 자세 및 동작들을 그때마다 관찰하였다. 그리고 전체적으로 자유로운 몸놀림이 무엇인지 생각하였다. 자크-달크로즈는 '반응 능력'도 중요하게 여겼는데, 그것은 이미 인간 행동에서 자연스러우면서도 자기 발전에 필요한 능력이기 때문이다. 자극에 대한 반응은 학생들이 교사의 지시에 맞춰 학습이 효과적으로 이루어질 수 있다는 점에서도 매우 중요한 학습 과제이다. 교사의 간단한 지시가 학생들의 자발적이고 즉각적인 움직임을 이끌어 냄으로써 음악교육 및 학습 목표가 제대로, 효과적으로 이루어지기 때문이다. 여기에는 걷기 및 박자 맞추기, 신체의 협응 능력과 관련된 학습을 병행할 수 있다.

이에 기본적인 지도 방법 두 가지가 제안된다. 첫째, 어느 신체 일부에서 다른 신체 일부로 활동을 한 번 전환하거나 계속 교대하는 학습, 예를 들어 오른팔, 왼팔을 차례로 지시에 따라 바꾸면서 박자를 맞추거나 걷기와 함께 왼발, 오른발을 교대로 박자를 맞추는 학습이 있다. 둘째, 도약이나 방향을 바꾸면서 혹은 박자를 바꾸어 가면서 움직이게 하는 학습, 예를 들어 2박을 걷다가 다시 뒤돌아 2박을 걷거나 다양한 박자와 더불어 뜀뛰기 혹은 방향 전환을 혼합하는 학습 등이 있다(Jaques-Dalcroze, 1914a: 84-89).

㉴ 리듬 청음 감각 능력

음악적 움직임 학습은 신체에서 시작하여 정신에서 완성되어야 한다. 여기에는 음악 활동의 주체가 누구인지를 자각시키려는 자크–달크로즈의 교육철학이 담겨 있다. 그리하여 모든 단계의 학습은 매번 청음 학습(exercices d'audition)으로 마무리된다. 그것은 이제 막 들었던 음악을 자신의 움직임을 통해 실현시키도록 준비시키는 학습이라는 점에서 중요하다. 교사는 피아노 주변에 준비하고 있는 학생들에게 2마디 박자를 연주해 준다. 그러면 학생들은 그것을 듣고 나서 걷기 및 박자에 맞는 움직임으로 표현한다. 교사는 이때 학생들의 움직임을 보고 제대로 박자를 맞췄는지 예의주시한다. 처음에는 $\frac{1}{4}$박과 $\frac{1}{2}$박으로 시작하다가 나중에 좀 더 다채로운 박자로 과제를 수행하게 한다.

이는 신체 학습은 물론 음악 활동을 위한 기억력 확장이나 점점 어려운 박자를 익히는 데 유용한 학습이다. 자크–달크로즈는 그의 『리듬, 음악과 교육(Rhythmus, Musik und Erziehung)』제7장 '유리드믹스(리드믹)와 작곡'에서 다음의 지도 방법을 제시하였다(Jaques-Dalcroze, 1921: 219-235).

◆ **음표의 기보**: 음표 옆의 부점의 수를 다양하게 표기하여 음가를 다양하게 변화시키고자 하였다.

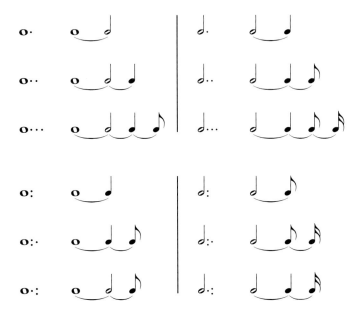

◆ 박자의 표기: 아라비아 숫자는 한 마디 안에 들어갈 분할 박의 숫자를 의미하고, 음표는 길이를 의미하는 표기를 함으로써 유리드믹스의 활동에 적절한 새로운 박자 표시를 제시하였다.

$$\frac{3}{4} = \frac{3}{\textstyle\unicode{x2669}} \quad\Big|\quad \frac{6}{8} = \frac{2}{\textstyle\unicode{x2669}\cdot} \quad\Big|\quad \frac{12}{8} = \frac{4}{\textstyle\unicode{x2669}\cdot} \quad\Big|\quad \frac{9}{8} = \frac{3}{\textstyle\unicode{x2669}\cdot} \quad\Big|\quad \frac{6}{4} = \frac{6}{\textstyle\unicode{x2669}}$$

◆ 박자의 변화: 주제의 박자가 곡의 중간에 변화되어 연주되는 예이다.

◆ 박자와 화음: 주제 선율에 임의의 박자를 정하여 마디를 표시하고 적절한 화음반주를 연주하는 예이다.

◆ 여린내기와 악곡의 구성: 2분음표, 4분음표, 8분음표를 기초로 하여 리듬꼴을 다양하게 만들어 연습하는 예이다.

◆ 움직임과 쉼의 대조: 같은 리듬꼴을 반복 연주하다가 같은 길이만큼 쉬는 예이다. 움직임과 정지의 연습에 해당한다.

◆ 긴 음가를 2, 3개의 그룹으로 나누어 분할하기: 점4분음표의 음가를 3개의 8분 음표로 분할하거나, 4분음표의 음가를 2개의 8분음표로 분할한 예이다.

◆ **쉼표**: 쉼표는 다음 동작의 준비 기간을 뜻한다.

(2) 솔페즈

솔페즈(Solfège[프], solfeggio[이])는 귀도 다레초(Guido d'Arezzo)의 계명창법을 기초로 하여 18세기부터 이탈리아와 프랑스에서 관행적으로 가르치던 성악의 기본 훈련법에서 유래했고, 19세기에 이르러서는 음악의 전반적인 기초 교육에 이용되었다. 주로 음악 이론, 청음 및 시창의 학습을 통해 총보를 악기나 노래로 연주하기 위한 이해와 정확한 표현 능력을 향상하는 데 목적이 있다.

자크–달크로즈는 자신의 수업에서 학생들이 최소한 1년 정도 유리드믹스를 배운 후에 솔페즈 학습을 정식으로 시작하도록 하였다. 물론 이때도 상기 유리드믹스 연습을 지속해야 한다. 솔페즈 학습에서 교사는 목소리를 사용하고 음악을 잘 듣도록 지도한다. 또한 교사는 학생들이 리듬을 내면으로 들은 것을 시연할 수 있도록 도와준다.

솔페즈의 목적
• 청음 연습은 음들의 높낮이 및 조성의 관계를 파악할 수 있는 감각과 음색을 구분할 수 있는 능력을 기르는 데 유용하다. • 학생들은 속으로 상상할 수 있는 갖가지 종류의 모든 조성, 화성, 화음 순서에서 선율과 그 대위 법적 선율을 초견과 즉흥으로 노래하고, 기보하고, 작곡하는 방식으로 학습한다.

① 지도 요소

표 7-4 자크–달크로즈 솔페즈의 스물두 가지 지도 요소와 지도 내용

지도 요소	지도 내용
1. 목과 호흡 근육의 긴장과 이완, 폐를 위한 리듬 체조	발성과 자음 발음의 다양한 방법에 대해 학습한다. 팔, 어깨, 횡격막의 움직임, 행진하거나 소리 내는 시점의 결합, 소리 낼 때 다양한 힘 조절, 호흡과 발성의 연관성, 음역 등을 지도한다.

〈계속〉

2. 박자의 구분과 강조	목소리와 입술에 강세를 주어 박자를 구분한다. 교사의 신호 또는 약속한 시점에 소리를 낸다. 움직임을 통하여 음을 신속히 추가하기, 자음을 신속히 모음으로 대체하기 등을 지도한다.
3. 박자의 기억	교사가 어떤 음을 똑같은 세기로 소리 내거나 악센트를 넣어 소리 내면 학생들은 해당 음의 수를 기억하고 재생한다.
4. 듣고 보기를 통하여 박자를 빠르게 파악	음의 기호, 음표의 계획, 음자리표를 학습한다. 교사가 박자에 맞게 배치된 음표의 무리를 판서하거나 선창하면 학생들은 호흡을 움직임으로 표현하거나 노래의 음을 리듬으로 재생한다.
5. 근육 감각의 강세를 사용하여 음의 높낮이를 파악	어린이는 성대가 긴장되는 다양한 느낌에 따라 목소리의 음을 구별한다. 손을 가슴, 목, 볼, 콧등, 이마에 올려놓고 상이한 방법으로 공명됨을 느낀다. 음의 강세와 높낮이의 관계, 장조와 단조 학습, 선호하는 음계의 인식과 반복, 주어진 음표들로 다양한 리듬꼴 만들기를 지도한다.
6. 자발적인 의지와 배제 능력	가락에 따른 리듬을 신호에 의해 목소리에서 움직임으로, 반대로 하기, 교사의 신호에 따라 즉석에서 강세와 마침 표현하기, 즉시 노래를 새로 부르거나 반복하기를 지도한다.
7. 집중, 울림의 내청	어린이는 가락 또는 음계를 노래하고, "hopp." 소리와 함께 노래를 중단하고 마음속으로 계속 노래를 이어서 부른다. 많은 음 중에서 제일 높은 음을 골라 듣기, 그룹에 속한 사람들의 타고난 목소리의 음색에 따라 노래 또는 말하는 목소리를 구별하기 등을 지도한다.
8. 목소리가 길게 나는 동안 움직임을 유지하거나 정지 9. 목소리와 움직임이 자동으로 결합, 원하는 목소리와 움직임을 즉흥으로 교체	어린이는 분명한 리듬꼴로 이루어진 음계를 노래하다가 "hopp." 소리와 함께 다른 리듬꼴로 바꾸어 이어 부른다. 또는 3도/4도 음정으로 된 노래를 신호에 의해 다른 음정으로 바꾸어 부르기, 음계를 노래하다가 신호에 의해 하나 혹은 여러 음을 건너뛰어 부르기 등을 지도한다.
10. 11. 12. 유리드믹스의 내용을 가창에 적용	리듬의 연쇄, 즉 캐논 형태로 모방하기, 마디별로 연습하기, 교사가 불러 주는 가락 · 쉼표 학습하기가 이루어진다.
13. 몸의 움직임과 목소리는 독립적임	몸이 pp로 움직이는 동안 ff로 노래하고, 이를 바꾸어 하기, 몸이 점점 세게 움직이는 동안 점점 여리게 노래하기, 팔다리 하나는 점점 세게, 다른 쪽은 점점 여리게 움직이는 동안 ff로 노래하고 이를 바꾸어 하기, 팔다리 하나를 ff로, 다른 쪽을 pp로 움직이는 동안 점점 세게, 점점 여리게 노래하기. 팔 또는 발이 2, 4, 5가지 동작으로 움직임을 표현하는 동안에 3개의 음표로 노래하고 이를 바꾸어 하기 등을 지도한다.
14. 쉼표와 프레이즈의 학습	여린내기 및 쉼표는 '속으로' 노래함으로써 채우기, 악절과 프레이즈, 대조의 법칙, 겹 프레이즈 등을 지도한다.

〈계속〉

15. 움직임의 두세 배의 빠르기와 느림	일정한 속도로 노래하다가 "hopp." 소리와 함께 한 박 또는 한 마디를 두 배로 빠르게 혹은 느리게 부르기, 음과 관절을 두세 배로 빠르거나 느리게 하여 서로 합치거나, 대조되도록 배치하기 등을 지도한다.
16. 17. 혼합 리듬과 유동적 대위법	학생들은 리듬을 노래하다가, 각 음표의 음가를 반으로 나누어 두 번째 음가에 해당할 때만 걷고, 이를 바꾸어 한다.
18. 과장된 강세, 셈여림과 역동적 뉘앙스(음악적 표현)	학생들은 리듬의 중요한 음표를 강조하고, 좀 서두르거나 머뭇거리고, 소리를 약간 길게 혹은 짧게 내고, 우선은 본능적으로 하다가 다음엔 의도적으로 분석하는 것을 학습한다. 음의 높낮이와 강세에 관한 학습이다.
19. 가락의 기보, 다성부의 화음 순서	학생은 주어진 리듬으로 가락을 짓고, 이를 바꾸어서 가락의 흐름을 듣고 즉흥으로 리듬화한다.
20. 즉흥으로 노래하기	
21. 22. 리듬의 지휘	학생은 가락을 외워 많은 학생 앞에서 혼자 지휘하되 자신의 지시에 따라 다양한 뉘앙스가 표현되게 하기, 다성부의 곡도 연습하기 등을 학습한다.

② 지도 방법

솔페즈 지도 방법에는 듣는 연습, 들은 것을 받아 적기, 모음으로 노래하기, 악보를 읽고 즉흥연주를 하는 연습 등이 해당한다(Kugler, 2000: 129-133).

㉮ 조성 구별을 위해 듣는 연습

자크-달크로즈 교수법에서의 음계 연습은 다장조 음계를 기준으로 삼는다. 이것을 고정도법이라고도 한다. 학생들은 절대음감이 형성되도록 항상 C1 음을 기억해야 한다. 왜냐하면 다장조의 음계를 이루는 음들을 기준으로 다른 조성의 음계를 구성할 수 있기 때문이다. 예를 들어, 내림 가장조의 음계에 해당하는 음은 다장조의 으뜸음 C부터 시작하여 순서를 정하는데 C, D♭, E♭, F, G, A♭, B♭, C로 찾도록 지도한다. 이러한 방법은 자크-달크로즈가 뤼시의 피아노 교수법에 기초하여 제시하였다. 다음의 악보는 다장조의 음계에서 f#을 이끌어 내어, 이를 청음하도록 하여 어떤 새로운 음이 있었는지를 분별하게 하여 최종적으로 G-장조 음계에 친숙하게 만드는 방법의 예이다.

ⓘ 음을 나타내는 숫자를 쓰고 연주하는 연습

학생들이 주어진 리듬꼴로 즉흥으로 노래한 가락에 음높이를 로마 숫자로 표기하거나, 반대로 주어진 리듬에 로마자로 표기를 하여 즉흥으로 노래를 부르는 연습이다.

ⓘ 음정과 화음을 듣는 연습

음계의 일부분 중에서, 즉 2음계(dichord), 3음계(trichord), 4음계(tetrachord)에 속하는 음정을 듣는 연습이다. 자크–달크로즈는 음정의 확신을 위해 로마자의 숫자표시로 연습 체계를 제시한다. 다음 악보는 4음계의 음정을 듣는 예이다.

ⓘ 아라비아 숫자를 표기하여 조성 바꾸기 연습

4 혹은 6의 작은 아라비아 숫자를 이용하여 조성의 변화를 줄 수 있다. 예를 들어, 주어진 음에 $\overset{4}{\mathrm{I}}$의 표시가 있을 경우는 해당 음을 으뜸음으로 하여 상향 테트라코드음계(온음 2개와 반음 1개로 이루어진 음계)를 만들 수 있다.

솔페즈의 모든 청음 연습은 앞선 유리드믹스 학습 순서를 따른다. 학생들은 그 밖에도 다양한 조성을 체계적으로 공부해야 하며, 이어서 화성학을 배워야 한다. 학생의 움직임 감각, 집중력 및 경청하는 능력을 통해 리듬감이 발달되듯이, 목소리의 높낮이와 관련된 근육의 강약 조절 감각은 물론 개별적인 목소리의 음의 과정을 통제할 수 있는 능력이 향상되도록 한다. 교사는 학생이 화음 순서를 기록하기 전에 그것을 마음속에서 되새기도록 지도한다. 선율과 움직임의 긴밀한 관계를 깨닫고 난 후 선율, 움직임, 화성과의 연관성을 배워야 한다. 그다음에 비로소 피아노로 즉흥연주하는 연습에 임할 수 있다.

(3) 즉흥연주

음악 수업에서 악기를 사용하여 즉흥연주를 하는 부분에서 학생들에게는 각별히 손가락과 손의 기술이 필요하다. 이러한 것을 피아노 연주자들은 '테크닉'이라고 말하는데, 단순히 빠르게 연주할 수 있는 것과는 차이가 있다. 자크-달크로즈가 실제 수업할 당시에는 주로 피아노를 사용하여 즉흥연주를 하도록 하였으나, 오늘날은 그의 교수법이 음악교육과 연극 교육 등의 넓은 범위에서 적용되어 다른 악기를 지도하는 데에도 적절히 활용될 수 있다.

즉흥연주의 목적

피아노 즉흥연주 연습은 유리드믹스와 솔페즈에서 획득한 기량을 촉각의 도움을 얻어 음악적인 표현으로 나타내는 데 사용한다. 이 연습은 촉각과 운동 감각에 유용하다. 교사는 학생들이 선율적으로, 화성적으로, 리듬에 맞춰 형성된 음악적 사고를 악기에 전달시키도록 지도한다.

---

① 지도 요소

표 7-5 자크-달크로즈 즉흥연주의 스물두 가지 지도 요소와 지도 내용

지도 요소	지도 내용
1. 근육의 긴장과 이완	어깨, 팔, 손목, 손가락 관절의 움직임을 서로 합치거나 분리하는 연습이다. 관절을 각각 또는 합쳐서, 다양한 손가락 관절, 손가락 마디 끝부분, 납작한 혹은 수직으로 세운 손가락 자세, 손목을 높이 또는 낮게, 수평(레가토)과 수직(스타카토) 감각을 살려 독립적으로 움직이기, 페달을 밟는 테크닉을 지도한다.

〈계속〉

2. 박자의 구분과 강조	모든 조성과 각각의 속도에 의한 음계의 음을 규칙적으로 강조하고 같은 길이로 분할(2, 3, 4, 5잇단음표 등)하는 연습이다. "hopp." 신호에 맞춰 불규칙하고 과장되게 강조한다.
3. 박자의 기억	학생은 음계 또는 여러 화음을 특별한 강세 없이 연주한다. 교사의 "hopp."에 맞춰 일정하게 혹은 일정하지 않게 강조하고자 하는 음을 정확하게 연주하기, 학생은 자신이 연주한 숫자 및 강세를 기억하고 별다른 지시 없이 반복하기 등을 하도록 한다.
4. 보고 듣기를 통한 박자의 재빠른 파악	교사는 제2피아노로 느린 속도로 음계를 연주하는데 박 또는 리듬을 바꿔 연주한다. 학생은 순간적으로 기억하여 교사의 리듬과 강세를 재연한다. 화음의 순서도 이와 같이 하는데, 칠판에 기록된 리듬 및 박자를 보고 화음 및 선율을 연주한다.
5. 근육 감각의 도움으로 공간적 거리 파악	학생은 눈을 감고 건반의 간격만큼 손을 흔들어 본다. 좁은/넓은 음정에 필요한 움직임을 위해 사용되는 근육의 다양한 느낌을 감지한다. 교사의 "hopp."에 맞춰 한/두 옥타브 또는 4도/3도 음정만큼 건너뛰어 연주한다.
6. 자발적인 의지와 배제 능력	교사의 "hopp."에 맞춰 연주를 중단하거나 다시 시작한다. 리듬의 변화, 조성의 변화, 일정한 화음 부분에서 색다르게 연주, 전조, 속도가 어긋나게, 음색의 정도를 변화시키기 등을 지도한다.
7. 집중, 내청	학생은 여러 화음을 연주하는 것을 내청한다. 4성부 합창에서 3성부의 소리만 실제로 연주하고, 네 번째 성부의 가락 진행을 생각으로 뒤쫓는다.
8. 손의 움직임과 목소리의 움직임의 결합	학생은 화음 및 음계로 반주하면서 선율을 계속하여 노래하고, 이를 바꾸어 해 본다.
9. 움직임의 다양한 습관을 습득. 그러한 습관을 자의적 행동으로 결합하고 교체하기	학생은 한 가지 고정된 박자를 연주하되, 동시에 가락과 화음을 어떻게 만들 것인지 생각한다. 교사의 "hopp."에 맞춰 다른 박자를 연주하거나, 바꾸어 해 본다. 교사의 "hopp."에 맞춰 조성이 변화하는 동시에 박자의 변화 혹은 한 손만 박자를 변화하여 연주하기, 피아노 선율에 따라 노래하기, 교사의 "hopp."에 맞춰 갑자기 다른 선율 혹은 다른 박자로 연주하기 등을 하며, "hopp."에 맞춰 박자에 변화를 주는데 한 마디 혹은 리듬의 부분이 삭제되거나 추가된다.
10. 11. 12. 유리드믹스 원칙을 피아노 연주에 적용	속도감 연구, 수학적인 '점점 빠르게' 혹은 '점점 느리게', 선취음 또는 지체에 의해 생긴 당김음이다. 시간의 구분과 분할 등에 관한 학습 등이 이루어진다.
13. 양손 움직임의 독립	양손을 서로 다른 리듬으로, 다른 강세로, 다른 박자의 형태로, 다른 분위기로, 다른 프레이즈로, 다른 타법으로 연주한다.

〈계속〉

14. 쉼과 프레이즈	악절과 프레이즈, 다양한 형태의 프레이즈, 여린내기, 대조와 대위법 원칙의 학습 등이 이루어진다.
15. 움직임의 두세 배의 빠르기와 느림	학생은 음계 혹은 여러 화음을 연주하고 교사의 "hopp."에 맞춰 두 배, 세 배의 속도 변화(빠르게 혹은 느리게)를 주어 계속 연주한다. 속도를 따라 주어진 리듬을 확대 혹은 축소, 두 배의 느려진 속도와 세 배의 가속을 결합, 세 배의 가속과 두 배의 가속을 결합하기 등이 이루어진다.
16. 17. 유연한 대위법과 혼합 리듬	학생은 오른손으로 연주하는 음가의 반에 해당하는 한 음표나 하나의 화음을 왼손으로 연주하고, 이를 바꾸어 연주한다. 두 잇단음표, 셋잇단음표 등의 대위법, 다양한 리듬을 양손으로 연주하기, 대조되는 음가의 리듬을 양손으로 연주하기, 캐논 연습, 다양한 형태의 대위법, 가창의 주제에 맞게 피아노로 대위법적 연주, 이를 바꾸어 하기, 혼합 강세 익히기 등을 지도한다.
18. 과장된 강세	뉘앙스 표현의 법칙, 화성과 리듬 간 화성과 강조 간, 역동과 셈여림 간, 촉각과 청각 간의 관계에 대한 연구, 음악적 주제의 발전과 즉흥적인 감성의 표현에 있어서 전조의 의미를 지도한다.
19. 20. 리듬의 기보와 즉흥연주	학생은 피아노로 한 마디를 즉흥연주하고 이를 숫자로 표시하여 베이스 성부에 기록한다. 노래 선율에 맞춰 피아노로 리듬 반주를 즉흥연주, 같은 속도의 적절한 화음 반주로 리드미컬한 선율을 짓기 등을 지도한다.
21. 리듬의 지휘	학생은 일정박을 치고 셈여림과 빠르기의 뉘앙스에 관해 교사 혹은 다른 학생이 제시하는 신호에 맞춰 자유로이 피아노를 이용하여 즉흥연주한다.
22. 2대의 피아노로 즉흥연주 (혹은 4손 즉흥연주)	2명의 학생이 악절 및 프레이즈를 바꿔 가면서 즉흥연주한다.

② 지도 방법

자크-달크로즈는 만일 어린이가 음정을 정확하게 노래하고, 기보하고, 화음을 만들고, 음계를 알아내고, 리듬을 구별하고, 실수 없이 프레이즈를 연결하고, 형식을 분석하고, 좋은 목소리를 내고, 필요할 때 강세 표현도 잘 하면 그제야 피아노에 앉아야 한다고 생각하였다. 그만큼 피아노에서 표현할 수 있는 기술과 감성이 다양하고, 이러한 표현의 자유로움을 학생들이 터득하기를 원하였던 것이다. 또한 피아노 즉흥연주를 위해서 이미 학습한 솔페즈 지식만으로는 학생의 손가락을 유연하게 만들지 못한다고 하였다. 자유로운 피아노 연주를 위해서는 손가락의 움직임이 자유자재로 구사되어야 하는데, 이때 유리드믹스의 모든 활동이 자연스럽게 밑받침되어야 한다는 것이다. 이렇게 즉흥연주는 솔페즈와 유리드믹스의 활동이 밀접하게 연계되어 있다. 따라서 지도 방법도 즉흥연주 자체를 위한 즉흥연주가 아니고 유리드믹스를 즉석에서 표현하고, 솔페즈 연습을 즉흥으로 하는 것에 초점을 두어야 한다. 일반적으로 다른 교과나 음악 활동을 할 경우도 마찬가지겠지만 자크-달크로즈 교수법의 세 지도 요소와 내용을 학습하는 방법으로는 순간적으로 반응하기, 따라 하기(메아리 모방, 연속 모방 등), 즉흥연주하기, 지휘하기 등이 있다. 즉흥연주를 위한 지도 방법은 상기 지도 내용에도 부분적으로 상세히 제시되어 있다. 다음은 그중 몇 가지 예이다.

⑦ 주어진 3음계로 리듬과 가락 즉흥연주

교사는 음계를 선창하고 3음계로 구성된 가락을 칠판에 적는다. 학생은 나름대로 리듬꼴을 만들어 뒤의 2마디를 보충하되, 마지막음은 으뜸음으로 끝내도록 즉흥연주한다.

ⓝ 4음계 가락 즉흥연주

교사는 16개의 리듬 패턴을 제시한다. 학생들은 이 리듬 패턴을 이용하여 4음계로 이루어진 가락을 피아노로 즉흥연주해 본다.

◆ 리듬 패턴의 예

◆ 즉흥연주의 예

자료: Kugler (2000), p. 133.

6) 수업 사례

다음은 독일의 유명한 리드믹 교수인 글라테(B. Glathe)가 '박자와 리듬'이라는 주제로 약 15명 정도의 학생을 위해 제시한 수업안으로, 유리드믹스, 솔페즈, 즉흥연주의 내용이 잘 엮인 사례이다(Glathe et al., 1997: 92-94).

(1) 학습 목표

박자, 빠르기, 박자의 형태, 음가, 쉼, 빠르기 변화를 움직임 중에 경험하고 표현할 수 있고, 기보할 수 있다.

(2) 대상

학생 및 성인 그룹

(3) 준비물

종이와 연필

(4) 교수 · 학습 활동 내용

① 학생은 모둠을 나누어 조용히 걸을 수 있는 빠르기(♩)에 맞는 박자를 함께 상의한다. 다 함께 일정한 빠르기로 걷는 것이 익숙해지면, 누구든 자기 마음대로 움직임의 방향을 분명하게 바꾸기 시작한다. 각자가 바꾼 방향은 빠르기의 변화를 의미하지만, 그룹의 모두는 기본 박자를 유지해야 한다. 또한 모둠 구성원들은 빠르기의 변화를 위해 오로지 ♪, ♩, ♩를 사용하거나, ♩., ♪, 셋잇단음표, ♫♫, 당김음, 쉼표 등을 자유롭게 구사하여 선택하도록 사전에 약속한다.

② 2명씩 마주 보며 바닥에 앉는다. 다음의 리듬을 손뼉 치며 노래한다.

㉮ 이 리듬을 손뼉치기 캐논으로 연주한다.

㉔ 리듬에 맞춰 캐논으로 걷는데, 두 사람의 정지와 움직이는 동작이 분명히 구분되도록 한다.

㉕ 하나의 선율을 노래 부르거나 악기로 연주하도록 한다. 모둠원들은 이에 맞춰 움직이고, 중요한 부분들을 가벼운 강세로 표현한다.

㉖ 이 활동을 프레이즈별로 구분하여 해 본다(예: 첫 번째 프레이즈-움직임 / 두 번째 프레이즈-정지 / 세 번째 프레이즈-움직임 등 또는 첫째 박, 둘째 박-움직임 / 셋째 박-정지 / 넷째 박에 움직임 등). 정지는 움직임을 중단하는 것을 의미하는 것이 아니라, 오히려 선율의 흐름과 움직임의 동작과 '내적으로 같이 움직이는' 것을 염두에 두고 표현해야 한다.

③ 교사는 다음의 곡을 연주하거나 노래한다. 학생들은 박자를 온몸으로 표현하는 데 부드럽게, 둥글게, 활 모양처럼, 원을 그리며 할 수도 있고, 직선을 그리듯, 단단하게 등의 표현도 가능하다.

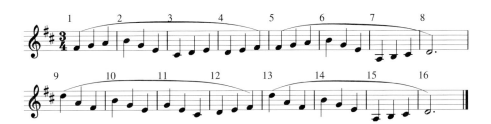

㉮ 3박자의 일정박을 행진하듯 걸으며 첫째 박을 손뼉치기로 강조한다.

㉯ 손뼉치기를 통한 강세 표현은 다음의 악보처럼 둘째 박, 셋째 박에도 가능하다.

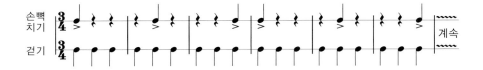

㉰ 이 활동은 물론 넷째 박 또는 다섯째 박에서도 유효하다. 손과 발의 역할을 바꿀 수도 있다.

㉱ 일정박과 박에 따라 강세를 표현한 리듬은 점차 다양한 패턴으로 늘어난다. 이러한 다양한 리듬 패턴들을 엮어 걷기와 손뼉치기를 연주한다.

㉲ 양손으로 3박자의 박자 젓기를 하고, 발로는 다양한 리듬을 움직임 동작으로 표현한다.

◆ 양손으로 박자 젓기   ◆ 걸음걸이 리듬

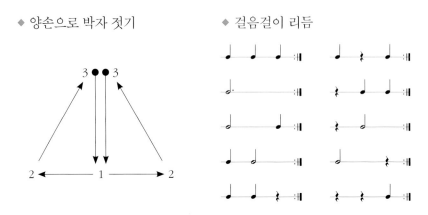

④ 모둠의 1명이 일정한 박자 형태를 움직임 동작으로 나타낸다. 전체 모둠원은 이 움직임을 수용하여 정확하게 모방한다. 점차 각자는 새로운 동작을 이어서 표현한다. 동작의 수가 많아지면 말없이 눈치껏 한 동작으로 일치시킨다. 잠시 시간이 지난 후 새로운 박자와 동작을 같은 방법으로 시행한다. 이때 한 사람이 드럼을 연주하여 움직임 동작에 반주해 주는 것도 좋다.

박자의 형태는 손뼉치기 또는 다른 신체 악기를 통해서든, 걸음걸이를 통해서든, 온몸을 움직이는 가운데 리드미컬하게 표현되어야 한다. 앞의 즉흥연주를 다음과 같이 그래프로 적어서 특정한 형식으로 발전시킬 수 있다.

그림 7-3 박자 형태를 그래프로 표기한 예

1. 자크-달크로즈의 음악교육에 있어 '신체'는 무엇인지 논의해 보자.

2. 자크-달크로즈가 리듬 청음 감각 능력 향상을 위해 권장한 것 외에 또 다른 방법으로 무엇이 있는
   지 토의해 보자.

3. 자크-달크로즈의 솔페즈 교육 내용을 간단히 설명해 보자.

2. 코다이 교수법

1) 코다이 교수법의 개요

(1) 코다이의 생애와 교수법의 특성

졸탄 코다이(Zoltán Kodály, 1882~1967)는 헝가리의 소도시 케츠케밋에서 태어난 세계
적인 작곡가, 음악교육자이다. 관현악곡 〈헝가리 시편(Psalmus Hungaricus)〉과 수많은 무
반주 합창곡은 그가 작곡한 세계적인 연주 레퍼토리이다. 코다이는 버르토크(B. Bartók,
1881~1945)와 함께 헝가리의 민속 음악을 수집·분석·분류하여 민요 연구에 큰 업적을 남
겼다. 그의 연구 성과는 헝가리의 정신이 깃든 음악을 작곡하고, 민속음악에 뿌리를 둔 음악
교육을 만드는 데 기초가 되었다.

코다이는 음악교육에 관심을 가지고 1930년대 초부터 국가적 규모의 '청소년 노래 운동
(Singing Youth Movement)'을 이끌었으며, 1937년부터는 청소년들의 음악 훈련에 도움을 줄
수 있는 연습곡 〈비치니아 헝가리카(Bicinia Hungarica)〉를 만들었다. 이후 초급부터 중급·
고급 단계의 단성부 및 다성부 연습곡을 작곡하였고, 학교 음악교육을 위한 교육과정과 교
과서를 만들었으며, 음악 교사를 양성하였다. 코다이는 평생의 작업을 통해 '코다이 교수법
(Kodály Method)'이라는 결과를 얻었다. 코다이 교수법은 악기를 사용하지 않고, 사람들이
가지고 있는 목소리를 주로 활용함으로써 시설에 관계없이 공교육 현장에서 쉽게 적용할 수
있다는 점에서 유용하다. 코다이의 음악 교수법에 흐르는 그의 사상은 다음과 같이 정리할
수 있다.

첫째, 코다이는 '음악은 모든 사람의 것이 되어야 한다.'라고 생각하였다. 그는 모든 사람이 예술 음악을 즐기고 느낄 수 있어야 하고, 교육이 그 역할을 담당해야 한다고 여겼다. 그는 모든 사람이 예술 음악을 즐길 수 있도록 하기 위해서 악기 없이 목소리로 음악을 배울 수 있도록 하는 가창 위주의 교수법을 고안하였고, 학교의 수업에서 지도할 수 있는 형태의 교수법을 만들었다. 그가 고안한 음악 연습곡의 대부분은 악기 없이 무반주로 여러 학생이 함께 노래를 위한 부르는 형태로 만들어졌다.

둘째, 민요를 중시하였다. 코다이는 민요가 과거를 추억하는 데뿐만 아니라 미래를 위한 기초로 중요하다고 확신하였고, 민요를 많이 불러 본 사람들만이 다른 민족의 개성을 진정으로 이해할 수 있다고 하였다(Szönyi, 1990: 30). 실제로 그는 대부분의 연주곡과 연습곡을 헝가리 민요에서 따온 가락을 활용하여 만들었다. 버르토크는 코다이의 민요에 대한 애정을 다음과 같이 표현하였다. "코다이 작곡 활동의 뿌리는 헝가리 토양에 있다. 이것은 그의 민족에 대한 군건한 힘과 미래에 대한 그의 흔들리지 않는 믿음과 신뢰 때문이다"(Grove, vol. 20: 142). 코다이는 민족의 음악, 즉 민요를 통해 음악이 만들어져야 하고 음악교육이 되어야 한다는 믿음을 가지고 있었다. 코다이는 민요를 음악적 모국어라고 불렀으며, 그것을 모든 사람이 공유하고 있는 풍부한 유산이라고 생각하였다.

셋째, 숭고한 음악을 중시하였다. 버르토크에 따르면, 코다이는 디오니소스적인 제멋대로의 음악을 추구하지 않았으며, 내면적으로 깊은 사고를 추구하였다고 한다. 그의 음악 안에 있는 모든 것은 조성적 원리에 기초하고 있다. 그는 집중하는 멋에서 작업하였으며, 어떤 급격한 변화, 잘못된 화려함, 어떤 극적인 효과는 경시하였다(Grove, vol. 20: 139).

넷째, 민요에 옷을 입혀야 한다고 생각하였다. 도시에서는 민요의 차림새가 꼴사납고 불편하다고 보았다. 민요의 의복은 숨쉬는 것을 방해하지 않도록 거추장스러운 부분을 잘라, 합창곡이나 피아노곡으로 편곡하여 촌이나 시골을 잊어버리도록 화장을 해야 한다고 하였다(Bönis Ed., 1972: 9). 그는 민요를 중시했지만 그것이 새롭게 탄생될 수 있도록 편곡되어야 한다고 생각하였고, 실제 악곡에서도 민요의 음계와 형식은 남겨 놓으면서 현대화 · 도시화하였다.

다섯째, 이동도법을 중시하였다. 악보를 읽을 때는 고정도법이 아니라 이동도법을 사용한다. 이동도법은 조성의 특성을 지도하는 데 용이하고, 음악의 초보자들이 음악을 잘 느끼고 부를 수 있는 방법으로 보았다. 헝가리의 학교에서는 고정도법을 지도하기도 하지만 중심은 이동도법에 두고 있다.

(2) 코다이 교수법의 근원

코다이 교수법은 여러 나라의 교육 체계에서 활용되었던 음악교육 방법들을 수용하고 있다. 코다이 교수법의 중심에 있는 이동도법은 11세기 수도사 귀도 다레초의 '여유 있게 소리로 노래하게 하시며(Ut queant laxis resonare fibris)'에서 근원을 찾을 수 있다. 우트(Ut)가 도(Do)로 대체되고, 시는 티(Te)로 만들어 사용하고 있지만 코다이의 연습곡에서 사용하고 있는 이동도법의 이름[1]은 중세 그의 노래에서 차용한 것이라고 할 수 있다. 코다이 손기호 (Kodály Hand Sign)의 근원은 영국이다. 영국인 커웬(J. Curwen, 1816~1880)은 계명창법을 연구했으며 손기호를 고안하였다. 손기호를 활용하여 계명을 읽는 방법은 커웬이 가르치던 성가대원들이 음 높이를 더욱 정확히 인식할 수 있게 해 주었다. 코다이는 커웬의 손기호를 부분적으로 수정하여 그의 교수법에 수용하였다.

코다이의 리듬 이름과 날으는 음표(flying note)는 프랑스인 슈베(E. G. Chevé, 1804~1964) 가 고안한 것이다. 코다이의 리듬 이름(타 타, 티 티, 트리올라 등)의 근거는 슈베에서 찾을 수 있으며, 날으는 음표 역시 코다이가 프랑스 여행에서 알게 된 지도법이다. 코다이는 이러한 지도법들을 수용하여 그의 지도법을 완성하였다.

코다이는 교육적 목적을 달성하기 위해 세계의 좋은 교수법은 모두 수용한다는 입장이다. 박자치기, 손뼉치기, 두드리기 등의 교육 방법을 활용하는 달크로즈의 유리드믹스, 솔페즈를 중시해야 한다는 주장을 실천했던 헝가리인 몰나르의 교육 방법, 교육에서 아동을 중심에 두어야 한다는 페스탈로치의 교육관 등이 모두 합쳐져서 코다이 교수법이 만들어졌다. 코다이 교수법은 많은 코다이 교수법 지도자에 의한 다양한 교수법과 교육 관점들이 통합되어 지금도 진화하고 있다.

2) 코다이 연습곡

코다이는 다양한 종류의 연습곡을 만들어 출판하였다. 헝가리 코다이 음악원(KODÁLY INSTITUTE, Kecskemét, Hungary)[2]의 원장을 지낸 잇지쉬(M. Ittzés)는 코다이의 연습곡을 14종

---

1) 〈333 초급 읽기 연습곡〉〈비치니아 헝가리카〉 등 연습곡에서 d, r, m, f, s, l, t 등의 계이름의 첫 단어로 제시하였다.

22권으로 정리하였다(Ittzés, 1993). 코다이 연습곡은 유치원이나 초등학교 단계에서부터 사용할 수 있는 초급 연습곡부터 음악 전공 학생들이 사용할 수 있는 고급 연습곡까지 다양한 단계로 출판되어 있다. 단선율 연습곡과 다선율 연습곡 등 형식이나 성부가 다양하고, 악보는 '솔파 악보'와 '5선 악보' 그리고 '파트보' 등이 있으며, 음악은 2음 음계부터 5음 음계, 선법, 반음 음계, 조성 음악 등 여러 가지이다. 다선율 연습곡은 르네상스와 바로크시대의 대위법적인 특성을 가진 음악이 대부분이다. 여기에서는 코다이 연습곡 중 빈번히 활용되고 있는 것들을 소개한다.

표 7-6 코다이 주요 연습곡

제목(연도)/등급	음악적 특성	교육 목표
333 초급 읽기 연습곡(1943)/초급	2~5음 음계로 된 코다이 자신이 만든 단선율 가락으로 구성되어 있음	음악의 읽기·쓰기·기억 능력 등의 연습, 솔파 악보·5선보 악보, 단순한 리듬 패턴 연습
5음 음계 I-IV (1945)/초급-중급	헝가리 민요의 순수 5음 음계 가락, 코다이가 직접 만든 5음 음계 가락, 헝가리 옛 민요 가락, 헝가리인과 유럽인이 구별되는 추바쉬 5음 음계 등이 있음	솔파 악보와 여러 가지 '도'의 위치 바꾼 5선 악보 연습
비치니아 헝가리카 I-IV(1937)/ 초급-중급	헝가리 민요와 작곡가가 직접 작곡한 가락, 5음 음계, 온음 음계, 단순한 오스티나토를 활용한 2성부 악곡, 르네상스나 바로크의 다성 음악 구성을 하고 있음. 가사는 전통적인 것과 시인들의 쓴 것이 있음	2성부 노래를 5선보에서 상대 계명 창법의 학습, 가사가 있는 높은음자리표, 쉬운 전조 연습
정확히 함께 노래하자(1941)/ 초급-중급	배음의 원리에 근거하여 완전음정부터 안어울림 음정으로 된 짧은 화음들로 구성되어 있음	악기 없이 정확한 음정의 연습, 손기호로 연습이 가능함
15 2성부 노래 연습곡(1941)/ 초급-높은 중급	헝가리의 민요와 관련이 있는 코다이 자신의 창작품. 르네상스 선법과 바로크의 기능 화성의 특성을 모두 포함하고 있음	다성 음악, 여러 가지 종류의 대위선율 그리고 모방 구조 등의 연습

〈계속〉

2) 헝가리 코다이 음악원(KODÁLY INSTITUTE)은 헝가리 케츠케밋에 위치하며, 전 세계의 음악교육자들이 코다이 교수법을 배울 수 있는 곳이다.

77 2성부 노래 연습곡(1967)/ 초급-중급	2성부로 편곡한 헝가리 민요 가락, 일본 홋카이도의 아이누족의 전통 가락, 유럽 전통에 기초한 숨겨진 하모니가 나타남	2성부 시창 연습, 모방, 대위법, 2성부 인벤션, 푸가, 화성의 발달, 조성감 등의 연습
66 2성부 노래 연습곡(1963)/ 초급-중급	가락은 헝가리 민요적 특성 그리고 유럽 예술 음악 주제 형식. 대부분 바로크 대위적인 것과 모방 형식, 선법 등이 있음	여러 가지 모방 기법(캐논)의 연습, 5음 음계와 온음계, 조 바꿈, 음정의 자리바꿈 등의 연습
55 2성부 연습곡 (1954)/중급	헝가리 민요 가락, 민요와 유사한 악곡, 유럽 르네상스, 바로크의 주제 형식, 일부는 차용한 가락, 기능 화성과 조바꿈 등을 포함하고 있음	기악 연주가들에게도 적합한 무반주 합창 연습곡, 높은음자리표, 가온음자리표 읽기, 마디선 없는 음악 읽기 연습
트리치니아(1965)/ 중급-고급	가락, 리듬, 그리고 화성의 배경은 바로크와 후기 낭만 양식을 포함하고 있음	3성부 음정 연습, 이조, 낭만-현대 화성 세계, 조바꿈, 단성 음악과 다성 음악 형식, 다양한 음자리표 연습
에피그램(1954)/ 고급	헝가리 전통에 기초한 민요에 코다이적 요소가 가미됨. 신 낭만주의와 인상주의적 특성을 포함하고 있음	악기 반주와 함께 읽기 연습함. 노래하는 사람이 반주를 함. 성악 성부는 가락 악기로 연주할 수 있음. 피아노 연습도 가능함

자료: Ittzés (1993).

(1) 〈333 초급 읽기 연습곡〉

이 연습곡은 2음에서 5음 음계로 된 코다이 자신이 만든 333개의 단선율 가락으로 구성되어 있다. 음악의 읽기·쓰기·기억 능력 등을 훈련할 수 있도록 '솔파 악보'와 '5선 악보'로 되어 있으며, 단순한 리듬 패턴을 연습할 수 있도록 구성되어 있다(Ittzés, 1970). '솔파 악보'는 이동도법의 읽기 연습과 고정도법의 읽기 연습을 함께할 수 있고, 5선에 익숙하지 않은 초급의 학생들이 음악을 적을 때 활용하는 방식을 보여 준다. 하나의 '솔파 악보'에 제시된 가락을 여러 조성에 해당하는 음이름(고정도법)을 부를 수 있다. 예를 들면, C조에서 '도 레 도 레'를 'c d c d'로 읽고 G조로 전조해서 읽을 경우 'g a g a'로 읽도록 하는 방법을 쓴다. 이 과정에서 음이름과 계이름을 정확히 이해할 수 있게 된다. 〈악보 7-3〉은 연습곡으로 제시된 악보인데, 리듬 음표 아래 계명의 첫 자를 제시하였다. 이 교재로는 계이름으로 부르기도 하고, 음이름인 c c d c d d c c …… 혹은 d d e d e e d d …… 혹은 g g a g a a g g 등 조를 바꾸어 가면서 부르기도 한다. 학생들이 악보를 그릴 때에는 〈악보 7-4〉의 방법으로 음표의 머리 없이 간단하게 나타내기도 한다.

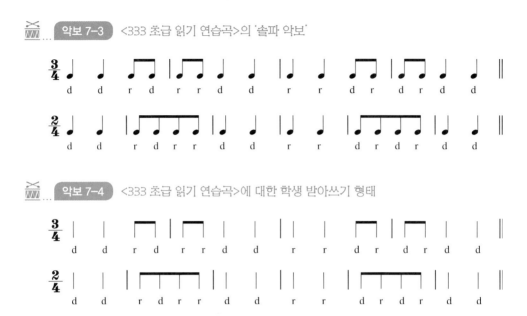

악보 7-3 〈333 초급 읽기 연습곡〉의 '솔파 악보'

악보 7-4 〈333 초급 읽기 연습곡〉에 대한 학생 받아쓰기 형태

〈333 초등 읽기 연습곡〉은 〈악보 7-5〉처럼 5선보로 제시되는 부분도 있다. 여기서 특이한 점은 조표를 사용하지 않는다는 것이다. 학생들이 이해하기 어려운 조표를 제시하지 않고, 계이름의 첫 자를 제시하여 계이름으로 부르도록 유도하고 있다. 〈악보 7-5〉의 D음과 E음은 장2도로 '도'와 '레'로 불러도 되기 때문에 조표를 붙이지 않고 있다. 코다이는 꼭 필요한 경우에만 조표를 붙인다.

악보 7-5 〈333 초급 읽기 연습곡〉의 '5선 악보'

(2) 〈비치니아 헝가리카〉

이 연습곡은 헝가리 민요를 기초로 2성부 연습곡을 만든 것이다. 가락은 헝가리 민요에

바탕을 둔 5음 음계를 사용하면서, 르네상스와 바로크시대의 모방 기법이 주로 나타난다. 무반주 합창을 하면서 음악 읽기 연습을 하는 악곡이다.

악보 7-6 〈비치니아 헝가리카(Bicinia Hungarica)〉

자료: Kodály (1970).

(3) 〈에피그램〉

코다이 연습곡의 대부분은 무반주곡인데, 이 〈에피그램(Epigramme)〉은 예외이다. 이 곡은 가락에 반주가 있는 악곡이며, 학생이 직접 피아노를 치면서 악보 읽기를 연습할 수 있도록 한 곡이다. 고급 단계에서 사용하기 때문에 난이도가 높은 가락을 보여 주고 있다. 이 곡역시 헝가리 민요의 특징을 포함하고 있다.

악보 7-7 〈에피그램(Epigramme)〉

〈계속〉

자료: Kodály (1954).

(4) 〈정확히 함께 노래하자〉

음정을 정확히 노래하는 훈련을 하는 연습곡이다. 이 연습곡은 리듬 없이 온음표로 배음에 따라 음정을 연습할 수 있도록 만들었다. 악기의 도움 없이 2성부를 노래함으로써 음정을 정확히 노래 부를 수 있도록 하고 있다. 다른 연습곡들은 포켓에 넣을 수 있도록 해 놓았지만 이것은 일반 노트 크기이기 때문에 주로 학교에서 학생들과 함께 사용한다.

악보 7-8 〈정확히 함께 노래하자(Let's sing correctly)〉

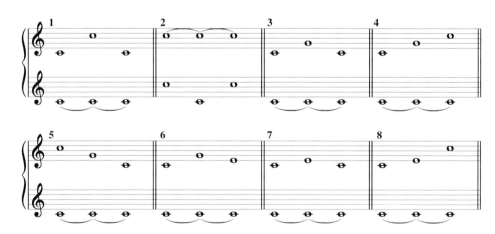

자료: Kodály (1952).

3) 지도 방법

(1) 리듬 지도법

음악의 가장 작은 단위 혹은 가장 핵심 요소는 리듬이다. 리듬만으로도 훌륭한 음악을 완

성할 수 있다. 음악이 시간 예술인 것은 리듬이 있기 때문이다. 음악을 훈련하는 과정에서 리듬 능력을 배양하는 것은 가장 중요한 과제라고 할 수 있다.

리듬을 익힐 때는 먼저 악보 없이 박수나 리듬악기(우드스틱, 캐스터네츠) 등으로 따라 치기를 하고, 그 훈련이 되면 리듬에 이름을 붙여 부르는 연습을 할 수 있다. 리듬 이름은 리듬 읽기를 용이하게 하고, 리듬을 듣고 잘 구별할 수 있도록 해 준다. 우리나라에서는 리듬 이름이 '딴딴' '밤 대추' '덩 쿵 덕' '갠지 갱 개갱' 등 노래나 악기에 따라 다양한데, 코다이 교수법에서는 음표에 해당하는 리듬을 한 가지로 정해 정교하게 구분하여 사용하고 있다. 코다이의 리듬 이름은 슈베가 처음 고안한 것을 수정 · 보완하여 사용한 것으로 다음과 같다.

악보 7-9 코다이 리듬 이름

이 리듬 이름은 악보의 리듬을 읽게 할 때, 리듬 카드를 읽을 때, 리듬의 유형을 제시할 때, 리듬 카드에 리듬을 제시할 때, 리듬 캐논할 때, 리듬을 듣고 악곡의 이름 맞추기 할 때 등에 사용할 수 있다.

그림 7-4 초급 단계의 리듬 카드의 예

리듬 학습 활동의 여러 가지 예

활동 1. 박수 따라 치기: 리듬을 치고, 따라 치게 한다.

활동 2. 리듬 카드 보며 리듬 치기: 리듬 카드를 보여 주고 학생들이 리듬을 치게 한다. 이때 보며 치는
방법과 외워 치는 방법을 모두 사용할 수 있다.

활동 3. 리듬 이름으로 말하기: 악보로 된 리듬 카드를 보고, 리듬 이름으로 말하게 한다.

활동 4. 리듬 카드 고르기: 악보 카드 중 교사가 친 리듬을 선택하게 한다.

활동 5. 박수로 리듬 캐논하기: 여러 가지 악곡의 리듬을 박수로 캐논한다.

코다이는 리듬을 가르칠 때 단계를 제시하였다. 그것은 4분음표와 8분음표 그리고 4분쉼표를 먼저 가르치고 이후에 2분음표와 싱코페이션을 지도하는 방법 등이다. 그리고 $\frac{2}{4}$박자를 $\frac{4}{4}$박자보다 먼저 가르치는 것이 더 타당하다고 하였다. 이것은 오랜 시간의 실험을 거쳐 만든 것이다. 리듬 지도 단계는 다음과 같다.

♩ – ♫ – 𝄽 – $\frac{2}{4}$ 박자 – ♩ – ♪♪ ♪ – ᾽ – $\frac{4}{4}$ 박자 – o – ▬ – ▬ – ▬ – 𝄵 ♩.

– $\frac{3}{4}$ 박자 – ♩. – ♫ – ᾽ – ♪. – $\frac{3}{8}$ 박자 – 변박 (처음은 $\frac{4}{4}$ + $\frac{2}{4}$, 다음은

$\frac{3}{4}$ + $\frac{2}{4}$) – ♫♫(3) – $\frac{6}{8}$ 박자의 ♩ + ♪ 의 리듬을 – $\frac{9}{8}$ 박자 – ♬

– $\frac{3}{2}$ – $\frac{4}{2}$ 박자 ♩ – $\frac{7}{4}$ – $\frac{7}{8}$ 박자 등

(2) 손기호

코다이의 손기호는 기본적으로는 음의 높이에 따라 각각 다른 모양을 가지고 있으며, 음 높이의 상대적인 높이에 따라 손의 위치도 달리 표시한다. 예를 들어, '도'는 아래에서 주먹으로 표시하고, 레는 '도'보다는 위에서 손바닥을 펴고 45도쯤 기울인다. 그리고 '미'는 '레'보다 위에 위치하며 손바닥을 펴서 수평으로 둔다. 각 계이름의 손의 모양과 위치는 [그림 7–5]에서 알 수 있다.

코다이 손기호의 중요한 기능은 세 가지로 정리할 수 있다.

첫째, 음의 높이를 지도할 수 있다. 교사가 음의 높이에 따라 위치를 달리하여 손기호를 보이면 학생들은 음의 높이를 쉽게 인지하여 노래를 정확하게 부를 수 있다. 그리고 이때 교사는 소리를 내지 않고 손으로만 표시함으로써 학생들이 마음속으로 소리를 연상하도록 하여 이를 통해 내청 능력을 개발할 수 있다. 또한 교사가 손기호 없이 계명 또는 허밍으로 노래를 부르고, 학생이 교사의 노래를 손기호로 표시하게 함으로써 학생들의 음 구별 능력을 훈련할 수도 있다.

둘째, 화음을 지도할 수 있다. 학생들은 화음을 만드는 것을 어렵게 느끼지만, 좋은 화음을 내는 것은 학생들이 음악 활동을 하는 기쁨을 느낄 수 있게 한다. 학생들에게 화음을 지도할 때는 순정률에 의한 화음을 소리 낼 수 있도록 해야 하는데, 평균율의 피아노는 화음 훈련에는 부적절할 수 있어 손기호가 유용하다. 지도 방법은 양손으로 두 음을 표시하고 두 부분으로 나누어 학생들에게 소리를 내게 하면 효과적으로 화음을 지도할 수 있다.

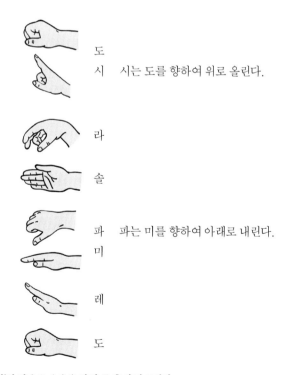

도
시   시는 도를 향하여 위로 올린다.

라

솔

파   파는 미를 향하여 아래로 내린다.
미

레

도

* '도–시' '파–미'의 반음은 온음을 알려 준 후에 가르친다.

그림 7–5   코다이 손기호 그림

자료: Choksy(1999), pp. 13–14.

셋째, 전조를 지도할 수 있다. 전조는 이론으로 지도하기 전에 실제 소리를 통해 지도하여야 한다. 소리로 전조를 지도할 때는 한 손으로 가락의 계명을 손기호로 보여 주다가 어떤 계명에서 다른 손으로 바꾸어 다른 계명을 보여 주면서 가락을 이으면 전조된 가락을 부르게 할 수 있다. 예를 들어, 다장조에서 사장조로 변하는 가락에서 오른손으로 '도레미 솔'을 하고 '솔'에서 왼손으로 '도'를 표시하면서 바꾸어 주면 딸림조로 변하게 된다. 이후에 '도시 도레도'와 같은 가락을 제시하면 전조의 느낌을 느낄 수 있다.

손기호 지도 방법의 예

활동 1. 단선율 손기호: 계명을 한 손으로 보여 주며 계명으로 부르게 하거나, 손으로 보여 준 계명을 음표로 적게 한다.

활동 2. 2성부 손기호: 양손으로 화음을 표시하면서 학생들에게 2성부 합창을 하게 한다.

활동 3. 전조 손기호: 한 손으로 먼저 시작한 후 전조되는 곳에서 다른 손으로 바꾸어 주면서 전조하여 노래 부르도록 한다.

---

(3) 날으는 음표

날으는 음표(flying note)는 긴 막대기 끝에 음표의 머리를 붙인 것이다. 이것을 칠판의 오선보에 위치시켜 음을 읽게 하는 데 사용한다. 교사는 준비된 선율을 사용할 수도 있고, 즉흥적으로 가락을 만들어 노래하게 할 수 있다. 초보자들에게는 오선보를 크게 그려 사용한다.

그림 7-6 날으는 음표

날으는 음표 지도 방법의 예

활동 1. 연속 음 표시하며 하나씩의 계명 읽기

활동 2. 2개 음 기억하며 계명 읽기

활동 3. 3도 뛰는 음 표시하며 하나씩 계명 읽기

활동 4. 3개 음 기억하며 계명 읽기

(4) 손가락 기호

손가락 기호는 5개의 손가락을 오선을 대신하여 보여 주며 계명창을 훈련하는 것이다. 손가락은 5선의 선이 되고, 손가락 사이는 칸이 되게 하여, 손가락과 사이를 다른 손으로 가리키면서 계명창을 하게 한다. 보통 왼손의 손가락을 벌려 오선으로 하며, 오른손으로 왼손의 부분을 가리키며 학생들에게 계명으로 부르게 한다. 손에는 음자리표가 없기 때문에 첫 음의 계명을 지정하고 지도한다.

그림 7-7 손가락 기호

활동 1. 손가락으로 표시하며 도 레 미 3개의 계명 읽기

활동 2. 손가락으로 표시하며 도 미 솔 3개의 계명 읽기

활동 3. 손가락으로 표시하며 가락의 계명 읽기

(5) 음 기둥

음 기둥은 계이름을 세로로 써 놓은 기둥이다. 음 기둥은 소리의 높이와 음 간격을 지도할 때 사용한다. 음 기둥을 그릴 때에는 반음과 온음의 간격을 잘 표시하여 학생들이 음의 상대적 위치를 잘 이해할 수 있도록 한다. 음 기둥을 세워 놓고, 각 음을 지시하면서 가락을 부르게 하면서 음을 익힌다.

그림 7-8 음기둥

활동 1. 음 기둥에서 음의 간격을 설명하기

활동 2. 음 기둥(3개 음)의 계명을 지시하며 계이름 읽기

활동 3. 음 기둥(5개 음)의 계명을 지시하며 계이름 읽기

---

4) 코다이 교수법을 활용한 수업 모형

코다이 교수법을 구현하기 위해서는 코다이의 음악교육철학에 기반을 두고 코다이가 만든 교재를 사용하며, 코다이가 고안한 지도법과 평가 방법을 활용해야 한다. 그러나 코다이는 자신의 교수법이 자국에서만 활용될 것이라고 생각하지 않았다. 그는 세계의 모든 사람이 숭고한 음악을 쉽게 이해하고 경험할 수 있도록 하는 음악교육이 되기를 원하였다. 코다이는 음악교육의 소재는 헝가리 민요가 아니라 자국의 민요에 기반을 두는 것이 좋다고 생각하였고, 자국의 언어로 된 음악에 관심을 보여야 한다고 여겼다. 그가 영국과 프랑스에서 수용한 손기호 이름이나 리듬 음절은 헝가리에 맞도록 고친 것이었으며, 다른 나라에서도 그런 방법을 고안해야 한다고 생각하고 있었다. 우리가 관심을 가져야 하는 것은 그의 음악교육철학과 음악교육의 목표라고 할 수 있다. 그는 모든 사람이 숭고한 음악을 이해하고 경험할 수 있도록 하기 위하여 음악 읽고 쓰기 능력을 가르쳐야 한다고 생각하였다.

우리나라에서 코다이 교수법을 활용하는 방법은 우리나라 교육과정과 교과서를 가르치는 과정에서 더 구체화할 수 있다. 코다이의 음악 읽고 쓰기 교육은 가창중심 수업의 일반적인 수업 모형에 그의 철학과 방법론을 응용하는 방법으로 활용이 가능할 것이다. 〈표 7-7〉은 우리나라 음악 교과서의 제재곡을 가르치는 데 코다이 교수법을 적용하는 모델의 예이다.

표 7-7 코다이 교수법을 활용한 가창중심 수업 모형

주요 단계	설명
1. 가사 이해하기 • 가사 읽기 • 가사의 의미 파악하기	코다이는 가창곡에서 가사의 의미를 이해하는 것을 매우 강조하였다.
2. 리듬에 맞게 가사 읽기 • 리듬 익히기(리듬 음절로 리듬 읽고 쓰기) 　－리듬 카드, 리듬 캐논, 질문 대답(즉흥), 리듬 받아쓰기 등 활용 • 리듬에 맞게 가사 읽기(따라 읽기 혹은 악보 읽기)	코다이는 리듬을 리듬 음절을 정해 읽는 것을 권장하였다. 헝가리의 리듬 이름(타 티) 혹은 우리나라에서 사용하는 리듬 이름(따안) 중 어떤 것이든 리듬에 이름을 붙여 읽는다면 코다이 방법이라고 할 수 있다.
3. 가락 익혀 노래 부르기 • 가락 익히기(이동도법으로 가락 익히기) 　－계명창하기, 손기호 활용, 질문 대답(즉흥), 가락 캐논, 가락 받아쓰기, 가락 만들기 등 활용 • 가락에 맞게 가사 부르기	코다이는 이동도법이 자연적인 가락의 느낌을 줄 수 있고, 초보자들에게 음악을 쉽게 이해할 수 있게 하는 방법이라고 생각하였다. 가락을 읽고 쓰는 교육 방법은 다양하다.
4. 화음으로 노래 부르기 • 기본적인 화음 느끼기(무반주 합창하기) 　－양손으로 손기호하기, 가락 캐논, 화음 쓰기 등 활용 • 합창하기	코다이는 피아노 반주 없이 합창할 때, 순수한 화음을 느낄 수 있다고 하면서, 무반주 합창을 권장하였다.
5. 정리 • 가락 읽고 쓰기 • 가사로 합창하기	정리 단계에서는 학생들이 이해한 부분과 음악적 표현력을 확인한다.

5) 코다이 교수법의 확산

헝가리의 작은 학교에서 처음 적용된 코다이 교수법은 지금 전 세계에서 실천되고 있다. 코다이 교수법이 교육 현장에 처음 적용된 것은 1950년 코다이 학교(Singing Primary School)가 만들어진 이후부터이다. 코다이 학교에서는 매일 1시간씩 음악 읽고 쓰기(솔페즈)를 배운다. 매일 운영되는 솔페즈 시간이 학생들의 음악성뿐만 아니라 수학 성적 향상에도 도움을 준다는 것이 통계적으로 확인되었다. 이러한 성과는 1958년 베트남과 1963년 도쿄에서 개최된 국제음악교육협회(International Society for Music Education) 회의에서 처음 세계에 알려졌으며, 1964년에 헝가리 부다페스트에서 개최된 국제음악교육협회 회의에서 실제 코다이 교수법을 실천하는 모습이 소개되었다.

코다이 교수법은 코다이의 고향인 케츠케밋과 헝가리의 160여 개 학교에서 적용되고 있다. 현재는 전 세계의 음악교육자들이 코다이 학교의 교육적 효과를 배우기 위해 헝가리를 찾고 있으며, 유럽은 물론이고 미국, 캐나다, 호주, 뉴질랜드, 중국, 일본, 멕시코 등 많은 국가들이 음악 교사 연수, 음악 교과서, 다양한 문헌 등에서 이 교수법을 소개하고 실제 학교 현장에서 활용하고 있다. 우리나라에서는 초등학교 교사용 지도서에 손기호가 소개되고 있으며, 민요를 중시하는 철학이나 실제 지도법 등은 우리의 학교 현장에 유용한 지침이 되고 있다.

 코다이 교수법 토의 주제

1. 코다이 교수법이 궁극적으로 지향하는 교육의 목적에 대해 토의해 보자.

2. 코다이 교수법에서 활용하는 연습곡의 종류와 목적에 대해 토의해 보자.

3. 코다이 교수법의 주요 지도 방법을 구체적인 제재곡이나 단원에 적용하여 발표해 보자.

3. 오르프 교수법

1) 칼 오르프

　칼 오르프(Carl Orff, 1895~1982)는 독일 뮌헨에서 출생한 작곡가, 지휘자, 음악교육자이다. 5세 때 어머니로부터 피아노 수업을 받기 시작하였고, 학창시절에는 문학과 고전 언어에 남다른 관심을 가졌으며, 뮌헨음악대학에서 작곡을 공부하였다. 작곡가로서 세계적 명성을 가져다준 오르프의 대표적 작품으로는 자신만의 독특한 연주 기법을 완성시킨 것으로 알려진 극적 칸타타 〈카르미나 부라나(Carmina Burana)〉(1935)를 꼽을 수 있다. 오페라 〈달(Der Mond)〉(1939)과 〈현명한 여자(Die Kluge)〉(1943) 등 그의 작품들을 통해 오르프는 원초성에서 새로움을 창조하는 형태로 음악, 언어, 몸의 움직임을 결합한 음악극을 창시하였다. 그는 뮌헨, 다름슈타트, 만하임 등지의 극장에서 음악 감독 및 지휘 활동도 하였다.

　음악교육자로서는 귄터(D. Günther)를 만나 체조, 음악, 춤을 배우는 귄터 학교를 1924년에 설립하고, 그 학교에서 음악교육 총책임자를 역임하였다. 오르프는 그곳에서의 교육 경험을 바탕으로 예비 교사를 위한 첫 번째 교육용 저서『오르프-슐베르크, 원초적 음악 훈련(Orff-Schulwerk, Elementare Musikübung)』(1930~1932)을 집필하였다. 이 시절 오르프는 그의 예술성과 교육 이념의 실현을 위해 음판악기와 관악기(특히 리코더) 및 많은 타악기를 도입하면서 오늘날 전 세계의 음악교육 현장에서 사용되고 있는 오르프 악기의 기반을 마련하였다. 1948년 뮌헨 소재 바이에른 라디오 방송국에서 어린이 음악 방송물 제작을 제의받은 오르프는 케트만(G. Keetman)과 함께 공식적으로 어린이를 위한 음악교육에 관심을 갖게 되었다. 이러한 계기로 발전된 음악교육 작업 과정에서 얻어진 즉흥연주 자료들은 오르프와 케트만 공저인 두 번째 교육용 저서『오르프-슐베르크, 어린이를 위한 음악(Orff-Schulwerk, Musik für Kinder)』(1950~1954)(전 5권)의 기초가 되었다. 오르프-슐베르크와 오르프 악기는 당장 음악교육뿐만 아니라 장애인과 노인을 위한 교육의 필수적인 음악 교수 이론으로 전 세계에 알려졌고, 우리나라에는 1968년에 처음 소개되었다. 오르프-슐베르크는 우리나라의 현행 교육과정에 적지 않은 내용이 반영되었을 뿐만 아니라 현재 전 세계적으로 그에 대한 연구가 활발히 진행 중이다.

2) 교수법에 영향을 준 사람들

권터(D. Günther, 1896~1975)는 당대의 진보적인 여성 교육자였다. 새로운 체조 개념을 구상하던 중에 자크-달크로즈에 따른 피아노 음악이 지난 시대의 형식에 사로잡혀 있다는 인상을 받고 다른 방법을 찾아 나섰다(Orff, 1976: 12). 그러다 1923년 체조와 춤의 음악적 형식을 피아노와 타악기의 결합으로 제안한 작곡가 오르프를 만나 이듬해 함께 권터 학교를 세웠다. 소위 '음악과 움직임 혹은 음악과 춤의 화합'이 그렇게 이루어진 것이다.

케트만(G. Keetman, 1904~1990)은 스승인 오르프의 명성에 가려졌지만, 오르프-슐베르크의 실질적인 창안자라고 일컬을 만큼 공헌한 바가 크다. 케트만은 1926년 권터 학교에 입학하였고, 1929년부터 그곳의 '음악과 춤 및 체조' 담당 교사로 활동하기 시작하였다. 리코더와 타악기를 위한 연주곡과 춤곡을 작곡하면서 그녀의 남다른 재능이 빛을 발하였고, 1936년에는 베를린 올림픽의 개막식에서 매스게임을 위한 음악을 작곡하고 오케스트라를 지휘함으로써 유명세를 탔다. 1948년 케트만은 오르프와 함께 라디오 방송국에서 어린 학생들을 위한 오르프 음악교육 방송을 하였다. 이때 어린이를 위한 방법으로 말리듬을 도입하였는데, 음악과 언어의 결합은 큰 성과를 낳았다. 이듬 해 1949년엔 잘츠부르크의 음악대학(Mozarteum)에서 8~10세의 어린이들을 위한 슐베르크 연수 및 교사들을 위한 연수를 지도하였는데, 그 경험은 뒤에 '오르프-슐베르크' 교육과정의 초석이자 그녀의 책『오르프-슐베르크의 원리(Elementaria)』의 소중한 자료가 되었다.

빅만(M. Wigman, 1886~1973)은 권터 학교에서 가르칠 음악적 표현과 이에 적합한 체조 및 춤을 위한 교육 방법에 결정적인 영향을 주었다. 오르프는 그녀의 춤에 대해 "나는 그녀의 춤이 원초적(elementar)이라고 느꼈다. 나 역시 원초적인 그것, 원초적인 음악을 찾고 있었다(Orff, 1976: 8)."라고 술회한다. 빅만은 1913년 헬러라우에서 자크-달크로즈에게서 지도를 받고 무용 디플롬 공부를 시작하였으나, 음악에 뒤따르는 신체 표현이 아니라, 반대로 몸의 움직임이 음악을 이끄는 그런 무용(춤)에 대한 관심이 싹텄다. 그래서 그녀는 그러한 한계를 극복할 표현 예술 세계를 찾아 떠났고, 당대의 유명한 헝가리 무용가 라반(R. von Laban)으로부터 타악기와 즉흥연주를 춤과 함께 연출하는 방법을 배웠다. 그녀는 표현 예술로서의 춤만이 아니라 악기 활용에도 권터 학교와 오르프-슐베르크에 영향을 미쳤다.

작스(C. Sachs, 1881~1959)는 베를린 국립 악기 박물관의 관장을 역임하였고 베를린대학교에서 강의하였다. 그가 집필한 악기학, 고대 음악, 춤의 역사와 비교 음악학 분야 관련 저서는 음악학도들에게 필독서였다. 작스는 오르프가 뮌헨에서 학교를 세우려 하자 그를 국립 악기 박물관에 초대하여 세계의 음악 문화와 수많은 악기에 눈을 뜨게 해 주었다. 그는 춤과 관련된 음악 연주를 위해 타악기의 의미를 강조하였고 "모든 시작은 북에 있다."라고 조언하였다. 이렇게 하여 귄터 학교의 체조 수업에는 다양한 북과 팀파니 및 다양한 타악기가 사용되었고, 악기 실습 훈련도 음악 수업 시 다뤄야 할 주요 과목이 되었다.

3) 귄터 학교

귄터 학교(Günther Schule)는 귄터가 1924년 오르프와 함께 독일 뮌헨에 세운 음악 학교이다. 오르프는 음악 수업을 도맡았고, 과목으로는 피아노 연주, 피아노 즉흥연주, 지휘 훈련, 앙상블 즉흥연주, 화음 이론 및 음악사가 주를 이뤘다. 그러다가 피아노 및 첼로 수업 혹은 합창 지휘 등을 위해 몇몇 보조 교사의 도움을 받다가 1927년 렉스(Lex), 1929년 케트만(Keetman), 1932년에 베르게제(Bergese)가 정식 교사로 채용되어 함께 귄터 학교를 이끌게 되었다. 단순히 음악 학교로서만이 아니라 무용 및 체조 학교로서도 성장하여 이미 1933년에는 무용 과정(Tänzerischer Ausbildungsgang)과 체조 과정(Deutsche Gymnastik)이 신설될 정도였다(Kugler, 2000: 43). 전쟁 중에도 귄터 학교는 계속 수업을 진행하였지만 1945년에 학교 건물이 완전히 파괴되면서 문을 닫게 되었다. 그 이후 1961년부터 오스트리아 잘츠부르크 소재 오르프–연구소(Orff-Institut)가 그 역할을 대신하게 되었다.

귄터 학교에서는 당시 다른 학교와는 달리 혁신적인 3단계 교과과정을 마련하여 다양한 움직임(춤과 무용 등 신체 표현) 수업에 관심을 기울였다. 학생들은 기본적인 체조 단련 과정(2년)이나 리듬–체조 단련 과정(2년, 음악교육 선택 수업) 중에서 한 가지를 선택해야 하고 춤–학습 과정(1년)은 필수적으로 이수해야 하였다. 그동안 체조, 리듬, 춤 그리고 음악은 물론 그에 요구되는 이론 과정들을 학습해야 하였는데, 주목할 만한 교과과정이 있다. 그것은 모든 학생은 '일반 체력 단련 및 스포츠, 체조, 다양한 움직임 훈련, 움직임을 위한 반주, 교생 실습'을 이수하고, 이론적인 학습(해부학 및 신체 해부학, 움직임의 표시, 교육학·예술사·연극사, 의상학, 화성론, 음악사, 형태론)을 이수하되, 음악교육을 함께하는 리듬–체조 단련 과정은 주로 '즉흥연주'와 관련된 학습으로 진행되었다는 점이다. 즉, 리듬–체조 단련 과정의 경우 '타악기 앙상블 즉흥연주, 피아노 및 피아노 즉흥연주, 리코더 연주 및 즉흥연주, 타악기 연주기법, 리듬학, 합창'을 수강해야 하였다. 특히 '타악기 앙상블 즉흥연주'를 당시 학생들은 '오케스트라 즉흥연주'라고도 일컬었고, 나중에 오르프는 이를 '지휘 훈련(Dirigierü bung)'에 적극 활용하였다(Orff, 1931/1932: 668).

4) 오르프–슐베르크

오르프–슐베르크(Orff-Schulwerk)에서 '슐베르크(Schulwerk)'란 독일어에서 학교를 의미하는 'Schule'와 작품 및 활동을 의미하는 'Werk'의 합성어이다. 즉, 오르프와 케트만의 교육적 이념을 강조한 악곡 모음집이다. 귄터 학교에서의 다년간 실제 수업을 통해 오르프–슐베르크라는 중요한 기록 및 교육과정들을 수집해 놓은 것이다. 실제 경험을 재정리한 것인 만큼 오르프–슐베르크 교육서에 소개된 악곡들은 경우에 따라 수업 모델로서 재창조되도록 이끌어야 한다.

오르프 교수법을 대중에게 소개하는 교육적 자료 및 문헌에 관한 작업은 귄터 학교에서의 교육이 어느 정도 자리를 잡은 뒤에야 이루어졌다. 오르프의 교육철학이 그러했듯이 '선(先) 표현(ausdrücken) 후(後) 기보(notieren)'의 원칙을 몸소 실천한 셈이다. 오르프는 1932년 5월 최초로 슐베르크 작품의 대중화를 위한 출간 계획을 세우게 되었다. 무엇보다도 점차 늘어나는 단기 과정을 지도하면서 교재의 필요성을 느꼈기 때문이다. 그리하여 당시 동료 교사 베르게제의 도움으로 독일의 숏트(Schott) 출판사와 접촉하였다. 처음에는 즉흥연주를 지도하는 교사를 위해 리듬–선율 연습용으로 소규모 간행본을 마련하였다가 케트만과 베르게제가 정식으로 악기 및 앙상블 연주 수업용 간행본을 출판하였다. 1933년 독일 전역에 걸쳐, 특히 베를린에서 슐베르크 과정이 개설되면서 오르프와 귄터 학교의 수업 방식은 널리 알려지기 시작하였다. 1932년 『타악기 연주 훈련』, 1933년 베를린 슐베르크 과정을 위한 오르프의 『작은 피아노 책』, 베르게제의 『노래 부르기와 연주를 위한 선곡집』, 케트만의 『춤과 연주를 위한 선곡집』이 출간되었다. 1934년에 오르프의 『작은 연주곡집』이 추가로 출간되면서 점차 오르프–슐베르크의 출판물이 정착되기에 이르렀다. 오늘날 오르프–슐베르크 관련 저작들은 크게 〈어린이를 위한 음악(Musik für Kinder)〉과 〈청소년 음악(Jugendmusik)〉 둘로 구분한다.

표 7-8 숏트 출판사의 독일어판 오르프-슐베르크 관련 저작들의 구분

오르프-슐베르크					
〈어린이를 위한 음악〉			〈청소년 음악〉		
제목	내용	저자	제목	내용	저자
입문	오르프-슐베르크의 의의, 악기 주법 등 소개	켈러	리코더 연주곡집 I/II	2~7대의 리코더로 연주할 수 있는 쉬운 곡	케트만
제1권 5음 음계	• 제1부-운율과 동요곡 • 제2부-리듬과 가락 연습, 리듬 연습, 손뼉치기 리듬, 손뼉 치고 가락 및 가사 짓기를 위한 리듬, 오스티나토로 된 반주 리듬, 오스티나토 반주를 위한 리듬, 연속과 보충을 위한 리듬, 리듬 오스티나토, 리듬 반주가 있는 노래곡, 리듬 캐논, 무릎 치기 연습, 연속과 보충을 위한 가락, 음판 악기를 위한 오스티나토 연습, 론도 연주, 캐논 연습 • 제3부-기악합주곡	오르프, 케트만	리코더와 북 연주곡집		
			리코더와 작은 타악기 연주곡집	3~4대의 리코더와 타악기로 연주할 수 있는 쉬운 9곡	
			작은 타악기 연주곡집		
			작은 타악기 연주곡집		
			작은 타악기 연주곡집		
			실로폰 첫 연주		
			실로폰 연주곡집 I/II	대규모 편성의 실로폰을 위한 연주곡집	
제2권 장조	• 제1부-보르둔과 6음 및 7음으로 된 기악곡 • 제2부-1도 음정과 2도 음정, 1도 음정과 6도 음정		피아노 연습	작은 연주곡집	
제3권 장조	• 제3부-딸림화음: 5도 음정, 다른 조성, 4도 음정, 7도 음정과 9도 음정		바이올린 연습 I	1대의 바이올린을 위한 연주곡 및 춤곡	오르프
제4권 단조	• 제1부-보르둔과 에올리안, 도리안, 프리지안 • 제2부-음정: 1도 음정과 7도 음정, 1도 음정과 3도 음정, 기타 음정		바이올린 연습 II	2대의 바이올린을 위한 연주곡 및 춤곡	

〈계속〉

제5권 단조	• 제3부−딸림화음, 리듬과 가락연습 II, 이야기곡, 레시터티브와 피날레	오르프, 케트만	성탄 이야기 (음악− 케트만)	어린이를 위한 감상곡으로 작곡함−다수의 솔로, 합창, 악기편성(리코더, 현악기, 기타와 작은 타악기). 텍스트는 독일의 다양한 사투리로 번역됨	
운율과 동요곡 봄과 여름의 시작		별책	입장과 윤무		오르프
노래집	A 초급 단계, B 중급 단계, C 고급 단계	켈러	칸투스− 피르무스− 악곡		
학교에서 부르는 노래	제1, 3, 5, 7권(케트만), 제2, 4권 (게어투르트 빌레르트−오르프), 제7권(오르프)	별책 부록	말합창곡		
기본 연습		베르딘	관악기 연습곡 I/II		레그너

5) 지도 내용

(1) 즉흥연주

오르프−슐베르크 음악교육에서 즉흥연주(improvisation)는 출발점인 동시에 최종 목표이다. 오르프 교육 방법은 언제나 자발적인 활동에 관심을 기울인다. 이는 한마디로 모든 음악적·신체적 활동이 자연스럽게, 자유롭게 구현되어야 함을 말한다. 또한 즉흥연주는 함께 연주하는 가운데 자신에게 할당된 역할에 대해 숙지할 수 있는 기회를 제공한다. 하나의 음악이 연출되기 위하여 너와 나, 구성원 개개인의 몫에 대한 가치를 일깨우고 서로를 존중할 수 있는 안목을 얻게 된다는 것이다. 그래서 오르프−슐베르크의 리듬−멜로디 훈련은 유치원생 및 초등학교 저학년 때부터도 가능하다. 생활 주변의 사람과 사물 이름 대기, 속담, 격언, 라임 및 동시나 동요의 텍스트를 가지고 자연스럽게 말하는 놀이로부터 기본적인 리듬 및 선율을 구성하는 활동의 예를 든다면 다음과 같다.

1. 다양한 방법으로 걸으면서 단어 및 텍스트를 각자 혹은 여럿이 자유롭게 소리 낸다.
2. 만일 3박자 계열이 적절하다고 판단되면 4분음표, 8분음표, 2분음표를 사용하여 리듬 동기를 만들어 충분히 연습해 본 후, 2박자 계열의 리듬꼴로 연주한다.
3. 말리듬과 신체 악기(예: 손뼉치기, 발 구르기, 무릎 치기, 손가락 튕기기 등)를 사용한다.
4. 리듬악기, 멜로디 악기를 도입한다.
5. 몸의 움직임과 더불어 즉흥연주를 지휘하는 지휘자의 신체 표현까지 어우러지도록 한다.
6. 더 나아가 오르프의 최종적인 도달점인 '무지케(Musikè)'의 이념에 도달하기 위해 다양한 극(드라마, 연극 공연)도 즉흥적으로 시도한다.

그러나 현실적으로 어린 학생들이 음악적 · 신체적 활동에 독창적으로 접근하는 데는 다소 문제가 있을 수 있다. 예를 들어, 교과서에 제시된 제재곡의 주요 리듬꼴을 반복 학습을 통하여 실수 없이 연주하였을 경우를 가정해 보자. 케트만에 의하면 이와 같은 학습은 결과적으로 어린 학생들의 주체적이고 자발적인, 곧 즉흥연주를 위한 '소리 발견과 음악 창작'에 장애 요소로 나타날 수 있다고 보았다. 그러므로 리듬 훈련의 가장 기본적인 태도로 적절한 것은 "학생들이 스스로 동물 소리를 내고, 동물의 동작, 나아가 주위 환경으로부터 발견되는 다양한 사물 소리, 심지어 각양 각색의 사람 목소리를 흉내 내거나 서로 구별하는 작업에서 비롯해야 한다."(Keetman, 1981: 52)라는 것이다. 즉, 학생들은 스스로 주어진 노래에 대하여 즉흥연주에 필요한 놀이 규칙을 마련할 수 있도록 이끌어져야 한다. 언어, 음악, 춤을 통한 표현 가능성이 다채롭게 그들 스스로에 의해서 고안되고, 나름대로의 질서 의식을 따라 아름다운 소리를 찾아 나가도록 유도되어야 한다. 거기에 어떤 고정된 틀을 강요해서는 안 되며, 학생들의 상상력 및 창의력이 최대한 허용되어야 한다. 교사는 단순한 모방 행위를 넘어서 메아리 놀이, 캐논 연주로 확대될 수 있게끔 기회를 제공한다. 그로써 학생들의 창의적인 표현 활동이 실험적인 과정을 거쳐 음악적으로 완숙하게 발전할 수 있다. 이를 정리하면 관찰, 모방, 탐색 및 발견의 학습 과정을 따라 즉흥연주로 이어지는 활동이 되어야 한다는 것이다.

오르프는 원초적 음악을 즉흥적으로 연주하기 위한 악곡 구성과 연주 기법을 위해 보르둔과 오스티나토를 주로 사용하였다.

① 보르둔

보르둔(bordun)이란 백파이프를 연주할 때처럼 주선율 소리와 동시에 어떤 소리가 나는
것을 말하는데, 그 음들이 서로 조화를 이루는 화음의 근간을 이루는 것을 의미한다. 즉, 보
르둔은 최소의 음으로 화음 반주를 하는 형태를 이루며 크게 네 가지 형태로 구분할 수 있
다. 다음의 악보는 음판악기로 보르둔을 연습하는 연주 형태의 예시로 음표 기둥의 방향은
왼손 또는 오른손으로 채를 잡고 연주하는 것을 의미한다.

㉮ 단순 보르둔: 1, 5, 8도 음정의 기본 화음을 이루는 기법으로 다음과 같이 다양한 방법으
로 연주할 수 있다. 짝수 박자의 곡을 이어서 홀수 박자로 연습하는 리듬감과 화음감을
동시에 익히는 데 도움이 된다.

㉯ 왼손 변주 보르둔: 단순 보르둔의 화음을 유지하되 왼손의 근음을 이웃하는 음으로 변
화를 주는 기법이다.

㉰ 오른손 변주 보르둔: 단순 보르둔의 화음을 유지하되 오른손의 음을 이웃하는 음으로 변
화를 주는 기법이다.

㉱ 양손 변주 보르둔: 단순 보르둔의 화음을 유지하되 양손의 음을 이웃하는 음으로 변화
를 주는 기법이다.

② 오스티나토

오스티나토(ostinato)는 한 곡 내에서 한 가지의 리듬 혹은 선율 동기 등을 집요하게 반복하는 것을 말하며, 복수형인 오스티나티는 한 곡 내에서 두 가지 이상의 오스티나토를 사용하는 경우를 말한다. 예시 악보의 마디별 되돌이표기는 바로 오스티나토로 연주하라는 것을 의미한다. 필요에 따라 음표만으로 기보를 하거나, 음표와 쉼표를 같이 기보하는 경우가 있다.

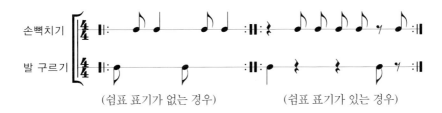

(쉼표 표기가 없는 경우)　　　(쉼표 표기가 있는 경우)

(2) 오르프 악기

오르프의 작품과 오르프-슐베르크의 음악적 특징은 다음과 같이 설명할 수 있다. 다양한 신체 동작에서 나온 한 마디의 짧고 쉬운 것에서 동기로 시작하여, 몇 개의 동기들을 결합하여 만든 길고 복잡한 리듬 동기를 끊임없이 반복하여 단순하면서도 대담하기까지 한 악곡의 틀을 구성한다. 이를 토대로 단순한 선율 동기에서부터 교회선법의 음계에까지 이르는 원초적인 선율의 흐름이 더해지고, 화음이 진행함에 따라 리듬적 음향은 더욱 풍부해진다. 또한 시골 사투리로 된 짧은 동시와 누구를 부르는 소리에서 그리스의 서사시, 고전어 및 당대의 문학 작품에 이르는 다양한 가사의 활용으로 언어와 음악이 결합하도록 시도한다. 그래서 음악과 언어 및 신체의 하나됨이 바로 원초적인 리듬이라는 공통 요소로서 가능하도록 한 것이다. 하지만 리듬과 선율 동기를 반복하고(오스티나토) 최소한의 음을 이용한 화음의 진행(보르둔)은 그 자체로 쉽게 단조롭게 되거나 지루할 수 있기에, 오르프는 좀 더 원시적 리듬꼴에 접근하도록 변화를 주고, 원초적인 악기의 음색으로 채색하고자 하였다.

오르프의 작품과 오르프 슐베르크에 나타난 악기의 종류 및 편성은 바로 이렇게 리듬적인 요소를 강조하기 위한 것이다. 악기 연주에 탁월함을 보였던 케트만의 악기 편성 원리의 특징은 〈표 7-9〉와 같이 표시할 수 있다(Kugler, 2000: 267).

적당한 타악기의 선택과 배치 및 교육적 실효성에 걸맞은 제작 과정은 오르프의 절친한 친구인 작스의 조언으로 가능하였다. 또한 멘들러(K. Maendler)에 의한 악기 제작, 귄터 학교

표 7-9	오르프 악기 편성의 원리	
선율-음향층(리코더, 음판악기)	선율, 음향을 묘사하는 오스티나토
리듬-타악기층(신체악기, 타악기)	박자와 리듬 분할, 기본 리듬의 오스티나토, 변주
베이스층(팀파니)	기본음, 기본 화음

학생들의 끊임없는 연습 및 케트만과 베르게제(H. Bergese)의 수많은 기악곡이 어우러져 일명 '오르프-악기군'을 형성하도록 이끌었다. 이렇게 하여 오르프 악기는 즉흥연주와 노래 반주, 음악 이론 학습, 신체 표현과 춤의 반주 등에서 다양하게 쓰였으며 다음과 같이 구분할 수 있다.

① 신체 악기

신체 악기란 몸의 특정한 부위를 부딪치거나 소리 내어 리드미컬한 연주 혹은 반주를 하는 동작을 말한다. 대표적인 동작으로는 발 구르기, 무릎 치기, 손뼉치기, 손가락 튕기기, 가슴 치기 등이 있다.

악보 7-10 솔로와 반주로 구성된 신체 악기 앙상블

② 리듬악기

리듬악기는 크게 음의 높낮이를 구별할 수 있는가, 그렇지 않은가, 어떠한 재료로 되어 있는가에 따라 구분하고, 연주하는 방법에 따라서는 흔들었을 때 악기의 몸체에서 소리가 나는 악기와 채나 손을 이용하여 두드렸을 때 소리가 나는 악기 등으로 구분할 수 있다.

㉮ 나무 재료: 리듬막대, 우드아고고, 우드블럭, 캐스터네츠(자루캐스터네츠, 콘서트캐스터
　네츠), 나무관북, 마라카스, 귀로, 템플블럭 등이 있다.

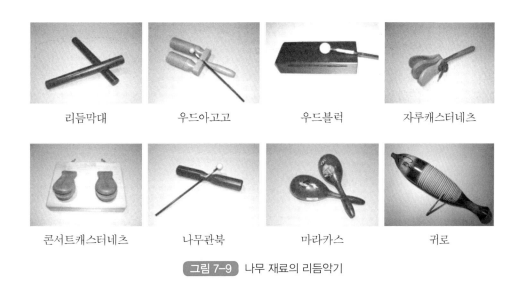

리듬막대　　우드아고고　　우드블럭　　자루캐스터네츠

콘서트캐스터네츠　　나무관북　　마라카스　　귀로

그림 7-9 나무 재료의 리듬악기

㉯ 금속 재료: 콘서트벨스, 비브라슬랩, 카우벨, 윈드차임, 메탈쉐이커, 트라이앵글, 심벌즈, 손가락 심벌즈, 방울다발, 띠방울, 라체트, 카바사, 아고고벨 등이 있다.

콘서트벨스　　비브라슬랩　　메탈쉐이커　　트라이앵글　　큰 심벌즈
　　　　　　　　　　　　　　　　　　　　　　　　　　　(펠트채, 비채)　　손가락 심벌즈,
　　　　　　　　　　　　　　　　　　　　　　　　　　　　　　　　　　　　(작은 심벌즈)

방울다발   띠방울   라체트   카바사   아고고벨

그림 7-10 금속 재료의 리듬악기

⑭ **가죽 재료:** 봉고, 콩가, 탬버린, 테북(손북), 작은북, 큰북, 팀파니 등이 있다.

봉고   탬버린(찰찰이테북)   테북(손북)

그림 7-11 가죽 재료의 리듬악기

다음은 자주 사용하는 리듬악기의 연주 자세이다.

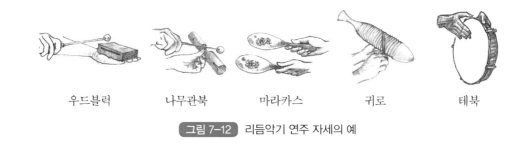

우드블럭   나무관북   마라카스   귀로   테북

그림 7-12 리듬악기 연주 자세의 예

㉣ 음판악기

음판악기에는 실로폰(베이스, 알토, 소프라노), 메탈로폰(베이스, 알토, 소프라노), 글로켄슈필(알토, 소프라노), 낱개 음판이 속한다. 오르프 악기 중에 교육적 실효성이 최대한 강조된 것 중의 하나이다. 사전지식이 없이 가볍게 연주하는 체험에시부터 세심한 연주 기법이 요구되는 학습까지, 음판 고유의 부드러운 소리를 다양한 채(나무봉, 고무봉, 털실봉, 펠트봉 등)

및 낱개 음판으로 연주할 수 있다. 음판악기는 일렬로 배열하는 것 외에도 소프라노실로폰과 알토실로폰을 2열로 배열하거나 소프라노실로폰의 온음계와 반음계를 2열로 붙여서 연주하기도 한다. 채는 양손에 하나씩 혹은 2개씩 들고 교대로 사용하며, 채 끝의 봉이 낱개 음판의 너비를 초과하지 않는 것으로 선택한다.

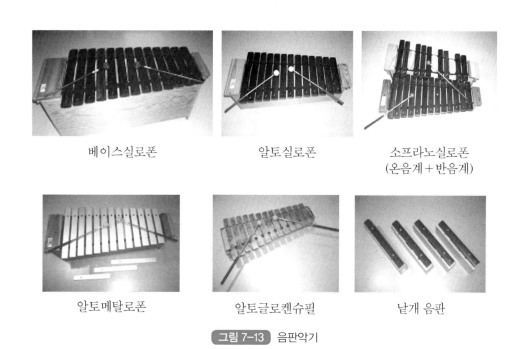

베이스실로폰   알토실로폰   소프라노실로폰
                                        (온음계＋반음계)

알토메탈로폰   알토글로켄슈필   낱개 음판

그림 7-13 음판악기

③ 선율악기

'오르프 악기군'에서 리코더는 춤을 추면서 연주할 수 있는 장점을 가지고 있어서 자주 사용된다. 또한 플루트, 바이올린, 첼로 등의 악기도 이에 해당한다.

알토리코더(왼쪽)와 소프라노리코더(오른쪽)

그림 7-14 리코더

④ 악기 배치

악기의 배치는 주어진 공간과 악기 수 또는 연주 목적에 따라 달라진다. 어떤 경우에든 공간 분할을 분명하게 하고 동일한 악기는 가급적 함께 배치한다. 연습 목적을 위해서는 다음과 같이 반원으로 배치하고, 악기 수가 많은 경우는 뒤쪽 열을 상대적으로 높게 하여 나란히 배열한다. 음판악기의 경우 지휘 지점에서 볼 때 오른쪽에서 왼쪽으로 점차 고음을 내는 악기를 배치하는 것이 효과적이다(Keetman, 1981: 60).

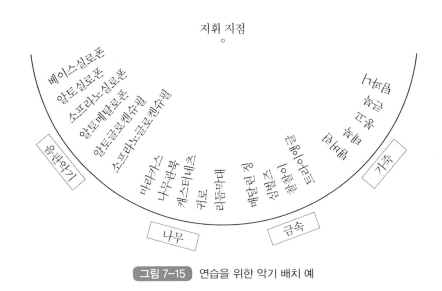

그림 7-15 연습을 위한 악기 배치 예

(3) 말리듬 훈련

오르프 교수법의 핵심은 '인간이 기본적으로 이미 움직임, 언어, 음악을 하나의 통일된 리듬 안에서 이해하고 표현한다는 사실'이다(Jungmair, 1992: 201). 케트만은 "리듬에 따라 말하기는 음악 수업에 있어서 하나의 중요한 몫을 차지하며, 학생들은 스스로 말하고 노래하는 과정을 중요시함으로써 다양한 표현 형식을 터득할 수 있다. 가사를 전달하는 여러 가지 방법, 특히 '마음을 표현하는 적합한 방법'을 익혀야 한다."라고 강조하였다(Keetman, 1981: 39).

전래 동시, 민요, 동요와 즉석에서 지은 동시 등은 분명 적합한 수업 자료이다. 다양한 리듬 동기와 빠르기 및 셈여림으로 표현하며 따라 말하기, 말하면서 신체 동작을 취하기, 신체 동작을 취하면서 말하기 등의 기회가 많을수록 좋은 음악교육이 이루어질 수 있다. 또한 교과서에 적힌 가사 및 문장에 따른 리듬이 자연스럽게 노래로 불리고, 당연히 움직임과 더불어 표현될 수 있듯이 그림과 함께 연극으로 표현될 수도 있으며, 이러한 방법으로 음악극의 대본

표 7-10 말리듬 학습 활동의 예

1. 학습 자료(텍스트)를 분석하여 리듬을 넣어 읽기

2. 단계별로 따라 읽기, 처음부터 기억하여 따라 읽기

3. 실수는 곧바로 교정해 주기, 함께 읽기는 금물, 개별적으로 읽도록 돕기, 따라 읽기가 불가능하거나 벅찰 경우 친구들이 돕도록 유도하기

4. 역동적인 변화를 통해 읽기 연습(크게, 작게, 매우 작게, 크레센도, 디미누엔도 등), 발성 연습(목으로, 머리로, 가성으로, 입을 닫고, 속삭임으로, 코로), 박자에 맞춰(보통, 느리게, 매우 느리게, 빠르게, 매우 빠르게, 점점 빠르게, 점점 느리게), 텍스트에 적합한 연출을 고려하면서 또한 학생들이 스스로 자각할 수 있는 범위 내에서 연습

5. 캐논으로 말하기, 다양한 형식(보충, 후렴, 간격 혹은 다양한 목소리 등)을 더하여 변화를 주며 말하기

6. 특별한 음절(모음, 울림음, 복모음)을 고려하여 텍스트 리듬 읽기, 어린이들의 경우 동물 소리(소, 개구리, 양, 벌, 돼지 등)로 텍스트를 번역하는 작업도 유용함

7. 텍스트 리듬을 손뼉으로, 무릎 치기로, 발 구르기로, 손가락 튕기기로 연주하기

8. 듣기에 좋은 텍스트 낱말의 반주 형식을 만들기, 어린이들 각자가 구상한 것을 말하고 발표하기

이 준비될 수도 있다. 이렇듯 오르프-슐베르크는 말과 관련된 '종합적인 리듬 연구'가 교육되고 또 배워질 수 있도록 '음절로 된 교육 자료'가 새롭고 다양하게 활용되기를 촉구한다.

리듬, 발성 및 언어에 대한 자각과 성숙을 돕는 말하기 훈련 활동의 예는 〈표 7-10〉과 같다(Keller, 1970: IV).

(4) 지휘 훈련

지휘 훈련(Dirigierung)은 오르프 음악교육의 "본질적인 요소"(Orff, 1930/1931: 732-734)로서 "음악에 대한 이해를 또 다른 측면에서 일깨워 주며, 특히 공동체적인 유대(調和)를 중요시하는 시각과 음악을 몸으로 표출(표현)하는 의미의 중요성을 일깨워 준다"(Orff, 1932/1933: 214-224). 따라서 오르프-슐베르크에 있어서 지휘 훈련은 기본적이면서 가장 중요한 수업 형식이다. 분명 우리에게 손놀림은 원초적으로 말로 다 표현할 수 없는 음악을 리듬에 맞춰 질서 있게 드러내는 중요한 수단으로 충분히 받아들여질 수 있다. 오르프는 "호흡이 멜로디를 담고 있기 때문"이라고 말하면서 호흡의 중요성에 대해 언급하였다. '지휘를 위한 율동'은 그 자체로부터 호흡됨을 통해 모든 연주자가 함께 호흡하도록 이끌어 준다. 게다가 '지휘하는 춤 동작'은 역시 그 자체로 리듬 타악기들에 대한 관심이 생겨나도록 도와준다. 이러한

지휘를 보면 자신도 모르는 사이에 아무런 전제 조건 없이 손뼉을 부딪치고 동동 발을 구르는 등 자유로운 활동이 가능하다. 이때 만일 악기를 손에 쥐게 된다면, 설령 악기의 이름이나 악기 다루는 기법을 모른다 해도 주눅 들지 않고 자연스럽게 자신의 음악적인 감정을 한껏 표현할 수 있게 된다. 즉흥연주의 경우에 이러한 지휘 훈련은 두 가지 과제 수행 능력을 염두에 둔다. 먼저 지휘자에게는 연주 형식과 구성을 스스로 조성하는 과제 수행 능력이 있어야 하며, 연주자에게는 지휘 동작에 의해 지시된 형식의 특정 부분을 자신의 즉흥연주로 보충하는 과제 수행 능력이 있어야 한다.

6) 지도 방법

(1) 리듬 학습

리듬은 음악의 시작이며, 리듬감은 여러 경로를 통하여 학습될 수 있다. 말하기, 신체 악기, 노래하기, 악기 연주하기 및 신체 표현 동작들을 통하여 다양한 리듬 체험을 할 수 있다. 말리듬과 신체 악기의 동작을 통한 리듬은 다른 음악적 활동을 자유롭게 위한 첫 단계의 필수 학습 내용이다.

① 말리듬 동기 찾기: 다양한 음절의 단어, 속담, 시, 이야기를 목소리로 말을 할 때 자연스럽고도 적절한 리듬 동기를 찾는 학습이 요구된다.

② 말리듬 반주 및 연주: 단어, 의성어, 의태어로 반주 및 연주한다.

③ 신체 악기 리듬: 말리듬 학습과 병행할 수 있는 것으로 신체 악기를 들 수 있다. 신체의 특정 부위에서 소리가 나게 하여 반주 혹은 연주 기능을 할 수 있는 동작으로서 손뼉치기, 무릎 치기, 발 구르기, 손가락 튕기기, 가슴 치기 등을 들 수 있다. 보통 세 가지 모방 학습 단계로 즉흥연주를 할 수 있다.

㉮ 모방 학습 단계: 메아리 모방 → 동시 모방 → 중복 모방
㉯ 리듬 동기의 길이를 확장하고 가사 붙이기, 신체 악기로 반주한다.
㉰ 신체 악기의 연주: 말리듬, 신체 악기의 리듬 동기는 형식 면에 있어서 전주, 반주, 후주 기능 외에도 ABA형식, 돌림, 캐논, 론도 등 다양하게 연주 가능하다.

(2) 선율 학습

① 1음 → 2음 → 3음 음역 순서로 선율 짓기: 리듬 학습에서처럼 리듬 동기에 선율과 가사를 붙이는 것을 세 가지 모방 학습 단계로 지도할 수 있으며, 가능한 한 조성과 박자는 자유롭게 한다.

② 4음 이상의 음역으로 선율 짓기: 교사는 다음 시의 앞 구절에 선율을 만들어 학생들에게 가르쳐 주고 음판악기, 선율악기로 연주하거나 노래로 부르게 할 수 있다. 학생들은 이어지는 시 구절에 계속하여 연주한다.
③ 같은 음을 시작음으로 선율 짓기
④ 끝음 이어받아 선율 짓기
⑤ 화성 진행에 맞도록 선율 짓기
⑥ 불규칙적인 연주 흐름의 선율 짓기: 교사 혹은 학생은 박자, 조성, 화음의 진행을 사전에 계획하지 않고 자유롭게 연주한다.

자료: Keetman (2002), p. 97; 가사 조순이.

(3) 오스티나토 형식의 보르둔 반주하기

모든 곡은 말리듬, 신체 악기, 선율악기 또한 신체 표현으로 반주가 가능하다. 특히 주어진 악보가 없더라도 즉흥으로 반주를 넣기 위한 방법으로 오스티나토는 성부의 짜임새 및 연주 길이를 조정하고, 단순 보르둔은 기본적인 화음 반주를 양손 병진행으로, 변주 보르둔은 왼손 혹은 오른손이, 또는 양손이 사진행 혹은 반진행하는 연주 형태에서 가능하게 한다. 몇 가지 예를 들면 다음과 같다.

(4) 신체 표현

신체 표현을 위한 동작은 크게 이동 동작(걷기, 뛰기 등)과 비이동 동작(흔들기, 올리기 등)으로 구분할 수 있다. 또한 공간적인 다양한 조건 속에서 신체로 표현할 감정, 즉 제스처, 얼굴 표정 등 모두가 음악을 창의적으로 표현해야 하는 요소와 밀접한 관계를 맺고 있다. 노랫말의 내용을 표현하는 율동 학습은(신체 발달 정도에 맞도록 대체로 비이동 동작을 많이 사용한다.) 유아 과정에서 주로 학습하도록 하고, 중등학생 대상의 신체 표현 학습은 음악의 요소에 다른 이동 동작을 구체적으로 연습시켜 음악과 몸이 어우러지는 춤의 표현으로의 기회를 주도록 한다.

① 걷기: 빨리 걷기, 느리게 걷기, 잔걸음 걷기, 큰 걸음 걷기, 엄지발로 걷기, 발 뒤꿈치로 걷기, 무릎을 펴고 걷기, 스키를 타듯이 걷기 등 동작만이 아니라 곡선의 진로를 따라 걷기, 직선의 진로를 따라 걷기, 앞뒤로 방향 바꾸어 걷기, 전면을 교체하여 앞 또는 뒤로 걷기, 옆으로 걷기
② 달리기
③ 한 발 뛰기: 말처럼 양발을 교대로 번갈아 뛰기, 한 발로 두 번 걸음 뛰고 교대하기
④ 높이뛰기: 다양한 착지 연습
⑤ 동작의 연결: 이 동작들을 같은 속도, 박자로 연결할 수도 있으며, 경우에 따라 불규칙한 박자로도 연결할 수 있다.

(5) 악기로 반주 및 연주하기

말리듬, 신체 악기, 리듬악기와 선율악기로 다양한 반주 및 연주를 할 수 있다고 하였다. 악보의 형태, (그림 악보처럼) 기호의 형태, 서술식의 형태 등 악기 연주가 먼저 시행되기 전 혹은 연주된 후 각자의 능력과 관심에 따라 다양하게 채보하도록 한다.

① 글로켄슈필 4성부 캐논(『오르프-슐베르크』 제1권: 151): 소프라노 글로켄슈필과 알토 글로켄슈필을 사용하여 모방 기법에 의한 4성부 캐논으로 연주하는 악보의 예이다(〈악보 7-11〉 참조).

② 론도 그래프 악보: 음의 개념과 악곡의 분위기 및 연주 기법을 원하는 모양대로 카드에 적어 이를 보고 연주하는 악보의 예이다([그림 7-16] 참조).

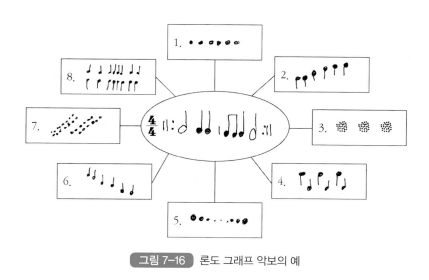

그림 7-16 론도 그래프 악보의 예

③ 이야기로 음악 만들기: 서술식으로 기보하여 즉흥연주한다.

(6) 음악극

오르프는 자신의 음악관은 바로 세계관이며, 음악극이야말로 음악, 미술, 춤, 조명, 연기 등 모든 예술 분야가 하나로 종합된 예술로 음악성과 창의성 계발을 위해 아주 중요한 활동 이라고 보았다. 음악극 지도를 위해서는 상황에 따른 몸짓 흉내, 가능한 현장에서 연주되는 음악이 더욱더 학생들에게 고무되어야 한다. 이때의 몸짓 및 연주 동작은 창의적인 계발을

악보 7-11   글로켄슈필 4성부 캐논

소프라노
글로켄슈필

알토
글로켄슈필

자료: 『오르프-슐베르크』 제1권, p. 151.

위한 계기를 제공하고, 자연적으로 연주하고자 하는 동기유발이 가능하다. 그룹의 잠재적인 가능성 여부에 따라 공연 규모와 그 내용을 정한다. 또한 음악극을 위한 연주가 자유롭고 즉흥적일수록 자칫 발생할 수 있는 무질서와 소음을 방지하기 위해 사전에 연주 순서와 방법에 대해 충분히 검토한다.

① 연출 준비
㉮ 우선 명사와 동사를 갖추어야 한다. 이 단어들은 의인화하거나 쉽게 상상할 수 있다는 특성을 지니기 때문에 몸짓이나 표정으로 흉내 내기와 음악적인 연주를 위해 적당해야 한다.
㉯ 연주 내용을 정한다. 즉, 이미 알고 있는 노래 혹은 아직 배워야 할 독창 및 합창 노래, 스스로 발견한 말리듬 및 신체 표현 동작 또는 즉흥 음향 효과, 작은 기악곡, 의상, 조명, 무대 장치 설치를 위해 준비되어야 할 것 등을 기록해야 한다.

② 방법적 절차
㉮ 해설의 낭송과 주제(모티브)를 파악한다.
㉯ 무언극 혹은 팬터마임으로 표정 및 행동 연기를 공동 상의한다. 돌발적으로 발생될 장면에 대하여 표정연기와 음악 연주는 늘 즉흥적으로 이루어질 준비가 되어야 한다.
㉰ 전주, 반주, 배경음악, 음향 효과 등의 음악적인 것을 상의한다.
㉱ 조명, 소품과 무대의 공간 배치를 공동 상의한다.

③ 리허설 연습 및 공연
㉮ 전체 진행의 순서가 한눈에 보이도록 '연주 진행 순서'를 준비한다.
㉯ 실제 공연처럼 리허설을 거쳐 자체 평가를 한 후 수정 보완하여 공연에 임한다.

(7) 그림, 음악, 언어 및 신체 표현의 통합
그림의 구도를 음악의 형식과 연결시키고, 그림의 색상은 음색으로 구분하며, 그림에 나타난 요소별 표현은 음악의 나머지 개념과 관련시킨다. 전체적인 분위기 표현과 시작 부분은 개인적 느낌에 따라 자유롭게 한다. [그림 7-17]과 [그림 7-18]은 그림을 보고 신체로 표현하는 예와 언어로 표현하는 예이다.

① 그림을 보고 신체로 표현: 그림 → 신체 표현 → 음악으로 표현한다면?

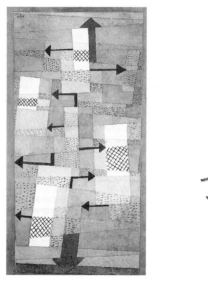

〈흔들리는 균형〉(Klee)

그림 7-17   그림을 보고 신체로 표현하는 예

② 그림을 보고 언어로 표현: 그림 → 언어 → 신체로 표현한다면?

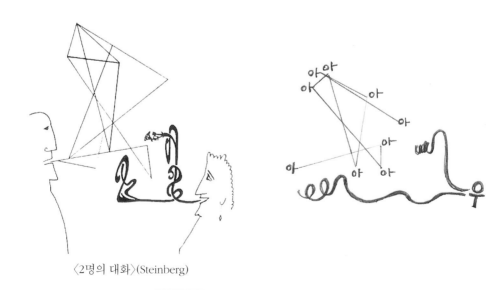

〈2명의 대화〉(Steinberg)

그림 7-18   그림을 보고 언어로 표현하는 예

자료: Kemmelmeyer & Nykrim (1988), p. 155.

4. 고든의 음악 학습 이론

1) 에드윈 고든

에드윈 고든(Edwin Gordon, 1927~2015)은 미국의 음악심리학자, 음악교육자이다. 고든은 뉴욕(New York)주의 이스트맨 음악대학에서 재즈 베이스를 전공하였고, 졸업 후 진 크루파(Gene Krupa) 밴드에서 활동하였다. 1958년 고든은 아이오와대학교에서 박사학위를 받은 후 뉴욕주립대학교와 아이오와대학교에서 교수로 재직하였고, 1979년부터 1997년까지 템플대학교에서 교수로 재직하였다.

고든은 6개의 음악 적성 검사인 초급 음악 오디에이션 검사(Primary Measures of Music Audiation: PMMA), 중급 음악 오디에이션 검사(Intermediate Measures of Music Audiation: IMMA), 고급 음악 오디에이션 검사(Advanced Measures of Music Audiation: AMMA)를 개발하였다. 저서로 『음악 연구 및 심리학 입문(Introduction to Research and the Psychology of Music)』 『음악 학습 위계(Learning Sequences in Music: Skill, Content, and Patterns)』 『예비 오디에이션, 오디에이션, 음악 학습 이론: 포괄적 음악 학습 순서 편람(Prepatory Audiation, Audiation, and Music Learning Theory: A Handbook of a Comprehensive Music Learning Sequence)』 등이 있다.

2) 오디에이션

고든의 음악 학습 이론을 이해하려면 '오디에이션(audiation)' 개념을 이해해야 한다. 시각적 상상을 영어로 'imagination'이라고 부르듯이, 고든은 청각적 상상에 대해 'audiation'이라

표 7-11 오디에이션의 여덟 가지 유형(현경실, 2010: 250)

제1유형	음악을 들을 때
제2유형	음악을 읽을 때
제3유형	음악을 들으면서 적을 때
제4유형	외우는 음악을 기억할 때
제5유형	외워서 음악을 쓸 때
제6유형	음악을 창작할 때와 즉흥연주할 때
제7유형	악보를 읽으면서 창작이나 즉흥연주할 때
제8유형	창작하거나 즉흥연주한 음악을 악보로 적을 때

자료: 현경실(2010), p. 250.

는 용어를 창조하였다. 오디에이션은 "실제로 들리지 않는 음악을 마음속으로 듣고 (상상으로) 이해하는 능력"이다(Gordon, 1993: 13: 현경실, 2010: 245 재인용). 오디에이션은 말을 거치는 과정 없이 음악에 의하여 사고하는 것이다. 오디에이션 능력이 클수록 음악을 잘 이해한다(Gordon, 1990: 37: 현경실, 2010: 245 재인용). 오디에이션 능력은 사람마다 다르다. 어떤 사람의 오디에이션 능력이 발달되어 있을수록 그의 음악성도 더 뛰어나다고 말할 수 있다.

오디에이션 능력은 음악을 들을 때, 악보를 보고 연주할 때, 음악을 듣고 연주할 때, 즉흥연주할 때를 막론하고 모든 상황에서 발생한다. 고든은 오디에이션이 여덟 가지 형태 안에서 발생한다고 말한다. 그러나 이 여덟 가지 형태는 오디에이션이 발생하는 다양한 상황을 언급할 뿐, 오디에이션이 일어나는 순서를 의미하지는 않는다.

오디에이션의 학습 과정은 언어의 학습 과정과 비교될 수 있다. 아기는 주변 인물과 상호작용하면서 옹알이를 하고, 말하고, 생각하고, 다른 사람의 말을 듣고, 자신의 어휘를 늘려가고, 읽고 쓰게 된다. 음악도 마찬가지이다. 아기는 처음에 별 의미가 없는 소리를 내지만, 계속 모방하고 즉흥연주를 하면서 점점 더 음악적 소리를 내게 된다.

오디에이션 능력의 발달에 따라, 아동은 자신이 들은 소리에 체계를 부여하고, 또 앞으로 나올 음악을 예상할 수 있다. 오디에이션 능력은 사람에 따라 다르나, 훈련에 의해 발달할 수 있다. 고든은 오디에이션 능력이 〈표 7-12〉의 여섯 단계를 갖는다고 말한다. 이 오디에이션 능력의 단계는 〈표 7-11〉의 오디에이션의 유형과 다르며 순서대로 발생한다. 즉, 제1단계의 능력을 갖춘 다음 제2단계의 능력이 발생하고, 다음에 이후 단계의 능력이 발생한다.

오디에이션의 제2단계부터 제6단계까지의 능력은 '기술(skill) 학습 위계'에 의하여 체계적

표 7-12	오디에이션의 여섯 가지 단계(Gordon, 2007: 20)
제1단계	순간 보유
제2단계	음 패턴, 리듬 패턴 모방과 오디에이트하기 으뜸음(중심음)과 기본박 알아내기
제3단계	조성과 박자를 결정하기(객관적 혹은 주관적으로)
제4단계	체계화된 음 패턴들 및 리듬 패턴들을 오디에이션하면서 머릿속에 보존하기
제5단계	배우지 않은 새로운 악곡에서 체계화되고 오디에이션된 음 패턴들과 리듬 패턴들을 생각해 내기
제6단계	음 패턴들과 리듬 패턴들을 기대하고 예측하기

으로 훈련될 수 있다. 음악가들이 오디에이션하는 영역은 다양하지만, 고든은 특히 음 오디에이션(조성, 으뜸음, 조성적 기능)과 리듬 오디에이션(박자, 기본박, 분할박, 가락적 리듬)에 중점을 맞춘다.

3) 음악 학습 이론

오디에이션 능력의 개발을 위하여 고든은 체계화된 학습 위계(순서)를 따라서 수업할 것을 권한다. 여기서는 기술 학습 순서만 중점적으로 소개하겠다. 고든의 음악 학습은 패턴을 중심으로 이루어진다. 고든에게 있어서 패턴은 언어에 있어서의 단어와 유사하며, 고든이 수업에서 사용하는 패턴은 실로 수백 개에 달한다. 패턴은 난이도별로 '쉬움-보통-어려움'으로 구분되어 있다.

고든은 언어를 배우는 방법과 같은 방식으로 음악을 학습하도록 한다. 이것을 체계화한 것이 기술 학습 위계이다. 언어를 배울 때 아동은 듣고, 모방하고, 생각하고, 문장이나 구절들을 즉각적으로 말하고, 대화하고, 읽고, 문법을 배운다. 기술 학습 위계에서 학생들은 듣고 모방하는 것을 통하여 음과 리듬 패턴을 구분하는 것을 배운 다음, 앞으로 나올 음악을 예측하고, 음악의 이론적 사실들을 학습한다. 〈표 7-13〉과 같이 정리할 수 있다.

기술 학습 위계에 의하여 학생들은 음 오디에이션과 리듬 오디에이션 능력을 계발한다. 음 오디에이션을 발달시키기 위해서는 기술 학습 위계와 음 학습 내용 위계를, 리듬 오디에이션을 위해서는 기술 학습 위계와 리듬 학습 내용 위계를 서로 결합하여 사용해야 한다. 이

표 7-13 기술 학습 위계(Gordon, 1980: 12)

변별 학습		추론 학습	
1	청각/가창	1	일반화 (청각/가창-언어-상징 읽기-쓰기)
2	언어 연결		
3	부분적 통합	2	창작/즉흥연주 (청각/가창-상징 읽기-쓰기)
4	상징적 연합 (읽기-쓰기)		
5	전체적 통합 (읽기-쓰기)	3	이론적 이해 (청각/가창-언어-상징 읽기-쓰기)

처럼 고든은 모든 학습 내용과 방법의 순서를 체계화하는 데 큰 관심을 보였다. 음 학습 내용과 리듬 학습 내용도 순서별로 자세히 위계화되어 있다. 각 내용 위계에서는 음 패턴과 리듬 패턴을 오디에이션한다.

(1) 변별 학습

아동은 모국어 어휘를 늘려 가듯이 변별 학습을 통하여 음과 리듬 패턴의 어휘를 늘려 간다. 변별 학습은 주로 교사가 부르는 패턴을 아동이 따라 부르는 형태로 이루어진다(GIML, 2009c: 3).

변별 학습의 제1단계는 듣기/부르기이다. 아동은 교사가 부르는 패턴을 귀로 듣고, 노래나 연주나 율동을 통하여 모방한다. 여기서는 의미를 알지 못하더라도 무조건 듣고 따라 하는 것을 중요시한다. 노래의 경우에 아동은 음 패턴을 위해서는 '밤밤밤', 리듬 패턴을 위해서는 '빠·빠·빠' 등 의미 없는 음절을 사용한다(현경실, 2010: 255).

제2단계(언어 연합)에서 아동은 제1단계에서 배운 패턴들에 음악적 용어들을 붙여서 말한

악보 7-12 제1단계 패턴의 예

다. 다시 말하면, 제1단계에서 배운 패턴들에 적절한 솔페지와 리듬 음절을 붙인다. 고든은
음 패턴을 위해서는 익숙한 계이름을, 리듬 패턴을 위해서는 듀, 데이, 타 등의 음절을 사용
한다.

🥁 ... 악보 7-13   제2단계 패턴의 예

이 외에도 아동은 제1단계에서 배운 패턴의 조성 이름(장조, 단조, 도리아 등), 화음의 이름
(I도, V도 등), 박자의 이름(2박자, 3박자 등) 등을 학습한다. 그러나 학생들은 이름만 배울 뿐
이론을 학습하는 것은 아니다. 제2단계까지는 음 및 리듬 패턴들이 1개씩 학습된다.
　제3단계(부분적 통합)에서 학생들은 음 및 리듬 패턴들을 몇 개씩 연결하여 학습한다. 그
리고 연결된 패턴들에 맥락 혹은 구문(syntax)을 부여한다. 이 단계에서 학생들은 조성과 박
자에 대한 준비를 갖추게 된다.

🥁 ... 악보 7-14   제3단계 패턴의 예(조성의 I도 패턴 및 리듬의 2박자 패턴)

　제4단계(상징적 연합)에서 학생들은 지금까지 듣고 노래 부르고 말하면서 배운 패턴들을
악보와 연결시킨다. 교사가 패턴들의 악보를 손으로 가리키면서, "여러분이 배운 패턴은 이
렇게 나타낸다."라고 지도한다.
　마지막 단계(전체적 통합)는 여러 개의 패턴들을 연결하여 사용한다는 점에서 제4단계와
같다. 하지만 제4단계의 부분적 통합이 학생들이 아는 패턴들을 단순히 읽고 쓰는 단계라
면, 제5단계의 전체적 통합은 음악적 이해를 동반하여 조나 박자 등을 오디에이트하면서 읽

고 쓰는 단계이다(현경실, 2010: 258).

(2) 추론 학습

추론 학습(inference learning) 단계의 학생들은 교사가 제시하는 패턴을 모방하기만 하는 것이 아니라, 스스로 응용하고 창조한다. 제1단계(일반화)는 세 가지 하위 단계, ① 듣기/부르기, ② 언어 연합, ③ 상징을 갖는다. 교사가 '밤'이나 '빠' 음절을 사용하여 새로운 패턴을 노래하면, 학생들은 새로운 음이나 리듬 패턴을 듣고 이미 배운 패턴과 비교하고 새로운 패턴의 이름과 맥락을 파악한다. 그리고 그 패턴들을 악보로 적는다.

제2단계(창작/즉흥연주)에서 학생들은 변별 학습 시 배운 여러 가지 패턴을 재료로 사용하여 창작하고 즉흥연주한다. 창작/즉흥연주는 가창이나 악기 연주의 형태로 나타날 수도 있고, 작곡 혹은 즉흥연주를 악보로 적는 형태로 나타날 수도 있다.

제3단계(이론적 이해)는 ① 듣기/부르기, ② 언어 연합, ③ 상징의 세 가지 하위 형태로 이루어진다. 이 단계에서 학생들은 새로 주어지는 패턴들과 이미 배운 패턴들을 비교하면서 음이름, 음표, 화음 등을 이론적으로 학습할 뿐 아니라, 음악이 왜 이런 형태로 오디에이트되고, 연주되고, 독보되는지 등의 이유에 대하여 학습한다(Gordon, 1980: 29-39).

4) 지도 방법

수업의 과정은 예비 과정인 학습 순차 활동(LSA)과 일반 수업 활동으로 나누어진다. 학습 순차 활동은 수업의 첫 5~10분 동안 진행되고, 나머지 시간은 학급 활동으로 이루어진다.

(1) 학습 순차 활동(LSA)

학습 순차 활동은 패턴을 사용하여 진행되며, 패턴의 내용 제시도 고든이 세워 놓은 순서에 따라 진행된다. 첫 단계에서 음 패턴은 '밤밤밤', 리듬 패턴은 '빠·빠·빠'라는 음절을 사용한다. 음 패턴과 리듬 패턴은 각각 별도로 학습되며 같은 날 사용되지 않는다. 음 패턴과 리듬 패턴은 준비 패턴, 학급 패턴, 개인 패턴으로 나누어진다. 먼저 준비 패턴을 여러 번 부른 다음, 학급 패턴과 개인 패턴을 번갈아 부른다.

| 표 7-14 | 학습 순차 활동의 패턴들 |

준비 패턴	• 조성감이나 박자감 형성을 목적으로 함 • 학급 패턴 및 개인 패턴을 준비하기 위한 패턴
학급 패턴	• 학급 학생 전체가 부르는 패턴 • 당일 학습 내용과 관련됨
개인 패턴	• 개인 학생이 부르는 패턴 • 난이도에 따라 구성(쉬움-보통-어려움)

| 표 7-15 | 학습 순차 활동의 패턴들 |

단계		활동
변별 학습	듣기/부르기	패턴의 첫 음, 으뜸음, 혹은 패턴 전체를 '밤밤밤'이나 '빠-빠-빠'로 부른다.
	언어 연합	패턴의 이름을 말한다. 패턴의 첫 음, 으뜸음, 혹은 패턴 전체를 계이름이나 리듬 음절로 부른다.
	부분적 통합	같은 종류의 패턴 3개를 1세트로 하여, 2세트를 계속 부른다. 각 세트 패턴의 조성이나 박자를 맞춘다.
	상징적 연합	패턴의 악보를 보고 계이름이나 리듬 음절로 부른다. 패턴을 듣고 악보에 적는다.
	전체적 종합	패턴 여러 개를 계이름이나 리듬 음절로 부른다. 패턴 여러 개를 듣고 악보에 받아 적는다.
추론 학습	일반화	배우지 않은 패턴을 포함하여 '밤밤밤'이나 '빠-빠-빠', 계명이나 리듬 음절로 부르고, 패턴의 이름을 말하고, 악보를 보고 부르고, 듣고 적는다.
	창작/ 즉흥연주	배우지 않은 패턴을 '밤밤밤'이나 '빠-빠-빠' 혹은 계명이나 리듬 음절로 만들어서 부르고, 즉흥연주한다.
	이론적 이해	음이름, 음표, 화음 등을 이론적으로 학습한다. 왜 이렇게 오디에이션·연주·독보되는지 안다.

자료: 현경실(2010), p. 274-276.

(2) 일반 수업 활동

일반 수업 활동에는 노래하기, 찬트하기, 율동과 춤추기 등 여러 가지 형태가 있다. 그중 노래하기 수업은 대부분 듣고 따라 부르는 모습을 취한다. 노래를 배우기 전에는 준비 패턴을 사용하여 앞으로 배울 노래의 조성, 박자, 키, 중심음, 시작하는 음 등의 감각을 익히도록 한다. 예를 들어, '도'로 시작하는 2박자 라장조 노래를 배울 때, 〈악보 7-15〉와 같은 준비 패턴을 사용할 수 있다.

악보 7-15　2박자 라장조 준비 패턴

밤　밤　밤　　다　같　이

자료: 현경실(2010), p. 292.

　　교사는 노래를 듣고 부르기로 가르치며, 처음에는 악보를 사용하지 않는다. 학생들은 먼저 교사가 노래하는 것을 전체적으로 듣는다. 다음에 교사가 노래하면 학생들은 교사의 노래를 들으면서 큰 박(macro beat)에 맞추어 발꿈치를 움직인다. 반복하여 교사가 노래하면 학생들은 노래를 들으면서 작은 박(micro beat)에 맞추어 손을 움직인다. 이때 학생들이 일정한 속도를 유지하도록 한다. 계속하여 교사의 노래를 들으면서 학생들은 큰 박과 작은 박에 맞는 신체 동작을 동시에 한다. 다음에 교사의 노래를 들으면서 학생들은 중심음을 오디에이션한다. 교사가 노래를 다 부르면 학생들은 다 같이 중심음을 부른다. 이와 같이 교사가 부르는 노래를 4~6회 정도 반복하여 들은 뒤 학생들은 노래 전체를 오디에이션한다. 다음에 학생들은 노래를 반주 없이 부른다. 마지막으로 학생들은 반주와 함께 노래를 부른다(GIML, 2009b).

　　맨 마지막에 반주와 함께 노래할 때를 제외하고는 학생들이 노래를 부를 때 교사는 함께 노래를 부르거나 피아노로 가락을 쳐 주지 않는다. 피아노 반주가 필요한 경우에는 피아노로 가락 없는 반주만 쳐 준다. 또한 가사를 먼저 가르치지 않고, '밤' 등을 사용하여 곡조를 먼저 익힌 다음에 가사를 일부분씩 노래의 리듬에 맞추어 찬트 형식으로 가르친다. 이 모든 것은 학생들이 음이나 리듬보다 가사에 집중하는 것을 방지하여 학생들의 오디에이션 능력을 향상시키기 위함이다.

　　고든은 노래의 베이스 라인(base line)을 가르치는 것을 강조하는데, 이는 노래의 화성적 기초를 익히기 위함이다. 앞에서 노래를 듣고 부르게 한 것과 같은 방법으로 베이스 라인을 지도한 후, 학급을 반으로 나누어 2성부로 노래하게 하거나, 혹은 학생이 가락을 오디에이션하면서 베이스를 부르거나, 베이스를 오디에이션하면서 가락을 부르게 한다(GIML: 2009b).

고든의 음악 학습 이론 토의 주제 ....

1. 오디에이션의 의미와 중요성에 관하여 논의해 보자.

2. 고든의 기술 학습 위계를 설명해 보자.

---

5. 포괄적 음악성과 MMCP

1) 배경: 현대 음악 프로젝트

'포괄적 음악성(comprehensive musicianship)'의 개념은 '현대 음악 프로젝트(Contemporary Music Project)'라는 대규모 음악교육 프로젝트에서 발생하였다. 현대 음악 프로젝트는 1957년 스푸트니크(Sputnik)호를 통하여 우주경쟁에서 미국에 대한 소련의 우위 과시 후에 미국에서 발생한 교육개혁 운동의 일환으로 실시되었다. 현대 음악 프로젝트의 공식적 이름은 '음악교육의 창의성을 위한 현대 음악 프로젝트'였으며, 학생들의 창의성 계발을 중요한 목표로 삼았다. 현대 음악 프로젝트는 애초에 '청년 작곡가 프로젝트(Young Composers Project)'라는 이름으로 1959년부터 1962년에 걸쳐 행하여졌으며, 처음에는 미국 내의 각급 학교들에 현대음악을 보급하는 목적으로 시작되었다. 1962년에 만료된 청년 작곡가 프로젝트는 1963년부터 미국음악교육자협회(Music Educators National Conference, 현 National Conference for Music Education)의 개입과 함께 현대 음악 프로젝트라는 이름으로 명명되어 연장되었다 (김용희, 2010).

청년 작곡가 프로젝트를 계승한 현대 음악 프로젝트의 초창기 목표는 '현대 음악의 보급과 전파'에 있었다. 그러나 1965년 노스웨스턴 세미나(Northwestern Seminar)를 계기로 하여 현대 음악 프로젝트의 목표는 '포괄적 음악성의 보급과 전파'로 바뀌게 되었다. 1965년 4월 22일부터 25일까지 일리노이주 노스웨스턴대학교에서 열렸던 세미나에서는 음악대학에서 이루어지는 예비교사들의 음악교육을 재검토하고 바람직한 교수 내용과 방법을 토론하였다. 세미나에 참석한 43명의 교수들은 당시 미국 음악대학의 교수 내용 및 방법이 학생들의 창의성을 계발하지 못하고, 제한적인 시대 범위의 음악만 사용하며, 지나치게 세분화되어 있기 때문에 학생들이 예술로서의 음악이라는 큰 그림을 경험하지 못하고, 실기와 이론이 결합되지 못하는 점 등을 지적하였다(김용희, 2010). 그리고 이에 대한 대안으로 포괄적 음악성을 계발할 수 있는 대학 음악교육을 제시할 것을 주장하였다. 또한 포괄적 음악성 교육이 대학 음악교육뿐만 아니라 각급 학교와 상황의 음악교육을 적용하도록 제안하였다. 그러나 짧은 세미나 기간으로 인하여 참석자들은 포괄적 음악성을 계발하는 교육이 구체적으로 어떤 모습과 내용을 가지는지에 대해서는 제안하지 못하였다. 포괄적 음악성 교육의 구체적 모습과 내용은 이후 수년에 걸쳐서 논의, 제시되고 발전되었다. 그러나 현장과 상황에 따른 다양성과 자율성을 강조하는 포괄적 음악성 교육의 원칙은 획일화된 한 가지 교육과정이나 교재로 만들어지지 못하도록 금지하였다. 그렇기 때문에 '포괄적 음악성이란 이러이러한 것이다.'라고 즉각적으로 이해하기 어렵게 만드는 요소가 되었다.

2) 포괄적 음악성

포괄적 음악성은 교수법이 아니라 하나의 태도 혹은 개념이다(Willoughby, 1970). 현대 음악 프로젝트 관계자들은 포괄적 음악성이 하나의 방법론이나 도그마가 될 때 그것의 존재 이유는 사라진다고 강조한다(Willoughby, 1970). 그럼에도 불구하고 포괄적 음악성은 다음과 같은 몇 가지 특징을 가진다.

(1) 연관성 혹은 통합

포괄적 음악성은 음악적 기술이나 지식이 단편적으로 분리되어 학습되는 방법에 반대하고, 음악 안에 있는 다양한 교수 내용 및 학습 방법들 사이에 연관성이 이루어질 것을 강조한다. 이것은 통합이나 융합을 강조하는 최근의 트렌드를 이미 반세기 전에 일찌감치 예견한 포괄적 음악성 개념의 선구적 안목을 보여 준다. 예를 들어, 화성법이라는 학문 내용은 음악사의 고전주의 시대와 연관되거나 통합되어 학습되도록 한다. 화성법이란 곧 고전주의 작곡가들이 사용하던 음악어법을 의미하기 때문이다. 만일 학생들이 고전주의 음악사와 화성법의 학습 내용을 별도의 것으로 인식한다면 이것은 온전한 포괄적 음악성 학습으로 볼 수 없다. 고도한 포괄적 음악성은 실기와 개념 사이에도 연관이 이루어질 것을 강조한다. 예를 들어, 음악분석을 학습한다면 그것은 학생의 악기 연주에 도움이 되어야 한다(CMP, 1965).

포괄적 음악성은 음악과 음악 외적인 배경, 맥락, 다른 예술과의 통합 혹은 융합을 강조한다. 예를 들어, 고전주의 음악은 인간의 이성과 자연과학의 발달로 권력이 귀족으로부터 중산층으로 이동하던 계몽주의 시대적 배경과 연관된다. 이때 인간은 이성적인 눈으로 프레데릭 2세(Frederik II), 마리아 테레지아(Maria Theresia) 등 절대 왕권하에 발생한 인간의 부조리를 거부하고 자연적인 상태의 생활을 지향하였다. 이러한 시대적 배경과 고전주의 음악의 명료함과 우아함, 평온함 등의 특성은 가브리엘(Gabriel)의 건축물에서 볼 수 있는 균형과 조화의 미학, 혹은 호가트(Hogarth)나 게인스보로(Gainsborough)의 그림에서 볼 수 있는 명료함, 혹은 자연주의를 추구하는 풍경화와 연관 지을 수 있다.

(2) 개념 학습

포괄적 음악성은 음악의 기초적인 개념을 학습할 것을 강조한다. 개념이란 개별적 정보나 사실을 총괄하는 기본적 큰 원리 혹은 속성을 의미한다. 심리학자 머셀(Mursell)은 개념을 구별하거나 통합하는 것으로부터 학습이 발생한다고 주장하였다(Mursell, 1958: Willoughby, 1971: 10에서 재인용). 포괄적 음악성 교육의 수업과정은 음고나 가락, 리듬, 짜임새나 화음 등 음악의 기본적 개념을 중심으로 구성된다. 기본적 개념은 어린 학생들에게 처음에는 모호하게 이해될지라도 학년이 올라갈수록 심화되는 학습을 통하여 명확하게 이해될 수 있다. 개념 학습을 통하여 학생들은 음악의 본질에 대한 '사고의 틀(frame of references)'을 형성할 수 있다(Willoughby, 1971). 포괄적 음악성에서 강조하는 기본 개념의 강조는 후에 코다이나 오르프, 달크로즈와 같은 학습법에서도 수용되어 나타난다.

예를 들어, 학생은 각 바흐와 헨델, 모차르트와 하이든의 가락을 개별적으로 학습할 수 있다. 그러나 가락이라는 개념을 좀 더 충실히 배우기 위해서는 각 시대별 작곡가들의 음악에서 공통적으로 볼 수 있는 속성에 집중할 수 있다. 학생은 실 뽑듯이 계속적으로 흘러나오는 역동적인 바로크 가락의 공통적 속성과 규칙적이고 분명한 고전주의 가락의 공통적 속성을 비교할 수 있다. 이를 위하여 한두 곡의 악곡만 학습하는 것이 아니라 헨델의 오라토리오, 비발디와 바흐의 협주곡들, 하이든의 교향곡들, 모차르트의 협주곡들에 나오는 대표적인 가락들을 뽑아 서로 비교할 수 있다. 그리고 가락이란 각 시대와 문화가 선호하는 모습으로 다양한 모습을 가지는, 음고들의 연속이라는 기본적 개념을 이해할 수 있다.

(3) 확장

노스웨스턴 세미나가 이루어지던 1960년대에 미국 학교의 음악교육은 장·단조 조성 음악 위주로 이루어지고 있었다. 장·단조 조성은 18~19세기 서유럽의 고전주의 및 낭만주의 시대의 작곡가들이 선호하던 음악어법 중 하나이다. 노스웨스턴 세미나의 참석자들은 학교 음악교육의 범위가 확장될 것을 주장하였다. 그리하여 각 나라의 민속음악, 20세기 음악, 대중음악, 중세와 르네상스의 음악, 다문화음악 등이 학습될 것을 주장하였다. 이러한 주장을 반영하여 오늘날 음악 수업에서 다루는 악곡들은 지난 몇 십 년 전에 비하여 크게 다양해졌으며 대중음악도 다수 포함된다. 그럼에도 불구하고 20세기 음악이나 다문화 음악 등의 비중이 과연 충분한가에 대해서는 아직도 의문의 여지가 남아 있다.

(4) 음악가적 기능

포괄적 음악성은 분석적 감상, 연주, 창작, 그리고 때로는 음악에 관하여 서술하는 능력을 가장 기초적인 활동으로 보았다. 노스웨스턴 세미나의 참석자들은 다음과 같이 설명한다. "감상자로서, 학생은 자신이 듣는 것을 체계화하고 이해한다. …… 연주자로서 학생은 분석한 지식을 사용하여 청중에게 작품을 제시한다. …… 작곡가로서 학생은 전에 체계화시킨 음악을 소화한다"(CMP, 1965: 16). 윌러비(Willoughby, 1971)는 이 세 가지 기능을 더 세분화시켜 ① 음악의 감상과 분석과 평가, ② 음악의 연주, ③ 창작 과정과 기보 능력으로 제시한다.

바람직한 음악 수업은 분석적 감상, 연주, 창작의 기초 활동을 모두 포함하여야 한다. 세 가지 기본 활동 중 한 가지라도 결여한 수업은 바람직하지 않다(CMP, 1971). 물론 매 음악 수업에서 세 가지 기능들 사이의 상대적 비중은 차이가 날 수 있다. 그럼에도 불구하고 모든 포괄적 음악성 수업은 세 가지 기능 모두를 어느 정도는 포함시켜야 한다(김용희, 2010).

(5) 공통요소 접근법

공통요소 접근법(common element approach)은 확장된 범위의 악곡들, 즉 다문화 음악이나 20세기 음악, 중세 음악이나 대중음악 등 익숙하지 않은 음악을 학습할 때 유용하게 사용될 수 있다. 공통요소 접근법은 어떤 장르나 양식의 음악이든 '소리'라는 점에 착안하여 소리의 기본적 속성을 근거로 삼는 접근 방식이다. 소리의 음파는 진동수와 파장, 진폭과 파형으로 이루어진다. 진동수, 파장, 진폭은 다른 말로 주파수, 지속길이, 강도라고 부르며, 이것들이 음악의 기본적 원리인 음높이, 음길이, 셈여림, 음색을 구성한다. 그리고 음높이들을 수평적으로 결합한 것을 가락, 수직적으로 결합한 것을 짜임새나 화음이라고 부른다. 음길이의 결합은 리듬을 구성한다. 이러한 소리의 요소들은 음악 작품 안에서 형식이나 일정한 체계에 따라 형태가 잡힌다(Willoughby, 1971). 이런 기본적 요소들이 장르와 양식을 불문한 모든 음악 작품 안에서 기본적으로 발견된다.

예를 들어, 학생이 중국 음악을 처음으로 접한다고 할 때 공통요소 접근법을 효과적으로 활용하는 학생은 다음과 같이 질문할 수 있다. '이 곡은 어떤 음으로 이루어져 있는가? 이 곡을 구성하는 음계는 무엇인가?' '이 곡의 리듬의 특징은 무엇인가?' '이 곡의 음색은 어떠한가?' '이 곡은 어떤 형식이나 체계를 가지는가?' 이러한 질문들에 대한 대답을 찾는 과정에서 학생은 처음 듣는 음악의 특징을 이해할 뿐 아니라, 이 음악과 자신이 기존에 알고 있는 음악을 비교할 수 있다(김용희, 2010).

3) 맨해튼빌 음악교육과정 프로젝트

포괄적 음악성과 관련된 중요한 작업 중 하나가 우리나라에 잘 알려져 있는 맨해튼빌 음악교육과정 프로젝트(Manhattanville Music Curriculum Project: MMCP)이다. 이 프로젝트는 1965년부터 1970년까지 뉴욕주 맨해튼빌대학의 교수 토머스(Thomas)의 주도 아래 행해졌다. 이 프로젝트는 비슷비슷하게 행해지는 음악 수업들, 그리고 창의적 음악가의 독특한 사고를 투영하는 것이 생동적 음악을 이룸에도 불구하고 한 가지 지각 방법으로 학생들을 프로그램하는 획일화된 기존의 음악 수업 과정에 대한 대안으로서 행해졌다(Thomas, 1970). 토머스는 기존 음악 수업과의 '다름'이 MMCP의 특징이라고 주장하였다(Thomas, 1991).

MMCP는 포괄적 음악성의 원리들을 충실히 반영하였으며 인지적-창의적 연결 과정을 중시하였다. MMCP는 개념 학습을 위한 나선형 교육과정을 사용하였는데, 이것은 유치원부터 고등학교까지 모든 단계의 음악 수업을 음고, 리듬, 형식, 셈여림, 음색의 다섯 가지 기본 개념에 근거하여 구성하였다. MMCP 교육과정 개발의 주요 목표 중 하나는 학생들이 '음악이 작동하는 방식' '음악적으로 의미 있는 방식'으로 수업하는 것이었다(Thomas, 1991: 28). 또한 교사 교육을 위한 대학교육과정에 관한 연구도 동시적으로 진행되었다.

유치원부터 초등학교 2학년까지의 교육과정은 「MMCP 상호작용(Interaction)」이라는 제목으로 출판되었다. 3학년부터 12학년까지의 교육과정은 「MMCP 종합(Synthesis)」이라는 제목으로 발간되었다. MMCP의 교육과정은 장·단조 조성 음악의 어법만을 사용하는 것을 지양하였으며 현대적 음악어법을 적극적으로 사용하였다. 여기서 현대적 음악어법이란 학생의 개인적인 음악어법을 이야기한다. 프로젝트가 행해졌던 1960년대는 베베른(Webern), 바레

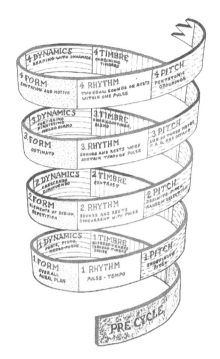

그림 7-19   MMCP의 나선형 교육과정(Thomas, 1979: 39)

즈(Varese), 아이브스(Ives), 케이지(Cage), 브라운(Brown) 등의 작곡가들이 새로운 음악어법을 탐구하고 연주자의 역할에 대하여 새로운 정의를 내리던 시기였다(Pogonowski, 2001). 이러한 시대정신에 맞추어 학생들도 자기만의 음악어법과 기보법을 탐구하고 실험하도록 격려하였다. MMCP 교육과정은 모든 학생이 작은 음악가의 역할을 담당하도록 하였는데, 여기서 말하는 음악가란 수동적인 참여자가 아니라 창조적인 생산자를 말한다(Thomas, 1970).

MMCP의 다섯 가지 주요 목표는 다음과 같다(Thomas, 1970: xi).

첫째, 1~12학년의 단계적 음악교육 프로그램에 관련된 유연하지만 집중적인 교육과정 안내서와 교재 마련

둘째, 1~12학년 학생의 특성에 맞는 기초 음악 개념의 단계 개발과 음악적 성장 촉진 및 동기화

셋째, 음악교육가들의 아이디어와 실험적 노력들의 명료화, 연장, 결합, 계발 및 검증

넷째, 모든 학령과 모든 영역에 종사하는 음악교사들의 철학과 방향의 밀접한 통합

다섯째, 개별 학급 교사의 확신, 아이디어, 유연성을 뛰어넘는 교육과정 계발 및 교사 자

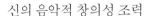

신의 음악적 창의성 조력

MMCP 교육과정은 철저히 학생 중심적이며, 학생들의 개성을 존중하고, 학생 스스로의 선택을 장려한다. MMCP 교육과정은 기존의 학교가 학생들의 유익을 위해 기능하는지에 대하여 의구심을 표현하던 홀트(Holt)의 저술이나 서머힐(Summerhill)의 열린 교육 운동에 반영된 사회적 분위기의 영향을 받았다. 또한 음악적 기교 익히기와 연주에만 집중하던 당시의 음악교육에 반기를 들었으며, 음악적 맥락과 재료에 대한 비평적 사고와 문제 해결을 통하여 자신의 의미를 발견할 것을 강조하였다. MMCP 교육과정의 중심에는 비판적 사고, 구성주의, 창의성 그리고 음악적 표현을 통한 구상력이 있었으며, 비평적이고 반성적이고 창의적인 음악적 경험을 통해 학생들이 질문하고 비판하고 협력하고 의사소통하는 기회를 갖도록 하였다(Pogonowsky, 2001).

표 7-16 MMCP 교육과정의 기본 전제(Thomas, 1979: 1-3)

음악의 본질	음악은 인간 사고의 투영이다.
	음악은 동시대의 상황과 구조에 반영하며 끊임없이 변화한다.
	음악은 개인의 창의성을 추구하는 도구이다.
음악 학습	학생의 참여 과정이 중요하다.
	학생이 음악을 '듣고', 음악 안에서 '생각하는' 것이 중요하다.
	학생이 음악을 창작하고 연주하고 지휘하는 능력을 키운다.
	다양한 음악, 특히 현대 음악을 다룬다.

표 7-17 MMCP 교육과정의 목표(Thomas, 1979: 8-10)

인지적 목표	음악의 기본적 개념을 학습한다.
태도적 목표	학생이 자신의 창의적 잠재력을 발견하고 자신감을 가진다.
	학생이 자신과 관계가 있는 개인적 매체 및 삶에 통찰력을 주는 것으로 음악을 생각한다.
기술적 목표	연주 및 해석, 청각적 기술을 발달시킨다.
심미적 목표	심미적 감수성을 일깨워서 음악의 아름다움을 느끼도록 한다.

토머스(1979)는 MMCP 교육과정의 원칙을 다음과 같이 네 가지로 요약한다.

(1) 발견

MMCP 교육과정은 학생들의 직접 경험과 자발적 참여를 강조한다. 학생들은 소리를 직접 조작하고 경험함으로써 자기만의 음악을 '발견'한다. 발견은 "안내될 수는 있지만 강요되어서는 안 된다"(Thomas, 1979: 23). MMCP 교육과정에서의 발견은 곧 '창조'와 연관된다. 여기서의 창조란 학생들이 어떤 악곡을 창작하거나, 혹은 음들을 선택하여 조작하고 배열하는 것을 말한다.

MMCP 수업의 핵심은 창작에 있는데, 음악분석이나 감상이나 연주 수업은 교사의 주도하에 이루어지는 경우가 많은 반면, 창작은 학생이 스스로 실험하고 경험하는 시간으로 이루어지기 때문이다. 특별히 즉흥연주는 MMCP 수업에서 개념을 학습하는 주요 활동 과정 중 하나였다. 토머스(1991)는 즉흥연주가 학생들의 사고를 총합하여 음악적 아이디어를 산출하게 하는 중요한 과정이라고 말하였다. 즉흥연주를 하기 위해 학생은 현재 일어나고 있는 음악의 특징과 속성과 분위기를 들으면서 동시에 무엇을, 어떻게 할지 생각해야 하므로, 즉흥연주를 하는 학생은 음악이 작동하는 방식을 아는 동시에 음악적으로 의미 있는 소리를 만드는 방식을 알아야 하기 때문이다(Thomas, 1991).

(2) 개념과 기술

음악이란 청각적인 형태로 존재하는 아이디어로서 '앎'의 방식 중 하나이며, 감수성과 생각을 동시에 요구한다. 이를 위해 MMCP 교육과정은 개념과 기교를 연관시켜 학습하는데, 개념이란 바로 생각과 논리를 필요로 하는 영역이기 때문이다. 음악의 논리는 소리를 조직하고 체계화시키는 것이며, 악곡에 질서를 주고, 또한 이 질서를 다른 사람이 해석할 수 있게 해 준다. 그러므로 앞에서 말했듯이 개념 학습은 단지 특정 정보를 배우는 것이 아니라 폭넓은 사고의 틀을 형성하는 것이다.

숙달을 요구하는 기교 혹은 기술은 학생들이 음악적 아이디어를 실현시키기 위하여 꼭 필요한 것이다. MMCP는 세 가지 형태의 기술 숙달을 강조하는데, 그중의 첫째는 듣고 구별하는 청각적 기술이다. 이것은 음높이나 음길이나 음색을 구분하는 것처럼 단편적인 것에서부터 화음구분이나 분석적 음악 감상처럼 복잡한 것까지 포함한다. 둘째는 악기 연주나 가창, 지휘 등의 연주적 기술이다. 그러나 MMCP는 학생의 창의성 발달을 저해하지 않는 범

위 내에서 연주적 기술을 발달시키도록 하였다. 셋째는 독보를 포함하는 해석적 기술이다. 독보는 음악적 감수성과 별 연관은 없지만, 그럼에도 학생들이 음악적으로 발달하기 위해서 필수적인 기술이다(Thomas, 1979).

(3) 동시대성

현대의 음악은 과거의 음악이 발전됨으로써 만들어졌으며, 과거의 음악에 대한 반작용인 동시에 창의적 계승물이다. 과거의 음악은 학습되어야 한다. 그러나 음악 학습에서 현대의 음악 또한 중요하게 여겨져야 하는 이유는 그것이 미래의 음악이 만들어지는 기반이기 때문이다. 현대의 음악은 또한 현대 사회와 연관되어 현대 사회의 구조와 정신을 표현하는 매개체이기도 하다.

(4) 전체성

MMCP 교육과정은 모든 음악 수업이 '전체성'을 가지고 수업될 것을 의도하는데, 이것은 포괄적 음악성에서 살펴본 연관성이나 통합의 원리에 부합된다. 비록 음악의 한 가지 개념(예: 음고)에 초점을 맞추어 수업이 진행되더라도, 그것은 음악이라는 전체 예술 안에서 다루어져야 한다. 그렇지 않다면, 이것은 학생의 음악적 지각 능력을 충분히 발달시키지 못한다. '전체성'의 원리는 학생의 음악적 경험에도 해당된다. 학생은 작곡가의 창의적 사고, 지휘자의 해석적 경험, 연주자의 반응과 기교, 감상자의 비평적 평가를 모두 경험하도록 해야 한다(Thomas, 1979). 이러한 전체적인 경험을 통하여 학생들은 폭넓은 음악적 감수성을 발달시키고 음악에 관한 통찰력을 얻을 수 있다.

표 7-18 MMCP 교육과정 프로젝트의 학생에 대한 결과

학생 참여	기존 음악 수업에 흥미를 가지지 못한 학생들의 적극적 참여
점층적 학습	사전 지식을 수업에 적극적으로 활용
집단 상호작용	4~5명의 소집단 활동이 특별히 초등학생과 중학생들에게 효과적
음악 듣기	이전과 다른 방식으로 음악을 듣고 음악에 대하여 평함
실습과 기술	표현하고자 하는 과정에서 연주 기술을 다듬으려는 욕구가 증가되고 청각적 기술도 더욱 발전함
자기 확신	자기동기화와 자기평가 능력의 발전

4년에 걸친 MMCP 프로젝트의 시행 결과, 학생들은 〈표 7-18〉과 같은 결과를 나타내었다(Thomas, 1970: 43-47).

포괄적 음악성이나 MMCP 수업을 하기 위해서는 교사 자신이 '포괄적 음악인'이 될 필요가 있다. 이것은 교사 자신의 많은 노력과 헌신을 필요로 하며 또한 학교 당국이나 행정의 협조를 필요로 한다. 그러나 끊임없이 자신을 연마하고 새로운 지식에 열려 있는 포괄적 음악인 교사의 모습은 바람직하며 아름답기도 하다. 또 포괄적 음악성 및 MMCP가 던진 음악의 본질 및 음악 수업의 본질에 대한 질문에 대해서도 숙고하여 보자. 학생의 참여와 동기화와 발견을 강조한 포괄적 음악성과 MMCP 수업의 원리는 오늘날의 음악 수업에서 점점 더 강조되며 반영되고 있다.

♩ 토의 주제

1. 포괄적 음악성과 MMCP의 기본 원리들에 대하여 토론해 보자.

2. 현대 음악교육과정 안에 구현된 포괄적 음악성과 MMCP의 기본 주장들을 찾아 구체적 사례들을 발표해 보자.

🥁 ···· 참고문헌

자크-달크로즈 교수법

Bildungsanstalt Jaques-Dalcroze (Hg.). (1911/1913). *Der Rhythmus*. Ein Jahrbuch Bd. 1, Jena.

_____ (1911/1913). Bd. 2,1. Häfte, *Die Schulfeste der Bildungsanstalt J.-D.*, *Programmbuch*. Jena.

_____ (1911/1913). Bd. 2, 2. Häfte, Hellerau/Dresden.

Glathe B., & Krause-Wichert H. (1997). *Rhythmik und Improvisation*. Kallmeyer'sche, Leipzig.

Helms S., Schneider R., & Weber, R. (1994). *Neues Lexikon der Musikpägogik*. Personenteil, Kassel.

Jaques-Dalcroze, E. (1906/1907). *Rhythmische Gymnastik* (Deutsche Ausgabe) Bd. 1-3. Neuchâel/Paris/Leipzig.

Jaques-Dalcroze, E, (1916/1917). *Die Rhythmik Bd*. 1-2. Lausanne/Leipzig.

Jaques-Dalcroze, E. (1921). *Rhythmus, Musik und Erziehung*. Kallmeyer, sche, Basel.

Kugler, M. (2000). *Die Methode Jaques-Dalcroze und das Orff-Schulwerk Elementare Musiküung*. Bewegungsorientierte Konzeptionen der Musikpägogik, Frankf./M.-Berlin –Bern-Bruxelles- New York-Oxford-Wien.

코다이 교수법

이홍수(1993). 음악교육의 현대적 접근. 서울: 세광출판사.

양종모(1994a). 음악 읽고 쓰기에 관한 연구. 음악교육연구, 13(1), 130-150.

_____(1994b). 헝가리의 음악교육. 국악교육, 12(1), 129-143.

_____(1995). 헝가리 음악교육의 리듬 학습단계, 음악과 민족, 10, 431-449.

_____(1999). 졸탄 코다이의 음악 교재에 나타난 민요 활용 방법. 단국대학교 대학원 박사학위논문.

_____(2000). 졸탄 코다이 연습곡의 원천. 음악학, 7, 273-300.

Bónis, F. (Ed.). (1974). *The selected writings of Zoltá Kodáy* (trans. L. Halapy and F. Macnicol). Budapest: Corvina Press.

Kodály, J. (1952). *Choral Method: Let us sing correctly*. Boosey & Howkes.

Kodály, J. (1954). *Epigramme*. Budapest: EDITIO Musica Budapest.

Kodály, J. (1970). *Bicinia Hungrica Ⅰ*. Budapest: EDITIO Musica Budapest.

Choksy, L. (1999). *The Kodáy method* (3rd ed.). N.J.: Prentice-Hall.

Ittzés, M. (1970). *Zoltá Kodáy's singing exercises*. Kodáy Semina, Kecskét: Kodáy Pedagogical Institute of Music.

_____ (1993). *Zoltán Kodáy's singing exercises*. a summary, Kodáy Semina, Kecskét: Kodáy Pedagogical Institute of Music.

Leonhard, C. (2003). 음악교육의 기초와 원리. (안미자 역). 서울: 이화여자대학교출판부.

Sadie, S., & Tyrrell, J. (Eds.). (1980). *The new grove dictionary of music and musician* (vol. 20). London: MacMillan Publishers Limited.

Száyi, E. (1990). *Kodáy's principles in practice* (trans. J. Weissman). Budapest: Corvina Press.

오르프 교수법

조순이(2001). 칼 오르프의 음악교육, 그 발상 연구를 위한 그의 초기논문 소개. 음악교육연구, 20, 201-232.

_____(2007a). 오르프-슐베르크에 활용된 신체악기의 음악 수업 활용방안. 예체능교육연구, 7, 33-50.

_____(2007b). 음악과 신체표현 교육에서의 즉흥연주: 귄터학교, 오르프 및 케트만의 정신을 중심으

로. 교육의 이론과 실천, 12(2), 189-210.

Daub, M. (2005). Rezention: "Gunild Keetman-ein Leben für Musik und Bewegung". *Orff Schulwerk Informationen 74*(2005/Sommer), 69-70.

Gschwendtner, H. (1989, 3판). *Kinder spielen mit Orff-Instrumenten*. Müchen.

Haselbach, B., Nykrin, R., & Regner, H. (Hrsg.). (1990). *Musik und Tanz für Kinder*. Unterrichtswerk zur Früherziehung, Lehrerkommentar[약어표기 MTK], unter Mitarbeiter v. Manfred Grunenberg, Iris von Häisch, Wolfgang Hartmann, Verena Machat, Hermann Uralbl, Mauela Widmer, Ernst Wieblitz, Mainz-London-New York-Paris-Tokyo.

Jungmair, U. E. (1992). Das Elementare. *Zur Musik-und Bewegungserziehung im Sinne Carl Orffs* (Theorie und Praxis). Schott.

Keetman, G. (2002). **오르프 음악교육의 원리와 적용**. (조순이 역). 서울: 도서출판 태성. (원저는 1981년에 3판 출판)

Keller, W. (1954). *Einfürung in "Musik für Kinder"*. Methodik-Spieltechnik der Instrumente-Lehrpraxis, Mainz.

_____ (1972). *Ludi Musici 1*. Spiellieder, Fidula.

Kugler, M. (2002). *Elementarer Tanz-Elementare Musik*. Die Güther-Schule Müchen 1924 bis 1944, Schott.

Kemmelmeyer, K.-J. von., & Nykrim, R. (Hrsg.). (1988). *Spieláne Musik 9/10*. Ernst Klett Schulbuchverlag Stuttgart.

Orff, C. (1964). *Das Schulwerk-Rückblick und Ausblick* (W. Thomas & W. Götze [Hrsg.]) Orff-Institut Jahrbuch. Mainz.

Orff, C., & Keetman, G. (1950-1954). *Orff-Schulwerk*. Musik für Kinder [Bde. I-V], Mainz.

Regner, H., & Ronnefeld, M. (Hrsg.). (2004). *Gunild Keetman-ein Leben für Musik und Bewegung: A Life Given to Music and Movement* (dt.- engl.). Schott.

Thomas, W. (1977). *Musica Poetica*. Gestalt und Funktion des Orff-Schulwerks, Tutzing.

고든의 음악 학습 이론

현경실(2010). 고든의 음악학습 이론. **음악교수법**(임미경, 현경실, 조순이, 김용희, 이에스더 저, pp. 237-304). 서울: 학지사.

Gordon, E. E. (1980). *Learning seqences in music: Skill, content, and patterns*. Chicago: G.I.A: Publications, Inc.

_____ (2001). *Jump right in: The music curriculum*. Reference Handbook for Using

Sequence Activities. Chicago: G.I.A: Publications, Inc.

_____ (2007). *Learning sequences in music: A contemporary music learning theory.* Chicago: G.I.A: Publications, Inc.

Grumow, R. F., Gordon, E. E., Azzara, C. D., & Martin, M. E. (1999-2002). *Jump right in: The instrumental series for band, strings, and recorder.* Chicago: G. I. A: Publications, Inc.

The Gordon Institutes for Music Learning (GIML). (2009a). *Audiation.* http://www. giml.org/mlt_audiation.php.

_____ (2009b). *Classroom activities.* http://www. giml.org/mlt_classroom.php.

_____ (2009c). *Edwin E. Gordon.* http://www.giml. org/mlt_gordon.php.

_____ (2009d). *Skill learning sequence.* http://www. giml.org/mlt_lsa sls.php.

_____ (2009e). *Teaching procedures.* http://www. giml.org/mlt_lsa teaching.php.

Valerio, W. (2009). *The Gordon approach: Music learning theory.* http://www. allianceamm.org/resources_elem Gordon.html.

포괄적 음악성과 MMCP

김영신(1992). MMCP를 중심으로 한 포괄적 음악성 개발을 위한 음악교육과정에 관한 연구. 부산대학교 교육대학원 교육학 석사학위논문.

_____(2008). Comprehensive musicianship: The principles. **음악 이론연구**, 13, 107-128.

김용희(2010). 포괄적 음악성. **음악교수법**(임미경, 현경실, 조순이, 김용희, 이에스더 저, pp. 305-360). 서울: 학지사.

CMP2 (1965). *Comprehensive musicianship: The foundation for college education in music.* Washington D.C.: Contemporary Music Project/Music Educators National Conference.

CMP5 (1971). *Contemporary musicianship: An anthology of evolving thoughts.* Washington D.C.: Contemporary Music Project/Music Educators National Conference.

Mark, M. L. (1992). **현대의 음악교육.** (이홍수, 임미경, 방금주, 김미숙, 장기범 역). 서울: 세광음악출판사.

Pogonowski, L. (2001). A personal retrospective on the MMCP. *Music Educators Journal,* 88(1), 24-27.

Reiger (1973). Contemporary music project for creativity in music education. *Music Educators Journal, 54*, 41-72.

Thomas, R. (1970). Final Report. Project No. 6-1999. Grant No. OEG-1-001999-0477. Manhattanville Music Curriculum Project. Office of Bureau Research. U.S. Department of Health, Education, and Welfare.

Thomas, R. (1979). *MMCP synthesis: A structure of music education.* Bellingham, WA: Americole.

Thomas, R. (1991). Musical fluency. MMCP and Today's Music Curriculum. *Music Educators Journal, 78*(4), 26-29.

Willoughby, D. (1970). *Institutes for music in contemporary education: Their implications for the improvement of undergraduate music curricula.* Doctoral Dissertation, Rochester, NY: Eastman School of Music of University of Rochester.

Willoughby, D., & CMP6 (1971). *Comprehensive musicianship and undergraduate music curricula.* Washington D.C.: Contemporary Music Project/Music Educators National Conference.

제**8**장

음악교과의 평가

현경실

교육을 잘하기 위해서는 평가를 잘해야 한다. 이 장에서는 평가의 필요성, 음악교과 평가의 종류, 좋은 평가의 조건과 제작 방법 등을 소개한다. 그리고 음악 과목의 실기 평가와 실음 평가, 수행평가에 대하여 구체적인 예를 들어 설명한다.

1. 평가의 목적

평가가 없는 교육은 생각할 수 없다. 교육이 바르게 되고 있는지, 얼마나 효과를 내고 있는지 알 수 있는 길은 평가뿐이기 때문이다. 그러나 불행히도 우리의 학교시스템에서는 평가의 잘못된 사용으로 인한 부작용이 적지 않다. 평가는 주로 학생들을 판단하고 순위를 매기는 일에 쓰이고 있으며, 이 잘못된 평가에 의해 학생들의 운명이 결정되기도 한다. 그 결과 대부분의 사람이 '평가'라고 하면 부정적으로 생각하게 되었다. 그러나 이러한 현상들은 교육평가의 본래의 목적과는 거리가 멀다. 그렇다면 평가의 진정한 목적은 무엇일까? 음악교육평가의 목적은 크게 네 가지로 살펴볼 수 있다.

1) 음악 수업을 효과적으로 하도록 돕는다

음악 평가는 수업을 효과적으로 하기 위한 것이 가장 큰 목적이다. 음악 수업을 효과적으로 하기 위해 다음의 방법으로 평가를 할 수 있다.

첫째, 음악 수업 전에 학생들의 학습 수준에 대한 평가가 필요하다. 수업 전에 평가를 하면 학생들의 장점과 단점을 발견할 수 있는데, 그 정보는 실제로 학생들을 가르칠 때 무척 중요하다. 학생들의 능력을 정확히 알아야 효과적인 학습의 계획 및 준비를 할 수 있기 때문이다. 예를 들어, 악보를 읽을 줄 아는 학생이 소수인데 처음부터 다 같이 악보를 읽는 수업을 할 수는 없다.

둘째, 음악 수업 중에 수업이 효과적으로 잘 되고 있는지를 알아보는 데 평가가 사용될 수 있다. 이 평가는 진행되고 있는 수업의 내용이나 방법의 개선에 도움이 된다.

셋째, 음악 수업 끝에 처음에 설정한 수업 목표를 어느 정도 달성했는지 확인하고 그 결과를 다음의 수업에 적용하여 보다 나은 수업을 개선하기 위해 평가를 실시할 수 있다. 수업 후 평가를 분석해 보면 수업 과정 중 교사의 설명이 부족했던 부분이나 학생들이 특히 어려위했던 부분들을 발견할 수 있다. 따라서 이 결과를 다음 수업에 적용할 수 있다.

2) 학생들이 학습을 효과적으로 하도록 돕는다

평가는 학생들이 학습을 효과적으로 할 수 있도록 여러 가지 측면에서 돕는다.

첫째, 음악 평가는 학생들에게 학습 동기를 부여하며 학습 효과를 높일 수 있다. 평가가 없다면 학생들의 학습 동기는 줄어들기 쉽다.

둘째, 음악 평가는 학생들에게 수업 목표나 학습 내용의 중요한 점 등을 일깨워 줌으로써 학습을 효과적으로 할 수 있게 한다.

셋째, 음악 평가는 학생들의 강점이나 약점, 학습 습관이나 방법에 대한 정보를 제공한다. 예를 들어, 학생이 악기를 배우는 경우 평가의 결과에 따라 음정에 좀 더 신경을 쓰고, 악기를 연주하는 자세를 고쳐 연주 실력을 향상시키는 데 도움을 줄 수 있다.

넷째, 학생들의 진로 선택의 기초 자료로 사용되는 데 목적이 있다. 음악적 재능이 있는 학생들을 가려내어 적성에 맞는 진로 선택을 하는 데 평가의 결과가 도움을 줄 수 있다.

3) 행정적인 결정을 돕는다

교육부는 물론 학교 안에서도 평가의 결과에 의해 여러 가지 행정적인 결정을 할 수 있다.

첫째, 음악 교사의 능력을 평가하여 교육의 질을 높일 수 있다. 교사들을 평가하는 일이 쉽고 간단한 일은 아니다. 하지만 교육의 발전을 위해서 교사들을 평가하는 일은 필요하다. 교사들을 평가할 수 있어야 양질의 교육을 실시할 수 있다.

둘째, 음악 교육과정이나 정책, 행정의 방향을 설정하는 것을 돕는다. 평가의 결과는 교육과정이나 정책, 행정의 방향을 결정하는 데 중요한 객관적인 증거가 될 수 있다. 예를 들어, 학생들이 악기를 배우는 것이 음악의 정규 수업만으로는 어렵다고 평가를 통해 확인되었다면 방과 후 기악 수업 등을 기획하여 학생들에게 악기를 효과적으로 가르칠 수 있다.

4) 교육 연구의 발전을 돕는다

평가는 연구 및 프로젝트의 성과를 측정하는 데 쓰일 수 있다. 학생들에게 음악을 효과적으

로 가르치는 방법에 대한 연구를 실행할 때 평가를 통해 그 교수법의 효과를 검증할 수 있다.

2. 측정과 평가

　음악교과의 평가에서 가장 어려운 점은 공정성과 객관성이다. 모든 평가는 객관적으로 이루어져야 하는데 음악은 과목 특성상 그것이 쉽지 않다. 평가를 객관적으로 하기 위해서는 먼저 측정과 평가의 개념을 이해해야 한다. 측정과 평가는 서로 다른 의미를 지니고 있지만 자주 혼용되고 있다. 측정이란 어떤 현상을 주관적 견해 없이 순전히 객관적으로 나타내는 것이며, 평가란 측정된 것을 토대로 주관적인 견해를 가미하여 표시한 것이다.

　어떤 학생이 100점 만점인 수학 시험에서 50점을 맞았다고 할 때 점수가 50점이라는 것은 그 학생의 수학 실력을 단순히 '측정'하여 숫자로 나타낸 것에 불과하다. 그 수학 시험 점수에 근거하여 그 학생을 수학 실력이 모자라는 학생들을 위한 방과 후 특별반에 넣을지 말지를 결정하는 것이 '평가'이다. 또 다른 예로, 어떤 학생이 100점 만점인 악기 연주 시험에서 70점을 맞았다고 할 때 점수가 70점이라는 것은 그 학생의 연주 실력을 단순히 '측정'하여 숫자로 나타낸 것이다. 그 시험에 근거하여 그 학생을 학교 오케스트라에 넣을지 말지를 결정하는 것이 '평가'이다. 그러므로 평가자들은 측정과 평가의 과정을 분리해서 실시하여야 한다. 모든 시험은 먼저 정확히 측정되어야 하고, 그 후에 적절하게 평가되어야 한다.

3. 평가 도구의 기본 여건

　적절한 평가가 이루어지기 위해서는 먼저 정확히 측정할 수 있는 도구가 있어야 한다. 좋은 측정 도구는 신뢰도(reliability), 타당도(validity), 문항난이도(item difficulty)와 변별도(item discrimination) 등에서 유의미한 값을 나타낸다.

1) 타당도

타당도란 원하는 것을 얼마나 정확히 재고 있느냐 하는 것을 나타내는 지표이다. 키, 몸무게, 온도 등 무엇을 재야 하는지 분명할 때는 타당도가 문제가 되지 않는다. 그러나 음악성, 지능 등 그 측정 대상이 명확하지 않을 때는 타당도가 문제가 된다. 예를 들어, 어떤 사람의 음악성을 알아보려고 그 사람의 노래하는 능력을 측정할 때 음악성과 노래하는 능력은 대체적으로 상관관계가 있지만, 노래하는 능력이 곧 음악성이라고는 할 수 없다. 노래를 못한다고 해서 반드시 음악성이 낮은 것은 아닐 수 있다. 음악성이 높아도 노래는 못할 수 있기 때문이다. 그렇기 때문에 음악성을 정확히 재기 위해서는 음악성이 무엇인가 하는 것이 먼저 규정되어야 할 것이다. 이렇게 측정 대상이 무엇인지 분명하지 않거나 측정이 어려울 때는 타당도가 문제가 된다. 타당도 높은 검사가 되기 위해서는 무엇을 잴 것인가가 먼저 정확히 규명되어야 한다.

2) 신뢰도

신뢰도는 검사나 시험의 점수가 얼마나 일관성을 갖느냐 하는 것을 지수로 나타낸 것이다. 예를 들어, 키를 두 번 측정하였는데 한 번은 160cm가 나오고 한 번은 164cm가 나왔다면 그 측정치 간에는 일관성이 없다. 즉, 신뢰도가 떨어지는 측정치인 것이다. 두 번을 쟀는데 두 번 다 같은 측정치가 나왔다면 그 값은 신뢰도가 있다고 할 수 있다. 학생의 영어 실력을 알아보기 위해 같은 난이도의 영어 시험을 두 번 실시하였을 때 한 번은 90점이 나오고 한 번은 50점이 나왔다면 그 시험은 신뢰도가 낮은 것이다. 그러나 한 번은 90점이 나오고 한 번은 92점이 나왔다면 이 시험의 신뢰도는 상대적으로 높다고 볼 수 있다. 즉, 시험이나 검사가 어떤 실력이나 상태를 측정하는 것이기 때문에 같은 상황에서 여러 번을 실시해도 비슷한 결과를 내야 한다.

그러므로 신뢰도는 측정해야 할 내용을 얼마나 일관되게 측정하는가에 대한 개념이다. 어떤 시험이나 검사에 대한 학생들의 일관성을 지수로 나타낸 것이다. 신뢰도 지수는 −1.00~+1.00 사이로 표시되는데, 지수가 높을수록 좋은 검사이다.

신뢰도는 그 검사의 종류에 따라 바람직한 지수가 다르다. 일반적으로 학습 성취 검사의 경우 신뢰도가 .70 이상은 되어야 집단 검사에 사용할 수 있다고 본다. 그러나 적성 검사의 경우 신뢰도가 성취 검사보다 조금 낮아도 사용 가능하다.

3) 문항난이도

문항난이도는 각 문항의 어려운 정도를 나타내는 지수이다. 이는 각 문제에 대한 학생들의 정답률을 %로 나타낸 것이다. 만약에 그 시험을 치른 학생들이 어떤 문제를 모두 맞혔다면 그 문제의 난이도는 100%, 모두 틀렸다면 그 문제의 난이도는 0%이다. 지수가 높을수록 쉬운 문제가 된다. 문항난이도가 적당히 섞여 있는 정상분포를 이루는 시험이 이상적인 시험이다.

4) 문항변별도

문항변별도란 한 문항이 피험자를 변별하는 정도를 나타내는 수치를 말한다. 어떤 문항에 대해 실력 있는 사람은 정답을 맞히고, 실력이 없는 사람은 오답을 답할 경우 이 문항은 피험자들을 제대로 변별하고 있는 것이다. 그러나 이와 반대로 어떤 문항이 실력이 있는 사람은 오답을 답하고, 실력이 없는 사람이 정답을 맞혔다면, 이것은 상하 집단을 제대로 변별하지 못하는 문항이다. 변별도 지수는 −1.00에서 +1.00 사이에 분포되고, 지수가 클수록 좋은 문항이라 할 수 있다. 일반적으로 +0.2 이상이면 무난한 문항이라 볼 수 있다.

4. 음악 적성 검사와 성취도 평가

학교에서 실시되고 있는 검사는 크게 두 가지로 나눌 수 있는데, 하나는 전문가들이 만들어서 연구를 통해 만들어진 검사의 신뢰도와 타당도를 증명하고, 또 전국적인 표준을 가지고 있는 표준화된 검사이다. 다른 하나는 교사가 직접 문항을 작성하여 실시하는 성취도 평가(시험)이다. IQ 검사나 각종 적성 검사는 대개 표준화 검사이고, 학교에서 치르는 중간고사나 학기말 시험 등은 교사가 가르친 것을 측정하기 위해 만든 성취도 평가이다. 음악에서 쓰이는 표준화된 검사는 음악 적성 검사와 음악 선호도 검사 등이 있다. 그러나 음악 분야에서 표준화된 검사가 광범위하게 쓰이는 검사는 음악 적성 검사뿐이다.

1) 음악 적성 검사

음악 적성은 음악의 IQ라고 할 수 있다. 음악 적성은 '음악적 재능' '음악적 지능(IQ)' '음악 적 능력' '음악성' '음악소질' 등 서로 다른 용어로 설명되기도 한다. 고든은 음악 적성을 "음악을 배울 수 있는 잠재력"(Gordon, 1987: 1)이라고 정의하였다. 고든은 누구나 보통 지능 지수로 표현되는 지적 능력을 가지고 있듯이 음악을 배울 수 있는 잠재 능력, 즉 음악 적성도 누구나 가지고 있다고 하였다.

유럽이나 미국의 많은 학자는 수십 년 전부터 음악 적성을 측정하는 검사를 만들고자 많은 노력을 해 왔다. 많은 검사가 만들어졌으나 그중에서도 많이 쓰이고 있는 검사는 시쇼어 음악 재능 검사(Seashore Measures of Musical Talents; Seashore, 1919/1939), 윙 음악 지능 표준화 검사(Wing Standardized Tests of Musical Intelligence; Wing, 1960), 벤틀리의 음악적 능력 검사(The Measure of Musical Abilities; Bentley, 1966), 음악 적성 프로파일(Musical Aptitude Profile: Map; Gordon, 1965/1988), 초급 음악 오디에이션 검사(Primary Measures of Music Audiation: PMMA; Gordon, 1986), 중급 음악 오디에이션 검사(Intermediate Measures of Music Audiation: IMMA; Gordon, 1986), 고급 음악 오디에이션 검사(Advanced Measures of Music Audiation: AMMA; Gordon, 1989), 오디(Audie; Gordon, 1989) 등이 있다. 우리나라에는 한국 음악적성 검사(Korean Music Aptitude Test: KMAT; 현경실, 2004)와 Kids' MAT 유아음악적성 검사(Kids' Musical Aptitude Test: Kids' MAT; 현경실, 2016)가 있다. 각 검사의 특징은 〈표 8-1〉 에 정리한 바와 같다.

표 8-1 표준화된 음악 적성 검사

검사명 (제작자, 연도)	하위 검사와 특징	대상	사용 기구	실시 시간
시쇼어 음악 재능 검사 (Seashore, 1919/1939)	• 음 높이 구별 검사(50쌍의 문제) • 음 크기 구별 검사(50쌍의 문제) • 리듬 검사(리듬 패턴 30쌍) • 시간구별 검사(50쌍의 문제) • 음색구별 검사(50쌍의 문제) • 음기억력 검사(30쌍의 문제)	10세~성인	전자악기	1시간

〈계속〉

윙 음악 지능 표준화 검사 (Wing, 1961)	• 화음 분석(20문항) • 음고 변화(30문항) • 음 기억(30문항) • 리듬 악센트(14문항) • 화성 • 음의 세기 • 악절감	8세~성인	피아노	1시간
음악적 능력 검사 (Bentley, 1966)	• 음고 구별 • 멜로디 기억력 • 화음 분석 • 리듬 기억	7세~성인	전자악기, 오르간	20분
음악 적성 프로파일 (Gordon, 1965/1988)	• 선율(40문항) • 화성(40문항) • 빠르기(40문항) • 박자(40문항) • 악절(30문항) • 균형(30문항) • 스타일(30문항)	10세~성인	바이올린, 첼로	3시간
초급 · 중급 음악 오디에이션 검사 (Gordon, 1986)	• 음감(40문항) • 리듬감(40문항)	5~10세	전자악기	20분
고급 음악 오디에이션 검사 (Gordon, 1989)	• 음감(40문항) • 리듬감(40문항)	음악전공자 13세~성인	전자악기	20분
오디 (Gordon, 1989)	• 음감(10문항) • 리듬감(10문항)	3~4세	전자악기	15분
한국 음악적성 검사 (현경실, 2004)	• 음감(40문항) • 리듬감(40문항)	9~15세	전자악기	30분
Kids' MAT 유아음악 적성검사 (현경실, 2016)	• 음감(20문항) • 리듬감(20문항)	5~7세	전자악기	20분

2) 음악교과의 성취도 평가

우리가 보통 음악 시험이라고 부르는 것은 대부분 성취도 평가로서 교사가 가르친 내용을 평가하는 시험이다. 성취도 시험은 반드시 가르친 내용을 평가해야 하기 때문에 교사가 직접 출제하는 경우가 대부분이다. 가르친 내용을 가장 잘 아는 사람이 교사 자신이기 때문이다.

현재 우리나라에서 실시되고 있는 성취도 평가는 크게 두 가지로 나누어질 수 있다. 전통적으로 실시되고 있는 음악 이론 시험인 필기고사와 수행평가이다. 원래 수행평가는 지필평가에 반대되는 개념으로서의 실기 시험을 뜻하였다. 그러나 1990년대 이후의 수행평가는 이전까지의 평가와는 달리 학생의 학습 과정이나 창의력, 문제 해결력 등을 측정하는 평가 방법을 뜻한다. '대안 평가(alternative assessment)'로 대표되는 이러한 경향은 학생이 지니고 있는 능력 전부를 평가하는 평가의 본래 의미를 추구하고자 하는 것이다.

백순근은 넓은 의미의 수행평가란 "교사가 학생이 학습 과제를 수행하는 그 과정이나 결과를 보고, 그 학생의 지식이나 기능이나 태도 등에 대해 전문적으로 판단하는 평가 방식, 즉 학생 스스로가 자신의 지식이나 기능이나 태도를 나타낼 수 있도록 답을 작성하거나 발표하거나 산출물을 만들거나, 행동으로 나타내도록 요구하는 평가 방식"(백순근, 2000: 48)이라고 정의하고 있다.

넓은 의미의 수행평가는 실기 시험은 물론 객관식 시험을 제외한 실음 평가, 창작 평가, 감상 평가 등 모든 종류의 평가를 포함한다. 흔히 사용되는 수행평가 방법에는 여러 가지가 있다. 서술형 검사, 논술형 검사, 구술 시험, 토론, 실기 시험, 실험 · 실습법, 면접법, 관찰법, 자기평가, 동료평가, 연구 보고서, 프로젝트, 포트폴리오 등이 그것이다. 이 책에서는 일반적으로 실시되어 왔던 실기 평가, 실음 평가 등 교사가 학생을 평가하는 것은 성취도 평가 영역으로 분류하였고, 자기평가, 동료평가, 교사평가 등은 수행평가 영역으로 분류하였다.

(1) 음악교과 성취도 평가의 종류

음악 시험의 종류는 어떤 음악적 행위를 측정하느냐에 따라 달라진다. 성취도 평가는 음악적 행위에 따라 실기 평가, 실음 평가, 일반 음악 지식 시험, 창작 평가 등 네 가지로 분류할 수 있다.

① 실기 평가

일반적으로 실기 평가(performance test)는 채점자에 따라 점수가 좌우되기 때문에 다른 평가에 비해서 주관적이다. 실기 평가의 가장 어려운 문제는 객관성을 갖는 것이다.

가장 많이 쓰이고 있는 실기 평가의 평가 방법은 무엇을 측정할지에 대한 기준이 없이 단지 채점자의 주관적 판단에 의해 '매우 우수–우수–보통–보통 이하–매우 나쁨' 식으로 채점하는 방식이다. 우수하다면 왜 우수한지, 어떤 면이 우수한지를 밝히지 않는 주먹구구식의 채점 방법이고, 주관적으로 판단할 수밖에 없는 채점 방식이다. 물론 음악은 예술이기 때문에 채점자의 전체적인 느낌이나 판단도 매우 중요하다. 하지만 평가를 정확하게 객관적으로 하는 일은 더 중요하다. 실기 평가를 객관적으로 하기 위한 방법에는 다음과 같은 것들이 있다.

㉮ 영역을 미리 나누어 영역별로 채점한다

채점자는 연주를 듣기 전에 무엇을 채점할 것인지 충분히 생각하여 그 영역을 정해야 한다. 예를 들어, 가창 실기 평가라면 음정, 리듬, 음악적 표현, 태도 등의 영역을 미리 만들 수 있다. 분류 영역들이 자세하고 정확할수록 객관적인 평가를 할 가능성이 높아진다. 영역의 수는 〈표 8-2〉와 같이 3~5개 정도가 적당하며, 채점 후 각 영역 점수를 합산하여 종합 점수를 낸다.

표 8-2 가창 실기 평가의 예

	매우 우수 (5점)	우수 (4점)	보통 (3점)	보통 이하 (2점)	매우 나쁨 (1점)
① 리듬					
② 음정					
③ 음악적 표현					
④ 태도					
점수					

㉯ 구체적인 평가 기준을 만들어 사용한다

중요한 연구나 시험에서 널리 쓰이는 실기 평가에서 학생의 능력을 측정하는 다른 한 가지 방법은 구체적인 평가 기준을 만들어 쓰는 것이다. 매우 우수, 우수 등 주관적인 측정 기준이 아닌 측정할 것을 구체적으로 미리 기술해 놓고 거기에 따라 점수를 부여하는 것이다.

표 8-3 리코더 연주 실기 평가 기준의 예

영역	문항	상(3점)	중(2점)	하(1점)
리듬	박자감이 있다.			
	부점을 정확히 연주할 수 있다.			
	당김음을 정확히 연주할 수 있다.			
가락	전체적으로 음이 안정되어 있다.			
	임시표를 정확히 연주할 수 있다.			
	낮은 C를 정확히 연주할 수 있다.			
음악적 표현	바른 자세로 연주할 수 있다.			
	운지법을 정확히 연주할 수 있다.			
	부드럽고 맑은 음색으로 연주할 수 있다.			
	프레이즈 연결이 자연스럽다.			

이 경우에서도 가락, 리듬, 표현 등 영역별로 나누어서 점수를 매기게 된다. 리코더 연주 실기 평가 기준의 예를 들면 〈표 8-3〉과 같다.

ⓒ 2명 이상의 채점자가 채점을 한다

실기 평가를 정확하고 객관적으로 하기 위해서 2명 이상의 채점자가 동시에 채점하는 방법도 사용할 수 있다. 중요한 입학 시험, 음악 대회(콩쿠르), 연구에서는 이 방법을 쓴다.

ⓓ 연주자가 누구인지 모르는 상태에서 채점을 한다

실기 평가의 객관성을 높이기 위한 또 다른 방법은 연주자가 누구인지 채점자들에게 알려 주지 않은 상태에서 채점을 하도록 하는 방법이 있다. 커튼을 쳐서 누가 연주하는지 보지 못하게 한다거나 학생들의 이름 대신 번호를 매기고, 연주를 녹음하여 그 녹음을 듣고 채점하는 방법 등을 쓰는 것이다. 대학 입시나 중요한 시험에 많이 활용되는 방법이다.

그러나 이러한 채점 방법들은 실제 우리나라 초ㆍ중ㆍ고등학교에서 활용하기가 사실상 불가능하다. 많은 수의 학생을 채점해야 하기 때문에 둘 이상의 평가자가 채점하기가 불가능할 뿐만 아니라 평가 영역을 여러 개 만들기도 매우 어렵다. 그럼에도 불구하고 교사는 평가 기준을 최대한 상세하게 만들어 거기에 기초하여 채점해야 한다. 예를 들면, 어떤 노래를 학생들에게 부르게 할 때 그 노래의 음정과 리듬 중 가장 어려운 부분을 미리 정하여 놓고

틀리는 부분의 수를 세는 것 등이다. 시창 시험이나 초견 연주도 이 실기 평가에 속하며, 어떤 멜로디나 패턴을 듣고 따라 하게 하는 시험도 여기에 속한다.

② 실음 평가

음악은 소리이므로 음악을 바르게 평가하기 위해서는 소리가 제외되어서는 안 된다. 실음을 이용한 평가는 우리나라 교육과정에서도 권장하고 있다. 이 평가 영역에는 실제 소리를 이용한 평가가 모두 포함된다. 실음 평가의 종류에는 청음 시험, 악보 관련 시험, 감상 시험 등이 있다.

㉮ 청음 시험

이 시험의 영역에서는 평가를 받는 사람에게 음악을 듣고 음질이나 음 높이를 구체적으로 답하거나 비교하도록 한다. 우리나라의 음악 전공자들에게 많이 사용되고 있는 시험의 형태로, 교사가 어떤 멜로디나 하모니를 피아노로 연주하면 학생이 그 연주를 듣고 악보로 옮기는 것이다. 우리나라에서 실시하는 청음 시험은 대개 악보를 읽거나 채보할 수 없으면 이를 실행할 수 없다는 단점이 있다. 그래서 악보를 읽고 채보하는 것이 익숙하지 않은 학생들에게 실시할 수 있는 청음 시험을 개발할 필요가 있다. 다음은 청음 시험의 예이다.

〈청음 시험 예 1〉

〈청음 시험 예 2〉

문항	2개의 노래를 듣고 노래가 같으면 같은 얼굴 그림을, 노래가 다르면 다른 얼굴 그림을 선택하세요.
들려줄 연주	가락 1 가락 2
정답	②
비고	초등학교 저학년 어린이들을 위한 청음 문항이다. 지문을 녹음해서 들려주면 글을 모르는 어린이에게도 실시할 수 있다.

〈청음 시험 예 3〉

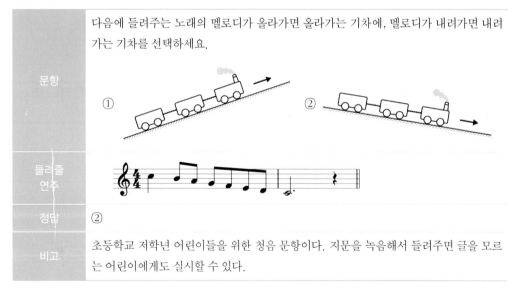

문항	다음에 들려주는 노래의 멜로디가 올라가면 올라가는 기차에, 멜로디가 내려가면 내려가는 기차를 선택하세요.
들려줄 연주	
정답	②
비고	초등학교 저학년 어린이들을 위한 청음 문항이다. 지문을 녹음해서 들려주면 글을 모르는 어린이에게도 실시할 수 있다.

〈청음 시험 예 4〉

문항	2개의 음을 듣고 높은 음에 동그라미를 치시오. 　　①첫 번째 음　　　②두 번째 음
들려줄 연주	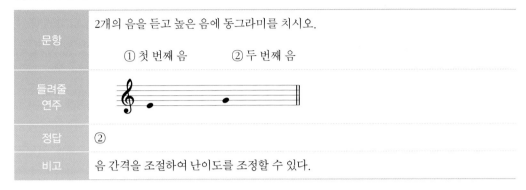
정답	②
비고	음 간격을 조절하여 난이도를 조정할 수 있다.

〈청음 시험 예 5〉

문항	다음 노래를 듣고 두 번째 마디의 리듬을 그려 넣으시오.
들려줄 연주	
정답	
비고	청음 시험은 처음부터 끝까지 받아쓰는 형식이 아니라 한 음 또는 두 음, 길게는 한 마디만을 채워 넣게 만들 수도 있다.

〈청음 시험 예 6〉

문항	다음 화음을 듣고 빠진 음을 그리시오.
들려줄 연주	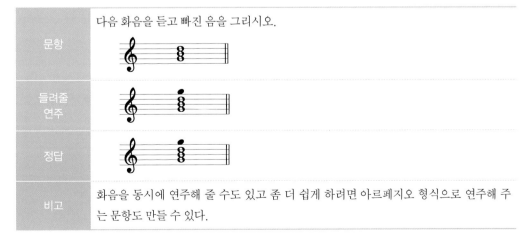
정답	
비고	화음을 동시에 연주해 줄 수도 있고 좀 더 쉽게 하려면 아르페지오 형식으로 연주해 주는 문항도 만들 수 있다.

ⓒ 감상 시험

음악을 듣고 작곡자나 곡 제목, 또는 연주의 형식, 곡의 악식(form, style) 등을 답하거나 추측하도록 하는 형태의 시험은 모두 이 영역에 포함된다. 형태는 객관식, 고르기, 줄 긋기, 단답형, 에세이 등이 있다.

〈감상 시험 예 1〉

문항	다음 곡을 듣고 작곡자와 곡의 제목을 쓰시오.<table><tr><td>작곡자</td><td></td></tr><tr><td>제목</td><td></td></tr></table>
들려줄 연주	베토벤의 〈운명교향곡〉 일부
정답	<table><tr><td>작곡자</td><td>베토벤</td></tr><tr><td>제목</td><td>〈운명교향곡〉</td></tr></table>
비고	들려줄 곡의 길이와 부분에 따라 난이도를 조절할 수 있다.

〈감상 시험 예 2〉

문항	이 곡의 작곡자는 누구일까요? ① 바흐 ② 모차르트 ③ 말러 ④ 스트라빈스키
들려줄 연주	모차르트의 작품 중 잘 알려져 있지 않은 교향곡을 골라 일부를 들려준다.
정답	②
비고	이 문항은 모차르트 음악의 스타일을 배운 다음 실제로 수업에서는 들어 보지 못한 곡을 듣고 모차르트의 작품이라는 것을 추측해 보게 하는 문항이다.

〈감상 시험 예 3〉

문항	이 곡의 연주 형태는 무엇일까요? ① 심포니 ② 관악4중주곡 ③ 피아노4중주곡 ④ 현악4중주곡
들려줄 연주	하이든의 피아노4중주곡 중 일부
정답	③
비고	곡을 듣고 연주 형태를 맞히는 문항이다.

〈감상 시험 예 4〉

문항	음악을 듣고 연주되고 있는 악기의 이름을 모두 쓰시오.		
	①		
	②		
	③		
	④		
	⑤		
들려줄 연주	목관 5중주곡 중 일부		
정답	①	플루트	
	②	오보에	
	③	클라리넷	
	④	호른	
	⑤	바순(파곳)	
비고	수업 시간에 감상한 곡을 이용한다.		

㉠ 악보 시험

악보와 관련된 시험을 총칭한다.

〈악보 시험 예 1〉

문항	다음의 악보가 연주된다면 소리가 다를 수 있는 것 하나를 고르시오.
정답	③
비고	악보를 읽는 능력을 측정하는 문항이다.

③ 일반적인 음악 이론 시험

일반적인 음악 지식이라 함은 음악 이론, 역사, 음악가와 작품 등 모든 음악에 관련된 지식을 모두 지칭한다. 우리가 보통 학교에서 사용하는 음악 지필 고사는 대부분이 이 영역에 속한다.

④ 창작 평가

창작 시험은 듣기, 쓰기, 읽기 시험의 종합적인 평가이다. 만약 특별한 형식이나 마디 수 등을 제시한다면 더욱 정확하게 학생들의 창작 능력을 추적할 수 있을 것이다.

〈창작 평가 예 1〉

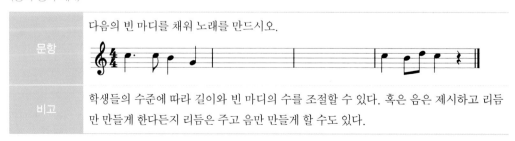

문항	다음의 빈 마디를 채워 노래를 만드시오.
비고	학생들의 수준에 따라 길이와 빈 마디의 수를 조절할 수 있다. 혹은 음은 제시하고 리듬만 만들게 한다든지 리듬은 주고 음만 만들게 할 수도 있다.

〈창작 평가 예 2〉

| 문항 | 다음은 곡의 마지막 부분입니다. 종지 부분을 작곡하시오. |
| 비고 | 학생들의 수준에 따라 길이와 빈 마디의 수를 조절할 수 있다. |

〈창작 평가 예 3〉

| 문항 | 다음의 동기를 이용하여 한도막 형식의 곡을 작곡하시오. |
| 비고 | 채점 기준을 만들어 평가한다면 좀 더 객관적인 평가가 될 수 있다. |

〈창작 평가 예 3〉의 채점 기준의 예를 제시하면 〈표 8-4〉와 같다.

표 8-4 창작 평가 기준표의 예

문항	상(3점)	중(2점)	하(1점)
주어진 동기와 어울리는 가락을 만들었는가?			
박자에 어울리는 리듬을 다양하게 만들었는가?			
기보법이 정확한가?			
종지와 반종지의 사용이 적절한가?			
악곡의 전체 흐름이 자연스러운가?			
점수			

(2) 음악교과 수행평가의 종류

여기서 말하는 수행평가는 교사가 학생들을 일방적으로 평가하는 일반적인 실기 평가나 실음 평가를 제외한 자기평가, 동료평가, 교사 일지(평가)를 의미한다.

① 자기평가

자기평가란 학생이 학습 전이나 학습 중 또는 학습 후에 자신을 스스로 평가하는 것이다. 자기평가는 학생이 학습 준비도, 학습 동기, 성실성, 만족도, 다른 학습자와의 관계, 성취 수준 등에 대해 스스로 생각하고 반성할 수 있는 기회를 제공한다. 자기평가는 학생이 의식하지 못하더라도 모든 수업에서 이루어지고 있으므로, 자기평가를 좀 더 구체적으로, 의식적으로 하게 하여 학습 효과를 높일 수 있다. 효과적인 자기평가는 학습자들을 스스로 비판하고 결정하며 사고할 수 있도록 돕는다. 또 학생이 학습을 자기 주도적으로 효과적으로 하도록 돕는다. 학생의 입장에서는 학습한 것과 경험한 것을 스스로 정리하고 확인할 수 있고, 교사의 입장에서는 수업 의도, 수업 목표 등의 달성 정도를 확인·점검할 수 있다. 미리 계획된 리코더 학습 지도 계획안에 대한 수행평가 문항 중 자기평가 문항을 내용별로 분류하면 〈표 8-5〉와 같다.

표 8-5 자기평가의 내용별 분류

번호	영역	내용
1	관찰하기	사물이나 상황 등을 관찰하는 활동을 평가한다.
2	연주하기	악기로 따라 하고 즉흥연주하고 곡을 연주하는 것 등이 여기에 포함된다.
3	표현하기	사물이나 소리 상황 등을 글이나 그림 등 다른 예술로 표현한다.
4	활동하기	모방하기, 사실 찾기, 듣고 가리기, 학습 활동하기 등이 이 영역에 포함된다.
5	이유 알아보기	여러 가지 사실이나 현상 등의 이유를 생각해 본다.
6	정리하기	배운 학습 내용을 다시 정리하고 확인한다.
7	태도 확인하기	흥미, 태도, 느낌 등을 적어 본다.

리코더를 처음으로 배우는 학생들을 대상으로 한 영역별 수행평가에서 자기평가의 예를 제시하면 다음과 같다.

㉮ 관찰하기

관찰은 학습의 첫걸음이다. 사물이나 상황 등을 관찰해 봄으로써 정확히 인지하고 문제점을 파악하는 평가 영역이다. 리코더를 관찰한 후 다음의 수행평가를 스스로 해 본다. 그리고 리코더를 다시 관찰하여 답을 스스로 표시한다. 〈표 8-6〉은 리코더 관찰하기의 자기평가 예이다.

표 8-6 리코더 관찰하기의 자기평가 예

질문	답	정답 여부
리코더의 구멍은 모두 몇 개인가요?		
리코더 구멍의 모양에는 어떤 종류가 있습니까? 그림으로 그려 보세요.		

㉯ 연주하기

리코더를 배우기 위해서는 무엇보다도 많은 연주 연습이 필요하다. 이 영역에는 리코더를 처음 소리 내는 것부터 교사나 동료의 연주를 듣고 따라 하기, 즉흥으로 연주하기, 곡을 연주하는 것까지 모든 리코더 연주하기가 포함된다. 〈표 8-7〉은 리코더 연주하기의 자기평가 예이다.

표 8-7 리코더 연주하기의 자기평가 예

	문항	잘할 수 있다	보통이다	잘 못하겠다
따라서 연주하기	선생님을 따라 똑같이 리코더 소리를 낼 수 있습니까?			
	선생님이 연주한 음을 찾아 같은 음을 연주할 수 있습니까?			
	선생님을 따라 '제재곡'를 연주할 수 있습니까?			

〈계속〉

즉흥연주 하기	배운 음을 가지고 마음대로 소리를 낼 수 있습니까?			
	주위 친구와 연주 주고받기를 할 수 있습니까?			
	'제재곡' 리듬을 여러 가지로 바꾸어 연주할 수 있습니까?			
	'제재곡' 시작 음을 달리해서 연주할 수 있습니까? (조 옮김)			

◑ 표현하기

생각이나 사물, 소리, 상황 등을 글이나 그림으로 표현해 보면 학생들은 정리가 되며, 교사들은 학생들의 상태를 잘 평가할 수 있다. 〈표 8-8〉은 표현하기의 자기평가 예이다.

표 8-8 │ 표현하기의 자기평가 예

선생님이 연주하신 리코더 곡을 듣고 떠오르는 일이나 느낌을 그림이나 말로 표현해 보세요.

◑ 활동하기

학습은 활동을 하면서 이루어진다. 이 영역은 학습을 위한 모든 활동을 포함한다. 이 영역에는 모방하기, 여러 가지 방법으로 해 보기, 듣고 가리기 등의 각종 활동이 포함된다. 〈표 8-9〉는 리코더 수업 후 활동하기의 자기평가 예이다.

표 8-9 리코더 수업 활동하기의 자기평가 예

	문항	잘할 수 있다	보통이다	잘 못하겠다
소리 탐색	리코더로 소리를 내는 방법을 글로 쓸 수 있습니까?			
	리코더를 불면서 소리가 나지 않게 하는 방법을 생각해 볼 수 있습니까?			
악기 이해하기	구멍을 막았을 때와 막지 않았을 때의 차이를 비교해 볼 수 있습니까?			
	리코더 구멍과 음 높이의 관계를 실험을 통해 찾고 그 결과를 글로 쓸 수 있습니까?			
소리 구별하기	선생님이 들려주는 소리를 듣고 바른 텅잉으로 연주된 소리를 찾을 수 있습니까?			
	내가 낸 소리와 선생님이 낸 소리와의 차이를 설명할 수 있습니까?			
	소리를 듣고 어울리는 가락선을 찾을 수 있습니까?			
학습 활동 하기	A음을 낼 때 막아야 할 구멍에 색칠할 수 있습니까?			
	왼손 0, 1, 2번 손가락 위치를 표시할 수 있습니까?			
	'제재곡'에 사용된 음을 적을 수 있습니까?			
	손 그림에 알맞은 손가락 번호를 적을 수 있습니까?			

ⓜ 이유 알아보기

현상이나 원리, 결과의 원인을 생각해 보면 학습에 도움이 된다. 〈표 8-10〉은 이유 알아보기의 자기평가 예이다.

표 8-10 이유 알아보기의 자기평가 예

리코더는 왜 이렇게 만들어졌을까요? 그 이유를 적어 보세요.
리코더를 불 때의 자세는 어떻게 하는 것이 좋을까요? 또 그렇게 해야 하는 이유는 무엇일까요?
선생님 연주를 보고 따라 하는 것과 듣고 따라 하는 것 중 어느 편이 더 쉬웠습니까?
리코더 시간을 기다렸다면 그 이유는 무엇입니까? 또 기다리지 않는다면 이유는 무엇입니까?
어떤 음들 중 소리가 잘 나지 않는 이유는 무엇일까요?

㉯ 정리하기

배운 학습 내용을 다시 한번 정리하고 확인한다. 〈표 8-11〉은 리코더 수업 후 학생이 배운 내용을 정리하는 데 도움을 주는 정리하기의 자기평가 예이다.

표 8-11 정리하기의 자기평가 예

자신의 리코더 연주 자세 중 고쳐야 할 부분은 무엇입니까?
이 수업에서 내가 새롭게 배운 점은 무엇입니까?
리코더를 소리 낼 때 가장 어려웠던 점은 무엇이고 문제점은 무엇입니까?
C부터 D까지의 음 중 소리가 잘 나는 음들은 어떤 음들입니까?
C부터 D까지의 음 중 소리를 내기 어려운 음들은 어떤 음들입니까?

④ 태도 확인하기

흥미, 태도, 느낌 등을 적어 보는 영역이다. 〈표 8-12〉는 리코더 수업 후의 태도에 대한 자기평가 예이다.

표 8-12 수업 태도의 자기평가 예

문항	그렇다	보통이다	아니다
잘하기 위해 노력을 하였습니까?			
내가 낸 소리는 마음에 듭니까?			
리코더 수업에 열심히 참여하였습니까?			
리코더 시간을 기다렸습니까?			
리코더를 더 배우고 싶습니까?			

② 동료평가

학습자와 동료 학습자가 서로를 평가하는 것이다. 〈표 8-13〉은 동료평가의 대표적인 예이다.

표 8-13 동료평가의 예

문항	평가
친구들의 리코더 연주를 감상하고 잘된 점과 잘못된 점에 대해 이야기해 봅시다.	
주위의 친구 중 가장 연주를 잘하는 사람은 누구입니까? 왜 그렇게 생각합니까?	

③ 교사 일지

매 수업 시간 후에 그 시간에 대한 교사평가가 교사 일지의 형식으로 이루어진다. 〈표 8-14〉는 교사평가 수행평가 예이다.

표 8-14 교사 일지(교사평가)의 예

감상한 곡명		대상			
수업 소요 시간		선택한 연주곡의 타당성	상	중	하

답변 〳 문항	아주 좋음	좋음	보통	나쁨	아주 나쁨
학생들의 감상 태도					
수업 흥미도					
학생들이 즐거워한 활동					
학생들이 어려워한 활동					
학습지의 장점					
학습지의 단점					
학습지 결과 주목할 점					

토의 주제

1. 교육에서 평가가 중요한 이유를 토론해 보자.

2. 음악교과의 평가를 공정하게 하기 위해 어떤 노력들이 필요한지 토론해 보자.

🥁 ···· 참고문헌

교육부(2000). 즐거운 생활 1-1, 2, 2-1, 2. 서울: 대한교과서주식회사.

_____(2000). 초등학교 교사용 지도서 즐거운 생활 1-1, 2, 2-1, 2. 서울: 대한교과서주식회사.

_____(2001). 음악 3, 4, 5, 6. 서울: 대한교과서주식회사.

_____(2001). 초등학교 교사용 지도서 음악 3, 4, 5, 6. 서울: 대한교과서주식회사.

국립교육평가원(1996). 수행평가의 이론과 실제. 서울: 대한교과서주식회사.

권대훈(2005). 교육평가. 서울: 학지사.

박영배, 김창원, 고대혁, 정문성, 감문봉 외(1998). 평가방법탐구: 열린 교과 교육적 접근. 서울: 형설출 판사.

백순근(2000). 수행평가의 원리. 서울: 교육과학사.

변창진, 최진승, 문수백, 김진규, 권대훈(1996). 교육평가. 서울: 학지사.

석문주 음악교육연구 모임(1998). 학습을 위한 수행평가(2판). 서울: 형설출판사.

성태제(2002). 현대교육평가. 서울: 학지사.

손충기(2006). 교육과정과 교육평가. 서울: 태영출판사.

여광응, 김정권, 최영하(2001). 교육평가. 서울: 한국학술정보.

인천교육대학교 음악과 교육과정 개정연구위원회(1997). 7차 음악과 제 교육과정 개정 연구. 교육부 위 탁연구 답신보고서.

현경실(1994). 음악성취 테스트의 작성 및 평가. 인천교육대학교 논문집(pp. 401-424). 인천: 인천교육 대학교출판부.

_____(2001). 음악과의 수행 평가-리코더를 중심으로. 초등교육, 16. 대구: 대구교육대학교출판부.

_____(2004). 한국 음악적성 검사. 서울: 학지사.

_____(2016). Kids' MAT 유아음악적성검사. 서울: 인싸이트.

Anastasi, A. (1988). *Psychological testing* (6th ed.). New York: Macmillan Publishing Company.

Bentley, A. (1966). *Musical ability in children and its measurement.* London: Harrap.

Boyle, J. D. (1974). *Instructional objectives in music.* Vienna. Va: Music Educators National Conference.

Boyle, J. D., & Radocy, R. (1987). *Measurement and evaluation of musical experience.* New York: Schirmer Books.

Buros, O. K. (Ed.). (1972). *The Seventh mental measurements yearbook* (vol. 1-2). Highland Park. New Jersey: The Gryphon Press.

Colwell, R. (1969). *Music achievement tests 1 and 2. Chicago:* Follett Educational Corporation.

_____ (1970). *Music achievement tests 3 and 4*. Chicago: Follett Educational Corporation.

Cox, H., & Rickard, G. (1991). *Listen and play recorder*. Melbourne: Allans Pub.

Cronbach, L. J. (1970). *Essentials of psychological testing* (3rd ed.). New York: Harper & Row.

_____ (1965/1988). *The musical aptitude profile*. Chicago: The Riverside Publications.

Gordon, E. (1982). *Intermediate measures of music audiation*. Chicago: G.I.A. Publications, Inc.

_____ (1986). *Primary measures of music audiation*. Chicago: G.I.A. Publications, Inc.

_____ (1987). *The nature, description, measurement, and evaluation of music aptitudes*. Chicago: G.I.A. Publications, Inc.

_____ (1989). *The advanced measures of music audiation*. Chicago: G.I.A. Publications, Inc.

_____ (1989). *Audie*. Chicago: G.I.A. Publications, Inc.

_____ (1993). *Learning sequences in music*. Chicago: G.I.A. Pub.

Gordon, E., & Grunow, R. F. (1987). *Jump right in*. Chicago: G.I.A. Publications.

Gray, L. (1993). Portfolio assessment: The ART PROPEL project. *General Music Today, 7*(3), Spring.

Hyun, K. (1992). *A two-year predictive validity study of the musical aptitude profile for use in Korea*. Ph.D. Dissertation, Philadelpha: Temple University.

McLeish, J. (1972). *Seventh mental measurements yearbook* (vol. 1). Highland Park, New Jersey: The Gryphon Press.

Seashore, C. E. (1919). *Seashore measures of musical talent*. New York: Columbia Phonograph Company.

Shuter-Dyson, R., & Gabriel, C. (1981). *The psychology of musica ability* (2nd ed.). London: Methuen.

Silver Burdett Ginn (1995). *The music connection K, 1, 2, 3, 4, 5, 6*. Parsippany.

Smith, J. (1995). Using portfolio assessment in general music. *General Music Today, 9*(1), Fall.

Webster, P. R. (1988). New perspective on music aptitude and achievement. *Psychomusicology, 7*, 177-194.

Wing, H. D. (1948). *Standardized tests of musical intelligence*. Sheffield, England: City of Sheffield Training College.

제**9**장

음악교육과 공학

장기범

INTRODUCTION TO MUSIC EDUCATION

스키너(B. F. Skinner)의 학습 상자를 기점으로 인간의 학습에 대한 연구는 계속되어 왔다. 행동주의뿐만 아니라 인지주의, 인본주의 등 입장은 다르지만 교육에서 학습의 효율성과 효과성을 높이기 위한 과정, 내용, 방법, 평가 등에 대한 조직적이고 체계적인 연구가 수행되며 새로운 학문 영역을 구축하게 되는데, 이것이 교육공학(educational technology)의 시발점이 되었다. 음악교육공학은 교육공학의 교과적 분야(subject branch)로서, 음악과 교육에서 공학적인 원리를 적용한 교육의 내용과 방법을 모색하여 교육의 효율성, 효과성을 높이기 위한 연구를 수행하는 분야이다. 이 장에서는 교육공학과 음악교육공학에 대한 개념을 알아보고, 음악교육에서의 공학의 의미, 내용, 공학의 활용 사례 및 자료, ICT 활용 및 음악교육공학의 전망에 대하여 살펴본다.

1. 개념

1) 교육공학

교육학 사전에 따르면 교육공학(educational technology)은 '교육(education)'과 '공학(technology)'의 합성어로서 교육에 관한 공학적인 접근을 의미한다. 교육공학에서 공학(technology)의 개념은 하드 테크놀로지(hard technology)와 소프트 테크놀로지(soft technology)를 포괄한다. 하드 테크놀로지란 결과적인 구체물로서 컴퓨터나 TV 등 하드웨어를 의미하고, 소프트 테크놀로지는 프로그램 학습(programmed-learning)처럼 무형의 체계가 관념 속에서 조직적으로 구성된 내용으로 학습의 틀이 되는 교수·학습 기법을 의미한다. 공학은 논리적인 생각과 그 결과물이 합쳐진 분야로서 교육에 대한 과학적인 접근, 즉 교육에서 목적하는 결과를 위한 논리적이고 체계적인 과정이라 할 수 있다. 미국교육공학회(American Educational Council of Technology: AECT)에서는 교육공학의 개념을 "교육공학이란 학습을 위한 과정과 자원을 설계, 개발, 활용, 관리, 평가하는 이론과 실제이다(Instructional Technology is the theory and practice of design, development, utilization, management and evaluation of processes and resources for learning.)."[1]라고 정의하였다(Seels & Richey, 1994: 9 재인용).

교육공학이란 학습에 영향을 끼쳐 학습의 완성도 및 효율도를 높이기 위한 것이며, 학습에 대한 목표를 얻기 위해 이루어지는 일련의 과정과 활동 그리고 학습을 지원하는 지원 체제를 활용하는 것으로, '설계–개발–활용–관리–평가'라는 일련의 체계에 대한 이론적 연

---

1) 1994년 이전에는 'educational'이라는 용어를 활용하였으나 최근에는 그 범위를 학습 전후로 넓히고, 내용 또한 학습 이외의 것을 포함한다는 의미에서 'instructional(교수)'이라는 용어를 사용하고 있다. 'educational'보다는 'instructional'이 보다 포괄적인 의미의 용어임을 알 수 있다.

구와 실제적 활용을 다루는 분야라 할 수 있다.

　교육을 효과적이고 효율적으로 수행하기 위해 교육공학에서 다루는 분야는 크게 ① 학습 자원(learning resources), ② 교육 개발 기능(educational development functions), ③ 교육 관리 기능(educational management functions)의 세 분야로 나눌 수 있다.

　학습 자원은 학습 내용(contents/message), 대상(people), 교재(materials), 장치(devices), 기법(technique), 환경(settings) 등으로 구성되며, 이에 대한 독립적·상호 관계적 연구를 수행한다. 교육 개발 기능은 문제를 분석하고 해결 방안 및 전략을 고안, 실행, 평가하기 위한 것으로, 대체적으로 '개념적 연구-고안-제작-평가-선정-공급-활용 및 보급 기능'을 다룬다. 교육 관리 기능은 교육 개발 기능을 관리·조정하기 위한 것으로서 조직 관리와 인사 관리 기능을 포함한다. 이 세 가지 기능은 서로 독립적인 동시에 상호 유기적으로 관련되어 있다. 따라서 독립적으로 연구가 수행된다기보다는 인간학습의 최적화를 위한 하나의 통합된 과정으로 수행된다.

　이러한 개념 정의를 토대로 볼 때, 교육공학은 전체적인 교육과정 개발과 수업 체제 개발을 근간으로 "누구에게, 무엇을, 어떻게, 왜 교육시키는가?"라는 총체적 맥락(whole context) 속에서 교육 및 수업의 과정을 체계적으로 접근함과 동시에, 교육에서 "무엇이 문제이며 어떤 요구가 존재하는가?"라는 보다 근본적인 물음을 제기한다. 그리고 그에 따른 최적의 해결 방안 및 전략을 선정, 실행, 평가, 수정함으로써 문제를 해결하고, 요구를 충족시켜 나가는 이론적·실천적·전문적 연구 영역이라 할 수 있다.

2) 음악공학

　음악공학(musical technology)은 '음악(music)'과 '공학(technology)'의 합성어로서 음악의 이론, 설계, 내용, 실행 그리고 전반적인 과정 및 결과물을 의미한다. 여기서의 공학은 교육공학의 하드 테크놀로지의 개념이 더 강하다고 볼 수 있으나 과학적인 과정을 거친다는 점은 동일하다. 음악공학은 음악학(musicology)[2]에 관련된 분야, 악기학(musical instruments)[3]

---

2) 음악에 대한 인식 또는 지식을 광범위하게 다루는 음악 분야의 모학문으로, 19세기 후반 독일에서 독립된 학문으로 자리를 잡았다. 20세기 초에 프랑스와 미국에 정착되었으며 서서히 다른 여러 나라로 파급되었다. 크게 '본질로서의 음악학' '문화학으로서의 음악학' '역사적 음악학'으로 나뉜다.

에 관련된 분야, 연주(performance)에 관련된 분야로 나눌 수 있다.

(1) 음악학에 관련된 분야

　음악에 관한 학문적 연구의 모든 것을 다루는 음악학에서 공학은 논리적 · 과학적 접근을 통한 분류와 체계, 연구의 방법 등을 통하여 나타난다. 특히 음악학은 민족이나 시대에 따라 상대적으로 다른 음악 문화의 여러 가지 모습을 개별적으로 파악함과 동시에 개체를 초월한 보편적인 본질을 밝히는 것을 최대의 목적으로 하고 있다는 점, 음향과 그 조직으로서 만들어지는 음악 구조, 그 음악을 둘러싼 사회적 · 문화적 맥락, 또 이들과 관련되는 역사적 맥락이 연구의 과제라는 점에서 공학적 접근이 필요한 분야이다.

(2) 악기학에 관련된 분야

　악기학에 관련된 공학은 악기 자체가 음향적 원리에 기초한 공학적 · 문화적 산물이라는 관점에서 복합적인 구조를 가지고 있다. 악기의 재질, 구조, 음향적 원리 등을 다루는 공학적 부분과, 악기의 유래, 지역적 분포와 문화 등을 다루는 분야로 나뉜다.

(3) 연주에 관련된 분야

　연주(performance)에 관련된 공학적 분야에서는 주로 연주자의 심리, 신체, 연습 효과 등 연주자에 관련된 것과 연주장의 구성 및 음향적 원리, 조명과 세팅 등 연주 및 다양한 음악 활동에 관련된 현장적인 부분을 다루게 된다.

3) 음악교육공학

　음악학이 음악과 관련한 총체적인 연구를 한다면, 음악교육공학(music educational technology)은 바로 음악 학습과 관련된 모든 사항을 연구의 대상으로 삼는다. 그 중심에는 학습이 있고, 학습을 하는 과정과 자원이 있으며, 과정과 자원을 어떻게 구성하는가에 관련된 설계 및 개발 등이 있다. 또한 수많은 시행착오를 거쳐 생성되는 이론에 대한 검증과 이

---

3) 음향학적 원리와 문화사 및 민족을 함께 엮은 악기학은 독일 태생의 미국 음악학자인 작스(C. Sachs)와 호주 음악학자 호른보스텔(E. M. von Hornbostel)의 연구를 기점으로 본다.

를 다시 수행하는 실제의 순환 속에서 음악교육공학은 인간의 음악에 대한 문해력(literacy)과 능력의 함양을 효율적으로 돕기 위한 연구를 수행하는 분야이다.

음악교육공학의 목적은 음악 학습에 영향을 주어서 학습이 효과적으로 이루어지도록 하는 데 있다. "잘 조성된 학습 과정에 임하게 되면 학습자는 교육 내용을 지각하고 해석한 후 자극에 반응하고 반응의 결과로부터 배우게 된다."라는 벌로(D. Berlo)를 대표로 하는 학습 과정의 중요성에 대한 이론은 의사소통(communication) 이론을 배경으로 한다. 음악 학습의 내용인 음악이 바로 의사소통의 특성을 배경으로 하는 표현 요소를 함의하고 있다는 점에서 음악은 학습의 내용과 방법을 독특하게 포괄하고 있다. 지금까지 음악교육공학은 '과정-자원-설계 및 개발-활용-관리-평가' 등의 영역에서 연구들이 수행되었다.

(1) 과정

일반적으로 과정이란 특정한 결과를 향한 일련의 조작(operation) 혹은 활동(action)을 의미한다. 음악교육공학에서 관심을 가지는 과정에는 설계 과정과 전달 과정이 있다. 교육에서의 과정은 투입(input), 활동(actions), 산출(output)을 포함하는 일련의 계열(sequence)을 의미한다. 과정을 다룬 연구로는 교수 전략, 교수 전략과 학습의 유형과 매체와의 관계 등이 있고, 과정의 예로는 모바일 교육(mobile educational system)과 같은 전달 체제, 개별 학습(independent study)과 같은 학습 유형, ICT 활용 교수 체제 설계와 같은 교수·학습 모형 등을 들 수 있다.

(2) 자원

음악교과 학습에서 자원이란 음악 학습을 지원하는 원천으로서 지원 체제, 교수 자료 및 교수 환경을 포함한다. 즉, 개개인의 음악 학습을 도와주고 음악 학습을 능률적으로 수행하는 데 도움을 줄 수 있는 모든 것을 포함한다.

(3) 설계 및 개발

설계 영역은 음악교육공학 분야뿐만 아니라 전 교육의 영역에서 가장 많은 이론적 기여를 하고 있으며, 개발 영역도 음악교육의 실제에 가장 많은 기여를 해 오고 있다.

(4) 활용

매체 활용 영역에서는 악기나 컴퓨터를 활용한 음악 학습 분야에서 비교적 많은 연구가 실시되어 왔으나 학습 영역에서는 아직 연구가 활발하게 이루어지고 있지 못하다.

(5) 관리

관리 영역은 각 기능을 보조하는 자원을 조직하고 감독, 관리한다는 측면에서 음악교육 공학에서 체계적으로 연구를 수행할 필요가 있는 분야이다.

(6) 평가

평가 영역 역시 음악성에 대한 측정을 비롯하여 형성평가, 수행평가에 대한 지속적인 연구를 필요로 한다. 다음에서 구체적인 활용의 예를 하드 테크놀로지를 중심으로 살펴보도록 한다.

2. 음악교육에 사용된 공학

음악교육에 테크놀로지가 사용된 고전적인 예로는 소리를 내는 악기를 만든 것, 소리를 기호화하는 과정 그리고 귀도 다레초(Guido d'Arezzo)가 음계를 가르치기 위하여 손을 사용하기 시작한 것 등 수없이 많다. 테크놀로지를 음악교육에 적용하는 본격적인 움직임은 미국에서 시작되었다. 1965년에 미국음악교육자협회(MENC)는 "음악교육에 어떻게 매체를 적절히 사용할 수 있을 것인가?"라는 주제를 가지고 세미나를 개최하였다. 당시에 거론된 매체들로는 필름과 텔레비전, 음향기기, 교수 상자(teaching machine), 프로그램 학습법, 전기·전자 매체, 인쇄된 매체 등이었다(Higgins, 1991). 이들 중 교수 상자를 제외하고는 거의 모든 매체들이 현재까지 음악교육에 사용되고 있다. 이에 더하여 오늘날에는 슬라이드, 실물 환등기, 비디오, LD(Laser Disk), DVD(Disital Video Disk), CD(Compact Disk), 컴퓨터, 이어폰, 헤드셋 등 수많은 테크놀로지의 산물들이 음악교육에 사용되고 있다. 특히 금세기에 이르러 개인용 컴퓨터(personal computer)의 발전과 반도체 산업의 고속 성장은 유비쿼터스(ubiquitous) 환경을 창출하였다. 테크놀로지는 교육 현장을 비롯한 모든 분야에 없어서는 안 되는 요인이 되었다. 음악교육에서는 과연 어떤 테크놀로지가 어떻게 사용되었는지 유형별로 살펴보도록 하자.

1) 음악 학습과 평가를 위한 공학

테크놀로지가 음악교육에 사용된 빈도를 살펴보면 역시 학습에 도움을 주기 위한 매체로서의 기능이 가장 큰 비중을 차지하는데, 그 가운데서도 음악 기초 학습(music fundamentals)과 청음(listening)같이 반복적인 훈련을 요구하는 분야에 주로 사용되었다. 지금까지 연구된 내용을 살펴보면 다분히 반복 훈련을 요구하는 기능 숙달 분야에 테크놀로지를 이용한 방법이 적용된 것을 볼 수 있다. 초기에는 테이프로 녹음한 청음 교재들이 개발되었고, 컴퓨터가 발전됨에 따라, 컴퓨터를 이용한 청음훈련 프로그램이 개발되었다. 컴퓨터를 이용한 학습법은 CAI(Computer Assisted Instruction, Computer Aided Instruction) 또는 CBI(Computer Based Instruction)라고 불린다. 최초로 컴퓨터로 음악 학습 프로그램을 개발한 사람은 미국 스탠포드대학교의 쿤(T. S. Kuhn)과 앨빈(W. R. Alvin)이다. 이들은 IBM 1620 컴퓨터에 건반과 음고 분별력 장치(pitch discrimination)를 장착하여 시창(sight singing) 학습을 할 수 있도록 고안하였고, 학습에 따른 분야별 준거 지향 평가(criterion referenced test)까지 수행할 수 있는 프로그램을 개발하였다.

플라첵(B. W. Placek)은 1972년에 일리노이대학교에서 PLATO[4] 시스템을 사용하여 리듬 학습을 위한 프로그램을 개발하였다. 호프스테터(F. T. Hofstetter)는 1978년에서 1981년까지 3년에 걸쳐 PLATO 시스템을 이용하여 청음 훈련 프로그램 'GUIDO'를 개발하였다. GUIDO는 CAI의 효율성에 관한 새로운 장을 제시한 프로그램으로 평가되고 있으며, 잘 발달된 개인용 컴퓨터와 사운드카드(sound card)는 이 분야에 많은 소프트웨어 개발을 가능하게 하였다. 'Listen' 혹은 'Perfect Pitch on the Internet' 등을 청음 프로그램의 예로 들 수 있다.

기능 습득을 위한 또 다른 프로그램으로 기악 분야의 운지법에 관한 프로그램 역시 테크놀로지를 적용한 분야이다. 그림으로 보여 주던 손가락 모양은 점차 사진으로 발전되었고, 사진은 필름으로, 필름은 다시 VHS를 이용한 동영상으로, 이러한 동영상은 설명과 화면을 동시에 보여 주고 연습까지 유도하는 컴퓨터 프로그램으로 발전되었다. 따라서 초보자들도 비디오테이프나 컴퓨터 프로그램, 특히 CD-ROM으로 개발된 프로그램을 통하여 일제 학습은 물론 개별적으로 기악 학습을 할 수 있게 되었다.

♫♫

4) 'Programmed Logic for Automated Teaching Operation'의 머리글자로 자동화된 교수·학습 프로그램을 뜻한다.

악보 읽기 분야에서의 프로그램 역시 반복적인 훈련을 요구하는 만큼 여러 가지 프로그램이 선을 보였다. 이 역시 교실 상황에서는 교사가 오선에 음을 표시하고 음 이름이나 계명을 가르치는 수준으로 학습이 유도되지만, 개별적으로 학습을 할 경우 많은 어려움을 겪게 된다는 점에서 프로그램 개발의 필요성이 대두되었다. 초기에는 인쇄 매체를 활용한 모듈로 학습하는 과정으로 시작되었고, 이어서 비디오테이프를 통한 프로그램 학습법이 개발되었다. 그러나 비디오테이프나 학습 모듈은 학습 내용에 관한 적절한 피드백 제공의 차원에서 제한적이므로 또 다른 방법을 모색하게 되었는데, 오늘날에는 컴퓨터 테크놀로지가 이모든 것을 가능하게 하였다.

음악과 교수·학습의 결과는 잘 개발된 평가에 의하여 그 효율도를 평가받게 된다. 평가의 결과는 또한 개인의 학습 발전을 위한 자료가 되며 교사에게는 차기 교수·학습을 위한 피드백이 되므로 교육적으로 중요한 의미를 갖는다. 컴퓨터 테크놀로지가 음악교과의 평가에 사용된 것은 그러한 중요성에 관한 바른 인식에서 비롯된 결과이다.

라도시(B. E. Radocy)는 컴퓨터를 사용한 비연주 행위(non performance behavior)에 관한 검사를 개발하였고(Radocy, 1971), 헤롤드(B. M. Herrold)는 대학의 음악 이론 시험을 컴퓨터를 이용한 시험으로 개발하였다(Herrold, 1977). 피터스(G. D. Peters)는 컴퓨터를 이용한 음악 적성 검사(MAT)가 즉각적인 피드백과 개인적인 페이스 유지를 할 수 있다는 점에서 기존 검사에 비해 효과적이라고 지적하였다(Peters, 1978).

1984년에는 매카시(J. McCarthy)가 컴퓨터를 사용하여 시쇼어의 음악 적성 검사(Seashore Tests of Musical Ability)를 재구성하였다. 컴퓨터로 재구성한 검사를 실시한 결과, 시쇼어가 얻은 결과와는 다른 결과들이 관찰되었음이 보고되었다. 같은 맥락에서 로빈슨(B. L. Robinson)은 '드레이크의 음악 적성 검사(Musical Aptitude Test)'를 컴퓨터를 통하여 시행하였고, 결과 처리도 컴퓨터를 사용하였다(Robinson, 1988). 그 결과 신뢰도의 상승과 사용의 간편성, 채점의 정확성 등이 모두 증가됨을 보고하였다.

악기 소리를 듣고 악기 가려내기, 음정 듣고 식별하기, 셈여림 구분하기, 프레이즈 처리하기, 빠르기 구별하기, 화음 가리기 등의 학습은 교실 차원에서의 일제 학습으로 이루어지면 시간적인 제한을 받게 된다. 따라서 이러한 학습들은 개별 학습을 위하여 프로그램 학습법으로 개발되었고, 점차 컴퓨터 테크놀로지를 이용한 CAI로 개발되어 오늘에 이르고 있다.

2) 음악 활동의 촉매제로서의 공학

각종 음악 활동, 즉 창작, 연주, 감상, 지휘 등의 분야에도 다양한 테크놀로지가 사용되었다. 1969년에 데일(N. C. Deihl)과 라도시(R. E. Radocy)는 중급 수준의 어린이들을 위한 관악기 프로그램을 개발하였다(Deihl & Radocy, 1969). 이 프로그램을 통하여 학생들은 아티큘레이션, 프레이징, 리듬 등에 관한 훈련을 할 수 있었다.

켄트(W. P. Kent)는 기초 건반악기 프로그램을 개발하여 어린이를 대상으로 사용한 결과, 사용하지 않은 것에 비하여 교육적으로 효과가 월등하였으며, 프로그램 자체를 사용하는 데에도 문제점이 없는 것으로 보고하였다(Kent, 1970). 플랫(J. P. Platte)은 대학 합창단의 시창력 증진을 위한 소형 컴퓨터 프로그램을 개발하여 사용하였고(Platte, 1985), 슈웨글러(D. G. Schwaegler)는 지휘 패턴의 정확성과 템포의 규칙성을 증진시키기 위하여 네 가지의 피드백이 설정된 지휘 프로그램을 개발하여 사용하였다(Schwaegler, 1985). 그 결과 이러한 학습이 즉각적인 피드백을 제공하기 때문에 기존의 프로그램에 비하여 효과적이라는 결론을 얻었다.

음악적 창의성에 관한 프로그램은 코체르스키(B. A. Kozerski)에 의하여 개발되었다(Kozerski, 1988). 그는 마이크로컴퓨터의 상호작용에 의한 창작 과정을 음악 창작에 사용하였을 때, 기능 학습 위주의 단순한 프로그램에 비하여 창의성 개발에 긍정적인 효과를 거두었다고 보고하였다. 넬슨(B. J. P. Nelson)은 작곡과 관현악 편곡에 사용되는 컴퓨터의 기능을 일반 음악학습에 적용할 경우 음색, 리듬과 선율의 학습 등에 효과적일 수 있으며, 신시사이저는 이러한 연결을 위한 좋은 악기라고 제시하고 있다(Nelson, 1988).

3) 연구 모형 개발과 가상 연구 실행을 위한 공학

일찍이 에블리스(H. F. Abeles)는 컴퓨터에 기초한 연구 모형으로 유사 연구(simulation research)를 컴퓨터의 데이타를 통해서 실시하는 방안을 기획하였다(Abeles, 1969). 이 모형은 컴퓨터가 모든 배경적인 지식을 제공하고, 학생이 필요한 변인과 종속변인을 설정하고 가설과 모든 연구 내용을 제시하는 방식의 연구를 수행하는 모형이었다. 문제 처리 과정에서도 학생들은 SPSS(Statistical Package for the Social Science)와 같은 통계 프로그램을 사용하였다.

어스뮤스(B. Asmus)는 가상연구 프로그램을 매킨토시 컴퓨터의 하이퍼카드(hyper-card)를 사용하여 보다 접근하기 용이하게 발전시키기도 하였다(Asmus, 1989). 컴퓨터를 이용한 연구 모형의 개발은 하나의 가상 연구로서의 의미에 더하여 연구 수행 능력에 관한 논리성과 방법적인 면을 강조했다는 점에서 긍정적인 평가를 받고 있다. 가상연구와 유사 연구 분야는 컴퓨터 테크놀로지의 발전과 함께 음악교육에서 더욱 연구되어야 할 분야이다.

4) 간학문적 연구를 위한 공학

음악교육의 중요성은 음악교육자에 의하여 연구되기도 하였지만, 일반 심리학자와 두뇌과학자들에 의하여 더욱 활발한 연구가 수행되었다. 이들의 연구에는 여러 가지 특수한 테크놀로지가 사용되었다. 음악을 감상하면 인간의 두뇌에 어떠한 영향을 미치는가를 검사하기 위하여 뇌파측정기와 같은 도구가 사용되었으며, 식물에 음악을 들려주면 식물의 생태가 어떻게 변하는가를 관찰하기 위하여 컴퓨터를 이용한 식물 온도 측정기가 사용되기도 하였다. 한편, 의학과 음악을 함께 연구하는 음악심리와 음악치료학 계통 연구에서는 음악이 인간의 심박동에 미치는 영향을 측정하기 위하여 심전도기와 음악 모니터를 사용하였다. 요즘에는 임산부를 위한 태교에서 복중의 아기들에게 음악을 들려주고 태아의 움직임을 초음파 탐지기로 탐지하며 그 모습을 모니터로 관찰하는 테크놀로지도 사용되고 있다.

5) 음악교육에 사용된 특수한 공학

앞선 예에서 컴퓨터를 비롯한 테크놀로지가 음악교육과 관련된 연구에 사용되었음을 알 수 있었다. 다음은 음악교육과 관련된 특수한 목적 연구를 위하여 사용한 테크놀로지의 예들이다.

(1) 탭과 오실로스코프

슈레이더(D. L. Shrader)는 프로그램 학습법에 기초하여 리듬을 정확하게 연주하는 프로그램을 개발하는 과정에서 '탭(TAP)'이라 명명된 특수한 청각 테이프를 개발하여 자신의 연구에 사용하였다(Shrader, 1970). 1980년대에 오실로스코프(osiloscope) 역시 많이 사용된 기기 가운데 하나이다. 페르난데스(G. M. Fernandes)는 트럼펫과 코넷의 좋은 음질을 가르치기 위하여 각 악기의 좋은 소리를 오실로스코프를 통하여 보여 주고 학생들로 하여금 그와 같은 모습이 나오도록 모방하는 프로그램을 개발하여 사용하였다. 결과적으로 페르난데스가 기대했던 것과는 다른 양상의 사후 검사 결과를 얻었지만, 컴퓨터가 잘 발달된 현대에서는 시도할 만한 가치 있는 학습 방법이라고 판단된다.

(2) 전자 뇌수 엑스레이

EEG라 불리는 전자 뇌수 엑스레이(electroencephalogram)는 와그너(M. J. Wagner)가 사용을 주장한 테크놀로지로서 음악에 관한 집중력과 인지도, 음악의 진행 과정에 관한 인간의 심적 반응 측정 등에 사용될 수 있는 테크놀로지이다(Wagner, 1975). 문제는 이제까지 이 테크놀로지를 사용한 연구가 매우 제한적이었다는 점이다. 이 분야 역시 컴퓨터의 발달과 더불어 향후에는 널리 사용될 수 있는 테크놀로지이다.

(3) 청전자심전도계

EEG가 두뇌적 관점에서 음악의 현상을 측정하는 테크놀로지라면 PCG라 불리는 청전자심전도계(phonoelectrocardiogram)는 인간의 심박동 소리를 들을 수 있는 테크놀로지이다. 이 기기가 연구에 사용된 것은 버크난(J. C. Buchanan)에 의해서였다. 버크난은 3세, 4세, 5세의 어린이들에게 자신의 심박동 소리를 들려주고 같게, 약간 빠르게 혹은 약간 느리게 연주하도록 하는 실험을 하였다(Buchanan, 1988). 그 결과 어린이들은 자신의 심박동과 같은 템포로 연주할 때 가장 오차가 적었고, 약간 빨리 연주하는 상태가 그다음이었으며, 약간 느리게 연주하는 것이 가장 오차가 큰 것으로 나타났다. 청전자심전도계는 인간의 신체에 음악이 미치는 영향과, 반대로 인간의 신체적 조건이 음악 학습에 어떻게 이용될 수 있는가를 보여 준 초기 모형이다.

(4) 미디와 전자악기

미디(Musical Instruments Digital Interface: MIDI)와 전자악기의 발전은 음악교육의 차원을 아날로그시대에서 디지털시대로 획기적으로 바꾸어 놓았다. 미디란 악기와 악기, 악기와 컴퓨터 등 디지털 신호를 처리하는 음악 기구들의 입출력에 있어서 호환성을 제공하는 하드웨어와 자료 구조에 관한 표준 사양을 지칭한다. 다시 말하면, 미디를 갖춘 기자재(악기, 시퀀서, 컴퓨터 등) 간에는 호환성 있는 데이터가 만들어져서 서로 공유할 수 있다.

미디의 생성 과정을 간략히 살펴보면, 원래 1983년 이전의 전자악기들은 컴퓨터 업계에서의 8비트 시절과 같이 서로 다른 하드웨어와 자료 구조를 가지고 있었다. 그러나 점차 연주자들이 5~6대의 악기를 가지고 연주를 하게 되면서 각 악기들 간의 표준적인 통신 방법이 필요하게 되었다. 1981년 여름에 롤랜드(Roland), 시퀀셜 서킷(Sequential Circuits), 오버하임(Oberheim) 등의 기업이 모여 당시 컴퓨터에서 모뎀을 통한 데이터 호환이 가능한 점에 착안하여 신시사이저(synthesizer) 간의 연주 정보인 데이터의 교환이 가능하도록 공통된 통신 규약을 만드는 것에 합의하였다. 물론 이때에도 각 악기사는 자신만의 통신 규약을 정하고는 있었지만 다른 회사의 통신 규약을 인정하지 않았다.

1981년 11월에는 시퀀셜 서킷에서 만든 USI(Universal Synthesizer Interface) 규약을 AES(Audio Engineer Society)에서 소개하였고, 1983년 1월에는 벨기에 안하임에서 열린 국제 악기 및 음악상품 제조업자협회 NAMM(National Association of Music Merchants)에서 시퀀셜 서킷의 악기와 롤랜드의 악기가 서로 데이터를 성공적으로 주고받는 시범을 보이기도 하였다. 같은 해 6월 일본에서는 미디규격협회가 발족되고 2개월 뒤인 8월 5일에는 미국 산호세에서 'The MIDI 1.0 Specification'이라는 미디 규격 1.0이 만들어져서 공식적으로 미디라는 용어가 등장하게 되었다. 그 후 이 규약은 점차 보완되어 전자악기 시장에 자리 잡게 되었는데, 1991년에는 GM(General MIDI)이라는 규약을 일본의 야마하(Yamaha)에서 발표하였고 이 규약이 일본과 미국에서 미디에 대한 표준 규격으로 채택되었다.

이듬해인 1992년에는 롤랜드에서 GS(General Sound)라는 규격을 발표하였고, 2년 뒤인 1994년에는 또다시 야마하에서 기존의 GM을 보완한 XG(eXtra GM)를 발표하였다. 이러한 과정에서 현재의 전자악기들은 소리의 질적인 면까지 보완한 완벽한 데이터의 호환은 불가능하더라도 어느 정도 각 악기 간의 데이터 교환을 이룰 수 있게 되었다. 이와 같이 악기 상호 간의 통신에 관한 하드웨어, 소프트웨어의 표준 사양을 제정한 규약이 바로 '미디(MIDI)'이며, 이는 현대 디지털 테크놀로지가 이룩한 음악을 위한 전용 영역이다(Rona, 1988).

3. 정보 통신 기술과 음악교육

정보 통신 기술(Information & Communication Technology: ICT)은 '정보 기술(Information Technology)'과 '통신 기술(Communication Technology)'의 합성어로, 정보 기기의 하드웨어

및 이들 기기의 운영 그리고 정보 관리에 필요한 소프트웨어 기술, 이들 기술을 이용하여 정보를 수집, 생산, 가공, 보존, 전달, 활용하는 모든 방법을 의미한다.

1) ICT 교육의 개념 및 활동 유형

한국교육학술정보원과 교육인적자원부의 ICT 활용 관련 자료를 살펴보면, 'ICT 소양 교육' 'ICT 활용 교육' 'ICT 교육' 등에 대한 개념을 구분하여 제공하고 있다. 관련 자료들을 근거로 개념과 활동 유형을 요약·정리하면 다음과 같다.

(1) ICT 교육의 개념

① ICT 소양 교육

ICT의 사용 방법을 비롯한 정보의 생성, 처리, 분석, 검색 등 기본적인 정보 활용 능력을 기르는 교육

ICT 소양 교육이란 학교장 재량 활동 시간이나 특별 활동 시간에 독립 교과 혹은 특정 교과의 내용 영역으로 실시되는 ICT에 관한 교육을 의미한다. 즉, ICT 소양 교육이란 초등학교의 '실과', 중학교의 '컴퓨터', 고등학교의 '정보 사회와 컴퓨터' 교과를 통해 학생들이 컴퓨터, 각종 정보기기, 멀티미디어 매체, 응용 프로그램을 다룰 수 있는 기본적인 소양을 기르는 교육을 말한다. 이러한 ICT 소양 교육은 '정보의 이해와 윤리' '컴퓨터 기초' '소프트웨어의 활용' '컴퓨터 통신' '종합 활동' 등의 5개 영역으로 구분된다(한국교육학술정보원, 1999).

② ICT 활용 교육

기본적인 정보 소양 능력을 바탕으로 학습 및 일상생활의 문제 해결에 정보 통신 기술을 적극적으로 활용할 수 있도록 하는 교육

ICT 활용 교육은 각 교과의 교수·학습 목표를 가장 효과적으로 달성하기 위하여 정보 통

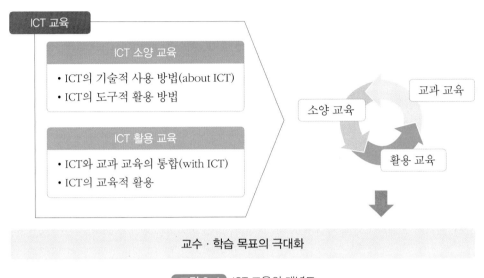

그림 9-1 ICT 교육의 개념도

신 기술을 교육과정에 통합해, ICT를 교육적 매체(instructional media)로서 활용하는 교육이다. 예를 들면, 'Musical Instruments'와 같은 CD-ROM 타이틀을 이용하여 음악 수업을 하거나 웹 자료를 활용하여 음악 교수·학습을 하는 형태이다.

교수·학습 과정에서 ICT 활용의 목적은 학생들의 창의적 사고와 다양한 학습 활동을 촉진시켜 학습 목표를 효과적으로 달성할 수 있도록 지원하는 데 있다. 부가적으로 이러한 교수·학습 과정 속에서 ICT 소양 교육이 자연스럽게 이루어질 수 있다. 따라서 정보 통신 기술 활용 교육은 그 교과의 특성과 정보 통신 기술의 특성이 적절하게 조화를 이룰 때에 교육적인 효과가 가장 크다고 할 수 있다. 앞의 내용에서 살펴본 ICT 교육의 구성 및 개념을 종합해 보면 [그림 9-1]과 같이 요약할 수 있다(한국교육학술정보원, 1999).

(2) 활동 유형

정보화 교육의 산실인 한국교육학술정보원에 따르면, ICT를 활용하는 수업 유형은 아홉 가지 정도로 다음과 같다.

① 정보 탐색(information navigation)

주어진 문제를 해결하기 위하여 검색엔진, 자료실 등을 통하여 필요한 정보를 찾는 유형이다(예: 특정 작곡가의 생애와 작품에 대해서 인터넷에서 찾아보기).

② 비교, 분류, 분석(compare, categorize, analysis)

다양한 방법으로 수집한 원시 자료를 문서편집기, 데이터베이스, 스프레드시트 등을 사용하여 체계화하는 과정이다(예: 찾은 악기들을 일정한 기준에 따라 종류대로 분류하고 문서작성기로 정리하기).

③ 정보 안내(information guide)

교사에 의하여 준비된 수업 자료와 정보의 출처, 과제 등을 웹사이트나 홈페이지 등을 통하여 학생들에게 안내해 주는 방법으로, 학생들의 시간을 절약하고 시행착오를 최소화할 수 있다(예: 교사의 홈페이지에 제시된 국악 사이트에서 단소 연주기술에 대한 자료를 찾아 발표하도록 안내하기).

④ 웹 설문(web based questionnaire)

웹의 게시판 기능이나 메일 기능을 활용하여 주어진 조사 과제를 해결하기 위한 다양한 자료를 설문 조사 형태로 수집하는 유형이다(예: 친구들이 좋아하는 음악의 종류에 대하여 E-mail이나 게시판 설문서를 통하여 조사하기).

⑤ 웹 토론(web based discussion)

채팅이나 게시판 또는 E-mail 등을 활용하여 특정한 주제에 대해 참여자들이 자신의 의견을 제시할 수 있는 유형이다(예: 학급 홈페이지 게시판에 BTS의 복귀 콘서트에 대한 자신의 의견을 발표하기).

⑥ 공동협력연구(web based cooperative study)

웹이 제공하는 고유 공간을 통하여 지역적 시간적 차이를 극복하고 함께 프로젝트나 수업 연구 등을 수행하는 것을 말한다. 전문가의 활용, 다각적인 관점의 수용, 지역적 특성과 전문성의 신장 등에 유익하다[예: 일본과 우리나라의 학생들이 웹을 통하여 창작 수업을 함께 진행하는 것, 웹하드를 활용하여 지역의 전통음악에 대한 연구 내용을 공유하는 것, 각계의 전문가들이 멀티미디어 자료를 개발하기 위하여 서버(server)를 구축하고 해당하는 서버에 각 팀별로 개발한 자료를 올리거나 상호 평가 및 수정하여 자료를 개발하는 것 등].

⑦ 전문가 교류(professional consulting)

인터넷을 통하여 관계되는 주제의 전문가와 교류하면서 전문가의 의견과 지식을 학생들의 탐구 및 학습활동 지원에 활용하는 방법이다(예: 단소 전문 연주자와 화상으로 교류하며 단소 연주법에 대하여 학생들에게 조언하기).

⑧ E-PALS

E-mail을 통하여 타 지역/타 국가의 다양한 사람들과 개인적인 교류를 하는 유형을 뜻한다(예: E-mail을 통하여 미국, 인도, 중국 등의 초등학교 학생들과 교류하며 학교 음악 시간에 즐겨 부르는 음악을 알아보기).

⑨ 정보 저작(information production)

다양한 경로를 통하여 수집된 정보를 다른 사람이 볼 수 있는 보고서나 발표 자료로 만드는 활동으로 결과물 처리에 유용하다(예: 작곡 소프트웨어로 만든 창작곡을 표준 미디로 저장하여 학급 홈페이지에 올리기).

2) ICT 활용 교육의 필요성

흔히 21세기를 지식 · 정보화 사회이자 문화 예술의 시대라고 일컫는다. 이러한 시대에 활동할 유능한 인재를 양성하기 위해서는 음악교과 교육에서도 학습자들에게 시대와 환경에 걸맞은 내용과 방법으로 음악적 경험을 제공해 주어야 한다. 학생들은 컴퓨터, 인터넷, 스마트폰, 이어폰, 헤드셋 등 정보 통신 기기와 그 체제에 대해 긍정적인 입장을 가지고 있기 때문에 이를 교육에 적절히 활용할 수 있다면, 긍정적인 교육 효과를 얻을 수 있을 것이다. 따라서 정보 통신 기술을 활용한 교육적 방안에 대한 모색이 필요하고, 정보 통신 기술의 교육적 활용 가능성을 넓혀 교육의 질을 개선할 수 있는 방안을 계속적으로 연구할 필요가 있다. 세계적으로도 ICT 활용 교육은 단순히 컴퓨터를 사용하는 방법을 가르치는 것을 넘어, 교과의 교수 · 학습 활동에 정보 통신 기술을 접목시키는 방향으로 가고 있는 추세이다. 정보 통신 기술을 활용하는 것에 대한 역기능이 없는 것은 아니지만, 바르고 적절하게 활용하면 역기능보다는 순기능이 월등히 많다. 정보 통신 기술 활용에 대한 전문가들의 견해에 따르면, ICT 활용은 학습의 자율성 및 유연한 학습 활동 제공, 자기주도적 학습 환경 제공, 창의력 및 문제 해결력 신장, 다양한 교수·학습 활동 촉진, 교육의 장 확대 등의 차원에서 장점이 있는 것으로 나타난다. 음악 학습에서도 ICT의 적절한 활용은 여러 가지 장점을 가져올 수 있다.

음악교과에서 정보 통신 기술의 활용은 다음과 같은 당위성에 근거한다.

첫째, 음악교육의 내용인 음악은 인류 문화의 유산이며, 항상 당시 문화의 속성을 근간으로 발전하였다. 실례로 활과 화살은 현악기의 조상이며, 공룡의 뼈를 사용하여 음악 활동을 하였던 잔재는 '음악-인간-문화'의 삼각관계가 어떻게 유기적으로 발전하는가를 예시한다. 따라서 정보와 디지털 시대인 현대와 미래에 이들을 활용한 음악 활동과 교육은 당연한 과정이라 할 수 있다.

둘째, 교육에서 정보 통신 기술을 활용하는 것은 크게 두 가지 목적이 있다. 교과적 측면에서는 정보 통신 기술을 활용함으로써 교과의 교육 목적을 보다 효율적으로 달성할 수 있고, 정보 통신 기술을 주도하는 입장에서는 교과에서 정보 통신 기술을 활용함으로써 정보 통신 기술의 확산과 그 가치에 대한 인식이 달라질 수 있다는 점이다. 이런 점에서 음악교과는 음악적 정보의 교류, 소리의 탐색, 창조 등의 교육을 정보 통신 기술을 활용하여 보다 효과적으로 수행할 수 있으며, 교육의 수요자적 관점에서 개별화된 음악교육을 수행할 수 있다는 점에서 그 위치를 확고히 한다.

셋째, 일반적으로 음악교과에서는 실음을 통한 음악 학습의 구현, 음악 활동의 촉매제, 음악 성취도 및 음악성 측정, 음악 관련 연구 모형 개발과 가상 연구 실행, 통합 음악 학습 활동 분야 등에 정보 통신 기술이 활용될 수 있어 교육적 효과를 극대화할 수 있다.

넷째, 제7차 음악과 교육과정과 2007 개정 교육과정에 따르면 음악과 교수·학습 방법에 있어 오디오, 비디오, 멀티미디어 등 다양한 교수·학습 자료를 개발하여 수업에 적극적으로 활용하도록 명시하였다. 이는 정보 통신 기술을 음악과 교수·학습에 활용함으로써 바람직한 교육 효과를 얻을 수 있다는 것을 시사한다. 즉, 다양하고 타당한 정보 통신 기술을 활용한 음악 학습이 학생들의 음악적 능력을 향상시키는 데 긍정적인 효과를 거둘 수 있다는 관점에서 정보 통신 기술은 음악교과 교육에서 활용할 가치와 당위성이 있다는 것이다.

다섯째, 교수·학습의 정보화 중 교과 교육 정보화는 정보 통신 기술을 활용하여 정보화된 환경 속에서 창의력과 문제 해결력을 함양하는 학습자중심의 교과 교육이 보다 효과적으로 이루어질 수 있도록 지원하는 것이라 할 수 있다. 이는 음악교과의 교육 목표 달성에 정보 통신 기술이 유용하게 사용될 수 있음을 시사한다.

여섯째, 초등학교 음악과는 '기초적인 음악 개념의 이해, 다양한 음악 활동의 경험, 음악에 대한 흥미와 즐겨 참여하는 태도'를 기르는 데 중점을 두고 있다. 이해와 활동 영역은 통합적으로 운영되도록 하며, 음악 활동을 통하여 음악 개념을 이해하고 창의적인 사고력과 표현력을 기르도록 하고 있다. 즉, 학생은 음악교과 학습에 있어서 폭넓은 정보를 습득 · 종합할 수 있고, 학교라는 제한된 공간 외에도 폭넓은 음악 세계를 경험할 수 있다는 관점에서 정보 통신 기술은 음악과 교수 · 학습의 질을 향상시킬 수 있는 자료가 된다.

일곱째, 교육적 관점에서, 음악교과에서 정보 통신 기술 활용은 학생들의 흥미를 고려하여 학습 동기를 유발할 수 있고, 다양한 시각적 · 청각적 자료를 통하여 개인의 음악적 경험의 기회와 질을 확장하며, 다양한 음악적 의사소통이 이루어질 수 있고, 나아가 학생의 창의력을 증진할 수 있다. 또한 긍정적인 상호작용과 문제 해결력의 신장을 통하여 무한한 음악 세계에 대한 관심을 모을 수 있어 학습자 스스로의 음악적 능력을 향상시킬 수 있는 기회를 가질 수 있게 된다. 이러한 제 관점들은 "음악교육에서 정보 통신 기술을 왜 사용하여야 하는가?"라는 질문에 대한 답변과 근거가 된다.

3) 음악교과에서 ICT 활용의 절차

정보 통신 기술의 활용은 '왜?' '무엇을?' '어떻게?'라는 기본적인 관점에서 접근되어야 한다. 여기서 '왜?'의 문제는 정보 통신 기술 활용의 필요성 부분에서 이미 언급이 되었다. 교사의 입장에서는 '무엇을, 어떻게'의 과정에 대하여 심사숙고하여야 한다. 즉, 국가 교육과정에 기초한 교육 내용이 설정되면, 그것의 도달점(목표)을 자신이 처한 교육 현장에 적합하게 설정하고, 과연 이 목표에 어떻게 도달할 것인지에 대하여 생각하고, 교육 내용에 비추어 ICT를 활용할 것인지 아닌지를 결정하여야 한다. 만일 ICT를 활용한다면, 어느 부분에서 어떻게 혹은 어떤 방식으로 활용할 것인지를 구체적으로 설계하여야 한다. 이 과정에서 교사의 ICT에 대한 문해력, 교과 관련 지식, 전문성이 필요한 것이며, 교육의 효율성에 대한 전문가적 자질이 필요한 것이다. 다각적인 검토가 끝나면 구체적인 수업 계획을 수립하여 계획에 의거하여 수업을 진행하며, 수업 진행 후 수업에 대한 자체 평가를 하고, 그 결과를 차시 수업을 위한 피드백으로 활용하는 일련의 절차가 ICT 활용 음악교과 교육에서 고려되어야 한다. 앞의 과정을 요약하면 [그림 9-2]와 같다.

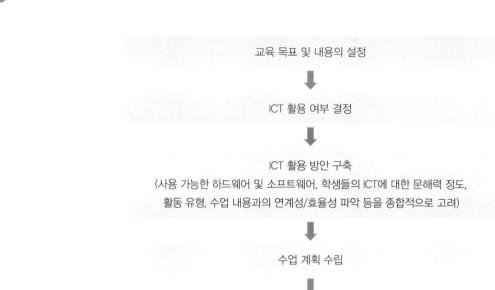

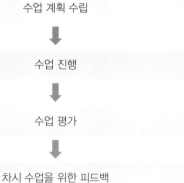

교육 목표 및 내용의 설정

↓

ICT 활용 여부 결정

↓

ICT 활용 방안 구축
(사용 가능한 하드웨어 및 소프트웨어, 학생들의 ICT에 대한 문해력 정도,
활동 유형, 수업 내용과의 연계성/효율성 파악 등을 종합적으로 고려)

↓

수업 계획 수립

↓

수업 진행

↓

수업 평가

↓

차시 수업을 위한 피드백

그림 9-2 ICT 활용 교수 · 학습 순서

4) ICT 활용을 위한 음악과 멀티미디어 자료

ICT 활용 음악교육을 보다 효율적으로 실천하기 위하여 필요한 것이 교사들의 ICT 소양이며, 이를 통한 다양한 멀티미디어 자료를 개발할 수 있는 역량을 갖추는 것이다. 문제는 교사들이 이러한 역량을 갖기에는 엄청난 시간과 노력이 필요하다는 것이다. 따라서 대안으로 제시된 것이 바로 필요한 멀티미디어 자료를 만들어 제공하고, 이를 효율적으로 활용하도록 하는 것이었다. 멀티미디어 자료는 무엇을 뜻하며, 음악교과의 자료는 어떠한 것이 있고, 그 특성과 규격은 무엇이며, 어느 정도의 자료가 개발되어 있는지를 살펴보면 〈표 9-1〉과 같다.

표 9-1 멀티미디어 자료의 유형 및 정의

자료 유형	정의 및 예시
그림 (graphic)	초등 3, 4, 5, 6학년, 중학교 1, 2, 3학년과 고등학교 1학년의 음악교과와 관련하여 교과서에 나오는 모든 그래픽 이미지와 단위 교수 · 학습을 위해 필요하다고 판단되는 그래픽을 말한다. 즉, 음악 개념을 이해하기 위한 도식, 기호, 악보, 기타 그래픽 등과 같은 그림을 말한다. 예: 악보, 장단 표시 및 기호, 악기의 운지법, 리듬 및 가락 악보, 형식 이해를 위한 도표, 나타냄 말 및 기호 등
사진 (image)	초등 3, 4, 5, 6학년, 중학교 1, 2, 3학년과 고등학교 1학년의 음악교과와 관련하여 교과서에 나오는 모든 사진 이미지, 즉 작곡가나 연주 장면, 지방 이미지 등을 포함하는 소단원 교수 · 학습을 위해 필요하다고 판단되는 사진 이미지를 말한다. 예: 성악 · 기악의 연주 장면, 작곡가 사진, 악기 사진, 성악가 사진, 각 국가나 지방 사진 등
동영상 (motion picture/ movie clip)	중학교 1, 2, 3학년과 고등학교 1학년 음악교과와 관련하여 교과서에 나오는 모든 음악과 필요하다고 판단되는 교수 · 학습을 위한 소리 자료를 말한다. 예: 제재 악곡의 사운드(미디 파일 · 음성을 포함한 파일 · 악보 편집을 위한 파일), 악기의 사운드 파일, 합창이나 중창, 독주나 합주, 감상 제재곡의 사운드 파일 등
애니메이션 (animation)	중학교 1, 2, 3학년 음악교과와 관련하여 교과서를 중심으로 음악적 개념의 이해나 음악 활동을 위해 필요하다고 판단되는 애니메이션 자료이다. 예: 악기의 3D 시뮬레이션 자료, 이해 부분의 개념 학습을 위한 애니메이션 자료 등
소리 (sound)	초등 3, 4, 5, 6학년, 중학교 1, 2, 3학년 음악교과와 관련하여 교과서에 나오는 가창, 기악, 창작, 감상 활동을 원활히 하기 위한 보조 자료를 말한다. 예: 실제 연주 장면, 악보를 이용한 가창 학습, 감상곡의 연주 실황, 제재곡의 기악 합주 장면 등
모듈 (module)	음악교과의 교수 · 학습 활동과 관련하여 음악적 개념의 이해나 음악 활동을 지원하기 위한 단위 프로그램을 말한다. 예: 제재곡 가창 학습용 프로그램, 창작 프로그램, 이해 부분의 학습 프로그램 등

멀티미디어 교육 자료는 제7차 교육과정의 목표인 '국민 공통 기본 교과(10개 학년 10개 교과) 수업에서 정보 통신 기술 10% 이상 활용'을 지원할 수 있는 수업 보조 자료로서 교육에 활용되는 그림, 소리, 동영상, 애니메이션, 모듈프로그램 등의 디지털 클립(digital clip) 자료를 의미한다. 이 자료들은 모두가 디지털 자료이며 한국교육학술정보원의 개발 지침과 음악교과의 특성에 따라 초등 음악과 자료는 경인교육대학교에서, 중등 음악과 자료는 한국음악교육공학회(KSMET)에서 개발하였다. 개발된 자료들은 총 여섯 가지 유형으로 각각은 다음과 같다.

개발된 멀티미디어 자료들은 '에듀넷(www.edunet4u.net)'에서 교사들과 학생들에게 제공되고 있다. 에듀넷에는 교사들이 제공한 다양한 자료와 각 시 · 도 교육청에서 개발한 멀티미디어 자료들이 연계되어 제공되기 때문에 자율학습(self-study)을 통하여 ICT 활용 수업과 소양을 쌓아 갈 수 있다.

2001년부터 2003년에 이르기까지 개발된 음악과 멀티미디어 자료 가운데, 중등 자료를 정리하면 〈표 9-2〉와 같다.

표 9-2 음악과 멀티미디어 자료 개발 현황(2003년 12월 말)

학년	그림	사진	동영상	애니메이션	소리	모듈	계
중학교 1학년	1,129	280	15	115	1,158	110	2,807
중학교 2학년	469	58	14	10	338	116	1,005
중학교 3학년	389	151	42	17	374	14	1,020
고등학교 1학년	494	58	32	7	560	101	1,252
누계	2,481	547	103	149	2,430	341	6,084

5) ICT 활용 교수 · 학습 과정안

ICT 활용 수업에서는 일반적으로 [그림 9-3]과 같이 구성된 과정안을 활용한다. 내용을 간단히 살펴보면, 먼저 '활동 유형'에는 앞서 제시된 '정보 탐색, E-PAL' 등의 활용할 활동의 종

교과명		학년/학기		쪽수	
단원명				차시	
학습 목표					
활동 유형			학습 환경		
학습 자료					

CD-ROM　전자우편　온라인 대화　웹　멀티미디어 자료　응용 프로그램　참고 자료

학습 준비

교수 · 학습 활동

발전 학습

평가 관점

대안적 활동

참고 사이트

그림 9-3 ICT 활용 교수 · 학습 과정안

류를 제시하고, '학습 환경'은 학습을 수행할 장소(예: 정보화 교실)를 적는다. 나머지는 일반 과정안과 유사하며, 단지 대안적 활동에서는 ICT 활용 학습이 어떤 이유에서든 불가할 경우를 대비한 대안적인 활동을 제시한다. 대안적 활동을 반드시 제시하여 만약의 사태에 대비하는 것이 ICT 활용에서 매우 중요한 부분이다. 참고 사이트에는 학습에 유용한 사이트를 미리 찾아서 제시하도록 한다. 이를 통해서 학생들은 효율적으로 자기맞춤식의 학습을 할 수 있게 된다. 상세한 지도안이나 예시안은 에듀넷을 통해 '중앙 교수 · 학습 센터 → ICT 교육 → ICT 수업 모형 전략'에서 찾을 수 있다. 이곳에서는 다양한 멀티미디어 자료도 다운받을 수 있다.

4. 음악교육공학의 전망

음악이 사회적 산물임에 틀림없는 것은 음악 속에 그 사회와 시대의 희로애락이 그대로 농축되어 있고, 그것을 표현하는 방식에서 당대의 테크놀로지를 사용하고 있기 때문이다.

그 예로 현대에 널리 애용되는 바이올린을 비롯한 현악기의 조상은 원시 시대 최고의 테크놀로지인 활(弓)이다. 음악의 많은 원리는 수학적이고 물리적인 공식과 원리를 통하여 설명된다. 음 높이, 음의 세기, 소리의 색깔 등 모두가 물리적 · 수학적 설명을 그 배경으로 한다. 그럼에도 음악은 물리, 수학과 구별되어 음악으로 존재한다.

미래는 상상을 뛰어넘는 속도와 방향으로 변화한다. 인간의 생명 역시 계속해서 무한을 추구하고자 할 것이고, 질병과 재해에 대한 연구는 자연계의 흐름에 도전하는 인간의 테크놀로지를 산출하게 할 것이다. 과연 우리의 음악과 음악교육은 어떻게 변화할 것인가?

음악이 수학적인 배경을 갖고 있음에도 음악인 것은 음악이 고유 영역을 가지고 있고 인간을 위한 절대적 가치가 음악에 내재되어 있으며, 이는 음악 이외에 다른 어떤 것으로도 대신할 수 없기 때문이다. 그 필요 가치는 기능이나 단순한 지식을 넘어선, 인간을 가장 인간답게 하는 창의성, 감성, 지성, 정서적 순화, 미적 향수, 정신세계의 고양 등과 같이 인간만이 누릴 수 있는 고유의 영역이다. 새로운 시대의 음악교육은 이러한 가치의 재정립과 확대를 통하여 교육의 내용과 방법을 변형시키고 창출하며 확대시켜야 할 것이다.

음악의 영역은 확대되어야 할 것이고, 음악의 방법 역시 개선되어야 한다. 즉, 음악교육자는 시간과 공간의 폐쇄성에서 자유로워야 하고, 기능과 도구 연마의 차원에서 탈피하여 음악의 가치를 누구나 만끽하고, 그에 따른 새로운 삶의 차원을 구가하는 행복이 음악을 통하여 이루어질 수 있도록 노력하여야 할 것이다. 이러한 과정에 공학적인 접근이 활용되어야 한다. 인간 개개인의 음악적 향유에 필요한 노력을 절감할 수 있는 연구와 노력에 가능한 한 모든 공학적인 수단과 방법이 적용되어야 할 것이다. 구체적으로 음악교육에서는 다음과 같은 공학적 관점이 적용될 것이다.

① 음악과 교수 · 학습의 질 개선과 효율성을 높이기 위하여
② 필요한 기능 학습의 효율적 성취를 위하여
③ 음악교육의 영역 확충을 위하여
④ 음악교육이 인간에 미치는 영향에 관한 연구를 위하여
⑤ 음악교육 연구를 위하여
⑥ 음악의 평가와 그 처리를 위하여
⑦ 음악 교수 · 학습 기자재의 개선을 위하여
⑧ 시간과 공간을 초월하는 음악 학습을 위하여

공학은 인간의 행복을 위하여 필요한 수단이다. 음악은 인간의 행복을 위한 수단이 될 수 있다는 점에서 음악 그 자체가 더없이 소중한 테크놀로지라고 볼 수 있다. 물이 자연의 상태에서 수자원으로 바뀌었을 때 인간에게 엄청난 혜택을 주었던 것처럼, 소리가 음악이 된 이래 인간은 물과 에너지가 주는 혜택에 견줄 만한 엄청난 혜택을 음악을 통하여 누리고 있다. 새로운 시대의 테크놀로지는 이러한 음악의 혜택이 개인이 원하는 시간, 장소, 방법, 내용으로 충족될 수 있도록 음악의 역할과 그 교육의 중요성을 다차원적으로 확대하고 해결하는 다양한 방법을 제시할 수 있을 것이다. 그 방법의 선택 여부와 그 가치의 중요성에 관한 인식의 정도는 개인적인 차원에서 선택할 문제이다.

5. 4차 산업혁명 시대 음악교육공학의 과제

스티브 잡스(S. Jobs)는 예술과 과학기술의 접목을 다음과 같이 결혼에 비유했다.

> "과학기술의 자체로는 충분하지 못하다, 과학기술이 기초교양(liberal arts)이나 인문학 (humanities)과 하나가 되어 이상적인 결과물을 산출할 때 비로소 우리 심장은 감동의 노래를 부르게 된다."

앞의 문장은 과학기술 자체가 최종이라기보다는 과학기술이 예술, 인문학 등과 이상적으로 결합해서 결과물을 산출할 때 진정한 감동을 선사한다는 의미이다. 우리는 4차 산업혁명 시대에 살고 있다. 4차 산업혁명기의 특징적인 과학기술은 '유전자 편집(CRISPR)'이라는 기술과 스스로 학습을 하는 인공지능(AI), 그리고 인공지능을 탑재한 로봇, 자율주행, 사물인터넷(internet of things), 빅데이터(big data) 등을 들 수 있다. 영화 아바타에서 보았듯이 인간이 할 수 없는 촬영 기술과 컴퓨터 그래픽(computer graphic)은 모두 최첨단 과학기술의 산물이다.

교육자들은 과학의 발달에 따른 미래 세상을 이해하는 통찰력을 길러야 한다. 그 까닭은 교육자들이 시대의 흐름에 맞게 다음 세대를 가르치며 나아갈 방향을 알려 주는 역할을 해야 하기 때문이다. 4차 산업혁명 시대까지 각 산업혁명의 특성을 살펴보면 〈표 9-3〉과 같다(민경훈, 2019).

표 9-3 각 산업혁명의 특징

구분	내용
1차 산업혁명(1760~1840)	• 철강 산업, 증기기관의 발명 이후 기계에 의한 생산 • 육체노동의 자동화
2차 산업혁명(19세기말~20세기 초)	• 석유 및 전기 산업의 발전 • 상품의 대량 생산
3차 산업혁명(1970~1990년대)	• 컴퓨터, 정보통신 기술의 발달(인터넷) • 정보화 기술 도입
4차 산업혁명(2010 이후)	• 3차 산업혁명에 기반을 둔 인공지능 기술 접목 • 지식의 대량 생산

예술 분야의 학계는 '과학기술은 도구를 만드는 반면에 예술은 의미를 창조한다.'라고 주장한다. 즉, 과학기술이 유용성(usefulness)을 향한 창조적 결과물이라면, 음악은 선(goodness), 아름다움(beauty), 진실(truth)을 추구하는 인간의 창의적 실체라는 것이다. 과학기술과 음악교육의 관계성을 다섯 가지 정도로 정리하면 다음과 같다.

첫째, 과학기술에 대한 맹신이나 불신에서 벗어나야 한다. 분명한 점은 공학이 아무리 발전하여도 세상의 모든 문제를 해결하는 만병통치약이나 전능자가 될 수 없다는 것이다. 과학기술이 코로나19의 창궐, 끊이지 않는 전쟁, 인간의 탐욕, 환경의 파괴, 이상기온의 변화, 지진 등과 같은 재난을 통제할 수는 없다. 그러나 과학기술의 발달로 재난과 피해의 원인을 밝히고, 효율적인 해결 방법을 찾을 수 있는 방법의 폭이 넓어졌다는 점에서 과학기술의 불신은 맹신만큼이나 위험하다고 본다. 도구로서의 과학기술은 인류의 지속적 성장과 발전을 위해 인간이 구축한 최고의 출구임이 틀림없다.

둘째, 과학기술은 음악교육의 효율성(efficiency)을 높이기 위한 원칙을 가지고 활용됨이 바람직하다. 세계의 이목을 집중시킨 이세돌 9단과 인공지능 알파고의 바둑 대결은 세계사에 영원히 기록될 이벤트였다. 이 대결에서 인공지능이 인간을 이겼다. 그럼에도 불구하고 결과에 관계없이 사람들은 아직도 바둑을 배우고 바둑 마니아들은 바둑이 없으면 삶의 의미가 없다고 할 정도이다. 음악교육 또한 창작, 연주, 감상 모든 면에서 인간으로서의 정체성을 무엇보다 중요하게 여긴다. 그러나 코로나19의 상황에서 효과적으로 온라인(online) 교육을 수행했던 것처럼, 인공지능, 가상현실, 증강현실 등의 활용에 대해 교사의 역량을 강화하고, 이를 음악교육에 적용한다면 교육의 효율성은 배가될 것이다.

셋째, 음악적 기능의 습득을 위하여 혹은 흥미나 적성을 고려하여 인공지능, 가상현실, 증강현실 등과 관련한 음악교육 콘텐츠를 개발한다면 음악 학습의 효과는 매우 높게 나타날 것이다. 다음 〈표 9-4〉는 민경훈 교수의 연구에서 제시된 VR을 활용한 음악 수업의 예시를 원용한 것이다(민경훈, 2019).

　넷째, 국가적 차원에서 4차 산업혁명 시대에 걸맞은 교육과정의 프레임을 구축하여야 한다. 음악교과의 예를 들자면, 인공지능과 첨단 디지털 기술을 활용한 학생 개인별 맞춤식의 교육과정을 개발하여 적용하고, 현장 교사는 이를 관찰하여 학생 개개인의 포트폴리오를 만들어서 학생들의 적성과 진로에 도움을 주어야 한다.

　다섯째, 학생들의 감성 및 인성교육을 위해 첨단 공학을 효과적으로 활용할 필요가 있다. 2019년에 세계 여러 나라의 행복 지수를 알아보는 한 연구에 따르면, 초등학교 4학년에서 고등학교 3학년까지 학생들의 행복 지수는 조사대상국 22개국 중에 20위를 기록하였다. 이러한 결과는 한국 학생들의 정서가 불안정하다는 것을 시사하는 것으로, 이에 대한 해결을

표 9-4　VR을 활용한 음악 수업의 예

구분	내용
합창	가상현실 속에서 자신 성부의 악보를 보면서 다른 사람과 함께 합창하는 것을 통해 악보를 읽는 능력과 음악적 표현 능력을 기를 수 있다.
합주	가상현실 속에서 다른 악기들과 어울려 합주를 함으로써 음악적 능력을 발전시키고 합주에 대한 자신감과 함께 공동체적 책임감을 기를 수 있다.
연주법 및 발성법	가상현실 속에서 연주법, 발성법 등을 입체적으로 그리고 구체적으로 체험함으로써 음악적 기능을 발전시킬 수 있다.
음악사	작곡가가 살았던 시대 속에 들어가 작곡가를 만나는 체험을 통해 작곡가의 생애와 음악을 이해하고 음악적 관심도를 높일 수 있다.
다양한 문화권의 음악	여러 나라의 다양한 문화권에 들어가 실제로 체험하기 어려운 민속악기와 음악을 경험함으로써 다양한 문화권의 악기와 음악의 특징을 이해할 수 있다.
음악의 종류와 연주 형태	교향곡, 협주곡, 서곡, 예술가곡, 국악 관현악, 시조, 판소리, 산조 등 다양한 종류의 음악을 연주하는 모습, 또한 독주, 듀엣, 현악 4중주, 목관 5중주, 피아노 5중주 등 다양한 연주 형태들을 실제 상황을 겪지 않고도 현존감을 느끼며 구체적으로 경험할 수 있는 기회를 통해 음악에 대한 이해도를 높인다.
지휘	가상현실 속에 있는 오케스트라 무대에 올라가 음악을 지휘해 보는 경험을 통해 지휘 능력을 기를 수 있다.

위해서는 음악을 비롯한 예술 교과들의 책무성이 요구되는 바이다. 인간은 누구나 행복할 때 생산적이다. 최첨단 공학을 활용하여 배려, 나눔, 협력 등을 반영한 음악교육의 프레임을 다양하게 구축할 필요가 있다.

 토의 주제

1. 교육과 공학, 음악과 공학, 음악교육공학의 개념과 관계를 설명하고, 음악과에 활용된 테크놀로지의 예를 들어 보자.

2. ICT 교육의 개념을 설명하고, 음악교과에서 ICT 활용 교육의 필요성 및 방안에 대하여 논의해 보자.

3. 미래 음악교과 교육의 내용, 방법, 평가 등을 공학적 관점에서 논의해 보자.

4. 이 장에서 제시되지 않은 4차 산업혁명 시대에 필요한 음악교육의 방안이나 방향성에 대하여 적어 보고 구체적인 설계를 도형으로 제시해 보자.

참고문헌

민경훈(2019). 4차 산업혁명 시대 음악교육의 전망과 과제. 음악교육연구, 48(1), 한국음악교육학회.
서울교육대학교 멀티미디어 자료개발 위원회(2001). 2001년도 2종도서 멀티미디어 교육자료 개발 (중등 음악) 최종 보고서. 서울: 서울교육대학교 멀티미디어 자료개발위원회.
_____(2002). 2002년도 2종도서 멀티미디어 교육자료 개발 (중등 음악) 최종 보고서. 서울: 서울교육대학교 멀티미디어 자료개발위원회.
임미경, 장기범, 함희주(2002). 음악교육의 이론과 실제. 서울: (주)도서출판 예종.
장기범(2000). 21세기 음악교육과 테크놀로지, 한국음악교육학회 세미나 주제발표 자료.
한겨레(2019). 아이들 '주관적 행복지수' OECD 꼴찌 수준… 언제쯤 오를까?: https://www.hani.co.kr/arti/society/society_general/893814.htm (2019.05.14.)
한국교육학술정보원(1999). 초·중등 정보통신기술 활용 교육 강화 방안에 대한 공청회 자료집(연구 자료 RM 2000 1). 서울: 한국교육학술정보원.

Abeles, H. F. (1969). *Using an experimental simulation model in teaching graduate research courses in music education.* Indiana University (ERIC Document Reproduction Service, ED 175463).

Alvin, W. R. (1979). *The development of videotaped instructional units for teaching selected aspects of mallet-played.* Latin American, and accessory percussion instruments. Unpublished doctoral dissertation, Indiana University, Bloomington.

Ambron, S., & Hooper, K. (Eds.). (1990) *Learning with interactive multimedia: Developing and using multimedia tools in education.* Redmond: Microsoft Press.

Asmus, E. P. (1989). Computer-based modeling of music concepts for testing, evaluating, and refining theory. *Psychomusicology, 8*(2), 171–182.

Buchanan, J. C. (1988). *An exploratory study of preschool children's synchronization of a selected rhythmic activity with music set at their heart rates.* Unpublished doctoral dissertation, University of South Florida, Tampa.

Colwell, R. (Ed.). (1991). *Handbook of research on music teaching and learning.* New York: Schirmer Books.

Deihl, N. C., & Radocy, R. E. (1969). *Development and evaluation of computer-assisted instruction in instrumental music.* University Park: Pennsylvania State University. (Eric Document Reproduction Service, ED 035314).

Eisele, M. J. (1985). *Development and validation of a computer-assisted instructional lesson for teaching intonation discrimination skills to violin and viola students.* Unpublished doctoral dissertation, Indiana University, Bloomington.

Fernandes, G. M. (1980). *The oscilloscope as an aid in changing tone quality in the performance of junior high school cornet and trumpet students.* Unpublished doctoral dissertation, Indiana University, Bloomington.

Herrold, R. M. (1977). The development and trial of a computer managed test of music fundamentals. *Oregon Council for Research in Teacher Education* (p. 21).(ERIC Document Reproduction Service No. ED 171312)

Higgins, W. (1991). *Technology.* New York: Schirmer Books.

Hofstetter, F. T. (1978). Computer based recognition of perceptual patterns in harmonic dictation exercises. *Journal of Research in Music Education, 26*(2), 111–119.

Kent, W. P. (1970). *Feasibility of computer-assisted elementary keyboard music instruction.* Falls Church: System Development Corporation. (Eric Document Reproduction Service, ED 038039).

Kozerski, R. A. (1988). *Computer microworlds for music composition and education.* Unpublished *doctoral dissertation.* University of California, San Diego.

McCarthy, J. (1984). The pitch test. *Creative computing* (pp. 211–217).

MENC. (1994). *The school music program: a new vision.* Reston, VA: Music Educators National Conference.

Nelson, B. J. P. (1988). *The development of a middle school general music curriculum: A Synthesis of computer-assisted instruction and music learning theory.* Unpublished doctoral dissertation, University of Rochester, Rochester.

Peters, G. D. (1978). *Computer-assisted instruction applications to standardized music achievement testing.* Paper presented at the annual meeting of the Association for the Development of Computer-Based Instructional System, Dallas.

_____ (1990). *Computer-based music skill assessment project.* Washington D. C.: National Endowment for the Arts and the United States Department of Education.

Placek, R. W. (1972). *Design and trial of a computer-assisted lesson in rhythm.* Unpublished doctoral dissertation, University of Illinois, Urbana.

Platte, J. D. (1981). *The effects of a microcomputer-assisted instructional program on the ability of college choral ensemble members to sing melodic configurations at sight.* Unpublished doctoral dissertation, Ball State university, Muncie.

Radocy, R. E. (1971). *Development of a computerized criterion referenced test for certain nonperformance musical behaviors requisite to teaching music.* Unpublished doctoral dissertation, Pennsylvania State University, University Park.

Robinson, C. R. (1988). *Differentiated modes of choral performance evaluation using traditional procedures and a continuous response digital interface device.* Unpublished doctoral dissertation, Florida State University, Tallahassee.

Robinson, R. L. (1988). *Drake musical aptitude test (Computer Program).* Belleve: Temporal Acuity Products.

Rona, J. (1988). *MIDI, the ins, outs & thrus.* Milwaukee, Wisconsin: Hal Leonard Books.

Schwaegler, D. G. (1984). *A computer-based trainer for music conducting: The effects of four feedback modes.* Unpublished doctoral dissertation. University of Iowa, Iowa city.

Shrader, D. L. (1970). *An aural approach to rhythmic sight-reading based upon principles of programed learning, utilizing a stereotape machine.* Unpublished doctoral dissertation, University of Oregon, Eugene.

Wagner, M. J. (1975). Brain waves and biofeedback: A brief history, implications for music research. *Journal of Music Therapy, 12*(2), 46–58.

제**10**장

음악 수업의 설계

양종모

음악 수업을 설계하기 위해서는 연간 지도 계획과 단원 지도 계획을 세워야 한다. 연간 지도 계획은 기본 계획으로 학생의 발달 단계를 고려하여 음악과 교육과정의 내용과 교과서에 나타나는 단원을 1년간 어떻게 지도할 것인지를 계획하는 것이다. 음악과 학습을 계획할 때는 학교의 교육 목표를 고려해야 하고, 전체 학습 시간, 다른 교과, 재량 활동, 특별 활동 등과의 관련도 생각해야 한다.

단원 지도 계획은 단원의 구체적인 학습 내용을 종합적으로 기술하는 것을 말한다. 단원 지도 계획은 학습의 실질적인 지도 계획을 담기 때문에 '교수 · 학습 지도안'이라고 부르기도 한다. 교수 · 학습 지도안은 연간 지도 계획의 기본 단위 계획으로 교과의 특성, 목적, 교육관 등을 고려하여 목표를 효율적으로 달성할 수 있는 학습 내용과 방법 등을 구체적으로 나타내며, 학습에 필요한 기자재와 학생들이 사용하는 학습지 등을 포함한다.

1. 음악 수업 설계의 의의

음악 수업은 '학생들의 음악적 이해력과 표현력을 향상시키고 바람직한 태도를 만드는 교사의 의도된 행위와 학생의 응답'으로 정의할 수 있다. 음악 수업이 교사의 의도된 행위라는 점은 교사가 미리 계획하는 행위가 필요하다는 것을 말해 준다. 즉, 음악 수업을 하기 위해서 교사는 교육의 목적과 목표를 이해하고 학생들의 상태와 발전 가능성에 대해 정확하게 인식해야 하며, 그것을 바탕으로 수업을 설계한다.

특히 음악 수업은 학생들의 수준 높은 미적 경험을 추구하기 때문에 음악 이외에도 통합적인 활동, 즉 문학, 연극, 영화, 미술 등 다양한 장르의 지식과 재료들이 동원된다. 그리고 학생들에게 숭고한 미적 경험을 주기 위해서는 교사의 열정이 필요하다. 목표를 향한 치밀한 내용 구성과 아름다움에 대한 의욕이 함께 살아 숨쉴 수 있는 계획이 음악 수업 설계의 기본이다.

음악 수업 설계는 단위 수업 시간의 내용과 지도 방법을 미리 만드는 것만을 의미하는 것이 아니며, 교육 목적에 따른 연간 지도 계획부터, 단원 지도 계획 설정과 교수·학습 지도안 작성까지 수업에 관한 숲과 나무를 모두 미리 그려 보는 것이다. 음악 수업을 설계하기 위해서는 교육과정을 면밀히 파악하여야 하며, 교과서의 전체적인 내용도 잘 이해하고 있어야 한다. 그리고 구체적인 지도 방법까지도 제시할 수 있어야 한다.

2. 연간 지도 계획

1) 연간 지도 계획의 개요

연간 지도 계획은 국가 교육과정이 제시한 목표와 내용을 구체화하는 것이며, 학년과 시간에 맞추어 교육의 내용을 부여하는 종합적인 학교교육 계획이다. 연간 지도 계획은 교육 과정의 취지에 따라 각 학교의 교육 목표를 달성할 수 있도록 작성되어야 한다. 1년간 어느 시기에 어떤 내용을 지도하고, 어느 정도의 시간을 할애할 것인지를 구체적으로 나타내며, 음악교과의 목표를 효과적으로 구현할 수 있는 계획을 만든다. 각 학년의 관련성과 계통성을 고려하여 지도 내용을 선정하고 배열에 신중을 기한다.

연간 지도 계획의 주요 내용은 학년 목표와 단원의 배열, 교육과정과 연계한 주요 지도 내용, 단원이나 제재곡의 시간 수, 연간 평가 계획 등을 포함하여, 전체 연간 지도 내용을 쉽게 이해할 수 있도록 작성되어야 한다. 연간 지도 계획서를 작성할 때는 다음을 유의한다.

첫째, 교육과정의 특성을 고려하여 작성한다. 연간 지도 계획서를 작성하는 데는 교육과정의 총론 및 음악과 교육과정의 성격, 목표, 내용, 교수·학습 방법, 평가 등에 유의하고, 지역사회의 실정을 고려하며, 각 학교의 특성을 살릴 수 있도록 하여야 한다. 특별히 학교교육에서의 음악교과의 역할이나, 교과 목표와 학년 목표의 취지를 고려해야 하며, 음악을 즐기는 태도를 기르고, 음악의 기초적인 능력을 키우며, 음악 활동에 적극적으로 참여할 수 있도록 구성한다. 그리고 음악교과 내용은 표현, 감상, 생활화 등으로 영역이 구분되어 있지만 실제 학습에서는 통합적인 활동을 통해 이해할 수 있도록 작성한다.

둘째, 음악교과 교과서의 내용에 맞게 작성한다. 음악교과 교과서의 단원 구성을 이해하고 연간 지도 계획서를 작성한다. 다른 교과는 교육과정의 내용에 따라 연간 지도 계획을 작성할 수 있지만 음악교과 교과서는 제재곡 중심으로 제시되어 있어 교육과정의 내용 체계와는 다른 구성이 필요하다. 따라서 연간 지도 계획은 음악 교과서에 제시된 단원 제목인 제재곡을 중심으로 작성한다. 제재곡으로 적절히 배열하고, 제재곡에 포함된 개념을 교육과정의 내용과 연계하여 작성한다.

셋째, 단원의 특성에 유의한다. 연간 지도 계획의 기본적인 단위가 단원이며, 단원은 학습 지도를 위한 목표와 내용을 담고 있다. 전술한 바와 같이 우리나라의 음악 교과서는 제재곡 중심으로 단원이 구성되어, 하나의 제재곡을 음악적 활동의 중심에 두고, 그 제재곡에 포함된 음악적 개념을 지도한다. 따라서 연간 지도 계획에서는 제재곡과 그에 포함된 음악적 특성, 즉 개념을 중심으로 작성한다.

넷째, 학교교육 활동을 고려하여 작성한다. 음악은 학교교육 활동에서도 중요한 역할을 한다. 학교의 입학식, 졸업식, 운동회 등에서 음악 활동은 빠질 수 없다. 학생들이 음악 시간에 배운 음악적 능력을 이러한 교육 활동에서 십분 발휘하는 기회를 가질 수 있도록 한다.

따라서 연간 지도 계획에서는 학교교육 활동에서 학생들이 자신들의 기량을 표현할 수 있도록 단원을 배열해야 한다.

2) 단원 설정 방법

(1) 단원의 설정과 배열

단원은 연간 지도 계획을 구성하는 기본 단위이다. 단원을 설정하기 위해서는 교육과정에 제시된 목표와 내용의 취지를 잘 이해하고, 학교의 특성을 고려하는 것이 가장 중요한 과제이다. 그리고 교육과정에 제시된 표현, 감상, 생활화 등이 1년간 빠짐없이 포함될 수 있도록 하는 것이 필요하다.

단원의 배열에 있어서는 단원의 목표와 내용을 검토하고, 단원의 심화 과정을 함께 고려한다. 학습 지도의 연계성과 계통성을 실현할 수 있도록 하고, 단원 상호 간의 관련 내용을 생각하는 것이 중요하다. 거기에는 학생들의 학습 경험의 반복, 발전, 지속적인 탐구 등이 고려되어야 한다. 또한 학생들의 실태, 학교의 목표, 지역사회의 실정, 학교의 지도 체제, 학습 환경이나 시설 설비 등도 고려해야 한다. 더욱이 교내 음악회, 운동회, 학예제 등 음악교과와 관련 깊은 행사가 예정되어 있는 경우에는 그것들과 연계하여 단원을 설정하는 것도 필요하다.

(2) 평가 계획

교육과정의 취지를 살려 음악교과의 학습 지도를 구성하고 전개하기 위해서는 학습 지도와 관련되는 평가를 하는 것이 중요하다. 학습 지도 과정에서 나타나는 교사의 평가 활동은 학생의 학습 결과를 판단하는 데만 유용한 것은 아니다. 평가는 학생들이 학습 지도의 목표를 어떻게 이해하고, 어떻게 달성하는지 그리고 지도 목표에 제시된 학생의 자질이나 능력을 어떻게 습득해 가는지를 알 수 있으며, 전체적인 현상을 이해하는 데 도움을 준다. 또한 교사 자신이 스스로 지도 과정을 되돌아보고, 학생 개인에게 맞는 지도 방법을 만들어 가는 데도 유용하다.

지도 계획에 이러한 평가 활동을 명확하게 하기 위해서는 음악교과의 목표나 학년 목표를 기초로 하여, 무엇을, 언제, 어떻게 평가하는지를 고려하는 것이 중요하다. 구체적으로 연간 지도 계획서를 작성할 때는 교육과정에 나타난 '평가'에 따라 학년별 평가 기준을 작성하고, 1년간 활동, 이해, 생활화에 대한 어떠한 자질이나 능력을 평가할 것인지를 명확하게 해야 한다. 또한 단원 지도 계획에 있어서는 단원의 목표와 학습 내용에 따른 구체적인 평가 기준을 설정하고, 학생들의 학습 상황을 명확히 구성할 수 있도록 하는 것도 필요하다.

3) 연간 지도 계획의 요소

(1) 학년의 목표

'학년의 목표'란에는 국가 교육과정의 학교급 목표와 해당 학교의 학년 목표를 함께 고려하여 적는다. 학생이 가져야 하는 음악과 목표, 혹은 지도의 중심을 함께 기록할 수 있다. "올해에는 ~ 면을 좀 더 키우자."와 같은 학생들의 실태에 따른 지도 내용을 중점으로 설정하고, 이 의도를 연간 지도 계획에 반영한다.

(2) 단원과 시간

단원의 설정이나 배열에 대해서는 이미 진술한 바대로 교과서와 교육과정의 내용 요소를 함께 고려해서 선정하여 배열한다. 각 단원의 시간은 여러 가지를 고려해야 하지만 각 단원의 목적과 내용과 학생들의 능력을 함께 생각하여 적절히 배분하여 결정한다.

(3) 학습 내용

학습 내용에 대해서는 각 학년에서 지도해야 하는 내용을 교육과정 내용의 각 영역과 사항을 고려하여 서술한다. 각각의 지도 내용 항목은 연간 지도 계획의 내용으로 타당한 것인지를 판단하는 근거가 된다.

(4) 주요 학습 활동

여기에서는 각 단원에서 다루는 주요한 학생 활동을 기재한다. 단원의 목표에 따라서 적절한 활동을 선택하지만, 가능한 한 활동과 이해 그리고 생활화가 연관될 수 있도록 교재를 선정하여 활용한다.

(5) 평가 방법과 평가 기준

단원의 평가 방법은 단원의 목표를 분석하는 것과 함께 학습 내용과 활동 등을 충분히 이해하고, 학생들의 실태를 십분 고려하여, 관점별 학습 상황에 따라 정해진다. 평가 방법을

표 10-1 | 음악교과 연간 지도 계획서의 예

월	단원	시간	학습 내용	주요 학습 활동	평가 방법
3	어린이 노래	1	• 당김음 • 여린내기 • 비슷한/다른 가락	• 여러 가지 당김음 카드에서 고르기 • 여린내기의 특징 알고 노래 부르기 • 비슷한/다른 가락 구별하여 형식 이해하기	연주 태도 관찰 질문법
		2	• 성부의 어울림	• 성부의 어울림을 알고 부분 2부 합창하기	활동 관찰
	고사리 꺾자	1	• 시김새 • 놀이와 노래	• 시김새 살려 노래 부르기 • 놀이하며 노래 부르기	연주 관찰
		2	• 단소 불기	• 단소의 소리 내기 • '태' 소리 내기	연주 관찰
	모두 모두 자란다	1	• 변박 • 부분 2부 합창	• 박자에 변화 느끼며 노래 부르기 • 박자의 변화에 맞게 지휘하기 • 성부의 어울림을 느끼며 부분 2부 합창하기	활동 관찰 태도 관찰
		2	• 화음 반주 • 기악 합주	• 주요 3화음을 활용하여 화음 반주하기 • 기악 합주하기	태도 관찰
		3	• 가락 창작	• 화음 반주에 맞는 가락 만들기	관찰

* 제7차 교육과정에 따른 음악과 교사용 지도서 5학년용을 참조하여 구성하였다.

정하는 기본적인 순서는 먼저 단원의 지도 내용과 관련성을 분명히 하고, 평가 기준을 구체화하는 것이다. 즉, 인지적 영역, 행동적 영역, 정의적 영역 등 세 가지 평가 관점별로 학생들의 학습을 전체적으로 평가할 수 있는 방법을 택한다. 인지적 영역에 대한 평가는 질문법이나 지필을 활용하고, 행동적 영역은 연주나 활동 관찰을 활용하며, 정의적 영역은 태도 관찰을 활용한다.

평가 기준은 주요 학습 활동에 따라 구체적으로 만들어야 하고, 인지적·행동적·정의적 영역으로 구분하며, 하위에 평가 내용과 학습 활동을 고려하여 내용을 결정한다.

| 표 10-2 | 음악교과 노래 부르기 영역의 평가 기준 |

구분 \ 영역	인지적 영역	행동적 영역	정의적 영역
평가 내용	음악의 요소와 관련한 내용	실제 행동으로 나타내는 능력	느낌이나 태도에 관련된 내용
학습 활동상의 구체적인 평가 기준	• ~이해한다. • ~설명한다. • ~ 음악 요소를 살려 연주한다.	• ~노래한다. • ~연주한다. • ~신체로 표현한다. • ~음악을 만든다.	• 음악에 집중한다. • 아름다움을 느낀다. • 음악에 대해 생각한다. • 여러 가지 연주 방법을 시도한다.

3. 단원 지도 계획

1) 음악교과 수업과 교수·학습 지도안

수업을 어떻게 전개하면 학생들이 음악 활동에 활발히 참여하고, 학생들의 심성이 풍부하게 성장해 나갈 것인가? 교사는 수업을 앞두고 학생들 한 명 한 명을 떠올리며 교실에서 펼쳐지는 즐거운 음악 활동을 기대하면서 수업을 구상한다. 음악교과 수업은 활발하게 노래 부르고, 악기를 연주하며, 음악을 듣고, 신체로 표현하는 등 스스로 음악 활동을 즐기면서 생활의 즐거움을 경험하는 시간이며 장소이다. 그 안에서 학생들은 개인의 장점과 잠재력을 다양한 활동을 통해 발휘하고, 신장시키며, 창조적으로 고양한다. 그것은 학생이 음악교과의 경험을 통해 정서를 풍부하게 해 가는 학습의 과정이라고 할 수 있다.

이렇게 음악교과의 수업은 학생들이 적극적으로 참여해야 비로소 성립하는 것이기 때문에, 학생들 스스로 느끼고, 생각하고, 판단하는 등 수업을 창조적으로 전개할 수 있도록 하는 것이 필요하다. 이때 교사는 학생들이 음악교과의 만남을 소중히 생각하고, 음악 활동의 즐거움을 느끼면서 학습 활동을 할 수 있도록 해야 한다. 또한 학생들이 음의 아름다운 울림을 느끼고 스스로 표현하려고 하거나 주변의 소리나 악기의 소리를 친구로 만드는 즐거움을 맛보게 하는 것은 이러한 적극적인 학습 태도를 키우는 것과 연결된다.

음악교과 수업은 이러한 단원 지도 계획에 기초하여 작성되는 것이다. 교수·학습 지도안은 교수·학습 전체를 보여 주는 계획인 동시에 교사가 기대하는 학생의 음악적인 성장의 이상적인 모습을 담은 문서이기도 하다. 하지만 이러한 교수·학습 지도안과 실제 수업 사이에는 미묘한 차이가 생기는 경우가 많은데, 그것은 음악 수업에 있어서 학생의 활동이 여러 요인에 의해 변화되는 것은 예상할 수 없었기 때문이다. 교수·학습 지도안을 작성할 때에는 늘 이러한 변화가 생기는 것을 예상하고 유연하게 대응할 수 있어야 한다.

2) 교수·학습 지도안 작성의 준비

교수·학습 지도안을 작성하기 위해서는 가르칠 학생, 학습 목표, 학습 내용, 평가 등에 대해 이해해야 한다. 교수·학습 지도안을 작성하기 전에 준비해야 할 내용은 다음과 같다.

(1) 학생들의 실태를 파악하고 깊이 이해한다

수업 지도안을 작성하는 전 단계에서 학생들의 일반적인 발달 특성을 파악하는 것과 함께 개인의 음악적 능력, 학습 내용에 대한 적성, 흥미, 관심 그리고 이와 더불어 개개인의 성격 등을 파악해 두는 것이 중요하다. 그리고 학생 개인의 음악적 감수성, 사고나 판단력, 표현의 장점, 생각이나 요구 등을 정확히 파악하고, 생활 속에서 어떤 음악을 접하고 있는지, 어떤 음악을 선호하는지 등에 관한 정보도 학습 지도의 중요한 기초가 된다.

(2) 학습 목표를 적절하게 설정한다

음악교과 수업을 구상하고 전개하는 과정에서 목표로 하는 자질이나 능력을 분명하게 정해 둘 필요가 있다. 즉, 학생 스스로가 자신의 장점과 가능성을 발휘해 가면서 음악교과에서 요구하는 자질과 능력을 스스로 습득하여 이후의 학습에서 발현되도록 하는 것을 중심으로 구체적인 학습 목표를 설정하는 것이다. 학습 목표를 설정할 때, 다음과 같은 점에 유의하여야 한다.

첫째, 음악교과의 특성 그리고 교사와 학생의 요구가 나타나야 한다. 음악교과에서는 학생 개개인이 스스로 생각하고 활동하여 스스로의 개성을 발휘함으로써 창의성이 계발될 수 있다. 따라서 음악교과의 목표는 교사뿐만 아니라 학생의 요구를 충실히 담고 있어야 한다.

둘째, 학생들의 자질이나 능력을 명확히 이해해야 한다. 학생 개개인이 학습 목표의 의도를 이해하고, 스스로의 힘으로 학습 활동을 전개해 갈 수 있는 목표를 설정할 필요가 있다. 지도 목표에는 음악 활동에 대한 관심과 의욕을 담아야 하고, 음악 감상에서의 느낌, 생각, 의도를 표현하는 데 필요한 사고력과 판단력, 표현력, 또는 자기의 표현 요구에 따라 습득한 기능, 음악의 미를 느끼고 이해하는 데 필요한 감상 능력 등을 구체적으로 나타낼 필요가 있다.

셋째, 학생의 입장에서 목표를 설정할 수 있도록 한다. 학생 스스로가 자신의 목표를 가질 수 있도록 하는 것이 중요하다. 그기 위해서는 학생 스스로 자신의 목표를 도출하여 구체적인 목표를 설정할 수 있도록 지도해야 할 것이다. 이때 교사가 지시하는 형태인 '~시킨다.'라는 형태가 아니라 학생들이 스스로 하는 '~한다.' 혹은 교사가 학생들로부터 목표를 도출할 수 있도록 도움을 주는 '~할 수 있도록 한다.' 형태 등의 진술 방법을 사용할 수 있다. 즉, 교사의 일방적인 지도가 아니라 학생들 스스로가 자신의 장점과 가능성을 발휘하고 주체적으로 목표를 향해 활동하는 것을 교사가 지도·지원해 가는 입장을 진술하는 학습 목표를 설정해야 한다.

(3) 교재 연구를 충실히 한다

음악교과에서 다루는 교재로는 음악 작품, 악기(음원이 되는 것을 포함), 연주 모습(비디오, DVD 등), 작곡가의 전기 등 여러 가지가 있고, 이것들은 학생들이 음악의 본질에 다가가게 하는 데 중요한 역할을 한다. 이렇게 목표 실현에 적합한 교재를 선택하거나 개발하는 것이 중요하다. 사전에 교재 연구를 할 때에는 다음에 유의한다.

첫째, 음악 작품의 특성을 폭넓게 이해해야 한다. 학생들은 음악 작품을 듣고 여러 가지 악기에 흥미를 갖고, 음색의 다양한 표현력에 매료되거나, 선율의 아름다움이나 리듬의 재미있는 점을 느끼면서 음악을 즐긴다. 또한 음악 표현에 있어서는 가사의 느낌에 자신의 생각을 부여하여 나름의 음악 세계를 만들어 내거나, 악기를 다루는 것 자체의 즐거움을 느끼며, 열중해서 연주 방법을 공부하기도 한다. 음악 작품을 교재로 다루는 경우 학생들이 생각하고 느끼는 것을 중시하고, 폭넓은 시야를 갖고 교재의 특성을 파악하는 것이 중요하다.

둘째, 교재의 범위를 유연하게 가져야 한다. 학생들 개개인이 자신의 생각에 기초하여 창조적인 활동을 하고, 자유로운 발상으로 음악을 만나고 즐거움을 느낄 수 있도록 한다. 교재의 범위를 유연하게 하는 것과 함께 여러 가지를 개발해 가는 것이 중요하다. 예를 들면, 자연음이나 환경음 등 자기 주변에 있는 음이나 음향, 학생이 만드는 악기, 학생들의 생각과 상상력을 넓히는 데 도움이 되는 그림이나 사진, 물건 등 학생들의 활동을 도울 수 있는 모든 것을 학습의 중요한 교재로 생각하고 다루는 것이 중요하다.

셋째, 학생들 스스로 적극적으로 참여할 수 있는 교재를 찾는다. 주요 교재인 교과서의 효과적인 활용을 꾀하는 것과 동시에 학생들의 특성에 맞는 다양한 교재를 활용하는 것도 중요하다. 지역 소재(전래동요, 놀이 노래, 민요 등), 학생들의 생활에 친근한 음악, 외국 대중가요나 민요 등을 활용하는 것도 적극적으로 고려한다.

넷째, 학습 계획을 유연하게 적용하기 위해서는 복수의 교재를 준비한다. 종래의 '가르치는' 수업에서 '학습의 목표를 스스로 실현하는' 수업으로 전환하려면, 그것에 도움이 되는 교재를 준비해야 한다. 이를 위해서 교사는 학습 내용에 맞는 복수의 교재를 준비하고, 다양한 학습 활동을 유연하게 전개할 수 있어야 한다.

(4) 구체적인 평가 계획서를 준비한다

단원의 교수·학습 지도안을 작성할 때, 단원 전체를 통해 무엇을 어떻게 평가할 것인지 구체적인 평가 계획서를 작성할 필요가 있다. 이를 위해서는 음악교과에서 목표로 하는 자질과 능력을 명확히 하고, 지도 과정 이후에 실제로 구현할 수 있는 평가의 형태를 연구하는 것이 중요하다. 구체적으로는 학생 개개인의 실태나 학습 내용에 따른 실제적인 평가의 방법, 지도 요령에 나타난 평가의 관점에 기초한 평가 기준을 공부하고, 학생 개개인의 학습 지도 과정이나 성과를 계속적·종합적으로 파악하기 위한 평가 방법 등을 점검해야 한다. 평가를 진행하는 단계는 다음을 참조할 수 있다.

① 교육과정에 나타난 평가의 관점을 이해한다.
② 단원의 지도 목표를 분석한다.
③ 단원의 평가 기준을 설정한다.
④ 단위 시간에 활용할 구체적인 평가 기준과 평가 항목을 설정한다.

3) 교수·학습 지도안의 요소

교수·학습 지도안은 교사의 음악교과 수업의 내용과 진행 방식에 대한 생각이 축약된 것으로, 학교나 교사에 따라 여러 가지 형태로 나타나고 있다. 그러나 교사의 의도나 진행 방식을 제삼자도 분명하게 알 수 있도록 하려면 기본적인 요소가 빠짐없이 서술될 필요가 있다. 여기에서는 이러한 기본적인 요소를 작성하는 데 유의점을 설명한다. 우선 제목 부분에는 음악교과 수업 지도안의 제목, 시간, 장소, 대상(학년, 조, 학생 수), 교사 성명 등을 기재한다.

(1) 단원명(제재명)

연간 지도 계획에서 설정한 단원 혹은 제재명을 쓴다. 제재에는 '주제에 의한 제재 구성'과 '악곡에 의한 제재 구성'이 있으나, 무엇을 학습할지를 알기 쉽게 표기하는 것이 중요하다. 교과서의 단원 중 지도할 내용을 선정한다.

(2) 단원의 개관

① 단원 설정의 취지

단원 설정의 이유와 의도에 대해서 다음의 관점에서 알기 쉽게 기술한다.

- 단원의 특징(연간 지도 계획에 있어서의 위치, 교육적 의도 등)
- 기대하는 학생의 변화(단원을 통해서 어떻게 성장하기를 바라는가, 기대하는 학생의 모습)

② 학생의 실태

학생 발달의 특징, 학습 경험 상황, 음악 경험이나 습득하고 있는 음악적 능력, 음악에 대한 흥미, 관심 등에 대해서 제재의 지도 내용과 관련하여 기술한다.

③ 학습 지도관

제재 학습에 대한 교사의 생각을 서술한다. 교사는 학생들과 함께 과제를 해결하거나 학습을 지원하는 방법으로 학생들의 학습 의욕을 높일 수 있다는 생각을 가져야 한다.

(3) 단원의 목표

단원의 목표는 단원 전체의 지도를 통해서 학생들 스스로가 습득해야 할 능력을 구체적으로 기록하는 부분이다. 그것은 '무엇을 해야 하는가?' '무엇을 추구해야 하는가?' 등 학생들 자신이 학습 목표를 가지고, 활동의 방향을 명확히 파악할 수 있도록 설정하는 것이 중요하다. 예를 들면, '$\frac{4}{4}$박자의 특성을 살려 타악기로 연주한다.' '동형 진행을 포함하는 가락을 만들어 2선보에 나타낼 수 있다.' 등과 같이 음악적 내용과 학생이 성취할 행동 특성을 함께 진술하도록 하여야 한다. 정리하면, 목표는 다음과 같이 인지적 목표와 행동 목표, 정의적 목표 등을 포함하도록 진술한다.

① 음악의 이해에 필요한 지식과 관련한 인지적 영역의 목표
② 음악의 활동, 즉 가창, 기악, 창작, 감상 등에 필요한 기능과 관련한 행동적 영역의 목표
③ 음악이나 음악 활동에 대한 관심, 의욕, 태도 등과 같은 정서적인 면에 관련한 정의적 목표

(4) 단원의 지도 계획

단원의 지도 계획은 단원의 목표를 실현하기 위한 학습 내용 및 학습 활동의 순서와 각각의 내용에 배분할 시간을 계획하는 것이다. 단원 학습 지도 전체의 흐름을 이해하기 쉽게 하기 위하여 학습의 내용에 따라 '제1차' '제2차' 등으로 구분하여 정리한다. 그리고 하나의 단위 시간의 목표와 활동의 개요를 알 수 있도록 기술한다. 또한 제재의 지도 계획에서는 제재의 목표나 학습 내용에 따른 구체적인 평가 기준을 설정하고, 학생들의 학습 상황을 명확히 파악할 수 있어야 한다. 일상의 학습을 지도하는 교사의 평가 활동은 학습의 결과를 판단하기 위해서뿐만 아니라 학생들이 학습 목표를 어떻게 이해하고, 어떻게 공부해서 목표를 실현하는지 눈으로 확인하는 과정이다. 더욱이 평가는 지도 계획서를 작성할 때 세운 지도 목표를 어떻게 실현해 가고, 어떻게 습득해 가는지를 넓은 시야에서 파악하는 행위이다. 그러기 위해 평가 기준은 학생들의 학습 내용에 따라 구체적으로 설정되어야 한다.

(5) 학생의 실태

수업을 준비하는 과정에서 수업에 참여할 학생들의 특성을 깊이 있게 이해하는 것이 필요하다. 학생의 특성을 기술할 때에는 수업 목표와 관련된 음악 요소에 대한 이해 정도, 노래나 악기 연주 능력 그리고 제재곡에 대한 흥미도 등에 대해 교사 자신의 관찰 결과나 객관적 분석 방법의 결과를 조리 있게 진술한다.

(6) 평가 기준

각 제재의 평가 기준은 앞서 언급한 대로 교육과정에 나타나 있는 관점별 학습 상황에 대한 세 가지 관점에 근거하여 설정한다. 평가 기준은 학생 스스로가 제재의 학습을 통해서 습

득하기를 바라는 내용의 '대체로 만족할 수 있는' 상황을 나타내는 것으로, 단위 시간에 있어서 구체적인 평가 항목의 기초가 되는 것이다.

(7) 본시 수업의 주안점

하나의 단원은 2~3차시로 구분될 수 있기 때문에 본시 수업에서 강조해야 할 내용에 대해 별도로 설명하기도 한다. 본시에서 특별히 강조해야 하는 내용이나 유의해야 할 내용을 정리하여 기록한다.

(8) 수업의 전개

학습 과정을 상세하게 진술한다. 정해진 형식은 없으나 최소한의 정보는 정확하게 나타낼 필요가 있다.

① 본시 목표
제재의 목표를 명료하게 하고, 그 시간의 목표를 간략하게 적는다.

② 학습의 전개
㉮ 학습 내용: 교육과정과 관련하여 무엇을 어떻게 배울 것인가에 대해 흐름을 알 수 있도록 쓴다.
㉯ 주요 학습 활동: 구체적인 학습 활동에 대해서 학생들의 행동을 제시하는 방식으로 기술한다.
㉰ 교사의 활동: 학생 개개인에 대해 교사의 지원 방법, 지도상의 유의점 등을 교사의 입장에서 기술한다.

③ 정리 및 평가 기준
제재 평가 기준의 요소가 되는 내용에 대해서, 한 시간 안에 혹은 여러 시간에 걸쳐 계속적으로 평가하는 항목을 명확히 나타낸다. 평가 항목의 수는 시간별로 1개 내지 2개면 충분하다.

(9) 자료
교재 연구의 상세한 설명, 사용하는 악보, 교실 내 배치나 좌석 표시 등을 첨부한다.

4. 초등학교 음악과 교수 · 학습 지도안의 예

(1) 단원명
〈리듬 악기 노래〉(초등학교 3학년)

(2) 단원의 개관
〈리듬 악기 노래〉는 첫 부분과 끝부분이 유사한 작은 세도막형식의 간단한 악곡이다. 음역은 다소 넓은 9도로 구성되어 있어 발성에 무리가 가지 않도록 유의하며 불러야 하는 악곡이다. 노래와 함께 타악기 합주가 가능한 악곡이며, 가사 중에는 악기 소리를 표현하는 부분이 있어 악기로 대신 연주하면 재미있는 표현을 할 수 있다. 경쾌하고 즐거운 가락이므로, 간단한 오스티나토 리듬을 만들기 쉽기 때문에 음악의 즐거움과 새로움을 경험할 수 있을 것이다.

그리고 몸짓을 통해 박자의 흐름이나 악절을 감지하거나, 간단한 타악기를 이용하여 다 함께 즐겁게 노래하며 놀고, 노래와 악기의 음이 한데 어울려 울리는 것의 재미를 느끼며, 음악 활동의 기초적 능력을 습득할 수 있다. 따라서 노래에 맞춰 '걷기, 스텝 밟기, 돌기' 등의 신체 표현을 시도하고, 리듬 만들기 등의 활동을 하면서, 서로 노랫소리를 맞추거나, 악기에 맞춰 연주함으로써, 울림 소리의 즐거움의 장을 넓혀 갈 수 있다. 특히 타악기를 선택하여 오스티나토 리듬을 만드는 즐거움이나, 노래를 들으면서 오스티나토 리듬을 연주하는 것은 울림 소리를 느끼는 음악 활동으로 매우 유효하다. 지도에 있어서 아동이 스스로 신체 표현을 고안하는 학습이 진행될 수 있도록 한다.

(3) 단원의 목표

① $\frac{4}{4}$ 박자의 흐름이나 악절에 대해 설명할 수 있다.
② 신체로 표현하고, 리듬과 악상을 살려 합주할 수 있다.
③ 소리 울림의 즐거움을 느낀다.

(4) 단원의 지도 계획

차시	주요 내용	수업 내용 및 활동	평가 방법
1차시	• $\frac{4}{4}$박자 • 신체 표현하기	• $\frac{4}{4}$박자의 강약을 이해하며 노래 부르기 • 노래에 맞추어 신체 표현하기	표현 관찰 질문법
2차시	• 리듬악기의 주법 • 오스티나토 리듬	• 리듬악기의 바른 주법 익히기 • 오스티나토 리듬 만들어 치기	연주 태도 표현 관찰
3차시 (본시)	• 리듬합주 • 신체 표현하기 • 평하기	• 적절한 리듬악기를 선택하여 리듬 치기 • 모둠별로 연주하여 평가하기	연주 청취 태도 관찰

(5) 학생의 실태

학생들은 악기를 연주하는 것에 큰 흥미를 갖고 있다. 음악을 만들어 표현하는 활동에서도 악기에 대한 흥미와 관심이 높으며, '좋은 음 찾기'나 '어울리는 음 찾기'를 매우 좋아한다. 스스로 만든 간단한 오스티나토 리듬을 타악기로 연습할 때는 학습에 기쁘게 임하는 모습을 보인다. 학생 대부분은 악기 연주하기를 좋아하고, 특히 리듬 악기에 흥미가 높은 것으로 나타난다. 그러나 학생들은 실제 연주에서는 산만한 태도를 보이고, 박자나 리듬이 일치하지 않으며, 악상에 무관심한 경우가 많다.

따라서 몸짓을 통하여 박자와 리듬, 음의 높낮이를 파악하고, 목소리와 악기의 음색을 중요시하는 연주 방법에 유의하면서 수업을 전개하는 것이 바람직하다. 또한 초등학교 3학년 어린이 발달 단계의 특성상, 음악 지도가 분석적이 되지 않도록 노래하거나 춤추거나 서로 맞춰 보는 등의 표현을 통해, 소리 울림과 마음의 화합을 중시하고, 기초적인 음악적 능력을 즐겁게 습득하도록 해야 한다.

(6) 평가 기준

구분＼영역	인지적 영역	행동적 영역	정의적 영역
평가 내용	$\frac{4}{4}$박자의 흐름이나 악절을 이해한다.	신체로 표현하고, 리듬과 악상을 살려 악기를 연주할 수 있다.	소리 울림의 즐거움을 맛볼 수 있다.

〈계속〉

학습 활동상의 구체적인 평가 기준	• 박자의 흐름에 따라 박수 치기나 리듬 치기를 한다. • $\frac{4}{4}$ 박자의 강약을 살려 기본 리듬을 칠 수 있다. • 제재곡을 연주할 때, $\frac{4}{4}$ 박자의 강세를 지키며 칠 수 있다.	• 노래에 맞춰 신체 표현을 하거나 악기를 연주한다. • 악절을 파악하고 악기 음색의 특징을 살려서 리듬 반주한다. • 박자나 악절을 느끼고, 리듬 반주를 변형하여, 노래하거나 연주한다.	• 교사가 들려준 악곡과 친구들의 표현 중 좋은 점을 느끼며 집중하여 듣는다. • 박자를 타고, 신체 표현을 즐긴다. • 박자나 악절에 따른 여러 가지 연주 방법을 시도한다.

(7) 본시 수업의 주안점

본시 수업은 전시 수업에서 습득된 기본적인 음악 개념 이해와 악기 연주 기능을 바탕으로 리듬 합주와 신체 표현을 이끄는 과정이다. 리듬 합주를 위해서는 다음의 사항에 유의해야 한다. 첫째, 악기의 소리를 부드럽고 아름답게 연주한다. 악기 연주에 있어 가장 강조해야 하는 것은 아름다운 소리를 만드는 것이다. 악기를 연주하는 방식에 따라 거친 소리가 나기도 하고, 부드러운 소리가 나기도 하기 때문에 기본적인 연주법을 정확히 익혀 아름다운 소리를 낼 수 있도록 지도해야 한다. 둘째, 박자의 기본 강세를 생각하면서 연주한다. 리듬 악기 연주에 있어서는 박자의 기본적인 강세가 유지될 때 통일성을 가질 수 있다. 따라서 기본적인 박자의 강세를 생각하면서 연주해야 한다. 셋째, 리듬을 타면서 연주한다. 악보에 의존하기보다는 다른 사람들의 소리를 들으면서 리듬을 타며 연주할 때, 자연스러운 음악이 만들어질 수 있다.

이러한 연주를 하기 위해서 신체 표현의 과정을 거치는 것이 좋은 방법이다. 시작과 끝, 빠르기와 셈여림의 특징을 이해하며 신체로 움직인 후에 악기로 연주하면 표현에 많은 도움을 얻을 수 있다. 노래를 부르면서 시작과 끝부분을 정확하게 신체로 표현하고, 소리가 크게 나야 하는 부분과 작게 나야 하는 부분을 구별하여 신체 표현을 해 보면 악기 연주에 그 표현이 전이될 수 있다. 간단한 신체 표현은 악기 연주의 방법을 알려 주는 동시에 음악을 깊이 이해하고 그 즐거움을 맛볼 수 있게 할 것이다.

(8) 수업의 전개(3차시)

① 목표

㉮ 음악의 악상에 어울리게 신체로 표현한다.

㉯ 리듬악기의 특성을 이해하고 합주할 수 있다.

㉰ 악기의 음색에 예민하게 반응하고, 좋은 소리를 만드는 데 흥미를 갖는다.

② 학습의 전개

학습 내용과 주요 학습 활동	• 교사의 작용 ▶ 구체적인 평가 기준
1. 목표를 확인한다. 〈노래에 따라, 리듬을 즐겁게 합주할 수 있다〉 2. 기습곡을 연주한다. 　• 리듬악기로 합주 　• 오스티나토 리듬	• 전 시간에 대하여 상기한다. • 수업 목표와 내용에 대하여 기대감을 유도한다. • 기습곡에 집중하여 연주할 수 있도록 유도한다.
3. 연주에 맞춰 노래한다. 　• 제재곡을 합주한다. 　• 리듬 반주에 노래한다.	• 악곡의 아름다운 특성에 관심을 가지도록 한다. • 악상 기호와 빠르기에 유의하며 연주하도록 한다. • 강한 소리, 약한 소리, 시끄러운 소리, 부드러운 소리, 힘 있는 소리, 단호한 소리 등 리듬악기로 다양한 소리를 만들어 보도록 한다. 그 과정에서 주법을 익힐 수 있도록 한다.
4. 음악에 따라 신체 표현한다. 　• 신체를 움직이는 법 　• 시작과 끝 신호에 따른 신체 움직임 　• 큰 소리, 작은 소리에 따른 신체 움직임 　• 빠른 부분과 느린 부분에 따른 신체 움직임 5. 모둠의 연주를 듣고 평한다. 　• 친구들의 연주에서 재미있는 부분 말하기 　• 음량의 밸런스, 악기의 음색, 빠르기, 음량 등에 대해 이야기하기	• 소리의 특성을 잘 표현하는 움직임을 할 수 있도록 유도한다. • 연주 방법과 밸런스에 주의하면서 신체표현한다. • 친구의 연주 중 잘한 점, 재미있는 점을 찾아 이야기한다.

③ 자료 및 기자재

㉮ 오디오

㉯ 큰북, 작은북, 트라이앵글, 캐스터네츠, 탬버린

5. 중학교 음악과 교수 · 학습 지도안의 예

(1) 단원명

〈환희의 송가〉(중학교)

(2) 단원의 개관

이 단원에서 학습하는 곡은 베토벤(L. van Beethoven, 1770~1827)의 교향곡 제 9번 〈합창〉의 제4악장 주제 부분이다. 이 음악은 음악의 장대함과 모든 사람이 하나 되는 것을 노래하는 가사의 의미 때문에 국가적 행사나 한 해를 보내는 기념 음악회에서 많이 연주되며, 유럽연합의 국가(國歌)로 채택되어 불리고 있다. 또한 교과서의 제재곡은 2부 합창으로 화성미를 맛볼 수 있고, 가락 흐름의 특성과 두도막형식을 이해할 수 있으며, 베토벤 음악의 일면을 배울 수 있다.

원곡인 교향곡 제9번은 제4악장 구성인데, 마지막 악장은 실러의 〈환희의 송가〉에 붙인 4성부의 독창과 합창, 관현악으로 이루어져 있고, 이 노래가 4악장 전체에 걸쳐 주제로 등장한다. 이 작품은 프로이센의 왕인 빌헬름 3세에게 경의를 표하기 위하여 헌정된 작품이다. 1824년 5월 7일 베토벤 자신의 총감독하에 움라우트의 지휘로 초연되었으며, 연주가 끝난 후 베토벤이 청중들의 우레와 같은 열광적인 박수 소리를 듣지 못하자, 알토 가수인 웅가르가 팔을 잡아서 알려 주었다고 한다. 그가 돌아보고 답례하였을 때 청중들은 감격하여 눈물을 흘리며 더욱 열렬히 갈채를 보냈다고 한다.

작곡자 베토벤은 독일 본에서 태어나 17세 때에 빈으로 가서 본격적인 음악 수업을 받았다. 이후로 그는 꾸준히 성장하여 작곡가로서의 명성을 쌓아 갔다. 그러나 25세 때부터 귓병을 앓기 시작하여 35세 때에는 완전히 청력을 잃고 말았다. 하지만 그는 이같은 신체장애를 극복하고 훌륭한 작품들을 작곡하였다. 베토벤은 하이든, 모차르트에 이어 빈 고전파 음악을 완성시키고 낭만파 음악의 선구자가 되었으며, 독일이 낳은 가장 위대한 작곡가로서

'악성(樂聖)'이라 불리고 있다.

(3) 제재의 목표

① 뛰어 가기와 차례 가기, 두도막형식 등의 음악적 특성과 음악의 역할을 이해할 수 있다.
② 음악적 특성을 살려 2부 합창을 할 수 있다.
③ 가사의 의미를 살려 노래하고, 음악의 즐거움을 느낀다.

(4) 단원의 지도 계획

차시	주요 내용	수업 내용 및 활동	평가 방법
1차시	• 뛰어 가기, 차례 가기 • 가사의 의미	• 뛰어 가기, 차례 가기의 가락 흐름을 이해하며 정확히 노래 부르기 • 가사의 의미를 이해하며 가락 표현하기	표현 관찰 질문법
2차시 (본시)	• 두도막형식 • 2부 합창	• 이미 배운 노래에서 두도막형식의 여러 가지 형태 이해하기 • 2부의 조화를 느끼며 표현하기 • 원곡 감상하고 음악의 요소와 느낌 이야기하기	연주 태도 표현 관찰

(5) 학생의 실태

중학교 1학년 시기에는 변성기를 겪는 학생들이 상당수 있어서 가창 수업을 하는 데 어려움이 있다. 학생들은 소리를 내어 노래하는 것에 대하여 단순히 싫어하기보다는 두려움을 가지고 있다. 그러므로 혼자 노래하도록 하지 않고, 제창이나 합창으로 수업을 하는 것이 적절하다. 이 노래는 음역이 좁고 차례 가기가 많지만 d음이 어려우므로 전체적으로 자연스러운 발성을 할 수 있도록 유의하여 지도해야 한다.

학생들은 대체로 가벼운 정서를 담고 있는 대중음악을 선호하며, 대부분의 클래식 음악이 담고 있는 진지하고 무거운 정서에는 관심이 적거나 표현이 서툴다. 따라서 학생들에게는 좀 무거운 주제라고 할 수 있는 인류의 화합을 주제로 하는 가사와 변화가 많지 않은 차례 가기 위주의 가락선을 가지고 있는 이 노래를 가르치기 위해서는 학생들이 음악의 느낌을 쉽게 이해하고 표현할 수 있도록 돕는 여러 가지 방안이 필요하다. 학생들이 집중하며 노래할 수 있도록 따라 하며 노래 부르기, 관련 악곡의 감상, 이 음악과 관련된 사회적 · 역사적 · 문화적 배경에 대한 이야기, 이를 통한 아름다운 화음의 경험 등이 중요하게 다루어져야 할 것이다.

(6) 평가 기준

구분 \ 영역	인지적 영역	행동적 영역	정의적 영역
평가 내용	악보에서 차례 가기, 뛰어 가기를 구분하여 말할 수 있고, 음악을 듣고 구분할 수 있다.	아름다운 화음을 살려 2부 합창을 할 수 있다.	가사의 의미를 살리는 태도를 기르고, 음악의 즐거움을 맛볼 수 있다.
학습 활동상의 구체적인 평가 기준	• 악보에서 차례 가기, 뛰어 가기 부분을 구분한다. 노래를 부르면서 차례 가기와 뛰어 가기를 구분하며 표현할 수 있다. • 음악을 듣고 차례 가기와 뛰어 가기 부분을 구별하여 말할 수 있다.	• 위아래 가락을 리듬과 음정에 맞게 노래 부를 수 있다. • 다른 사람의 소리를 들으며 조화롭게 합창할 수 있다. • 위 성부는 아래 성부의 소리에 따라 화음을 만들며 노래 부를 수 있다.	• 가사의 의미를 살려 노래 부르는 것에 흥미를 느낀다. • 함께 노래하는 즐거움을 느낀다.

(7) 본시 수업의 주안점

전시에는 기본적인 음악 개념을 이해하고, 가락을 익혔다. 본시는 전시에 배운 내용과 능력을 기초로 아름다운 합창을 경험하는 과정이다. 합창을 성공적으로 이끌기 위해서는 다음의 사항에 유의해야 한다.

첫째, 아래 성부를 정확히 부를 수 있도록 지도한다. 아름다운 화음을 만들기 위해서는 각 성부가 정확한 리듬과 음정으로 노래할 수 있어야 한다. 리듬과 음정이 정확하지 않으면 조화를 기대하기 어렵다. 조화를 이끌어 내기 위한 첫 번째 전제는 위 성부보다 아래 성부가 정확해야 한다는 것이다. 위 성부는 아래 성부에 맞추어 소리를 내는 것이 일반적이기 때문에 아래 성부의 리듬과 음정이 더 중요하다. 따라서 아래 성부를 정확히 소리 낼 수 있도록 임시표에 유의하며 지도해야 할 것이다.

둘째, 위 성부는 아래 성부의 소리를 잘 들으며 연주할 수 있도록 한다. 위 성부를 부를 때, 주제 가락이라는 이유로 큰 소리로 노래하면 아래 성부의 소리를 들을 수 없어 자연배음에 의한 조화로운 화음을 만들지 못한다. 위 성부는 항상 아래 성부와 조화를 이루는 음량, 음정, 음색 등을 표현할 수 있도록 들으면서 노래하도록 해야 할 것이다.

셋째, 자연스러운 호흡과 자세를 가지고 적당한 소리 크기로 노래한다. 음악 소리는 아름다워야 한다. 크고 시끄러운 소리보다 부드럽고 울림이 많은 소리가 필요하다. 훈련이 충분하지 않은 학생들이 큰 소리를 내면 음정이 부정확해지고 소리의 질도 나빠질 수 있다. 좋은 소리를 내도록 하기 위해서는 큰 소리보다는 표정을 쉽게 담을 수 있는 정도의 크기, 다른 사람의 소리를 충분히 들을 수 있는 크기를 유지할 수 있도록 한다. 아름다운 소리를 내기 위해서 아름다운 자세를 취해야 하는 것은 당연할 것이다.

음악의 기본인 리듬, 음정에 유의하고, 음색과 음량을 조절하여 아름다운 합창을 만들 수 있는 것이다. 이 과정에서 학생들은 아름다움을 느끼고 음악의 세계를 깊이 이해하고 그 즐거움을 맛볼 수 있게 될 것이다.

(8) 수업의 전개(2차시)

① 목표
㉮ 아름다운 화음을 만드는 기본적인 방법을 이해하고 설명할 수 있다.
㉯ 음색과 음량을 조절하여 조화로운 2부 합창을 할 수 있다.
㉰ 아름다운 소리의 세계를 즐기고 흥미를 갖는다.

② 학습의 전개

학습 내용과 주요 학습 활동	· 교사의 작용 ▶ 구체적인 평가 기준
1. 목표를 확인한다. 〈아름다운 화음을 만드는 기본적인 방법을 이해하고, 음색과 음량을 조절하여 조화로운 2부 합창을 할 수 있다〉	· 학생들이 합창에 대해 생각할 수 있도록 그 의미와 특징에 대해 질문한다.
2. 아래 성부를 노래한다. 　• 교사의 노래에 따라 부르기 　• 임시표가 있는 가락을 따라 부르기 　• 바른 자세와 자연스러운 발성으로 노래 부르기 　• 바른 자세와 자연스러운 발성으로 노래 부르기 　• 반주와 함께 노래 부르기	· 교사의 자세, 소리 크기, 느낌을 바르게 전달하는 데 따라 부르기는 매우 유용하다. · 교사가 시범을 보일 때, 학생들이 바른 자세를 가질 수 있도록 유의한다. · 반주를 할 때는 반주 소리가 크지 않도록 하여 학생들이 자신들의 소리를 잘 들을 수 있도록 한다.
3. 위 성부를 노래한다. 　• 반주와 함께 노래 부르기 　• 당김음에 유의하여 노래 부르기 　• 바른 자세와 자연스러운 발성으로 노래 부르기 　−c 음 이상의 음에 유의하여 노래 부르기 　• 제재곡의 형식 이해하기	· 당김음은 부르기는 어색하지만 강조의 효과가 있다는 사실을 잘 느낄 수 있도록 한다.
4. 2성부 합창한다. 　• 모둠을 나누어 네 마디씩 합창하기 　• 전체를 합창하기(들으며 노래하기) 　• 아래 성부를 들으며 합창하기 　• 프레이즈 살려 합창하기	· 위 성부를 노래하는 모둠이 아래 성부를 노래하는 모둠보다 인원수가 적도록 조절하여 성부의 음량이 자연스럽게 균형을 이룰 수 있도록 한다.
5. 원곡을 감상하고 느낌을 비교한다. 　• 성부 수, 음량, 반주의 형태 등에 대해 이야기하기 　• 느낌에 대해 이야기하기 　• 베토벤이 이 곡에 담으려고 했던 정신에 대해 이야기하기	· 느낌 비교하기를 위해서는 교사의 적절한 질문이 필요하다. 지나치게 개방적인 질문보다는 초점을 두고 질문하여 학생들이 생각하고 대답할 수 있도록 한다.

③ 자료 및 기자재

㉮ 오디오

㉯ 베토벤 교향곡 제9번 〈합창〉 음반(제4악장 부분)

토의 주제 ....

1. 음악 수업의 기본적인 요소가 무엇인지 설명해 보자.

2. 음악교과 연간 지도 계획의 요소에 충실한 예를 작성해 보자.

3. 음악과 교수 · 학습 지도안의 요소에 충실한 예를 작성해 보자.

📻 .... 참고문헌

교육인적자원부(2002). 초등학교 교사용 지도서 음악 5. 서울: 대한교과서주식회사.

길애경, 임미경(1997). 초등음악지도법. 서울: 수문당.

방금주, 박남순(2006). 음악교과 교수학습. 서울: 학지사.

변영계(2008). 교수 · 학습 이론의 이해. 서울: 학지사.

양종모(1998). 개인차를 고려한 수업 및 평가 방안 연구. 서울: 한국교육과정평가원.

初等科音樂敎育硏究會(2008). 初等科音樂敎育法. 音樂之友社.

Boyle, J. D., & Radocy, R. E. (1987). *Measurement and evaluation of musical experiences*. New York: Schirmer Books.

Parncutt, R., & McPhersona, G. (Eds.). (2002). *The science and psychology of music performance: Creative strategies for teaching and learning*. Oxford: Oxford University Press.

Philpott, C. (2007). *Learning to teach music in the secondary school*. London: Taylor & Francis

Szönyi, E. (1974). *Musical reading and writing I* (tran. by R. Geoffry). Budapest: Editio Musica Budapest.

제**11**장

음악 교사론

임미경

음악 교사는 학교에서 음악을 가르치는 사람을 의미하는데, 지도 내용에 따라 요구되는 능력이나 역할이 달라진다. 우리나라 학교 체제에서는 일반 음악 수업을 담당하는 교사와 음악 실기 지도만을 담당하는 교사가 구별된다. 일반 음악 수업을 담당하는 일반 음악 교사는 음악 전반에 대한 능력(노래 부르기, 지휘하기, 반주하기, 음악 개념 이해하기 등)을 가지고 있어야 하지만, 실기 지도 교사는 가창, 기악, 창작 중 한 분야의 지도 능력을 가지고 있어야 한다. 음악 교사론은 음악 교사에게 요구되는 능력과 역할에 대해 체계적으로 논의하는 것이다. 이 장에서는 일반 음악을 가르치는 교사가 갖추어야 할 능력 및 자질 세 가지(인성, 음악 능력, 교사 전문성)를 설명하고 음악 교사 자격증에서 요구하는 기준을 소개한다.

음악 교사는 학교에서 음악을 가르치는 사람을 의미하는데, 지도 내용에 따라 요구되는 능력이나 역할이 달라진다. 우리나라 학교 체제에서는 일반 음악 수업을 담당하는 교사와 음악 실기 지도만을 담당하는 교사가 구별된다. 일반 음악 수업을 담당하는 일반 음악 교사는 음악 전반에 대한 능력(노래 부르기, 지휘하기, 반주하기, 음악 개념 이해하기 등)을 가지고 있어야 하지만, 실기 지도 교사는 가창, 기악, 창작 중 한 분야의 지도 능력을 가지고 있어야 한다. 음악 교사론은 음악 교사에게 요구되는 능력과 역할에 대해 체계적으로 논의하는 것이다. 이 장에서는 일반 음악을 가르치는 교사가 갖추어야 할 능력 및 자질 세 가지(인성, 음악 능력, 교사 전문성)를 설명하고 음악 교사 자격증에서 요구하는 기준을 소개한다.

1. 음악 교사로서 바람직한 인성

음악 교사는 음악을 가르치기에 앞서 먼저 인간으로서 학생에게 다가갈 수 있어야 한다. 왜냐하면 교사의 인격과 인간성이 수업의 성패를 결정짓는 가장 큰 요인이기 때문이다. 수업을 효율적으로 이끄는 교사의 성품으로 성경희는 다음과 같이 요약하였다(성경희, 1988: 294-295).

① 따뜻한 교사
② 이해심 많은 교사
③ 학생들의 어려움을 잘 알아 주는 교사
④ 인간중심적인 교사
⑤ 자기 희생적인 교사
⑥ 열성적이고 유머도 잘하는 교사
⑦ 다른 사람에게 영감을 줄 수 있는 교사

⑧ 창의적이며 상상력이 풍부한 교사

베썸 등(Bessom, Tatarunis, & Forcucci, 1986)은 성공적인 음악 교사의 특질을 다섯 가지로 정리하였다. 첫째, 교사의 성품으로 인간에 대한 이해, 참을성, 협동심, 민주적인 사고, 친절, 아이들에 대한 사랑, 일에 대한 깊은 관심, 기꺼이 참여하는 마음, 편안한 외모, 지성과 성장력, 개별성, 창의성 등이 포함된다. 둘째, 학생과 교사를 즐겁게 연결해 주는 유머 감각과 쾌활성이며, 셋째, 학생과 자기의 경험을 자유롭게 나눌 수 있는 안정된 정서와 성숙함이다. 넷째는 가르쳐 주어야 할 지식이고, 다섯째는 인간적인 매력이다. 결국 음악 교사는 학생의 심리와 주변을 잘 파악하여 원활한 대화가 이루어질 수 있도록 노력해야 하며 교사 스스로가 학생의 말을 듣고 반응하여 함께 울고 웃을 수 있는 정감어린 교사여야 한다고 해석할 수 있다(임미경, 1994).

미국음악교육자협회(MENC)에서 발간한『음악 교사 교육: 최종보고서(Teacher education in music: Final report)』에서는 훌륭한 음악 교사에게 필요한 자질을 다음의 일곱 가지로 요약하였다(MENC, 1972: 4-5).

① 다른 사람을 북돋아 주어야 한다.
② 음악뿐만 아니라 다른 분야에 대해서도 꾸준히 공부해야 한다.
③ 개인과 사회를 결부시켜야 한다.
④ 다른 교과나 예술과 관련지어야 한다.
⑤ 새로운 아이디어들을 알고 평가도 하여야 한다.
⑥ 상상력을 활용해야 한다.
⑦ 교사의 직분을 이해해야 한다.

이 일곱 가지의 음악 교사 자질을 풀이하자면 다음과 같다. 첫째, 교사는 음악에 대한 열정으로 학생의 음악성을 일깨워 주어야 한다. 둘째, 지적 호기심 없이는 자기 발전이 없을 뿐만 아니라 직업에 대한 만족도 없고 교육 전문성도 발전할 수 없게 된다. 셋째, 학생의 여러 사회적 환경에 대해 교사가 주의 깊게 관심을 가져야 한다. 넷째, 음악 교사도 과학이나 사회, 심리학뿐만 아니라 다른 예술 분야도 알아야 한다. 다섯째, 교사 스스로가 항상 새것을 추구하는 열린 마음을 가져야 한다. 여섯째, 풍부한 상상력은 음악성을 계발시키는 데 도움이 된다. 일곱째, 음악 교사의 역할은 학생에게 자기의 감정을 음악적으로 표현할 수 있는 방법과 장소를 제공하는 데 있다(임미경, 1994).

미국에는 음악대학의 학위 기준을 마련하여 교육 기관으로 인증하는 전국 규모의 협회인 미국음악대학협회(National Association for Schools of Music: NASM)가 있다. NASM은 음악 모든 분야의 전공별 목적과 성격, 교육과정의 구성과 교육 내용, 필수 요건들을 해마다 제시하는데, 그중에서 음악 교사에게 필요한 자질을 일곱 가지로 제시하였다(NASM, 2008: 95).

① 음악 예술이 문명의 한 요소로서 음악을 지도하고 학생의 지적·예술적 발달을 도와주며 직업으로서 자주적인 헌신을 할 수 있는 능력

② 음악이 예술의 한 형식이며 소통의 수단일 뿐만 아니라 지적·문화적 유산의 일부라는 것을 이해시킬 수 있는 능력

③ 음악을 존중하고 음악적 지식과 경험을 갈망하며 학생의 상상력을 자극할 수 있는 능력

④ 음악이 교양 교육의 한 요소이며 학부모나 동료, 행정가들에게 음악교육의 목적과 목표를 효과적으로 표현할 수 있는 능력

⑤ 특수한 교육 체제에서 생산적으로 일할 수 있고 음악 수업을 극대화하여 여러 사회 계층, 인종들과 긍정적인 관계를 유지하며 서로 다른 배경의 학생이나 동료와 공감할 수 있는 능력

⑥ 학생의 음악적·문화적 발전에 영향을 주는 미술이나 인문학, 예술의 정책과 방법, 아이디어들을 평가할 수 있는 능력

⑦ 음악적인 면이나 교육적인 면에서 지속적으로 계발하여 깊이 있고 독립적인 평가를 내릴 수 있어서 음악성과 교수 기술을 개선하는 자세

이 일곱 속성(attributes)을 종합하면 미국에서는 음악 교사가 음악을 문화적 유산, 교양의 요소, 예술 문화의 한 형식으로 지도하는 역할을 강조하고 있다고 볼 수 있다.

2. 음악 교사의 음악 능력

음악 교사라면 우선 학생들에게 음악적으로 시범을 보여 줄 수 있어야 한다. 음악적인 시

범 연주에는 노래, 반주, 지휘, 즉흥연주 등 여러 가지 음악 능력이 있다. 우리나라 음악과 교육과정을 살펴보면 표현 영역과 감상 영역에서 다섯 가지 음악 활동(노래 부르기, 악기 연주하기, 음악 만들기, 음악 감상하기, 음악 이해하기)을 제시하고 있다(교육과학기술부, 2011). 시범 연주는 음악 감상하기와 이해하기를 제외한 세 가지 활동을 지도하는 데 필요한 기술이다. 음악 감상하기와 이해하기를 지도하려면 음악 이론과 역사에 관한 지식을 가지고 있어야 하며 분석 능력도 필요하다. 우리나라에는 음악 교사의 음악 능력에 관한 공인된 기준이 아직 없다. 여기에서는 미국의 국가 수준에서 요구하는 음악 능력을 소개하고자 한다.

NASM에서는 음악 교사가 갖추어야 할 음악 능력을 세 가지 분야로 나누어 음악가로서 필요한 음악 능력, 음악 교사로서 필요한 음악 능력, 음악 교사로서 필요한 전문 능력으로 제시하고 있다.

1) 음악가로서 필요한 음악 능력

음악 교사는 우선 음악가여야 하므로 여러 가지 음악 능력을 갖추어야 자신 있는 음악 교사가 될 수 있다. 음악가로 인정받기 위한 음악 능력을 NASM에서는 다음과 같이 규정하고 있다(NASM, 2008: 84-85).

(1) 연주 능력

① 한 악기 이상을 예술적으로 연주할 수 있어야 한다.
② 전공 악기의 연주가 여러 시대의 악곡이어야 한다.
③ 시창이나 독보 연주라도 음악적으로 표현해야 한다.
④ 음악적 지식이나 기술이 충분하여 음악을 잘 해석해서 협력하며 연주하여야 한다. 리허설이나 지휘 기술이 필요하다.
⑤ 건반악기로 반주할 수 있어야 한다.
⑥ 합주 경험을 통해 악곡에 대한 지식과 협동하며 연습하는 기술이 필요하다.

(2) 음악성과 분석 능력

① 음악의 구성 요소와 상호작용을 이해하면서 분석할 수 있어야 하며 시창과 청음 능력
   도 필요하다.
② 음악 형식이나 구조에 관한 지식이 있어서 연주하거나 작곡할 때 또는 가르칠 때 활용
   할 수 있어야 한다.
③ 음악의 역사적 · 문화적 · 양식적 특징을 구별할 수 있어야 한다.

(3) 작곡과 즉흥연주 능력

즉흥적으로 또는 기보하면서 곡을 만들 수 있어야 한다. 예를 들면, 여러 가지 음악 양식
을 모방하거나 기존의 음악들을 즉흥적으로 변형 또는 창작할 수 있어야 하고, 다양한 소리
재료로 실험하거나 비전통적인 방법에서 공통 요소를 다룰 수 있어야 한다.

(4) 음악 역사와 문헌

여러 시대의 음악 역사와 문헌에 대한 지식을 습득해야 한다. 중세부터 현대에 이르기까
지 악곡에 나타나는 시대적 · 양식적 특징을 구별할 수 있어야 하며, 서양 음악뿐만 아니라
세계 음악에 대해서도 두루 섭렵해야 한다.

(5) 음악 공학

자신의 전공 분야의 음악 공학적 기술을 습득해야 한다. 피아노 전공자라면 디지털 피아
노에 관한 지식을 알아야 하고, 작곡 전공자라면 컴퓨터나 여러 전자매체를 활용한 작곡 기
법을 연마해야 할 것이다. 음악교육 전공자라면 음악 수업을 발표할 때 필요한 여러 가지 수
업 기기(예: 컴퓨터 및 프로그램, 실물 화상기, OHP 등)를 잘 다룰 수 있어야 한다.

(6) 종합

음악적 문제가 있을 때 연주 능력이나 분석 능력, 창작 능력, 음악적 지식(역사와 문헌), 공
학적 기술을 종합하여 해결할 수 있어야 한다.

2) 음악 교사로서 필요한 음악 능력

앞서 말한 음악가로서의 음악 능력 이외에도 음악 교사는 음악을 지도하기 위한 음악 능력도 갖추어야 한다. 다음의 네 가지 음악적 능력이 추가적으로 요구된다(NASM, 2008: 95-96).

(1) 지휘와 음악 지도력

학교 음악에서 여러 형태의 연주 그룹(중창단, 합창단, 합주단 등)이 정확하고 표현성 있는 음악으로 연주할 수 있게 지도하는 지휘 능력이 필요하다. 그러므로 악보를 읽을 수 있을 뿐만 아니라 악곡의 양식이나 특징 등을 분석할 수 있어야 하고, 악기에 대해 알아야 하며, 음악을 만들어 낼 수 있는 지휘 기술을 연마해야 한다. 소규모 합창단이나 합주단을 연습시킬 수 있는 지도력 또한 필요하다.

(2) 편곡

학생의 능력이나 학교의 사정에 따라 적절한 악곡을 선정하고 편곡할 수 있는 능력이 필요하다. 출판된 악곡의 악기 편성이나 연주 기술이 연주단의 능력이나 악기로는 불가능할 경우가 많으므로 각각의 상황에서 연주 가능한 악곡으로 다시 재구성해야 한다.

(3) 반주

앞서 제시한 연주자의 연주 능력 외에 노래를 부르며 건반악기로 반주하는 능력이 절대적으로 필요하다. 음악 수업에서는 가창 활동을 가장 많이 하므로 시범창을 하면서 화음 반주하는 능력을 연마해야 한다.

(4) 분석/역사/문헌

교육과정을 개발하고 수업안을 짜며 음악 연주를 지도할 때 음악 분석이나 역사 지식을 활용할 수 있어야 한다. 음악 양식이나, 문헌, 역사, 다문화 음악에 관한 지식들을 습득하여 음악 수업 상황에 적절한 음악 자료를 선택할 수 있는 능력을 연마해야 한다.

3) 음악 교사로서 필요한 전문 능력

우리나라 학교의 음악 수업에서는 한 분야만 지도하는 데 반해, 미국 학교의 음악 수업에서는 세 가지 분야(일반 음악, 가창/합창, 기악)로 나누어 지도하고 있다. 이 중 일반 음악 분야가 우리나라의 음악 수업과 가장 밀접하다. NASM이 명시한 일반 음악 교사의 전문 능력 기준을 소개하면 다음과 같다(NASM, 2008: 96).

① 일반 음악을 가르치기에 충분한 음악성과 성악적, 교수법적 기술
② 일반 음악을 가르치기 위한 음악적 지식, 교수 방법, 철학, 교재, 공학, 교육과정 개발
③ 연주를 지도할 정도의 연주 기술
④ 일반 음악 수업의 교생 실습

우리나라 음악 교사들은 NASM이 앞에서 제시한 여러 가지 음악 능력 이외에 한 분야의 음악적 기술이 더 필요한데, 그것은 국악에 관한 것으로 국악 분야의 연주 기술, 창작 기술, 분석 기술이 필수적이다. 다시 말해, 국악의 기초적인 악기(단소, 장고 등)를 연주하거나 반주할 수 있어야 하고, 전래동요나 민요를 부를 수 있어야 하며, 국악에 대한 역사적이고 문헌적인 지식을 가지고 악곡을 분석하고 창작할 수 있는 능력이 필요하다(임미경, 1994).

3. 음악 교사의 교사 전문성

음악 교사의 교사 전문성은 교사로서 학생을 가르치는 데 필요한 능력을 의미한다. 음악 수업의 중심은 활동이기 때문에 음악 교사의 자질은 일반 주지 교과에서 필요로 하는 교사의 자질과 다소 구별된다. 음악 교사는 수업을 실행하기 위해서 교수·학습에 필요한 요인들을 음악 활동적으로 제시할 수 있어야 한다. 수업 활동은 교사 혼자만이 아니라 학습자와의 상호 작용으로 이루어져야 하며 학습 현장에서 체계적으로 구성되어야 한다. 성경희는 유능한 음악 교사가 지녀야 할 교수 능력을 다음과 같이 요약하였다(성경희, 1988: 297).

① 수업 계획안 작성 시 명확한 목표 설정을 할 수 있는 능력

② 학생의 흥미와 필요성을 감안하여 교수 목표를 설정할 수 있는 능력

③ 다양한 교수 방법을 사용하여 수업 계획안을 준비하고 또한 실천할 수 있는 능력

④ 학생들의 한계점과 가능성을 이해하고 진단하여 그들에게 알맞은 수업을 제공할 수 있는 능력

⑤ 교수 과정을 평가할 수 있는 능력

⑥ 학습 시간을 최대한으로 활용할 수 있는 능력

⑦ 학생의 의견을 수업 시간에 반영할 수 있는 능력

⑧ 학생들로 하여금 올바른 대답을 할 수 있도록 유도하는 질문을 할 수 있는 능력

⑨ 음악적 경험을 통하여 학생들의 자아개념을 향상시킬 수 있는 능력

⑩ 학생들의 학구적 · 사회적 행동에 즉각적으로 칭찬을 할 수 있는 능력

⑪ 명랑한 학습 분위기를 조성할 수 있는 능력

즉, 음악 교사는 학습 안에서 학생들이 음악적 소질을 잘 발달시킬 수 있도록 지도하고, 또한 학습 활동 안에서 학습자가 음악적 표현을 자유롭게 할 수 있도록 해야 한다. 교사는 학습자와 더불어 서로의 입장을 역할 분담을 통해서 이해 · 교류할 수 있도록 열린 학습 공간을 제공할 수 있어야 한다(임미경, 1994).

MENC의 최종 보고서에서 제안된 음악 교사의 전문성은 다음의 네 가지 능력이다(MENC, 1972: 7).

① 음악이나 교육에 대한 자기의 철학을 표현할 수 있어야 한다. 음악 교사는 음악을 예술로서 그리고 교육의 한 구성 요소로서 간주하면서 헌신해야 한다. 이러한 헌신은 말이나 글 뿐만 아니라 직업에 대한 자세와 활동에서 나타나야 한다.

② 최근의 교육 사조와 친숙함을 보여 주어야 한다. 음악 교사는 사람들이 어떻게 배우는지를 알아야 하고 이러한 지식을 음악을 가르치는 데 적용할 수 있어야 한다. 또한 교수법의 최신 매체와 교육 기관에서 계획하는 여러 가지 계획도 알고 있어야 한다.

③ 악곡에 대한 풍부한 지식으로 음악을 배우는 데 어려움을 가지고 있는 학생을 도와주어야 한다. 여러 음악 자료와 친숙하며 교실에서 일어나는 다양한 상황을 창의적으로 훌륭하게 대처해 나갈 수 있어야 한다.

④ 교사 스스로가 포괄적 음악가로서의 실례를 보여 주어야 한다. 음악적인 탁월성과 영감은

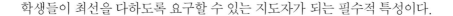

학생들이 최선을 다하도록 요구할 수 있는 지도자가 되는 필수적 특성이다.

첫째는 음악 교사가 자신만의 음악교육철학을 가지고 있어서 음악 교사로서의 소명 의식을 내적이나 외적으로 표출하여야 한다는 내용이다. 그래야 음악 교사인 것에 만족하면서 즐겁게 학생들을 지도할 수가 있다. 둘째는 음악 교사들이 교육 심리와 교수 방법을 잘 터득하여 음악 지도에 활용할 수 있어야 한다는 뜻이다. 그리고 최신 교육 자료에도 민감하여 이를 음악 수업에 사용하고 음악교육계에서 어떤 일들이 벌어지는가에 대해서도 귀 기울이는 자세가 필요하다. 셋째는 음악 교사가 여러 종류의 음악에 대한 지식이 있어서 학생 수준에 맞는 음악을 선택하여 지도하는 기술을 가지고 있어야 한다는 말이다. 넷째는 음악 교사가 세 가지 음악 기술(연주, 창작, 분석)을 골고루 갖추어 연주, 작곡, 분석, 비평하는 데 모범을 보여 주어야 한다는 말이다(임미경, 1994).

성경희는 음악 교사를 교육 전문직으로 보았을 때 세 가지 교직 능력이 필요하다고 역설하였다(성경희, 1988: 298). 첫째, 교사로서의 진정한 직분을 잘 이해하는 능력, 둘째, 교사의 전문적 자세를 통하여 학생과 대화를 할 수 있는 능력과 책임성, 셋째, 동료나 다른 사람의 비판 또는 의견을 잘 수용하여 자아 발전에 이용할 수 있는 능력이 그것이다.

결론적으로 음악 교사는 자기 직업을 긍정적으로 지각해서 다음의 다섯 가지 마음가짐을 가져야 한다. 첫째, 교직을 학생을 도와주고 성공하도록 촉진하는 것으로 본다. 둘째, 교직이란 학생의 성장과 장래 문제에 관심을 갖는 것이다. 셋째, 교직은 인생의 목표를 찾도록 도와주는 것이다. 넷째, 교직에서 편견없이 타인의 의사를 받아들이는 개방성이 중요하다. 다섯째, 교직이란 타인의 현재 생각과 행동을 이해하는 데서 출발한다(임미경, 1994).

NASM은 음악 교사가 갖추어야 할 교수 능력을 다음의 여섯 가지로 제시하였다(NASM, 2008: 97).

① 여러 환경과 여러 학년의 음악 수업에서 음악이 소통하는 매체 및 문명의 대리인 역할을 어떻게 하고 있는지를 가르쳐 줄 수 있는 능력(여기에는 수업과 리허설 경영 기술이 포함된다.)
② 아동의 성장과 발달을 이해하고 음악과 연관되는 학습 이론을 이해하는 능력
③ 학생의 적성 및 경험적 배경과 음악의 성격을 측정할 수 있고 이 측정된 요구들을 충족시킬 수 있는 교육 프로그램을 계획하는 능력

④ 여러 가지 음악교육 상황에서 최신 교수법이나 자료, 악곡 등을 적용할 수 있는 능력
⑤ 특수한 교육 상황에서 개인적인 판단으로 교수법과 자료를 수정하거나 수용/거부할 수 있는 능력
⑥ 학생의 음악적 진전과 교육과정의 목표 및 진행을 측정하여 평가할 수 있는 능력

4. 음악 교사 자격 기준

음악 교사의 자격 기준을 개발하려면 음악 연주 분야 전문가뿐만 아니라 음악 이론가, 음악교육 행정가, 음악교육 전문가 등이 모두 협력하여 연구하여야 바람직한 기준이 완성될 것이다. 우리나라에서는 2008년에 중등 음악 교사 임용고사의 지침이 바뀌면서 여러 음악 관련 학회가 협력하여 처음으로 한국교육과정평가원에서 음악 교사 기준에 대해 발표하였다. 미국에서는 여러 국가 기관에서 음악 교사 기준에 대해 해마다 공표하고 있다.

1) 우리나라의 중등 음악 교사 자격 기준

우리나라 초등 음악은 음악 교사 자격증을 소지한 교사가 지도하는 것이 아니라 초등 교사 자격증을 소지한 교사가 음악을 가르치므로 초등 음악 교사 자격 기준은 아직 마련되어 있지 않은 상황이다. 그러므로 음악 교사 기준을 살펴보려면 중등 음악 교사 자격 기준을 참고해야 한다. 중등 음악 교사 자격 기준은 2008년에 중등 음악 교사 임용고시 제도가 바뀌면서 개발하게 되었다.

한국교육과정평가원은 교육인적자원부가 2006년 11월 17일에 발표한 '신규 교사의 자질과 능력에 관한 일반 기준'을 토대로 2008년 3월부터 한국음악교육공학회와 공동으로 음악 교과의 특성에 맞는 구체화 작업을 시작하여 6월에 중등 음악 교사 기준을 발표하였다. 이때 5개의 음악 관련 학회(한국국악교육연구회, 한국악회, 한국음악교육학회, 한국음악학회, 한국서양음악이론학회)가 참여하여 음악 교사 기준과 평가 영역, 수업 능력 평가 연구를 수행하였다.

중등 음악 교사 기준을 개발하는 데 기초 자료가 된 '신규 교사의 자질과 능력에 관한 일반 기준'은 모두 열 가지 항목인데, 이를 다섯 가지 영역으로 구분할 수 있다(이인제, 장기범, 2008: 22).

1. 교직 관련 영역

- 건전한 인성과 교직 사명감 및 윤리 의식을 갖는다.

- 교육 공동체 구성원들과 협력 관계를 구축한다.

- 전문성 개발을 위해 끊임없이 노력한다.

2. 학생 관련 영역

- 학생들의 학습과 복지를 위해 헌신한다.

- 학생과 학생의 학습 발달을 이해한다.

3. 교과 내용 영역

- 교과에 대한 전문 지식을 갖는다.

4. 교과 교육 관련 영역

- 수업을 효과적으로 계획 · 운영한다.

- 학생의 학습을 모니터링하고 평가한다.

- 학습을 지원하는 환경과 문화를 조성한다.

5. 교육과정 영역

- 교과, 학생, 교육 상황에 적절한 교육과정을 개발 · 운영한다.

이 기준은 10개 영역으로 구성되어 있고, 각 영역은 〈표 11–1〉처럼 3개 이상의 세부 항목으로 나뉘어 있다.

표 11–1 중등 음악 교사 자격 기준(이인제, 장기범, 2008: 52–53)

	영역별 자격 기준	세부 자격 기준
교직 이해	1. 음악 교사는 건전한 인성과 윤리 의식, 교사 및 문화 전수자로서의 사명감을 갖는다.	1–1. 음악 교사는 건전한 인성을 갖는다. 1–2. 음악 교사는 교직 사명감을 갖는다. 1–3. 음악 교사는 교직 윤리 의식과 사회적 책임 의식을 갖는다. 1–4. 음악 교사는 문화 전수자로서의 사명감을 갖는다.
학습 복지	2. 음악 교사는 학생들의 학습과 복지를 위해 헌신한다.	2–1. 음악 교사는 학생을 존중하고 공정하게 대우한다. 2–2. 음악 교사는 학생 자신의 음악적 잠재력을 최대한 발휘할 수 있도록 돕는다. 2–3. 음악 교사는 학생 개개인의 교육적 요구에 적극 응한다.

〈계속〉

학생 이해	3. 음악 교사는 학생과 학생의 음악 학습 발달·음악 학습 관련 문화와 환경을 이해한다.	3-1. 음악 교사는 학생의 인지 및 정서 그리고 신체 발달을 이해한다. 3-2. 음악 교사는 학생의 음악 활동 관련 선행 학습과 학습 방식·동기 및 요구를 파악한다. 3-3. 음악 교사는 학생의 개인적 특성과 그 배경을 파악한다.
교과	4. 음악 교사는 교과 내용과 교과 교육에 관한 전문 지식과 실기 능력을 갖는다.	4-1. 음악 교사는 음악교과의 내용을 깊이 이해한다. 4-2. 음악 교사는 음악교과의 기반이 되는 학문의 핵심 개념, 개념들의 관계, 탐구 방식을 이해한다. 4-3. 음악 교사는 다양한 시대·지역·문화권의 음악을 이해한다. 4-4. 음악 교사는 다양한 실기 능력을 갖는다. 4-5. 음악 교사는 음악교과와 기반 학문의 최신 동향을 지속적으로 탐구한다. 4-6. 음악 교사는 음악교육의 주요 사조와 철학에 대한 풍부한 지식을 갖는다. 4-7. 음악 교사는 음악교육의 목적과 목표에 대해 정확하게 이해한다. 4-8. 음악 교사는 음악 교수·학습 방법 및 학습 모형에 대한 다양한 지식을 갖는다. 4-9. 음악 교사는 다양한 음악 교수·학습 자료에 대한 지식과 개발 능력을 갖는다.
교육 과정	5. 음악 교사는 음악과 교육과정을 이해하고 교육 상황에 맞게 재구성한다.	5-1. 음악 교사는 국가 수준의 음악과 교육과정의 체계와 내용에 대한 전문적인 지식을 갖는다. 5-2. 음악 교사는 음악과 교육과정을 학생과 교육 상황에 적합하게 재구성한다. 5-3. 음악 교사는 음악과 교육과정 자료 연구 및 개발에 노력을 기울인다.
수업	6. 음악 교사는 음악 수업을 효과적으로 계획·조직·실천한다.	6-1. 음악 교사는 학생의 학습 상황에 적절한 교육 목표와 수업을 계획한다. 6-2. 음악 교사는 음악 수업 목표를 설정하고 창의적으로 수업을 계획한다. 6-3. 음악 교사는 적절한 음악 학습 모형을 활용하여 교수·학습 지도안을 작성하고 실천한다. 6-4. 음악 교사는 학습의 내용 및 성격에 따라 적절한 교수·학습 방법을 적용하고, 다양한 자료 및 매체를 활용하여 수업의 효율성을 높인다. 6-5. 음악 교사는 학생들이 흥미를 가지고 음악 활동에 적극적으로 참여할 수 있도록 수업을 실천한다.

〈계속〉

		6-6. 음악 교사는 분명하고 정확하게 학습 내용을 학생들에게 전달한다.
		6-7. 음악 교사는 음악교과에 대한 학생의 학습 요구를 진단하고 적절하게 지원한다.
평가	7. 음악 교사는 학생의 음악 학습을 타당하고 공정하게 평가한다.	7-1. 음악 교사는 평가 목적과 내용에 적합한 평가 방법을 적절하게 활용한다.
		7-2. 음악 교사는 평가 요소와 기준을 개발하고 적절하게 적용한다.
		7-3. 음악 교사는 평가의 타당성과 신뢰성을 확보하기 위해 객관적인 기준을 마련한다.
		7-4. 음악 교사는 평가 결과에 대한 타당한 분석을 하고 학생과 학부모, 동료 교사와 함께 효과적으로 의사소통한다.
		7-5. 음악 교사는 평가 결과를 학생의 음악 학습 지원, 진로 지도 및 수업 개선을 위해 활용한다.
학습 지원	8. 음악 교사는 음악 활동 관련 학습을 지원하는 환경과 문화를 조성한다.	8-1. 음악 교사는 학생들의 음악 학습 활동을 지원할 수 있는 학교의 음악 환경과 문화를 조성한다.
		8-2. 음악 교사는 학생들이 다양한 음악 활동을 할 수 있는 여건을 조성한다.
		8-3. 음악 교사는 학급과 다양한 음악 동아리들을 민주적으로 관리 운영한다.
		8-4. 음악 교사는 서로 존중하고 신뢰하는 학교 문화를 조성한다.
교육 공동체	9. 음악 교사는 교육 공동체 구성원들과 협력 관계를 구축한다.	9-1. 음악 교사는 음악 활동과 음악의 사회, 문화, 정치, 경제적 가치를 이해하고 음악 활동이 자신, 가정, 학교, 지역사회와 어떤 관계에 있는지 그 맥락을 이해한다.
		9-2. 음악 교사는 학생을 비롯한 동료, 학부모, 행정가, 지역 인사 등 교육 공동체 구성원들의 참여와 협력을 유도하고 유지한다.
		9-3. 음악 교사는 음악 활동을 통하여 교육 공동체 구성원들과 협동하며, 이로 인해 학교 문화를 풍성하게 하는 데 기여한다.
		9-4. 음악 교사는 교육 공동체 구성원들과의 자원, 정보, 전문성 교류에 주도적으로 참여한다.
교사 전문성	10. 음악 교사는 전문성 신장을 위해 꾸준히 노력한다.	10-1. 음악 교사는 자신의 음악적 능력과 교육철학, 교육 방법 및 내용을 지속적으로 점검한다.
		10-2. 음악 교사는 새로운 교수법과 방법론, 음악교육 공학 등 최신 동향을 지속적으로 탐구하고 음악교육 현장에 적용한다.
		10-3. 음악 교사는 교직 전문성 향상을 위해 동료 교사와 협력한다.
		10-4. 음악 교사는 전문성 신장을 위해 다양한 자기 개발 활동에 참여한다.

2) MENC에서 제시한 음악 교사 자격 기준

MENC는 야마하 사의 지원을 받아서 1987년에『음악 교사교육: 파트너십과 과정(Music teacher education: Partnership & process)』을 발간하였다. 이 보고서에서는 초임 음악 교사가 갖추어야 할 기준과 경험 있는 음악 교사가 주기적으로 점검해야 하는 기준을 구분하여 기술하였다. 다음의 세 가지 특성은 교사 자격 기준으로 요구하는 내용들이다(MENC, 1987: 26-27).

(1) 지도 기술(instructional skills)

① 수업 계획에 따라 잘 알아서 수업을 지도한다.
② 훌륭한 리허설 준비와 기술을 가지고 연습시킨다.
③ 효율적인 학급 경영으로 수업을 이끌고 지도한다.
④ 학생의 다양한 학습 요구를 알아서 수업을 이끌고 지도한다.
⑤ 적절한 어법과 음성, 자신감, 편안한 음량으로 수업을 이끌고 지도한다.
⑥ 학생의 질문과 응답을 잘 받아 가면서 수업을 이끌고 지도한다.
⑦ 고용주가 요구하는 주(state) 또는 국가 교사 능력 시험을 통과한다.

(2) 음악적 기술(musical skills)

① 음악성 있는 곡을 만든다.
② 주전공 이외의 다른 악기(피아노, 기타, 성악, 교실 악기 또는 부전공 악기)를 연주한다.
③ 음악 역사, 음악 이론, 작곡, 창의성을 보여 주는 수업을 이끌고 지도한다.
④ 음악 감상이 어떻게 음악 학습에 영향을 주는지를 수업으로 보여 준다.
⑤ 음악 연주의 문제점을 듣고 진단하여 적절한 해결을 제시하는 수업으로 이끈다.
⑥ 고용주가 요구하는 주(state) 또는 국가의 교과 내용 능력 시험을 통과한다.

(3) 개인적 자질(personal attributes)

① 교직 목표가 얼마나 확고한지 보여 준다.

② 음악 지도에 대한 헌신을 보여 준다.

③ 학생, 동료, 행정가, 학부모, 지역사회 구성원과 개인적으로 친해지는 것을 보여 준다.

④ 음악교육철학이 발전되어 가고 있음을 보여 준다.

3) NBPTS에서 제시한 음악 교사 자격 기준

미국에서는 교사 자격 기준을 해마다 발표하는데, 대표적인 기관은 교육부와 과학재단의 후원을 받고 있는 전문적 교수 기준을 위한 미국이사회(National Board of Professional Teaching Standards: NBPTS)이다. 2009~2010년에 사용하는 여러 가지 음악 교사 기준 중에서 3세와 18세 이상을 위한 음악 교사 기준은 여덟 가지 항목으로 구성되어 있는데, 그 내용을 요약하면 다음과 같다(NBPTS, 2007: 5).

(1) 학생에 대한 지식

음악 교사는 학생의 인지적·신체적·사회적 발달을 이해하고 그들의 음악적 배경을 알아야 한다. 이러한 지식을 통해 학생들과 생산적인 관계를 조장하고 그들의 요구에 맞는 음악 수업을 제공해야 한다.

(2) 음악에 대한 지식과 기술

음악 교사는 뛰어난 연주와 음악성을 끊임없이 보여 주어야 한다. 또한 체계적이고 높은 수준의 음악 수업을 학생에게 제공하기 위하여 음악 이론과 역사에 관한 포괄적인 지식, 일반 음악이나 합창, 기악 음악에 관한 전문적인 지식이 필요하다.

(3) 평가 계획과 실행

음악 교사는 평가를 계획하고 실행하며 후속 수업을 짤 때 평가 자료를 활용해야 하고, 다양한 평가 방법을 사용하며 학생의 진전에 대해 보고해야 한다.

(4) 음악 학습 관리

음악 교사는 학생의 흥미를 돕고 음악 학습을 촉진하기 위한 자료, 방법, 전략 등을 구안해야 한다. 체계적이고 높은 수준의 음악 수업을 학생에게 제공하기 위해 음악 이론과 역사에 관한 포괄적인 지식, 일반 음악이나 합창, 기악 음악에 관한 전문적인 지식이 요구된다.

(5) 학습 환경

음악 교사는 모든 학생이 믿고, 모험하며, 독립적이면서도 협력하며 기대치를 높일 수 있는 역동적인 학습 환경을 조성해야 한다.

(6) 다양성 존중

음악 교사는 학생들의 다양한 배경과 능력, 관점들을 존중해 주어야 하며 여러 가지 풍부한 음악을 담을 수 있는 음악교육과정을 제공해야 한다.

(7) 협력

음악 교사는 가족의 독특한 역할, 음악교육과정에서의 동료, 지역사회를 존중하고, 그들과 함께 파트너가 되도록 기회를 찾아야 한다.

(8) 반성, 전문성 개발, 전문성 기여

음악 교사는 자기의 교수법에 대하여 끊임없이 반성하고, 자기의 지식이 계속 확장될 수 있도록 노력하여야 하며 교수법을 개선하고 음악교육철학을 다듬어야 한다. 또한 학교와 동료, 그리고 자신의 분야가 성장할 수 있도록 헌신해야 한다.

토의 주제

1. 본인이 음악 교사로서 가장 장점이 되는 품성과 계속 고쳐 나가야 할 성품이 무엇인지 발표해 보자.

2. 음악 교사에게 요구되는 음악적 능력 중에서 본인이 시급히 계발해야 할 음악적 기술 세 가지를 찾아보고 앞으로 어떻게 발전시켜 나갈지 계획해 보자.

3. 음악교육 전문가로서 본인의 교수 능력에서 무엇이 문제인지 반성해 보고, 개선점을 발표해 보자.

참고문헌

교교육과학기술부(2011). 교육과학기술부 고시 제2011-36[별책 12]. 음악과 교육과정. 서울: 교육과학기술부.

석문주(2008). 미국 음악 교사기준의 새로운 변화, 음악교육연구, 34, 25-57.

성경희(1988). 음악과교육론. 서울: 갑을출판사.

이인제, 장기범(2008). 2009학년도 개편 중등교사임용후보자선정경쟁시험 표시과목 「음악」의 교사자격 기준 개발과 평가 영역 상세화 및 수업능력 평가 연구(연구보고 CRE 2008-6-20). 서울: 한국교육과정평가원.

임미경(1994). 음악 교사론에 관한 소고. 전주교육대학교 초등교육연구, 15, 115-128.

최은식(2006). 미국 음악 교사 양성제도의 새로운 동향. 음악과 문화, 15, 59-76.

Bessom, M., Tartarunis, A., & Forcucci, S. (1980). *Teaching music in today's secondary schools*. New York: Holt, Rinehart and Winston.

Mark, M. (1986). *Contemporary music education*. Ner York: Schirmir Books.

Music Educators National Conference. (1972). *Teacher education in music: Final report*. Reston, VA: MENC.

_____ (1987). *Music teacher education: Partnership and process*. Reston, VA: MENC.

National Association of Schools of Music. (2008). *NASM Handbook 2009-2010*. Reston, VA: Retrieved Dec. 22. http://nasm.arts-accredit.org.

National Board for Professional Teaching Standards. (2007). *NBPTS Music standards for teachers of students ages 3-18+*. Washington D.C. Retrieved Dec. 22. http:// nbpts.org.

부록
2022년 음악과 교육과정

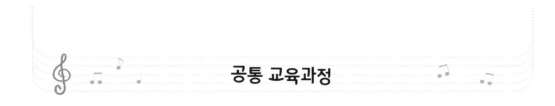

공통 교육과정

음악

교육과정 설계의 개요

음악교과 교육과정은 학생들이 감성, 창의성, 자기주도성을 발휘하여 음악 활동을 하며, 삶 속 공동체 내에서 음악적으로 소통할 수 있도록 하는 데 중점을 두고 설계되었다.

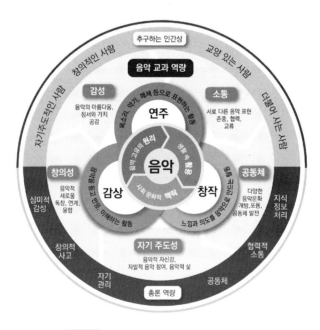

그림 1 음악교과 교육과정의 설계 개요

이에 따라 음악과 교육과정은 총론의 인간상 및 핵심 역량과 연계하여 '감성 역량, 창의성 역량, 자기주도성 역량, 공동체 역량, 소통 역량'을 음악교과 역량으로 설정하고, 영역 및 내용 체계를 구성함으로써 핵심 아이디어 기반 역량 함양 교육과정이 체계적으로 구현되도록 하였다. 음악교과 역량은 총론의 핵심 역량 중 '심미적 감성 역량, 창의적 사고 역량, 자기관리 역량, 공동체 역량, 협력적 소통 역량' 등 각 역량을 음악교과의 특성에 맞게 재구성한 것이며, 총론의 '지식정보처리 역량'은 음악교과의 영역 및 내용 체계 전반에 연계되도록 구성하였다.

영역은 삶 속 음악 활동의 특성을 근간으로 하여 목소리와 악기 등으로 연주하고, 음악을 감상하며, 생각한 것을 음악으로 창작하는 활동으로 구성된다. '연주–감상–창작'의 세 영역 활동은 생활 속 '맥락'에서 음악의 고유한 '원리나 특성'에 따라 이루어지고 다양하게 '활용'된다. 따라서 '영역별 핵심 아이디어'는 원리, 맥락, 활용이라는 세 가지 측면에서 문장으로 진술된다. 연주, 창작, 감상의 세 영역별 내용 체계는 다음과 같다.

표 1) 음악교과 내용 체계의 구성

영역명		연주	감상	창작
핵심 아이디어	진술문① 원리	음악은 고유한 방식과 원리에 따라 … 표현한 것이다.	음악은 고유한 방식과 원리에 따라 … 청각적 … 것이다.	음악은 고유한 방식과 원리에 따라 … 만들어 낸 것이다.
	진술문② 맥락	연주는 … 사회문화적 배경에 따라 …	수용과 반응은 … 사회문화적 배경에 따라 …	창작은 … 사회문화적 배경에 따라 …
	진술문③ 활용	생활 속에서 … 활용하여 함께 경험하며 소통한다.	생활 속에서 … 발견하고 공감한다.	생활 속에서 … 활용하여 … 음악을 구성하며 기여한다.
1) 지식 · 이해	① 음악 범위	연주, 감상, 창작할 대상으로서의 음악 범위		
	② 내용적 · 절차적 지식	음악 요소/원리/개념 등 내용적 지식 + 연주/창작 방법 등 절차적 지식		
	③ 학습 요소 · 관점	연주, 감상, 창작 학습 시 초점을 두어야 할 포괄적 요소 · 관점		
2) 과정 · 기능		신체적 · 실천적 기능(노래/연주 등), 인지적 · 연계적 기능(설명/활용 등)		
3) 가치 · 태도		개인의 음악적 태도 · 가치(흥미 등), 사회적 · 문화적 · 정서적 가치(존중/협력 등)		

영역별 내용 체계는 핵심 아이디어를 중심으로 '지식 · 이해' '과정 · 기능' '가치 · 태도'의 세 범주별 내용 요소로 구성되는데, 이는 성취기준의 근간이 된다. 즉, '지식 · 이해' '과정 · 기능' '가치 · 태도'에 제시된 내용을 다양하게 결합하여 진술하면 성취기준이 되는 것이다.

먼저 '지식 · 이해'는 각 영역에서 다루어야 할 ①음악 유형이나 장르를 포괄하는 음악 범위, ②내용적 지식과 더불어 음악교과에서는 수행 자체가 주요 지식이고 절차가 중요하다는 점에서 절차적 지식, ③학습 시 초점을 두어야 할 핵심 요소나 관점으로 구성된다. '과정·기능'은 영역별 이해를 위한 방법, 과정, 전략으로서 신체적·실천적·인지적·연계적 기능으로, '가치·태도'는 개인적 및 사회적 측면에서 요구되는 음악적 태도와 가치화로 구성된다. 이렇게 구성된 영역별 내용체계는 실제적 수행이 중요하다는 점에서 연주 영역을 먼저 제시하고, 새로운 음악을 만드는 창작영역은 연주, 감상 등 다른 활동을 기반으로 보다 쉽게 수행할 수 있다는 점에서 마지막에 제시된다.

학년군 및 학교급별 내용 구성과 위계의 주요 사항은 다음과 같다. 학생의 자기주도성뿐만 아니라 교사의 문서 활용 다양성 및 자율성도 보장하기 위해 음악교과 목표 달성을 위한 포괄적·핵심적인 내용을 중심으로, 다양한 내용의 균형을 고려하여 설계하였다. 이러한 내용의 위계는 학습자를 중심으로 공간(생활−세계)과 시간(현재−과거−미래)적 관점에서 학습 영역을 확장해 가며 추가 및 심화하는 방식으로 구성하였다.

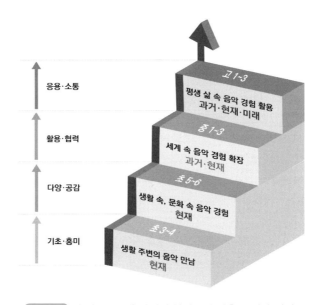

그림 2 음악교과 교육과정의 학년군별 내용 구성과 위계

1. 성격 및 목표

가. 성격

음악은 소리를 통해 인간의 다양한 감정과 생각을 표현하는 예술이면서 사회·문화적 양상과 변화하는 시대상을 반영하는 인간 활동의 산물이다. 인간은 노래를 부르고 악기를 연

주하거나 음악을 듣고 만드는 활동을 통해 음악의 아름다움을 만끽하면서 다른 것으로 대체할 수 없는 경험을 한다. 또한 인간은 음악성을 계발하면서 새로운 음악적 아이디어를 떠올리거나 다양한 경험에 대한 느낌과 생각을 담은 음악 표현 활동을 통해 상상력과 창의성을 표출할 뿐만 아니라, 소리와 음악이 주는 즐거움이나 기쁨 등을 통해 정서적 안정감과 행복감을 느낀다.

음악 활동은 이처럼 개인의 음악적·정서적 발달뿐만 아니라 다양한 전인적 성장도 이끈다. 인간은 생활 속에서의 협력적 음악 경험을 통해 자존감·책임감·균형감 등의 인성을 함양하고, 지역·세대·계층 간 음악적 소통을 통해 공동체의 가치관을 이해하는 등 사회적으로 성장한다. 또한 인간의 음악적·정서적·사회적 성장을 근간으로 하는 공동체의 음악 문화는 인간, 문화, 사회를 통찰하고 공감할 수 있는 안목을 형성하는 데에 도움을 주며, 문화의 계승과 사회의 발전을 이끈다.

최근 변화하는 사회 속에서 음악의 가치와 영향력이 더욱 확대되고 있다. 전통적·현대적·예술적·실용적 가치를 모두 아우르는 우리 음악 문화는 우리나라의 위상을 세계적으로 드높이고, 음악에 대한 시각과 안목을 넓혀 다양한 문화 산업 발전을 선도한다. 또한 다양한 미디어를 활용하여 음악 활동을 함으로써 디지털 소양을 함양하고 미래 디지털 기반 사회의 발전을 도모한다. 나아가 음악을 통한 표현력과 공감력은 사회와 문화 속에서의 음악의 의미와 가치를 확장시켜 자연 환경이나 생태계의 지속가능한 발전에 공감하는 감수성으로 전이되어 학습자가 더불어 살아갈 미래 삶을 대비하는 데에도 기여한다.

음악교과는 이처럼 인간·문화·사회·산업·과학·환경적 측면에서 다양한 의미와 가치를 지니는 음악을 포괄적이며 효율적으로 경험하도록 함으로써 학생의 음악적 발달을 이끌어 살아가는 데에 필요한 미래 역량을 길러 주는 교과이다. 또한 음악교과는 주도적인 음악 활동을 하며 음악을 생활화하고, 다양한 분야와 연계한 창의적인 음악 활동을 통해 다른 사람과 소통하는 전인적 성장을 촉진하는 교과이다.

이런 점에서 초등학교·중학교 〈음악〉 과목은 학생이 음악의 본질과 다양한 가치를 주도적으로 경험함으로써 생활 속에서 음악을 활용하여 사회·문화적 안목과 가치관을 주체적으로 형성해 가도록 기여해야 한다. 이를 위해 〈음악〉 과목의 얼개는 학생들로 하여금 감성, 창의성, 자기주도성을 가지고 연주, 감상, 창작 등의 음악 활동을 하며 민주적 공동체의 이해와 발전을 도모하고 문화적 소통을 촉진할 수 있도록 구성하였다.

초등학교에서는 생활 속 음악의 기초 지식, 기능, 태도를 바탕으로 음악을 학습하고 스스로 즐길 수 있는 능력을 개발하여 음악 학습자 겸 향유자로 성장하도록 하는 데에 중점을 둔다. 중학교에서는 사회나 문화 속 음악의 다양한 지식, 기능, 태도를 바탕으로 음악을 가치화하고 학생의 음악적 발달을 도모하여 미래지향적 음악 문화의 능동적 일원으로 성장하도록 하는 데에 중점을 둔다.

나. 목표

초등학교와 중학교의 〈음악〉 과목은 음악의 핵심적 지식·이해, 과정·기능, 가치·태도를 포괄하는 다양한 음악 활동을 통하여 감성, 창의성, 자기주도성을 기르고, 일상생활 속 다양한 공동체 안에서 소통할 수 있는 인간 육성을 목표로 한다.

가. 음악의 아름다움이나 가치를 인식하고 정서적 안정을 느낄 수 있는 감성을 기른다.
나. 음악의 의미를 탐색하고 새롭게 표현하며 만들어 갈 수 있는 창의성을 기른다.
다. 생활 속 다양한 음악 경험에 스스로 참여할 수 있는 자기주도성을 기른다.
라. 협력적 음악 활동을 통해 서로 다른 음악 표현을 존중하며 생활 속에서 소통한다.
마. 다양한 음악 문화와 음악의 역할을 인식하며 자신이 속한 공동체에 기여한다.

2. 내용 체계 및 성취기준

가. 내용 체계

(1) 연주

| 핵심 아이디어 | • 음악은 고유한 방식과 원리에 따라 인간의 느낌, 생각, 경험을 다양한 소리의 어울림으로 표현한 것이다.
• 개인적 혹은 협력적 음악 연주는 인간의 감수성과 사회·문화적 배경에 따라 다양한 행위 과정으로 나타난다.
• 인간은 생활 속에서 다양한 음악 매체와 표현 방법을 활용하여 함께 경험하며 소통한다. |

〈계속〉

구분 범주	내용 요소		
	초등학교		중학교
	3~4학년	5~6학년	1~3학년
[지식·이해]	• 생활 속의 음악 • 기초적인 음악 요소 • 자세와 주법 • 느낌, 여러 소리	• 간단한 악곡의 연주 형태 • 음악 요소 • 주법과 표현 기법 • 어울림, 여러 악기	• 다양한 음악의 연주 형태 • 음악 요소, 음악적 특징 • 다양한 주법과 표현 기법 • 소리의 상호작용
[과정·기능]	• 노래 부르거나 악기 연주하기 • 신체로 표현하고 놀이하기 • 발표하고 이야기하기	• 노래 부르거나 악기 연주하기 • 다양한 방법으로 표현하기 • 발표하고 돌아보기	• 노래와 악기 연주 향상하기 • 매체를 활용하여 표현하기 • 발표하고 평하기
[가치·태도]	• 연주를 즐기는 태도 • 연주에 대한 관심	• 음악으로 함께하는 태도 • 연주 준비와 참여	• 음악으로 협력하는 태도 • 연주 문화 인식과 참여

(2) 감상

핵심 아이디어	• 음악은 고유한 방식과 원리에 따라 다양한 속성을 청각적 형태로 구현한 것이다. • 음악적 수용과 반응은 인간의 감수성과 사회·문화적 배경에 따라 다양하게 나타난다. • 인간은 생활 속에서 다양한 음악 경험을 통해 미적 가치와 의미를 발견하고 공감한다.		
구분 범주	내용 요소		
	초등학교		중학교
	3~4학년	5~6학년	1~3학년
[지식·이해]	• 다양한 종류의 음악 • 지역의 음악 문화유산 • 기초적인 음악 요소 • 음악적 특징 • 느낌, 분위기, 쓰임	• 다양한 종류와 문화권의 음악 • 우리나라 음악 문화유산 • 음악 요소 • 음악적 특징, 음악의 간단한 구성 • 느낌, 배경, 활용	• 다양한 시대·사회·문화권의 음악 • 유네스코에 등재된 우리 음악문화유산 • 음악 요소 • 음악적 특징, 음악의 구성 • 감성, 다양성, 배경, 역할
[과정·기능]	• 반응하며 듣기 • 탐색하고 발견하기 • 묘사하거나 이야기하기	• 감지하며 듣기 • 인식하고 구별하기 • 설명하기	• 집중하여 듣기 • 분석하고 파악하기 • 비교하고 평가하기

〈계속〉

[가치 · 태도]	• 소리와 음악을 즐기는 태도 • 음악에 대한 호기심	• 음악의 아름다움에 대한 인식 • 음악에 대한 공감	• 음악에 대한 존중 • 음악의 다양한 가치 인식

(3) 창작

핵심 아이디어	• 음악은 고유한 방식과 원리에 따라 인간의 무한한 상상과 가능성을 탐구하여 만들어 낸 것이다. • 개인적 혹은 협력적 음악 창작은 인간의 감수성과 사회 · 문화적 배경에 따라 다양한 과정과 결과물로 나타난다. • 인간은 생활 속에서 다양한 매체와 방법을 활용하여 자기 주도적으로 음악을 구성하며 기여한다.		
구분	내용 요소		
	초등학교		중학교
범주	3~4학년	5~6학년	1~3학년
[지식 · 이해]	• 소리와 음악	• 간단한 음악	• 간단한 형식의 음악
	• 기초적인 음악 요소 • 간단한 악보	• 음악 요소 • 기초적인 기보, 음악 매체	• 음악 요소, 음악적 특징 • 기보법(오선보, 정간보 등), 음악 매체
	• 느낌, 상상	• 느낌, 아이디어	• 의도, 아이디어
[과정 · 기능]	• 즉흥적으로 표현하기 • 부분적으로 바꾸기 • 모방하여 나타내기	• 떠올리며 표현하기 • 간단한 조건에 따라 바꾸기 • 활용하여 만들기	• 적용하여 창작하기 • 조건에 따라 바꾸기 • 연계하여 만들고 활용하기
[가치 · 태도]	• 음악에 대한 흥미 • 음악의 새로움을 즐기는 태도	• 음악에 대한 자신감 • 음악에 대한 열린 태도	• 자기 주도적인 태도 • 저작권, 책임감 인식

나. 성취기준

[초등학교 3~4학년]

(1) 연주

[4음01-01] 바른 자세와 주법을 익혀 노래 부르거나 악기로 연주한다.

[4음01-02] 기초적인 음악 요소를 살려 노래 부르거나 악기로 연주하고 느낌을 이야기한다.

[4음01-03] 노래와 악기 연주에 어울리는 신체표현이나 놀이를 하며 음악을 즐긴다.

[4음01-04] 생활 속에서 음악을 경험하며 연주에 관심을 가지고 참여한다.

(가) 성취기준 해설

- [4음01-02] 이 성취기준은 노래나 악기 연주를 통해 기초적인 음악 요소를 표현하도록 하기 위해 설정하였다. 기초적인 수준의 음악 요소를 익혀 다양한 악곡을 연주하고, 이를 통해 알게 된 점이나 느낌 등을 이야기해 봄으로써 음악 개념과 활동을 의미 있게 연결 짓도록 하는 데 중점을 둔다.

- [4음01-03] 이 성취기준은 다양한 노래나 악기 연주의 특성을 탐색하고 관련지어 자유롭게 신체나 놀이로 표현하도록 하기 위해 설정하였다. 학습자의 발달 단계에 적합한 흥미로운 신체 표현을 통해 음악을 즐기고, 음악을 활용하여 전통과 현대의 다양한 놀이를 하도록 함으로써 노래, 연주 등의 음악 활동이 음악 외의 여러 활동과 연결되도록 하는 데 중점을 둔다.

- [4음01-04] 이 성취기준은 음악 수업을 통해 학습한 다양한 음악 경험을 생활 속으로 확장하도록 하기 위해 설정하였다. 혼자 또는 여럿이 함께한 노래 및 악기 연주 경험을 바탕으로 가정, 학교 등 주변 생활 속에서 음악을 활용할 수 있는 방법에 대해 살펴보고, 실제 생활에서 간단한 연주 활동에 스스로 관심을 가지고 참여하도록 하는 데 중점을 둔다.

(나) 성취기준 적용 시 고려 사항

- 생활 속에서 접할 수 있는 다양한 노래와 악기 연주 활동을 통해 음악적 감성을 기르도

록 한다.

- 자유롭게 소리를 탐색하며 음악 요소나 주법 등을 기초적인 수준에서 이해하여 음악에는 고유한 방식과 원리가 있고 이를 다양한 소리로 표현할 수 있음을 경험하도록 한다.
- 노래나 악기 연주를 통한 음악 기초 기능을 바탕으로 신체표현, 놀이, 이야기 등으로 점차 확장시켜 음악 개념과 활동을 의미 있게 연결 짓도록 구성한다.
- 연주를 즐기는 태도나 연주에 대한 관심과 관련된 성취기준은 학생의 학습 참여도 등을 평가기준으로 삼아 표현하기, 이야기하기 등의 다양한 활동으로 나타내도록 할 수 있다.
- 간단한 악곡의 연주에 관한 개인 또는 공동체의 경험을 토대로 일상생활 속에서 음악에 관심을 가지고 생활화할 수 있도록 구조화된 점검표나 다이어그램, 음악 생활 일지 등을 활용할 수 있다.

(2) 감상

[4음02-01] 음악을 듣고 기초적인 음악 요소를 탐색하며 반응한다.

[4음02-02] 다양한 음악을 듣고 음악적 특징을 발견한다.

[4음02-03] 다양한 종류의 음악을 듣고 음악의 분위기를 묘사하거나 쓰임을 이야기한다.

[4음02-04] 생활 속에서 음악을 들으며 느낌과 호기심을 갖고 즐긴다.

[4음02-05] 우리 지역의 음악 문화유산을 찾아 듣고 국악을 즐기는 태도를 갖는다.

(가) 성취기준 해설

- [4음02-01] 이 성취기준은 감상곡에 포함된 기초적인 음악 요소를 청각적으로 인식하도록 하기 위해 설정하였다. 음악을 들으며 기초적인 수준의 음악 요소를 탐색해 보고, 노래, 악기, 신체, 언어, 그림 등 다양한 방법으로 자신의 반응을 자유롭게 표현하도록 하는 데 중점을 둔다.
- [4음02-02] 이 성취기준은 음악의 종류나 주제 등에 따른 음악의 전반적 특징을 발견하며 감상하는 능력을 기르도록 하기 위해 설정하였다. 다양한 음악을 감상하며 음악적 특징을 발표하고 공유하는 활동을 통해 다양한 주제가 감상곡에서 어떤 음악적 특징으로 나타나는지 살펴 청각적 인식과 음악적 이해를 연결 짓도록 하는 데 중점을 둔다.

- [4음02-03] 이 성취기준은 다양한 분위기와 쓰임을 가진 음악을 듣고 경험하도록 함으로써 음악을 활용할 수 있는 능력을 기르도록 하기 위해 설정하였다. 악곡과 관련된 느낌과 감정, 분위기나 장면 등을 떠올려 보고, 이를 노래, 악기 연주, 신체표현, 그림, 영상, 글쓰기 등의 방법으로 묘사해 본다. 나아가 놀이, 의식, 노동 등 생활 속에서 다양하게 쓰이는 음악에 관해 이야기해 보며 음악 감상을 통한 경험을 확장하도록 하는 데 중점을 둔다.

- [4음02-04] 이 성취기준은 일상생활 속에서 호기심을 가지고 다양한 음악을 들으며 친숙함을 느끼도록 하기 위해 설정하였다. 국악, 서양음악, 세계음악, 대중매체에서 접하는 음악 등을 열린 마음으로 수용하고 즐김으로써 음악 감상을 생활화하도록 하는 데 중점을 둔다.

- [4음02-05] 이 성취기준은 지역에 전승되어 오는 음악 문화유산에 관심을 갖고 찾아 들으며, 생활 속에서 국악을 즐기는 태도를 가질 수 있도록 하기 위해 설정하였다. 타 교과의 지역 학습과 연계하여 지역의 음악 문화유산을 통해 자신이 속한 지역 문화에 대한 이해를 높이고, 지역에 전승되어 오는 음악 문화유산에 호기심을 가지게 함으로써 생활 속에서 국악을 즐기는 태도를 함양하는 데 중점을 둔다.

(나) 성취기준 적용 시 고려 사항

- 다양한 음악 감상을 통해 음악의 요소, 느낌, 쓰임 등을 파악하고 다양한 방식으로 반응, 탐색, 묘사해 보며, 음악이 고유한 방식과 원리에 따라 청각적으로 구현된 것임을 경험함으로써 음악적 감성을 기르도록 한다.

- 예술적·교육적 가치뿐만 아니라 주변 생활과 밀접한 주제나 쓰임을 지닌 감상곡을 다룸으로써 생활 속의 다양한 소리와 음악에 호기심과 흥미를 갖도록 한다.

- 음악의 종류나 주제에 따른 음악의 전반적 특징을 발견하고 이를 발표하며 공유하는 활동을 통해 청각적 인식과 음악적 이해를 연결 짓도록 한다.

- 다양한 쓰임이나 주제를 가진 음악을 듣고 이를 노래나 악기 연주뿐 아니라, 신체, 그림, 영상, 글 등의 다양한 방법과 연계하여 표현할 수 있도록 한다.

- 음악에 대한 호기심을 가지거나 음악을 즐기는 태도와 관련된 성취기준은 생활 속의 다양한 음악 조사하기, 소개하기, 생각 발표하기 등의 다양한 활동으로 나타내도록 할 수 있다.

• 감상에서 평가는 실음을 중심으로 악곡에 대한 이해뿐만 아니라 음악을 감상하는 태도를 포괄적으로 평가할 수 있도록 실음 지필 평가, 관찰 평가, 포트폴리오 등의 다양한 방법을 활용할 수 있다.

(3) 창작

[4음03-01] 느낌과 상상을 즉흥적으로 표현하며 음악에 대한 흥미를 갖는다.

[4음03-02] 악곡의 일부를 바꾸어 표현하고 간단한 악보로 나타낸다.

[4음03-03] 기초적인 음악 요소를 활용하여 소리나 음악으로 표현한다.

[4음03-04] 생활 주변의 소리나 장면을 모방하며 음악의 새로움을 즐기는 태도를 갖는다.

(가) 성취기준 해설

• [4음03-01] 이 성취기준은 주변 경험과 관련된 느낌이나 상상한 바를 음악으로 나타냄으로써 음악적 상상력을 기르도록 하기 위하여 설정하였다. 자신의 느낌이나 상상을 일정한 틀이나 형식에 얽매이지 않고 목소리, 악기, 신체, 물체 등을 활용하여 즉흥적인 소리나 음악으로 표현하는 활동을 하며 자신과 다른 사람의 자유로운 표현을 즐기고 음악에 관한 흥미를 갖도록 하는 데 중점을 둔다.

• [4음03-02] 이 성취기준은 노랫말 등 악곡의 일부를 바꾸어 표현하고 음악을 기록하는 다양한 방법에 대해 기초적인 수준에서 이해하도록 하기 위해 설정하였다. 음·음표, 그림, 기호, 숫자, 문자 등을 활용하여 악보로 나타내고 창작과 공유의 즐거움을 경험하도록 하는 데 중점을 둔다.

• [4음03-03] 이 성취기준은 음악 요소에 관한 이해를 바탕으로 소리나 음악을 창작하는 기초적인 능력을 기르도록 하기 위해 설정하였다. 기초적인 수준의 음악 요소를 활용하여 짧고 간단한 소리나 음악으로 자유롭게 표현하며 음악 요소에 따른 음악적 효과와 특징을 스스로 인식하도록 하는 데 중점을 둔다.

• [4음03-04] 이 성취기준은 생활 주변의 소리에 민감하게 반응하고 새로운 음악을 만들어 가며 즐길 수 있도록 하기 위해 설정하였다. 일상에서 경험할 수 있는 다양한 소리나 장면을 음악의 관점에서 탐색해 보고 이를 모방하여 노래, 악기 연주, 신체표현 등의 다양한 방법으로 나타내도록 한다. 학습자마다 산출해 낸 다양한 결과물을 서로 공유하

며 새로운 표현과 그 가능성을 즐기도록 하는 데 중점을 둔다.

(나) 성취기준 적용 시 고려 사항

• 소리와 음악의 새로운 표현을 탐구하고 즐기며 음악적 창의성을 기르도록 한다.
• 음악 요소 등 음악의 고유한 방식과 원리에 대한 이해를 바탕으로 한 음악적 표현을 통해 음악 창작 활동에 대한 자신감과 자기주도성의 토대를 형성하도록 한다.
• 자신의 느낌과 상상을 다양하게 탐구하여 즉흥 표현하기, 바꾸기, 모방하여 나타내기 등 간단한 수준의 여러 창작 활동들을 쉽고 재미있게 할 수 있도록 구성한다.
• 창작의 과정에 흥미를 느낄 수 있도록 자유롭고 수용적인 분위기를 조성하도록 한다.
• 학생의 관심과 음악적 수준에 따라 음악을 표기하는 다양한 방법 중 적절한 것을 선택하여 활용할 수 있도록 한다.
• 음악에 대한 흥미나 새로움을 즐기는 태도와 관련된 성취기준은 자신이 만든 음악을 신체나 악기 등으로 표현하기, 친구들과 공유하며 발전시키기, 창작 과정과 결과물에 관한 느낌 발표하기 등의 다양한 활동으로 나타낼 수 있다.
• 창작에서 평가는 결과물뿐만 아니라 창작 동기나 과정, 참여도를 종합적으로 살피도록 하며 체크리스트, 포트폴리오, 음악 창작 일지 등을 활용할 수 있다.

[초등학교 5~6학년]

(1) 연주

[6음01-01] 바른 주법과 표현 기법을 익혀 노래나 악기로 느낌을 담아 연주한다.
[6음01-02] 음악 요소를 살려 노래나 악기로 발표하고 과정을 돌아본다.
[6음01-03] 소리의 어울림을 생각하며 다양한 방법으로 함께 표현한다.
[6음01-04] 간단한 형태의 연주를 준비하여 생활 속 음악 활동에 참여한다.

(가) 성취기준 해설

• [6음01-02] 이 성취기준은 악곡에 드러난 음악의 다양한 요소를 익혀 노래나 악기 연주로 표현하는 기회를 가지도록 하기 위해 설정하였다. 여러 음악 요소에 대한 이해를 바

탕으로 노래나 악기 연주로 발표하고, 자신의 발표 과정을 스스로 돌아보면서 서로 평하는 데 중점을 둔다.

- [6음01-03] 이 성취기준은 함께하는 연주 활동을 통해 다양한 소리의 어울림을 경험하고 음악 표현의 재미를 느낄 수 있도록 하기 위해 설정하였다. 목소리, 악기, 신체, 물체, 매체 등을 활용한 다양한 소리와 그 어울림의 특징을 탐구하고, 이를 표현하기 위한 여러 방법을 탐색하도록 한다. 이 과정에서 다른 사람과 함께 활동함으로써 공동체 속에서 음악으로 소통하는 즐거움을 경험하도록 하는 데 중점을 둔다.

- [6음01-04] 이 성취기준은 학생들이 노래와 악기 연주 기능을 발휘하여 생활 속에서 음악 활동을 실천하는 태도를 기르도록 하기 위해 설정하였다. 가정 및 학교의 행사나 지역 축제 등 생활 속에서 음악이 필요한 상황을 생각하여 적절한 음악을 선택하고 학생들의 수준에 맞는 간단한 형태로 혼자 또는 여럿이 연주를 준비하도록 한다. 연주를 위한 준비과정과 발표에 참여함으로써 음악을 생활화하며 자기주도적으로 즐기는 태도를 기르도록 하는 데 중점을 둔다.

(나) 성취기준 적용 시 고려 사항

- 3~4학년에서 학습한 음악 요소, 주법과 표현 기법, 노래, 악기 연주 등에 관한 기초적인 내용을 포함하되, 5~6학년에서는 지식이나 기능의 개별 학습에 그치지 않고 협력적인 음악 연주 활동을 통해 소통하며 공동체 속에서의 민주 시민 의식을 기를 수 있도록 한다.

- 다양한 연주를 통해 자신과 타인의 느낌, 경험, 생각 등을 조화롭게 표현할 수 있음을 경험하고 협력적인 활동을 다양하게 수행하며 과정을 돌아봄으로써 연주의 즐거움을 느끼도록 한다.

- 노래와 악기 등의 연주를 위한 자세, 호흡, 발성, 악기 연주 방법 등의 주법과 표현 기법의 필요성을 인식하고, 소리의 원리와 특징에 따라 아름다운 소리로 연주할 수 있도록 한다.

- 악곡에 드러난 여러 음악 요소에 대한 이해를 바탕으로 노래나 악기 연주로 발표하고, 자신의 발표 과정에 관해 스스로 또는 동료들과 함께 이야기하도록 한다.

- 생활 속의 음악 활동 참여와 관련된 성취기준은 연주를 위한 준비와 발표 과정에서의 참여도를 평가 기준으로 삼아 자발적이고 주도적인 참여 태도, 실생활에서의 실천 의

지 등으로 평가할 수 있다. 이때 연습 일지나 체크리스트, 포트폴리오 등을 활용할 수 있다.

- 연주를 발표하거나 생활 속 활동에 참여하는 것을 평가할 때에는 녹음이나 녹화를 통해 연주 활동을 되돌아보고 자기 평가 또는 상호 평가 등 학생들의 평가 내용을 반영할 수 있다.

(2) 감상

[6음02–01] 음악을 듣고 음악의 요소를 감지하며 구별한다.
[6음02–02] 다양한 문화권의 음악을 듣고 음악적 특징과 음악의 간단한 구성을 인식한다.
[6음02–03] 다양한 종류의 음악을 듣고 음악의 배경과 활용을 설명한다.
[6음02–04] 생활 속에서 음악을 찾아 들으며 아름다움을 느끼고 공감한다.
[6음02–05] 우리나라 음악 문화유산을 찾아 듣고 국악의 가치를 인식한다.

(가) 성취기준 해설

- [6음02–01] 이 성취기준은 감상곡의 음악 요소를 감지하여 구별하고 반응하는 능력을 기르도록 하기 위해 설정하였다. 음악을 들으며 악곡에 나타나는 여러 음악 요소를 감지하여 구별하고, 이를 노래, 악기, 신체, 언어, 그림 등의 다양한 방법으로 표현해 보면서 이해하는 데 중점을 둔다.
- [6음02–02] 이 성취기준은 문화권에 따라 다양하게 나타나는 음악의 특징과 음악의 간단한 구성을 인식하도록 하기 위해 설정하였다. 우리나라를 비롯하여 여러 지역이나 나라의 다양한 음악을 듣고 음악의 간단한 구성과 전반적인 특징을 인식하여, 이를 평하기, 설명하기, 표현하기 등의 다양한 행동적 활동을 통해 나타내 보는 데 중점을 둔다.
- [6음02–03] 이 성취기준은 음악의 내적 측면과 외적 측면을 균형 있게 파악하는 능력을 기르도록 하기 위해 설정하였다. 다양한 음악의 쓰임과 배경을 이해하고 건강, 행사, 환경 등 학습자의 생활과 관련된 다양한 음악의 활용에 대하여 폭넓게 학습하여 이를 설명할 수 있도록 하는 데 중점을 둔다.
- [6음02–04] 이 성취기준은 생활 속에서 접하는 다양한 음악의 아름다움을 인식하고 공감하는 능력을 기르도록 하기 위해 설정하였다. 국악, 서양음악, 대중음악, 세계음악

등 생활 속에서 접할 수 있는 다양한 음악에 관심을 가지고 스스로 찾아 들으며, 음악에 대한 느낌을 여러 방식으로 표현할 수 있는 데 중점을 둔다.

• [6음02-05] 이 성취기준은 우리나라 음악 문화유산의 경험을 바탕으로 국악의 가치를 인식하도록 하기 위해 설정하였다. 무형문화재에 대한 이해를 바탕으로 시도 무형문화재, 국가 무형문화재로 지정된 음악 문화유산을 찾아 들어보고 음악적·문화적 의미를 이해하여 국악의 가치를 인식하는 데에 중점을 둔다.

(나) 성취기준 적용 시 고려 사항

• 3~4학년에서 학습한 음악 요소, 종류 등의 기초적인 내용을 포함하되, 5~6학년에서는 보다 전체적이고 조화로운 음악적 구성이나 느낌, 배경, 활용 등의 맥락을 이해함으로써 음악적 감성을 기르도록 한다.

• 건강, 행사, 기후·생태환경 변화 등 학습자의 생활과 관련된 다양한 음악의 활용과 연결 지어 감상함으로써 음악의 내적·외적 측면을 균형 있게 파악하고, 음악 감상을 생활화하는 태도를 형성할 수 있도록 구성한다.

• 음악의 요소, 특징, 구성을 구별하거나 인식, 혹은 음악에 대해 공감하는 것에 관한 성취기준은 노래, 악기, 신체, 언어, 그림 등으로 표현하기, 설명하기, 평하기 등의 다양한 활동을 통해 나타낼 수 있다.

• 다양한 문화권, 배경, 활용 등 음악을 둘러싼 맥락에 관한 부분은 관련된 타 교과의 성취기준과 연계하여 학습하고 평가할 수 있다.

• 감상에서 평가는 실음을 중심으로 악곡에 대한 이해뿐만 아니라 음악을 감상하는 태도를 포괄적으로 평가할 수 있도록 실음 지필 평가, 관찰 평가, 포트폴리오 및 보고서 등의 다양한 방법을 활용할 수 있다.

(3) 창작

[6음03-01] 느낌과 아이디어를 떠올려 여러 매체나 방법으로 자신감 있게 표현한다.

[6음03-02] 기초적인 기보를 활용하여 간단한 조건에 따라 악곡의 일부를 바꾼다.

[6음03-03] 음악의 요소를 활용하여 간단한 음악을 만든다.

[6음03-04] 생활 주변 상황이나 이야기를 활용하여 음악을 만들며 열린 태도를 갖는다.

(가) 성취기준 해설

- [6음03-01] 이 성취기준은 음악 창작의 소재로서 느낌과 아이디어를 발산해 내고 이를 음악으로 표현하며 음악적 상상력과 자신감을 기르도록 하기 위해 설정하였다. 자신의 경험과 관련된 다양한 느낌과 아이디어를 떠올려 그림, 기호, 언어 등을 활용하여 기록하고, 목소리, 악기, 물체, 신체, 디지털 매체 등을 통해 새롭게 표현해 보도록 하는 데 중점을 둔다.

- [6음03-02] 이 성취기준은 음악적 약속으로서 통용되는 기초 기보를 이해하고 이를 활용한 음악 창작 능력을 기르도록 하기 위해 설정하였다. 음이름, 계이름, 율명을 익히고 음악을 기록하는 오선보나 정간보 등의 기보 방법을 기초적 수준에서 이해하여 주어진 조건에 따라 노랫말, 말붙임새 등 악곡의 일부를 바꾸어 기보해 본다. 또한 이를 통한 느낌이나 생각을 공유하는 데 중점을 둔다.

- [6음03-03] 이 성취기준은 음악에서 음악 요소의 의미와 효과를 이해하고 이를 활용하여 음악을 창작하는 능력을 기르도록 하기 위해 설정하였다. 음악 요소의 특징이 드러나는 짧고 단순한 형태의 음악을 간단한 기보, 프로그램, 매체 등을 활용하여 스스로 혹은 협력적으로 만들며 서로의 음악적 산출물을 공유해 보는 데 중점을 둔다.

- [6음03-04] 이 성취기준은 학생들의 실제 생활과 경험을 토대로 음악 창작과 삶을 연계하여 음악에 대한 긍정적인 태도를 기르도록 하기 위해 설정하였다. 주변의 다양한 상황이나 이야기를 소재로 음악적 아이디어를 끌어내어 간단한 음악극이나 음악 영상 등으로 함께 만들어 나눔으로써 서로의 음악에 대한 열린 태도를 갖고 소통하는 데 중점을 둔다.

(나) 성취기준 적용 시 고려 사항

- 3~4학년에서의 자유로운 발상을 토대로, 5~6학년에서는 악기나 매체 등을 활용하여 떠올리며 표현하기, 바꾸거나 활용하여 만들기 등의 창작 활동을 통해 음악적 창의성을 기르도록 한다.
- 음악 창작의 소재로서 느낌과 아이디어를 자유롭게 발산해 내고 이를 음악으로 표현함으로써 음악적 자신감과 자기주도성의 토대를 형성하도록 한다.
- 음악 창작과 표현, 공유와 소통 과정에서 디지털 매체를 적절히 활용함으로써 디지털 기초소양을 기르도록 한다.

- 창작의 과정에 흥미와 긍정적 태도를 가질 수 있도록 자유롭고 수용적인 분위기를 조성하도록 한다.
- 음악에 대한 자신감이나 열린 태도와 관련된 성취기준은 학생들의 실제 생활을 토대로 자신의 경험 떠올리기, 관심 있는 대상에 관해 이야기하기, 음악 창작 활동에 관한 생각이나 느낌 발표하기 등의 다양한 활동으로 나타낼 수 있다.
- 창작에서 평가는 결과물뿐만 아니라 창작 동기와 과정, 참여도를 종합적으로 살피도록 하며 체크리스트, 포트폴리오, 음악 창작 일지, 보고서 등을 활용할 수 있다.

[중학교 1~3학년]

(1) 연주

[9음01-01] 다양한 주법과 표현 기법을 향상시켜 노래나 악기로 개성 있게 연주한다.
[9음01-02] 음악 요소와 음악적 특징을 살려 노래나 악기로 발표하고 평한다.
[9음01-03] 소리의 상호작용을 인식하고 매체를 활용하여 함께 표현한다.
[9음01-04] 생활 속 다양한 형태의 연주에 참여하고 전통과 현대의 연주 문화 다양성을 인식한다.

(가) 성취기준 해설

- [9음01-01] 이 성취기준은 노래 부르기와 악기 연주의 음악 표현 활동을 위한 기능을 보다 확장 및 향상시키기 위해 설정하였다. 목소리와 악기의 다양한 주법이나 국악, 서양음악, 대중음악, 세계음악 등 음악 고유의 표현 기법을 익히고 향상시켜 아름답고 풍부한 소리로 개성 있게 연주하도록 한다. 또한 자신의 연주 역량을 향상시키기 위하여 스스로 연습하고 그 과정을 주도적으로 관리하는 태도를 형성하는 데 중점을 둔다.
- [9음01-02] 이 성취기준은 악곡의 다양한 음악 요소와 음악적 특징을 파악하여 노래나 악기 연주 활동에 적용하도록 하기 위해 설정하였다. 악곡에서 드러나는 특성들을 살려 연주하고, 나아가 자신들의 연주 활동을 돌아보며 다양한 관점에서 서로 평해 봄으로써 공동체 속에서 음악으로 소통하는 데 중점을 둔다.
- [9음01-03] 이 성취기준은 다양한 양상으로 나타나는 소리의 상호작용을 이해하고 함께하는 음악 표현의 즐거움을 경험하도록 하기 위해 설정하였다. 목소리, 악기, 신체,

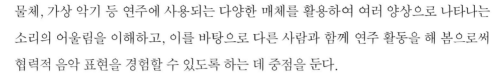

물체, 가상 악기 등 연주에 사용되는 다양한 매체를 활용하여 여러 양상으로 나타나는 소리의 어울림을 이해하고, 이를 바탕으로 다른 사람과 함께 연주 활동을 해 봄으로써 협력적 음악 표현을 경험할 수 있도록 하는 데 중점을 둔다.

- [9음01-04] 이 성취기준은 학생들이 생활 속 연주 활동에 주도적으로 참여하여 다양한 연주 문화를 인식하도록 하기 위하여 설정하였다. 학교, 마을, 지역의 행사나 축제에 온·오프라인 네트워크를 활용하여 다양한 형태의 연주를 계획하거나 참여할 수 있도록 한다. 이를 통해 국악, 서양음악, 대중음악, 세계음악 등 전통에서 현대까지 다양하게 변화·발전하는 연주 문화를 인식하고 생활 속에서 주도적으로 음악 활동에 참여하는 태도를 기르는 데 중점을 둔다.

(나) 성취기준 적용 시 고려 사항

- 음악 요소, 주법과 표현 기법 등 초등학교에서 학습한 내용을 포함하되, 중학교에서는 연주 기능 향상과 다양한 표현의 확장을 통해 느낌과 정서, 경험, 생각 등을 소리의 상호작용으로 풍부하게 표현하며 음악적 감성을 기르도록 한다.
- 연주 실력의 향상을 위하여 스스로 목표를 세워 연습하며 그 과정을 주도적으로 관리할 수 있도록 체크리스트, 연습 일지, 포트폴리오 등을 활용할 수 있다.
- 연주에 사용되는 다양한 매체를 활용하여 협력적으로 음악 표현 활동을 수행하도록 함으로써 공동체 속에서 음악으로 소통하고 함께하는 경험을 할 수 있도록 한다.
- 악곡에 대한 이해를 바탕으로 음악적 특징을 살려 노래나 악기 연주로 발표하고, 발표 과정에 대해 성찰하며 동료들과 함께 평가해 보도록 한다.
- 음악으로 협력하는 태도에 대한 성취기준은 수행 과정에 대한 관찰 기록표를 활용할 수 있으며, 교사의 평가뿐 아니라 상호 평가, 자기 평가 등 학생의 평가를 병행할 수 있다.
- 연주 문화 인식과 참여에 대한 성취기준은 다양한 연주 문화에 대해 조사 및 발표하기, 연주회나 콘서트를 관람하고 감상문 작성하기, 생활 속 축제나 행사 등에 연주로 참여할 수 있도록 연주 참여 계획서 작성하기, 연주 참여 후 소감문 작성하기 등의 다양한 활동으로 나타내도록 할 수 있다.

(2) 감상

> [9음02–01] 음악을 듣고 다양한 음악 요소에 집중하여 분석한다.
>
> [9음02–02] 다양한 시대와 문화권의 음악을 듣고 음악적 특징과 음악의 구성을 파악한다.
>
> [9음02–03] 다양한 시대 · 사회 · 문화권의 음악을 듣고 음악의 배경과 역할을 비교한다.
>
> [9음02–04] 생활 속에서 음악을 들으며 다양한 감성과 가치를 인식하고 존중한다.
>
> [9음02–05] 유네스코에 등재된 우리나라의 음악 문화유산을 찾아 듣고, 세계 속 국악의 위상과 문화
> 　　　　　적 가치를 인식한다.

(가) 성취기준 해설

- [9음02–01] 이 성취기준은 감상곡에 포함된 다양한 음악 요소 분석을 통해 악곡을 이해하는 능력을 함양하도록 하기 위해 설정하였다. 악곡 감상을 통해 음악 요소들이 음악으로 구현된 양상을 찾아내고 이를 여러 가지 방법으로 설명하거나 표현하도록 하는 데 중점을 둔다.

- [9음02–02] 이 성취기준은 감상곡의 음악 내적 특징과 악곡의 전반적인 구성을 인식하고 파악하는 능력을 기르도록 하기 위해 설정하였다. 다양한 종류의 음악을 듣고 시대별 · 문화권별 음악의 특징과 전반적 구성을 설명하거나 표현하는 데 중점을 둔다.

- [9음02–03] 이 성취기준은 다양한 시대, 사회, 문화권을 기반으로 한 음악의 외적 배경과 역할을 이해하여 음악 감상 활동과 연계하는 능력을 기르도록 하기 위해 설정하였다. 음악의 다양한 활용이나 배경을 시대 · 사회 · 문화적 맥락에서 조사하여 비교함으로써, 사회 · 문화 속에서 음악이 갖는 다양한 의미와 역할 등을 파악하는 데 중점을 둔다.

- [9음02–04] 이 성취기준은 생활 속 다양한 음악 감상 활동을 통해 음악적 감수성을 기르고 이를 내면화 · 가치화하는 태도를 형성하도록 하기 위해 설정하였다. 여러 매체를 활용하여 생활 속에서 음악을 찾아 들으며 다양한 느낌과 정서를 경험하고 이를 공유함으로써 음악에 대한 서로 다른 감성과 가치를 인식하고 존중하는 데 중점을 둔다.

- [9음02–05] 이 성취기준은 유네스코에 등재된 음악 문화유산을 찾아 들어보고, 세계 속 국악의 문화적 가치를 인식하도록 하기 위해 설정하였다. 유네스코 무형문화유산으로 등재된 국악을 경험하고 우리 전통문화의 고유성을 이해하며, 국악이 지닌 문화적 가치와 세계 속의 국악의 위상을 인식하도록 하는 데 중점을 둔다.

(나) 성취기준 적용 시 고려 사항

- 음악 요소, 음악의 종류와 특징 등 초등학교에서 학습한 내용을 포함하되, 중학교에서는 음악의 내 · 외적 측면을 연결지어 더욱 다양한 범위와 수준의 음악을 구별, 분석, 비교, 평가 등의 사고 과정을 통해 이해하고 경험하도록 함으로써 음악적 감성을 기르도록 한다.

- 다양한 음악을 비교 감상하며 악곡별 음악 요소가 나타내는 음악 양상의 차이를 파악하고, 다양한 시대별 · 문화권별 음악의 공통점과 차이점 등을 설명하거나 표현함으로써 음악적 이해의 폭을 넓히도록 구성한다.

- 시대 · 사회 · 문화적 맥락 속에서 음악을 감상하고 자신이 속한 공동체의 음악과 연계하여 비교하는 활동을 통해, 산업, 경제, 생태환경 등에서 나타나는 음악의 다양한 역할을 이해하며 음악의 내적 측면과 외적 측면을 연결지어 볼 수 있도록 구성한다.

- 각 음악이 갖는 고유한 느낌과 정서, 서로 다른 감성과 가치 등을 존중하면서, 여러 매체를 활용하여 생활 속에서 주도적으로 음악을 찾아 들으며 음악적 경험을 확장할 수 있도록 구성한다.

- 감상에서 평가는 실음을 중심으로 악곡에 대한 이해뿐만 아니라 음악을 감상하는 태도나 가치를 포괄적으로 평가할 수 있도록 실음 지필 평가, 관찰 평가, 토의 · 토론 평가, 포트폴리오 및 보고서 등의 다양한 방법을 활용할 수 있다.

(3) 창작

[9음03-01] 음악적 의도나 아이디어를 여러 매체나 방법에 적용하여 자기 주도적으로 창작한다.
[9음03-02] 오선보, 정간보 등의 기보법을 활용하여 조건에 따라 악곡의 일부를 바꾼다.
[9음03-03] 음악의 요소와 특징을 활용하여 간단한 형식의 음악을 만든다.
[9음03-04] 생활 속의 영역과 연계하여 음악을 만들고 활용하며 책임감을 갖는다.

(가) 성취기준 해설

- [9음03-01] 이 성취기준은 음악적 의도나 아이디어를 독창적으로 사고하고 자유롭게 발산하는 능력을 기르도록 하기 위해 설정하였다. 음악의 소재나 주제에 따라 아이디어를 떠올려 보고, 창작에 사용되는 다양한 매체를 활용하여 노래나 연주, 신체표현 등

자신이 표현하고자 하는 방식으로 나타낼 수 있도록 주도적으로 계획하고 창작하도록 하는 데 중점을 둔다.

- [9음03-02] 이 성취기준은 다양한 기보법에 대한 이해를 바탕으로 음악 창작 능력을 기르도록 하기 위해 설정하였다. 음악 표현과 소통을 위한 기보의 필요성을 인식하고, 오선보나 정간보 등 기존의 기보법과 앱이나 프로그램 등 다양한 소프트웨어를 활용하여 음악 요소나 주제 등의 조건에 따라 악곡의 일부를 변형하며 새롭게 만들어 보는 데 중점을 둔다.

- [9음03-03] 이 성취기준은 창작에 필요한 음악 요소를 활용하여 자신이 의도한 음악적 특징이 드러나도록 국악, 서양음악, 대중음악 등 간단한 형식의 음악으로 표현하는 능력을 기르도록 하기 위해 설정하였다. 혼자 또는 여럿이 창작 의도에 따라 음악 요소를 선택하고 구조화하여 간단한 형식의 음악을 만들어 공유함으로써 음악으로 소통하는 태도를 기르는 데 중점을 둔다.

- [9음03-04] 이 성취기준은 생활 속의 다양한 영역 및 타 교과와 연계하여 음악 산출물을 주체적으로 만들고 활용하며 창작과 관련된 윤리 의식과 책임감을 기르도록 하기 위해 설정하였다. 실생활과 관련된 음악 영상이나 음악극 등 여러 형태의 음악을 창작하고 활용하며 다양한 분야를 경험하도록 한다. 또한 음악 창작에서 저작권의 중요성과 필요성을 인식하여 자신과 타인의 음악 산출물에 대한 책임감 있는 태도를 형성함으로써 서로의 음악을 존중하고 소통하도록 하는 데 중점을 둔다.

(나) 성취기준 적용 시 고려 사항

- 음악 요소나 기보의 기초 등 초등학교에서의 학습한 내용을 포함하되, 중학교에서는 매체 등을 포함한 다양한 기보와 구성 방법을 익히고 자신의 의도와 아이디어를 적용하여 음악을 창작하도록 함으로써 음악적 창의성을 기르도록 한다.

- 창작에서 사용되는 다양한 매체를 활용하여 혼자 또는 여럿이 창작 의도에 따라 음악 요소를 선택하고 구조화하여 음악을 만드는 과정을 통해 디지털 소양을 함양하고, 그 결과를 공유하며 음악으로 소통하는 경험을 할 수 있도록 구성한다.

- 생활 속 음악의 쓰임과 효과를 이해하고, 안전, 건강, 인성, 환경, 생태전환 등을 포함한 다양한 주제에 따라 아이디어를 구상하여 주도적으로 음악을 만들거나 활용함으로써 창작의 주체로서 음악을 생활화할 수 있도록 구성한다.

- 타 교과나 생활 속에서 접할 수 있는 여러 영역을 활용 및 연계하여 음악 영상이나 음악 극 등의 활동을 경험하도록 하고, 이를 통해 진로 탐색의 기회를 갖도록 한다.
- 자기 주도적인 태도와 관련된 성취기준은 학생의 수업 참여도를 평가 기준으로 삼아 아이디어 구상, 창작 과정, 결과물 산출에 대한 창작의 모든 과정에서 포트폴리오, 체크 리스트, 창작 일지 등을 활용하여 평가할 수 있다.
- 책임감 인식과 관련된 성취기준은 저작권과 관련된 사례 조사하기, 저작권의 중요성과 필요성에 대해 토의·토론하기, 생활 속 저작권 존중 실천 방안 발표하기, 음악 산출물 의도 설명하기, 타인의 음악 산출물에 대해 평하기 등을 활용하여 평가할 수 있다.

※ 앞의 내용 체계 및 성취기준의 '음악 요소'는 다음 표와 같이 활용할 수 있다.

초등학교 3~4학년	초등학교 5~6학년	중학교 1~3학년
• 박, 박자 • 장단, 장단의 세 • 음의 길고 짧음 • 간단한 리듬꼴 • 장단꼴 • 말붙임새	• 박, 박자 • 장단, 장단의 세 • 여러 가지 리듬꼴 • 장단꼴 • 말붙임새	• 여러 가지 박자 • 장단, 장단의 세 • 여러 가지 박자의 리듬꼴 • 여러 가지 장단의 장단꼴 • 말붙임새
• 음의 높고 낮음 • 차례가기와 뛰어가기 • 시김새	• 음이름, 계이름, 율명 • 장음계, 단음계 • 여러 지역의 토리 • 시김새	 • 여러 가지 음계 • 여러 지역의 토리 • 여러 가지 시김새
• 소리의 어울림	• 주요 3화음 • 다양한 소리의 어울림	• 딸림7화음 • 다양한 소리의 어울림, 종지
• 형식(메기고 받는 형식, ab 등)	• 형식(긴자진 형식, 시조 형식, aba, AB 등)	• 형식(연음 형식, 한배에 따른 형식, 론도, ABA, 변주곡 등)
• 셈여림	• 셈여림의 변화	• 셈여림의 변화
• 빠르기/한배	• 빠르기의 변화/한배의 변화	• 빠르기의 변화/한배의 변화
• 목소리, 물체 소리, 타악기의 음색	• 관악기, 현악기의 음색	• 여러 가지 음색

3. 교수·학습 및 평가

가. 교수·학습

(1) 교수·학습의 방향

(가) 〈음악〉 과목의 교육과정에서 제시하는 성격과 목표, 내용 체계와 성취기준을 바탕으로 깊이 있는 학습이 유의미한 방식으로 경험될 수 있도록 하며, 학습자의 생활과 연계하여 감성 역량, 창의성 역량, 자기주도성 역량, 공동체 역량, 소통 역량을 함양할 수 있는 지도 방안을 수립하도록 한다.

(나) 〈음악〉 과목의 교수·학습은 다양한 음악 활동을 통해 음악의 아름다움을 체험하고, 영역별 지식·이해, 과정·기능, 가치·태도가 통합적으로 실생활 맥락에서 수행되도록 한다. 또한 〈음악〉 수업에 능동적으로 참여하여 음악적 이해가 실제적 활용으로 이어질 수 있도록 지도 방안을 마련한다.

(다) 〈음악〉 과목의 전체 구조와 맥락 속에서 핵심 아이디어를 중심으로 학습 내용 간 관계와 의미를 파악할 수 있도록 하고, 음악 학습 능력을 다양한 상황에 적용하여 주도적으로 문제를 해결할 수 있는 지도 방안을 고려하도록 한다.

[초등학교]

• 연주 영역에서는 교육적·예술적·문화적·실용적 가치를 고려한 다양한 악곡을 활용하여 학습자의 생활과 연계한 노래와 악기 연주에 즐겁게 참여하고 공동체와 소통할 수 있도록 구성한다.

• 감상 영역에서는 교육적·예술적·문화적·실용적 가치를 고려한 다양한 감상곡을 통해 음악을 듣고 반응함으로써 감성을 기를 수 있도록 구성한다.

• 창작 영역에서는 음악의 고유한 방식과 원리에 따라 자신의 느낌과 상상 등을 음악으로 새롭게 표현하고 음악에 대한 긍정적인 경험과 자신감을 가질 수 있도록 구성한다.

[중학교]

• 연주 영역에서는 교육적·예술적·실용적 가치뿐 아니라 역사적·문화적 가치를 함께 고려한 다양한 악곡을 활용하여 학습자의 생활과 연계한 노래와 악기 연주에 스스로 참여하고 공동체와 소통하며 연주하는 즐거움을 가질 수 있도록 구성한다.

• 감상 영역에서는 교육적·예술적·실용적 가치뿐 아니라 역사적·문화적 가치를 함께

고려한 다양한 감상곡을 통해 음악을 듣고 반응함으로써 음악의 다양한 특성을 알고 감성을 기를 수 있도록 구성한다.

- 창작 영역에서는 음악의 고유한 방식과 원리에 따라 자신의 느낌과 상상, 의도와 아이디어 등을 음악으로 새롭게 표현할 수 있음을 알고 음악에 대한 자기주도성과 창의성을 기를 수 있도록 구성한다.

(라) 학생들의 다양한 특성과 발달 수준을 고려하여 〈음악〉 과목에서의 학생 맞춤형 수업 혹은 개별화 수업 방안을 마련하며 수업 설계 과정이나 학습 자료와 학습 활동의 선택 과정 등에 학생들이 능동적으로 참여할 수 있는 기회를 제공한다. 또한 모든 음악 활동에서 서로 존중되는 분위기를 형성할 수 있도록 하며, 특히 배움이 느린 학습자, 다문화 학생, 특수 학생 등을 배려한다.

(마) 온·오프라인에서 음악 수업의 연속성을 감안하여 〈음악〉 과목의 교수·학습을 계획하도록 하며, 디지털 환경을 고려한 지도 전략을 세우고 디지털 기기와 미디어를 〈음악〉 교수·학습의 내용과 특성에 적합하게 활용하는 방안을 구성하도록 한다.

(바) 초등학교 1~2학년 통합 교과와 3~4학년 〈음악〉 과목의 연계, 초등학교와 중학교의 학교급 간 연계 등을 고려하여 지도 방안을 구성한다.

(사) 안전·건강, 인성, 진로, 민주 시민, 인권, 다문화, 통일, 독도, 경제·금융, 환경·지속가능발전 등의 범교과 학습 주제나 타 교과 및 영역과 연계하여 지도 방안을 구성할 때에는 음악과의 성격과 특성에 부합하도록 한다.

(아) 음악 관련 진로나 직업을 탐색하거나 체험할 수 있도록 연주, 감상, 창작 영역을 통합하여 진로연계교육 방안을 마련하도록 한다.

(자) 함께 참여하는 연주·감상 활동 시, 다수의 학생과 군중들이 밀집한 곳에서 질서를 유지하여 표현·관람 활동이 안전하게 진행될 수 있도록 안전 수칙 안내 등 지도·관리에 힘쓴다.

(2) 교수·학습 방법

(가) 〈음악〉 과목의 교육과정 성격과 목표 및 역량 함양에 가장 적합한 최신 교수·학습 유형과 방법을 선정하며, 원칙과 중점에 따라 내용 체계의 지식·이해, 과정·기능, 가치·태도를 종합적으로 아우를 수 있도록 한다. 또한 학습자 상황과 교수·학습 환경 등의 맥락에 맞추어 성취기준을 재구성할 수 있다.

실기 수업, 토의·토론 학습, 협동·협력 수업, 탐구 학습, 발견 학습, 프로젝트 학습, 문제 해결 학습, 스토리텔링 기반 학습, 사례 중심 학습, 역할놀이 학습, 블랜디드 학습, 거꾸로 학습, 이러닝, 스마트 러닝, 모바일 학습, 인공지능융합 학습 등

(나) 등교−원격 수업을 연계할 때 교수·학습 과정에서 음악적 소통과 협력 활동의 원활한 진행을 통해 음악 교사의 실재감을 충분히 느낄 수 있도록 하며, 디지털 플랫폼 활용 수업 전략 방안을 마련하고 온라인 환경에서의 음악 활동과 의견 공유로 학습의 폭이 확장될 수 있도록 한다.

(다) 〈음악〉 과목의 교수·학습은 실음을 중심으로 질 높은 음향이 구현될 수 있도록 하며 최신의 디지털 음악실 환경을 구축하고, 인공지능, 가상악기, 메타버스 등을 활용한 실감형 음악 학습 콘텐츠와 자료를 바탕으로 다양한 교수·학습이 실현될 수 있도록 한다.

(라) 학교급별 교수·학습 방법은 학생의 생활과 연계한 다양한 음악 활동을 중심으로 하되, 발달 단계와 흥미, 교육적 요구 등에 알맞은 제재와 교수·학습 자료를 적절히 활용하도록 함으로써 학습자 중심의 교수·학습이 이루어질 수 있도록 한다.

• 초등학교에서는 기초적인 음악 지식을 이해하여 노래나 악기 연주, 감상, 창작 등의 다양한 음악 활동에 즐겁게 참여하며 학생들이 다양한 음악에 대한 긍정적 경험을 가질 수 있도록 한다. 이를 위하여 학생의 수준과 교수·학습 환경을 고려한 다양한 접근법과 교수·학습 자료 및 악기를 적절히 활용하도록 한다.

• 중학교에서는 다양한 음악 개념과 지식에 대한 이해를 바탕으로 노래나 악기 연주, 감상, 창작 등의 음악 활동에 스스로 참여하며 자신감과 성취감을 느끼고 서로의 음악 활동에 공감할 수 있도록 한다. 음악의 특징을 탐구하고 생활 속 다양한 영역과 융합하며 창의적인 사고를 발휘하도록 다양한 교수·학습 활동과 환경을 구성한다.

(마) 연주, 감상, 창작의 각 영역별 교수·학습 방법은 성취기준 및 해설, 적용 시 고려사항에서 제시하는 내용에 중심을 두되, 각 영역을 연계하여 포괄적으로 지도하도록 한다. 또한 음악적 지식을 바탕으로 다양한 맥락이나 생활 속에서 음악을 체험하고 그 역할과 가치를 폭넓게 이해하여 내면화할 수 있도록 한다. 더불어 다양한 유형의

음악을 균형 있게 다루며, 타 교과와 예술, 범교과 학습 주제 등과의 연계를 고려하고 공동체와의 협업 활동을 통해 음악에 대한 안목을 형성할 수 있도록 한다.

- 연주 영역에서는 악곡의 특징을 파악하고 악기의 주법 및 노래의 기법 등을 익혀 연주하는 과정에 적극적으로 참여하고, 자신의 음악적 표현을 성찰하며 서로의 연주를 존중하는 태도를 기르도록 한다. 국악곡은 되도록 국악기로 반주하여 시김새, 장단 등의 음악 요소를 살려 노래하거나 연주할 수 있도록 한다.

- 감상 영역에서는 다양한 학습 자료를 활용하여 감상과 적극적인 반응을 촉진하고, 비평 및 분석을 통해 음악의 원리와 배경, 미적 특징 등을 발견하며 다양한 감상 활동에 참여하고 적용할 수 있는 능력을 키우도록 한다. 국악곡은 감상을 통해 음악의 쓰임, 가치, 역사·문화적 배경 등을 충분히 이해할 수 있도록 한다.

- 창작 영역에서는 자유롭고 수용적인 분위기 속에서 음악적 상상력을 창의적으로 발휘하여 다양한 매체를 활용한 여러 형태의 창작물을 만들고 표현함으로써 음악적 자신감과 주도성을 높일 수 있도록 한다. 국악 창작 활동은 시김새, 장단 등의 음악 요소를 드러낼 수 있는 기보법(가락선 악보, 정간보, 구음보 등)을 활용하고, 그 결과를 국악의 창법을 살려 노래하거나 국악기로 표현할 수 있도록 한다.

(바) 다양한 음악 행사 참여와 관련된 교수·학습에서는 공연의 목적, 장소, 규모, 환경 등을 고려하여 질서 유지 및 안전 수칙을 사전에 지도할 수 있도록 한다.

나. 평가

(1) 평가의 방향

(가) 〈음악〉 과목 교육과정에서 제시하는 성격과 특성에 기반하여 깊이 있는 학습을 통한 역량 함양 평가 방안을 마련하며, 목표·내용 체계·성취기준을 근거로 역량과 내용을 균형 있게 반영하여 학습자의 성취도와 학습의 수행 과정을 평가할 수 있도록 한다.

(나) 〈음악〉 과목의 평가는 학습의 과정에 통합하여 실시하고 성취기준을 평가 준거로 하여 지속적인 평가가 이루어질 수 있도록 하며, 평가의 공정성, 타당성, 신뢰성을 확보할 수 있도록 수행 주체와 과정을 직접 관찰하고 확인한다.

(다) 〈음악〉 과목 교육과정에서 제시하는 성취기준에 기반한 내용 체계와의 관련성을 고

려하여 학생의 지식·이해, 과정·기능, 가치·태도를 통합적으로 평가하며 이를 통해 학생의 음악적 성장과 발달을 촉진하고 음악 역량의 향상을 추구하도록 한다.

(라) 학생을 평가 과정에 포함하여 평가의 주체로서 자신의 음악 학습을 성찰할 수 있는 기회를 제공하며, 학습 과정이나 상황을 면밀히 파악하고 적절한 피드백을 제공하여 학습한 내용의 의미를 재확인할 수 있도록 한다.

(마) 학생의 다양한 특성과 발달을 고려하여 음악적 수준을 진단하고 파악한 후 평가 문항 혹은 평가 과제를 개발한다. 특히 배움이 느린 학습자, 다문화 학생, 특수 학생 등을 배려하고 개별 맞춤형 피드백을 강화하며, 일정 기간 학습을 마친 후 이루어지는 평가에서는 음악 학습 내용을 새로운 상황과 맥락에 적용할 수 있는 수행 능력에 관한 평가를 실시하도록 한다.

(바) 온·오프라인을 연계한 교수·학습 과정에서는 디지털 교육 환경에서의 내용과 특성에 적합한 평가 계획을 세우고, 디지털 도구 활용, 온라인 평가 결과물 보관 등 다양한 평가 상황에 따른 방안을 마련하도록 한다.

(사) 평가 결과는 교수·학습에 환류하여 수업 계획과 방법, 자료 등 음악 수업을 개선하는 데 활용하며, 학생의 음악적 역량 함양을 도모하는 데 반영될 수 있도록 한다.

(2) 평가 방법

(가) 〈음악〉 과목의 평가 목적에 따라 성취기준을 확인하고 연주, 감상, 창작 영역의 특성에 적합한 평가의 적용 방법을 구상하여 평가 방법을 선정하며 다양한 역량을 균형 있게 평가하도록 한다. 그리고 지식·이해, 과정·기능, 가치·태도의 내용 체계를 근거로 성취기준을 재구성하여 평가할 수 있다.

> 실기 평가, 관찰 평가, 실음 지필 평가, 서·논술형 평가, 보고서 평가, 구술 평가, 면담 평가, 자기 평가, 동료 평가, 포트폴리오 평가, 프로젝트 평가, 토의·토론 평가, 온라인 평가 등

(나) 학생의 음악적 성장과 발달을 지원할 수 있도록 긴밀한 평가 내용과 단계를 계획하며, 사전 진단을 포함하여 학습의 과정 및 결과를 평가할 수 있는 방법을 다양하게 활용하여 과정 중심 평가가 실행되도록 한다.

(다) 평가는 〈음악〉 과목에서 학습한 내용을 바탕으로 수업 과정이나 적절한 시기에 실시하며 학습 과정에서 관찰된 행동이나 태도의 변화 등도 반영하도록 한다.

(라) 원격 수업에서의 온라인 평가는 디지털 학습 환경을 고려하고 음악 공학적 도구 및 디지털 도구를 활용한 평가 전략을 구축하여 실시하며, 비대면 교수·학습 과정에서도 자기 평가와 동료 평가를 적절히 포함하여 학생 참여와 상호작용이 이루어질 수 있도록 한다.

(마) 연주, 감상, 창작의 각 영역별 평가 방법은 성취기준 및 해설, 적용 시 고려사항에서 제시하는 내용을 기반으로, 각 영역을 연계·통합하여 역량 함양 평가 방안이 마련될 수 있도록 한다.

- 연주 영역에서는 실기 평가, 관찰 평가, 포트폴리오 평가, 자기 평가, 동료 평가, 온라인 평가 등 다양한 유형의 방법을 적절히 활용하여 노래 부르기, 악기 연주하기 등의 활동에 지식·이해, 과정·기능, 가치·태도를 골고루 반영한 역량 함양 평가가 될 수 있도록 한다.

- 감상 영역에서는 실음 지필 평가, 보고서 평가, 포트폴리오 평가, 토의·토론 평가, 자기 평가, 동료 평가, 온라인 평가 등 다양한 유형의 방법을 적절히 활용하여 음악에 관한 포괄적 이해 정도와 반응 과정, 음악에 대한 내면화 등을 균형 있게 반영한 역량 함양 평가가 될 수 있도록 한다.

- 창작 영역에서는 실기 평가, 관찰 평가, 프로젝트 평가, 자기 평가, 동료 평가, 디지털 기반 평가 등 다양한 유형의 방법을 적절히 활용하여 음악 만들기, 매체 적용 창작 활동 등에 필수적인 지식·이해와 참여 과정, 주도적 소통의 정도를 종합적으로 반영한 역량 함양 평가가 될 수 있도록 한다.

(바) 학생이 잘하는 점과 보완해야 할 점을 세심하게 파악하여 학생과 학부모에게 목표 도달 여부와 유의미한 향상을 구체적으로 안내하도록 하며 이를 토대로 학습을 개선하고 음악적 성장의 기회로 삼을 수 있도록 한다.

선택 중심 교육과정

교육과정 설계의 개요

고등학교 선택 과목들은 총론의 인간상 및 핵심 역량을 반영하면서 공통 교육과정의 〈음악〉 과목을 연계 및 확장하여 설계된다. 먼저 일반 선택 과목인 〈음악〉은 음악교과 역량(목표), 영역, 핵심 아이디어 및 내용 체계를 초등학교·중학교 〈음악〉과 동일하게 유지한다. 다만 고등학교에서는 변화, 적용, 연계, 향유, 소통, 성찰 등의 관점이 더욱 강조된다. 그리고 〈음악〉 과목은 주요 영역 및 내용과 방법 측면에서 〈음악 연주와 창작〉과 〈음악 감상과 비평〉의 진로 선택 과목, 〈음악과 미디어〉의 융합 선택 과목으로 각각 세분화 및 확장된다(다음 [그림 3]).

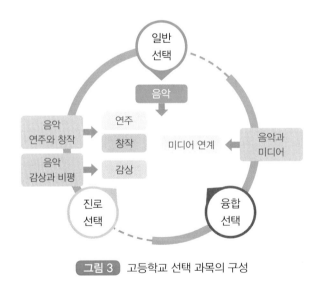

그림 3 고등학교 선택 과목의 구성

〈음악〉 과목을 제외한 그 외 선택 과목은 세분화 및 심화된 내용이기 때문에, 과목별 역량(목표)은 감성, 창의성, 자기 주도성, 공동체, 소통을 기반으로 하되 과목별 특성에 따라 선택적으로 통합·세분화하여 설정된다. 영역 역시 기존의 연주, 감상, 창작 영역의 개별 활동을 넘어 통합 및 확장하여 공동체에서의 실천이 더욱 드러나도록 설계되고, 핵심 아이디어도 초·중·고 모든 음악교과 내용의 중추적 얼개인 그 기본은 유지하되 과목별 특성에 따라 강조를 달리하며 심화하여 진술된다.

　보통 교과의 진로 선택 및 융합 선택 과목의 영역은 음악을 연주하고, 듣고, 만드는 통합적 음악 활동을 기반으로 이를 '삶 속 여러 분야'에 적용·확장한다는 관점에서 구성된다. 핵심 아이디어는 ① 원리, ② 맥락, ③ 활용을 동일한 근간으로 하되, 초점을 좁혀 세분화된 과목이라는 점에서 영역별 두 가지 진술문으로 심화 및 축소된다. 이어서 '지식·이해' '과정·기능' '가치·태도'는 일반 선택 과목과 유사한 맥락에서 제시되지만, 각 과목별로 다음 〈표 2〉와 같은 관점이 부각되도록 설계하였다.

표 2 　진로 및 융합 선택 과목의 구성 방향

총론	심미적 감성, 창의적 사고, 자기관리, 지식정보처리, 공동체, 협력적 소통 역량		
↓			
성격/목표 (역량)	'감성' '창의성' '자기주도성'을 발휘하여 음악 활동을 하며 삶 속 '공동체' 내에서 '소통'한다.		
↓			
영역/내용	과목명	영역 1 (자체, 경험, 이해)	영역 2 (연계, 활용, 확장)
	음악 연주와 창작	연주·창작 등 다양한 음악 활동 자체 경험	사회문화적 맥락 속 연주·창작 활동 실제, 적용, 협업
	음악 감상과 비평	감상 자체 경험, 음악 자체의 미적·문화적 가치	감상과 타 영역 간 연계, 사회·산업·활용·연계적 가치
	음악과 미디어	음악에서의 미디어 탐구, 경험, 이해	음악에서의 미디어 활용, 연계·확장, 상호작용
↓			
핵심 아이디어	① 원리	② 맥락	③ 활용
	음악 자체의 고유 원리·개념·특성	다양한 사회문화적 맥락·배경	생활 속 음악 참여·활용·연계

한편 학점 기반 교육과정 운영에 따라 학생의 과목 선택권 확보 차원에서 학교는 음악에 대한 전문 교육을 위한 예술 계열 선택 과목도 함께 개설할 수 있다. 예술 계열 선택 과목은 음악 과목에서 강조되어온 역량과 핵심 아이디어를 유지하되 하위 특성을 다음 〈표 3〉과 같이 음악 내적 관점으로 더욱 세분화하여 음악 분야별 심화 학습이 실행될 수 있도록 설계하였다. 예술 계열 진로 선택 과목의 영역은 다음 표와 같은 방향에 따라 '전문적인' 음악 내용·활동을 기반으로 이를 '실제 음악'에 적용·확장·실천하는 것에 중점을 두어 설정된다. 그리고 예술 계열 융합 선택 과목은 사회문화적 맥락에서의 음악적 '이해'를 기반으로 '삶 속 여러 분야'에서 교류 및 소통한다는 관점에서 구성된다.

앞의 예술 계열 과목들은 '예술 계열 선택 과목 교육과정'에서 확인할 수 있다.

표 3 예술 계열 진로 및 융합 선택 과목의 구성 방향

진로 선택	음악 이론: 분석력, 문제 해결력	음악사: 통찰력, 내면화/성찰	시창·청음: 감식력, 문해력
	음악 전공 실기: 연주력/표현력, 독창성	합창·합주: 협력, 연주력/표현력	음악 공연 실습: 포용력, 융합력
융합 선택	음악과 문화: 문화적 탐구, 상호문화적 소통		

미를 지니는 음악을 포괄적이며 효율적으로 경험하도록 함으로써 학생의 음악적 발달을 이끌어 살아가는 데에 필요한 미래 역량을 풍부하게 길러 주는 교과이다. 무엇보다 삶 속에서 주체적인 음악 활동을 하며 음악을 생활화하고, 다양한 분야와 연계한 창의적인 음악 활동을 통해 다른 사람과 소통하는 전인적 성장을 촉진하는 교과이다.

이런 점에서 고등학교 〈음악〉 과목은 초등학교 · 중학교 〈음악〉 과목의 연속선상에서, 연주, 감상, 창작 등의 음악 활동을 종합하고 보다 다양화하여 감성 역량, 창의성 역량, 자기주도성 역량, 공동체 역량, 소통 역량 등을 함양시키고, 이를 기반으로 음악 활동의 실천성과 적용성을 높이도록 구성한다. 또한 음악의 다양한 지식, 기능, 태도, 가치를 음악 및 음악 밖의 여러 영역과 연계 융합하고 음악에 대한 판단력과 정체성을 확립하여 공동체의 주체적 음악 향유자로 책임감을 지닌 성숙한 인간이 되도록 하는 데에 중점을 둔다.

나. 목표

고등학교 〈음악〉 과목은 음악의 핵심적 지식 · 이해, 과정 · 기능, 가치 · 태도를 포괄하는 다양하고 심화된 음악 활동을 통하여 감성, 창의성, 자기주도성을 기르고, 삶 속 다양한 공동체 안에서 미래 지향적으로 소통할 수 있는 인간 육성을 목표로 한다.

가. 음악의 아름다움과 다양한 가치를 이해하고 공감하며, 정서적 안정과 행복을 느낄 수 있는 풍부한 감성을 기른다.

나. 음악을 창의적으로 표현하고 음악과 관련한 다양한 과제를 해결하며, 다른 분야와 연계하여 융합할 수 있는 창의성을 기른다.

다. 평생의 삶 속에서 다양한 음악 및 문화 현상에 대해 스스로 판단하고 참여할 수 있는 자기주도성을 기른다.

라. 협력적 음악 활동을 통해 서로 다른 음악 표현을 존중하고, 사회적 · 문화적 · 환경적으로 상호작용하며 소통한다.

마. 다양한 음악 문화를 이해하고 포용하며, 음악의 역할과 활용을 인식하여 미래 사회의 공동체 발전에 기여한다.

2. 내용 체계 및 성취기준

가. 내용 체계

(1) 연주

핵심 아이디어	• 음악은 고유한 방식과 원리에 따라 인간의 정서, 사고, 가치를 다양한 소리의 상호작용으로 표현한 것이다. • 개인적 혹은 협력적 음악 연주는 인간의 감수성 · 정체성과 사회 · 문화 · 시대적 맥락에 따라 다양한 행위 과정으로 나타난다. • 인간은 생활 속에서 다양한 음악 매체와 표현 방법을 적용 및 확장하여 함께 실천하고 소통한다.		
범주 구분	내용 요소		
[지식 · 이해]	• 다양한 연주 형태의 음악 • 다양한 매체의 음악	• 음악 요소와 음악적 특징의 변화 • 다양한 주법과 표현 기법	• 소리의 상호작용 • 연주 상황과 맥락
[과정 · 기능]	• 노래와 악기 연주 심화하기	• 적용하여 표현하기	• 발표하고 비평하기
[가치 · 태도]	• 음악으로 소통하는 태도	• 다양한 연주 문화 존중과 실천	

(2) 감상

핵심 아이디어	• 음악은 고유한 방식과 원리에 따라 다양한 속성과 가치를 청각적 형태로 구현한 것이다. • 음악적 수용과 반응은 인간의 감수성 · 정체성과 사회 · 문화 · 시대적 맥락에 따라 다양하게 나타난다. • 인간은 생활 속에서 다양한 음악 경험을 통해 미적 · 문화적 가치와 의미에 공감하며 향유한다.		
범주 구분	내용 요소		
[지식 · 이해]	• 다양한 시대 · 사회 · 문화권의 음악	• 다양한 음악 요소와 원리의 변화 • 다양한 음악적 특징과 음악 구성의 변화	• 감성, 정체성 • 맥락, 기능, 기여
[과정 · 기능]	• 인지하며 듣기	• 분석하고 해석하기	• 관점을 가지고 비평하기
[가치 · 태도]	• 음악을 향유하는 태도	• 음악의 다양한 가치 내면화	• 국악을 계승 · 발전시키려는 태도

(3) 창작

핵심 아이디어	• 음악은 고유한 방식과 원리에 따라 인간의 창의적 발상과 의도를 탐구하여 체계적으로 만들어 낸 것이다. • 개인적 혹은 협력적 음악 창작은 인간의 감수성·정체성과 사회·문화·시대적 맥락에 따라 다양한 과정과 결과물로 나타난다. • 인간은 생활 속에서 다양한 방법을 융합하여 독창적으로 음악을 구성하고 문화 발전에 기여한다.		
범주＼구분	내용 요소		
[지식·이해]	• 다양한 형식의 음악	• 음악 요소와 음악적 특징의 변화 • 다양한 기보법(오선보, 정간보 등), 음악 매체	• 의도, 아이디어 • 창작에서의 맥락
[과정·기능]	• 적용하여 창작하기	• 주제에 맞게 변화시키기	• 융합하여 만들기
[가치·태도]	• 음악으로 성찰하는 태도	• 저작권, 음악의 역할과 기여 인식	

나. 성취기준

(1) 연주

[12음01-01] 다양한 주법과 표현 기법을 심화시켜 노래나 악기로 개성 있게 연주한다.

[12음01-02] 음악 요소와 음악적 특징의 변화를 살려 노래나 악기로 발표하고 비평한다.

[12음01-03] 소리의 상호작용을 인식하고 다양한 매체를 적용하여 표현하며 연주로 소통한다.

[12음01-04] 다양한 상황과 맥락을 고려하여 연주를 생활 속에서 실천하며 서로 다른 연주 문화를 존중한다.

(가) 성취기준 해설

• [12음01-01] 이 성취기준은 노래나 악기 연주하기의 음악 표현 활동을 위한 기능을 보다 심화시키기 위해 설정하였다. 목소리와 악기의 다양한 주법이나 국악, 서양음악, 대중음악, 세계음악 등 음악 고유의 표현 기법을 심화시키고, 나아가 자신의 표현을 살려 개성 있게 연주하도록 한다. 또한 자신의 연주를 심화하기 위하여 스스로 연습하고 그 과정을 주도적으로 관리하는 태도를 형성하는 데 중점을 둔다.

- [12음01−02] 이 성취기준은 악곡의 다양한 음악 요소와 음악적 특징의 변화를 파악하여 노래나 악기 연주 활동에 적용하도록 하기 위해 설정하였다. 다양한 시대와 문화권의 악곡에서 드러나는 특성들을 살려 연주하고, 나아가 자신들의 연주 활동을 다양한 관점에서 함께 분석 및 비평하며 음악적 표현력과 소통하는 태도를 기르는 데 중점을 둔다.

- [12음01−03] 이 성취기준은 다양한 양상으로 나타나는 소리의 상호작용을 인식하여 연주로 표현함으로써 음악으로 소통하도록 하기 위해 설정하였다. 목소리, 악기, 신체, 물체, 가상 악기 등을 통해 나타나는 소리들의 상호작용을 인식하고, 연주에 사용되는 다양한 매체로 연주하도록 한다. 이를 통해 공동체 속에서 음악으로 협력하는 태도를 기르는 데 중점을 둔다.

- [12음01−04] 이 성취기준은 생활 속 다양한 연주 활동에 주도적으로 참여하며, 서로 다른 연주 문화를 비교 경험하고 존중하는 태도를 기르도록 하기 위해 설정하였다. 학교, 마을, 지역의 행사나 축제에 온・오프라인의 네트워크 형태로 참여하며 연주를 계획하거나 실천함으로써 다양한 연주 문화를 존중하도록 한다. 나아가 평생의 삶에서 공동체 발전을 위해 여러 상황과 문제에 관심을 가지고 연주 활동을 실천하는 태도를 기르도록 하는 데 중점을 둔다.

(나) 성취기준 적용 시 고려 사항

- 음악 요소와 특징, 다양한 연주 형태의 음악 등 중학교에서 학습한 내용을 포함하되, 고등학교에서는 이를 더욱 적용 및 심화하여 다양한 매체, 음악 요소의 변화 등을 통한 음악의 다채로운 표현 가능성을 경험하도록 한다. 이를 통해 느낌, 정서, 사고, 의미, 가치 등을 다양한 맥락에서 소리의 상호작용으로 표현함으로써 음악적 감성과 창의성을 기르도록 한다.

- 다양한 시대와 문화권의 악곡에서 드러나는 특성을 살려 연주하고, 나아가 자신의 연주 활동을 다양한 관점에서 분석・비평하며 음악적 표현력과 소통하는 태도를 기르도록 한다.

- 개인적 혹은 협력적 음악 표현이 감수성과 정체성, 맥락 등에 따라 서로 다른 연주 문화로 나타날 수 있음을 이해하고, 시대・문화권별 다양한 형태와 매체의 연주를 실천하며 음악적으로 폭넓게 소통할 수 있도록 구성한다.

- 진로연계교육 운영을 염두에 두고 생활 속에서 스스로 연주 활동에 참여하기, 다양한 음악 산업 속에서 활용되는 음악 탐색하기, 음악가로서의 활동 경험하기 등 학생의 적성에 맞는 활동을 선택적으로 제시하여 연주와 관련된 진로를 직·간접적으로 경험할 수 있도록 구성한다.
- 평생의 삶에서 공동체 발전을 위해 기후나 생태 환경, 인권, 다문화, 안전, 건강 등 여러 상황과 문제에 관심을 가지고 관련된 연주 활동에 참여하며 민주 시민 의식을 함양하도록 구성한다.
- 연주력과 표현력을 심화하기 위하여 스스로 연습하고 그 과정을 주도적으로 관리하는 태도를 형성하도록 성찰 일지, 포트폴리오, 체크리스트 등을 활용할 수 있다.
- 연주 문화 존중과 실천에 대한 성취기준은 조사 및 발표하기, 연주 참여 계획서 및 연주 참여 후 소감문 작성하기 등의 다양한 활동으로 나타내 보도록 할 수 있다.

(2) 감상

[12음02-01] 음악을 듣고 다양한 음악 요소와 원리를 인지하며 분석한다.

[12음02-02] 다양한 시대·사회·문화권의 음악을 듣고 음악적 특징과 구성의 변화를 해석한다.

[12음02-03] 다양한 시대·사회·문화권의 음악을 듣고 맥락, 기능, 기여의 관점에서 비평한다.

[12음02-04] 생활 속에서 음악을 들으며 감성, 정체성, 가치를 내면화하고 향유한다.

[12음02-05] 시대별 국악을 듣고 비평하며, 국악을 계승·발전시키려는 태도를 갖는다.

(가) 성취기준 해설

- [12음02-01] 이 성취기준은 감상곡에 적용된 다양한 음악 요소와 원리를 파악하고 분석하는 능력을 기르도록 하기 위해 설정하였다. 다양한 음악을 들으며 음악을 구성하고 있는 요소와 원리에 대한 이해를 바탕으로 음악적 변화와 표현을 감지하고 분석하도록 하는 데 중점을 둔다.
- [12음02-02] 이 성취기준은 시대, 사회, 문화권별 다양한 음악의 특성을 알아보며 음악 구성의 변화 양상을 이해하는 능력을 기르도록 하기 위해 설정하였다. 전통과 현대를 아우르는 다양한 시대, 사회, 문화권의 음악을 듣고, 서로 다른 음악적 특징과 전체적인 구성을 파악하여 해석하는 데 중점을 둔다.

- [12음02-03] 이 성취기준은 다양한 시대, 사회, 문화권 등에서 형성되어 온 음악의 의미와 가치를 맥락과 연계하여 폭넓게 이해하는 능력을 기르도록 하기 위해 설정하였다. 시대, 사회, 문화권에 따라 달라지는 음악의 맥락을 이해하면서 다양한 음악을 듣고 미적·문화적·사회적 의미와 기여에 대해 이해하며 비평한다. 이로써 음악의 내적 측면과 외적 맥락을 종합적으로 학습하고, 나아가 산업, 경제, 생태환경 등 미래 삶의 다양한 관점에서 그 음악의 기여와 공헌을 생각해 보도록 하는 데 중점을 둔다.
- [12음02-04] 이 성취기준은 음악 감상을 통해 다양한 감성을 경험하고 가치를 인식하며 음악을 실생활에서 향유하는 태도를 기르도록 하기 위해 설정하였다. 주도적으로 음악을 찾아 들으며 자신의 음악적 정체성과 가치를 내면화하고, 평생의 삶에 걸쳐 다양한 관점에서 음악을 향유할 수 있는 태도를 기르도록 하는 데 중점을 둔다.
- [12음02-05] 이 성취기준은 다양한 국악 감상을 통해 국악을 계승·발전시킬 수 있는 태도를 형성하도록 하기 위해 설정하였다. 다양한 시대의 국악을 듣고 전통부터 현대에 이르기까지 국악이 변화되어 온 양상을 살펴보고 비평하며, 전통 국악뿐만 아니라 현대에 창작된 국악에 대해 폭넓게 관심을 가지도록 한다. 생활 속에서 국악을 향유하는 방안을 모색하여 실천하고, 이를 통해 국악을 지속적으로 계승·발전시킬 수 있는 태도를 함양하는 데 중점을 둔다.

(나) 성취기준 적용 시 고려 사항

- 음악 요소와 구성, 다양한 시대·사회·문화권의 음악 등 중학교에서 학습한 내용을 포함하되, 고등학교에서는 과거–현재–미래의 음악을 연결할 수 있는 음악의 구성, 특징, 원리와 그 변화를 분석하고, 맥락, 의미, 기여에 대해 두루 이해할 수 있도록 심화하여 음악적 감성과 창의성을 기르도록 구성한다.
- 우리나라와 세계 여러 나라의 전통과 현대를 바탕으로 한 다양한 시대, 사회, 문화권의 음악을 듣고 서로 다른 특징과 변화 양상을 파악하며 음악적 다양성을 포용하고 민주시민으로서 음악을 폭넓게 향유할 수 있도록 구성한다.
- 안전, 건강, 인성, 진로, 인권, 다문화, 통일, 독도, 경제·금융, 환경과 생태교육, 지속가능 발전 등 사회의 다양한 주제와 연계된 음악을 감상함으로써 음악의 사회적 역할과 기여에 대해 인식하고 그 내용에 대해 성찰하도록 구성한다.
- 진로연계교육 운영을 염두에 두고 생활 속에서 좋아하는 악곡을 다양한 방식으로 감상

하기, 주변 상황이나 음악 산업 속에서 활용되는 음악 감상하고 비평하기, 소리나 음향과 관련된 다양한 진로 탐색하기 등 학생의 적성에 맞는 활동을 선택적으로 제시하여 감상과 관련된 진로를 직 · 간접적으로 경험하도록 구성한다.

- 디지털 기반의 현대 음악 작품을 감상하거나 다양한 디지털 매체를 활용하여 음악을 감상함으로써 디지털 문해력 교육과 연계하도록 한다.
- 음악적 정체성과 가치를 내면화하거나 주도적으로 음악을 향유하는 태도와 관련된 성취기준은 비평문 쓰기, 포트폴리오, 나만의 음악 목록 작성하기 등의 방법을 활용할 수 있다.

(3) 창작

[12음03-01] 다양한 맥락과 연계되는 음악적 의도나 아이디어를 여러 매체나 방법에 적용하여 창작하고 성찰한다.

[12음03-02] 오선보, 정간보 등의 다양한 기보법을 활용하여 주제에 맞게 악곡을 변화시킨다.

[12음03-03] 음악 요소와 음악적 특징의 변화를 활용하여 다양한 형식의 음악을 만든다.

[12음03-04] 생활 속에서 여러 영역과 융합한 음악을 만들며, 저작권의 중요성 및 음악의 역할과 기여에 대하여 인식한다.

(가) 성취기준 해설

- [12음03-01] 이 성취기준은 다양한 맥락과 연결 지어 새로운 음악적 의도나 아이디어를 자유롭게 발산할 수 있는 능력을 기르도록 하기 위해 설정하였다. 창작에 사용되는 다양한 매체를 활용하여 음악을 둘러싼 다양한 사회 · 문화 · 시대적 맥락을 바탕으로 자신의 의도에 따라 주도적으로 음악을 구성하고 성찰해 보도록 하는 데 중점을 둔다.
- [12음03-02] 이 성취기준은 다양한 기보법에 대한 이해와 실제를 바탕으로 음악을 변화시킬 수 있는 능력을 기르도록 하기 위해 설정하였다. 오선보나 정간보 등 기존의 기보법과 사보 · 작곡 · 연주 · 음향 편집 관련 소프트웨어, 음향적 변화나 효과 관련 기기 등을 다양하게 활용하여 음악을 창의적으로 변화시키는 방법을 이해하고, 주어진 주제에 맞게 편곡하는 데 중점을 둔다.
- [12음03-03] 이 성취기준은 창작에 필요한 음악 요소를 다양하게 변화시켜 자신이 의

도한 음악적 특징이 드러나도록 여러 가지 형식의 음악을 창의적으로 만드는 능력을 기르도록 하기 위해 설정하였다. 혼자 또는 여럿이 창작 의도에 따라 음악 요소를 선택하고 다양한 악곡의 형식으로 구조화하여 음악을 만들어 공유함으로써 음악으로 소통하고 가치화하는 태도를 기르는 데 중점을 둔다.

- [12음03-04] 이 성취기준은 예술, 체육, 인문, 과학 등 생활 속 여러 영역과 융합한 음악을 창작할 수 있는 능력과 창작자로서의 자질을 기르도록 하기 위해 설정하였다. 음악 창작을 중심으로 자신의 진로와 연관 지어 여러 영역과의 융합적 가능성을 탐색하고 이를 적용하여 음악극이나 음악 영상 등을 만들며 창작의 주체로 활동하도록 한다. 이 과정에서 저작권의 중요성과 사회 내에서 음악 창작이 갖는 역할과 기여에 대해 인식하며, 민주시민으로서 책임감 있는 태도를 기르는 데 중점을 둔다.

(나) 성취기준 적용 시 고려 사항

- 음악 요소와 특징, 형식과 매체, 기보 방법 등에 대한 이해를 바탕으로 다양하고 자유롭게 발산할 수 있는 음악적 창의성과 자기주도성을 기르도록 한다.
- 음악을 함께 만들어 공유하는 과정에서 민주시민으로서의 책임감과 윤리의식을 갖도록 하며, 공동체 안에서 음악으로 소통하는 경험을 할 수 있도록 구성한다.
- 기후, 생태환경, 지속가능발전, 인권, 다문화, 안전, 건강, 인성, 진로 등 사회의 다양한 주제와 관련된 정서와 아이디어를 음악으로 창작해 봄으로써 음악을 통한 사회적 참여를 경험하고 생활 속에서 실천하도록 구성한다.
- 진로연계교육 운영을 염두에 두고 생활 주변이나 음악 산업 속에서 활용되는 음악 창작하기, 작곡가의 활동 경험하기 등 학생의 적성에 맞는 활동을 선택적으로 제시하여 창작과 관련된 진로를 직·간접적으로 경험할 수 있도록 구성한다.
- 음악 창작을 중심으로 자신의 진로와 연관 지어 여러 영역과의 융합적 가능성을 탐색하고 이를 적용하여 음악극이나 음악 영상 등을 만들며 진로 탐색의 기회를 갖도록 할 수 있다.
- 음악 요소를 자유롭게 변화시키거나 자신의 의도나 아이디어가 드러나도록 여러 가지 형식과 형태의 음악으로 창작함에 있어, 창작과 관련된 다양한 디지털 매체나 기기 등을 활용하도록 하여 디지털 문해력 교육과 연계할 수 있다.
- 성찰하기, 음악의 역할과 기여 인식하기 등의 태도와 관련된 성취기준은 보고서, 포트

폴리오, 체크리스트, 토의 · 토론, 발표 등을 활용하여 평가할 수 있다.

※ 앞의 내용 체계 및 성취기준의 '음악 요소'는 다음 표와 같이 활용할 수 있다.

고등학교
• 여러 가지 박자 • 장단, 장단의 세 • 여러 가지 박자의 리듬꼴 • 여러 가지 장단의 장단꼴 • 말붙임새
• 여러 가지 음계 • 여러 지역의 토리 • 여러 가지 시김새
• 여러 가지 화음 • 다양한 소리의 어울림, 종지
• 형식(가곡 형식, 엮음 형식, 푸가, 소나타 형식 등)
• 셈여림의 변화
• 빠르기의 변화/한배의 변화
• 여러 가지 음색

3. 교수 · 학습 및 평가

가. 교수 · 학습

(1) 교수 · 학습의 방향

(가) 〈음악〉 과목의 교육과정에서 제시하는 성격과 목표, 내용 체계와 성취기준을 바탕
으로 깊이 있는 학습이 유의미한 방식으로 경험될 수 있도록 하며, 학습자의 생활 및
진로와 연계하여 감성 역량, 창의성 역량, 자기주도성 역량, 공동체 역량, 소통 역량
을 함양할 수 있는 지도 방안을 수립하도록 한다.

(나) 〈음악〉 과목의 교수 · 학습은 다양한 음악 활동을 통해 음악의 아름다움을 체험하
고, 영역별 지식 · 이해, 과정 · 기능, 가치 · 태도가 통합적으로 실생활 맥락에서 수

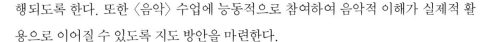

행되도록 한다. 또한 〈음악〉 수업에 능동적으로 참여하여 음악적 이해가 실제적 활용으로 이어질 수 있도록 지도 방안을 마련한다.

(다) 〈음악〉 과목의 전체 구조와 맥락 속에서 핵심 아이디어를 중심으로 학습 내용 간 관계와 의미를 파악할 수 있도록 하고, 음악 학습 능력을 다양한 상황에 적용하여 주도적으로 문제를 해결할 수 있는 지도 방안을 고려하도록 한다.

- 연주 영역에서는 교육적 · 예술적 · 실용적 가치뿐 아니라 역사적 · 문화적 · 사회적 가치를 함께 고려한 다양한 악곡을 활용하여 음악의 고유한 방식과 원리에 따라 다양한 맥락에서 표현할 수 있음을 알고, 공동체와 소통하며 연주 활동을 실용화할 수 있도록 구성한다.

- 감상 영역에서는 교육적 · 예술적 · 실용적 가치뿐 아니라 역사적 · 문화적 · 사회적 가치를 함께 고려한 다양한 감상곡을 통해 서로 다른 맥락 속에서 음악적 수용과 반응의 다양성을 탐구하며 주도적 듣기 활동이 되도록 하고, 공동체 내에서 활발히 소통할 수 있도록 구성한다.

- 창작 영역에서는 음악의 고유한 방식과 원리에 따라 다양한 소재를 연계 · 융합하여 창작할 수 있음을 알고, 창작 활동의 과정과 결과물을 공유하고 창의적인 표현을 서로 존중하며 성찰할 수 있도록 구성한다.

(라) 학생들의 다양한 특성과 발달 수준을 고려하여 〈음악〉 과목에서의 학생 맞춤형 수업 혹은 개별화 수업 방안을 마련하며 수업 설계 과정이나 학습 자료와 학습 활동의 선택 과정 등에 학생들이 능동적으로 참여할 수 있는 기회를 제공한다. 또한 모든 음악 활동에서 서로 존중되는 분위기를 형성할 수 있도록 하며, 특히 배움이 느린 학습자, 다문화 학생, 특수 학생 등을 배려한다.

(마) 온 · 오프라인에서 음악 수업의 연속성을 감안하여 〈음악〉 과목의 교수 · 학습을 계획하도록 하며, 디지털 환경을 고려한 지도 전략을 세우고 디지털 기기와 미디어를 〈음악〉 교수 · 학습의 내용과 특성에 적합하게 활용하는 방안을 구성하도록 한다.

(바) 학점 기반 교육과정 운영 시 학생의 학업 설계를 고려하여 음악과의 선택 과목과 〈음악〉 과목을 유기적으로 연계한 교수 · 학습을 구안할 수 있다.

(사) 중학교와의 학교급 간 교육내용 연계 및 진로연계교육 운영에 있어서는 학생의 진로와 적성을 고려하여 〈음악〉 과목의 의미와 영역별 주요 학습 내용을 안내하고, 꾸준히 자신의 진로에 관심을 가지면서 스스로 미래를 설계하며 향후 음악 애호가의 삶

이나 진로를 준비하는 기반이 되도록 한다.

(아) 타 교과 및 영역이나 범교과 학습 주제(안전·건강, 인성, 진로, 민주 시민, 인권, 다문화, 통일, 독도, 경제·금융, 환경·지속가능발전 등)와 연계한 음악 활동은 〈음악〉 과목 특성을 고려하여 다양한 관점에서 융합적으로 구성할 수 있다.

(자) 함께 참여하는 연주·감상 활동 시, 다수의 학생과 군중들이 밀집한 곳에서 질서를 유지하여 표현·관람 활동이 안전하게 진행될 수 있도록 안전 수칙 안내 등 지도·관리에 힘쓴다.

(2) 교수·학습 방법

(가) 〈음악〉 과목의 교육과정 성격과 목표 및 역량 함양에 가장 적합한 최신 교수·학습 유형과 방법을 선정하며, 원칙과 중점에 따라 내용 체계의 지식·이해, 과정·기능, 가치·태도를 종합적으로 아우를 수 있도록 한다. 또한 학습자 상황과 교수·학습 환경 등의 맥락에 맞추어 성취기준을 재구성할 수 있다.

실기 수업, 토의·토론 학습, 협동·협력 수업, 탐구 학습, 발견 학습, 프로젝트 학습, 문제 해결 학습, 스토리텔링 기반 학습, 사례 중심 학습, 역할놀이 학습, 블랜디드 학습, 거꾸로 학습, 이러닝, 스마트 러닝, 모바일 학습, 인공지능융합 학습 등

(나) 등교-원격 수업을 연계할 때 교수·학습 과정에서 음악적 소통과 협력 활동의 원활한 진행을 통해 음악 교사의 실재감을 충분히 느낄 수 있도록 하며, 디지털 플랫폼 활용 수업 전략 방안을 마련하고 온라인 환경에서의 음악 활동과 의견 공유로 학습의 폭이 확장될 수 있도록 한다.

(다) 〈음악〉 과목의 교수·학습은 실음을 중심으로 질 높은 음향이 구현될 수 있도록 하며 최신의 디지털 음악실 환경을 구축하고, 인공지능, 가상악기, 메타버스 등을 활용한 실감형 음악 학습 콘텐츠와 자료를 바탕으로 다양한 교수·학습이 실현될 수 있도록 한다.

(라) 고등학교에서는 깊이 있는 탐구를 통해 음악 지식과 개념에 대해 이해하고, 이를 노래나 악기 연주, 감상, 창작 등의 다양한 음악 활동에 적용하며 발표해 봄으로써 음

악을 삶 속에서 향유하는 경험을 할 수 있도록 한다. 음악의 다양한 특성을 고려한 교수·학습 활동을 구성하되, 음악 내적 특징뿐 아니라 기능이나 맥락 등의 외적 특징과 연계함으로써 음악 중심의 확장적·융합적 사고를 고무할 수 있는 다양한 접근법과 환경을 구성한다.

(마) 연주, 감상, 창작의 각 영역별 교수·학습 방법은 성취기준 및 해설, 적용 시 고려사항에서 제시하는 내용에 중점을 두며, 각 영역을 연계하여 포괄적으로 지도하도록 한다. 또한 음악적 지식을 바탕으로 다양한 맥락에서 음악을 체험하고 그 역할과 가치를 폭넓게 이해하여 내면화할 수 있도록 한다. 더불어 다양한 유형의 음악을 균형 있게 다루며, 타 교과와 예술, 범교과 학습 주제 등과의 연계를 고려하고 공동체와의 협업 활동을 통해 음악에 대한 안목을 형성할 수 있도록 한다.

- 연주 영역에서는 다양한 연주 형태와 그에 따른 특성 및 기법 등을 파악하여 노래를 부르거나 악기를 연주하는 과정에 적극적이면서 협력적으로 참여하고, 그 과정을 성찰하며 풍부한 음악적 표현으로 발전시켜 교류할 수 있도록 한다. 국악곡은 되도록 국악기로 반주하여 시김새, 장단 등의 음악 요소를 살려 노래하거나 연주할 수 있도록 한다.

- 감상 영역에서는 주도적인 감상과 적극적인 반응, 비판적 분석 과정을 위한 체계적인 학습을 통해 다양한 음악의 아름다움을 충분히 경험하며 음악적 정체성과 가치를 내면화하고 주체적으로 음악을 향유할 수 있도록 한다. 국악곡은 감상을 통해 음악의 쓰임, 가치, 역사·문화적 배경 등을 충분히 이해할 수 있도록 지도한다.

- 창작 영역에서는 음악적 상상력과 의도를 창의적으로 마음껏 발휘하면서 다양한 방법과 매체를 활용하여 여러 영역과 연계 융합한 창작물을 만들고 공유하며, 이를 통해 다양한 맥락에서 음악의 발전적 기여를 인식할 수 있도록 촉진한다. 국악 창작 활동은 시김새, 장단 등의 음악 요소를 드러낼 수 있는 기보법(가락선 악보, 정간보, 구음보 등)을 활용하고, 그 결과를 국악의 창법을 살려 노래하거나 국악기로 표현할 수 있도록 한다.

(바) 다양한 음악 행사 참여와 관련된 교수·학습에서는 공연의 목적, 장소, 규모, 환경 등을 고려하여 질서 유지 및 안전 수칙을 사전에 지도할 수 있도록 한다.

(사) 〈음악〉 과목의 최소 성취수준 보장을 위하여 체계적인 학습 과정을 지원하고 학생 스스로 학습 관리 능력을 향상시킬 수 있도록 지도한다. 학생 개인별 학습의 출발점

및 이해 정도를 파악하여 학습 상황을 관리하며 음악 학습 개선을 위한 보충 학습(온라인 학습, 과제 수행 등) 등을 실시할 수 있다.

나. 평가

(1) 평가의 방향

(가) 〈음악〉 과목 교육과정에서 제시하는 성격과 특성에 기반하여 깊이 있는 학습을 통한 역량 함양 평가 방안을 마련하며, 목표 · 내용 체계 · 성취기준을 근거로 역량과 내용을 균형 있게 반영하여 학습자의 성취도와 학습의 수행 과정을 평가할 수 있도록 한다.

(나) 〈음악〉 과목의 평가는 학습의 과정에 통합하여 실시하고 성취기준을 평가 준거로 하여 지속적인 평가가 이루어질 수 있도록 하며, 평가의 공정성, 타당성, 신뢰성을 확보할 수 있도록 수행 주체와 과정을 직접 관찰하고 확인한다.

(다) 〈음악〉 과목 교육과정에서 제시하는 성취기준에 기반한 내용 체계와의 관련성을 고려하여 학생의 지식 · 이해, 과정 · 기능, 가치 · 태도를 통합적으로 평가하며 이를 통해 학생의 음악적 성장과 발달을 촉진하고 음악 학습의 향상을 추구하도록 한다.

(라) 학생을 평가 과정에 포함하여 평가의 주체로서 자신의 음악 학습을 성찰할 수 있는 기회를 제공하며, 학습 과정이나 상황을 면밀히 파악하고 적절한 피드백을 제공하여 학습한 내용의 의미를 재확인할 수 있도록 한다.

(마) 학생의 다양한 특성과 발달을 고려하여 음악적 수준을 진단하고 파악한 후 평가 문항 혹은 평가 과제를 개발한다. 특히 배움이 느린 학습자, 다문화 학생, 특수 학생 등을 배려하고 개별 맞춤형 피드백을 강화하며, 일정 기간 학습을 마친 후 이루어지는 평가에서는 음악 학습 내용을 새로운 상황과 맥락에 적용할 수 있는 수행 능력에 관한 평가를 실시하도록 한다.

(바) 온 · 오프라인을 연계한 교수 · 학습 과정에서는 디지털 교육 환경에서의 내용과 특성에 적합한 평가 계획을 세우고, 디지털 도구 활용, 온라인 평가 결과물 보관 등 다양한 평가 상황에 따른 방안을 마련하도록 한다.

(사) 평가 결과는 교수 · 학습에 환류하여 수업 계획과 방법, 자료 등 음악 수업을 개선하는 데 활용하며, 학생의 음악적 역량 함양을 도모하는 데 반영될 수 있도록 한다.

(2) 평가 방법

(가) 〈음악〉 과목의 평가 목적에 따라 성취기준을 확인하고 연주, 감상, 창작 영역의 특성에 적합한 평가의 적용 방법을 구상하여 평가 방법을 선정하며 다양한 역량을 균형 있게 평가하도록 한다. 그리고 지식·이해, 과정·기능, 가치·태도의 내용 체계를 근거로 성취기준을 재구성하여 평가할 수 있다.

실기 평가, 관찰 평가, 실음 지필 평가, 서·논술형 평가, 보고서 평가, 구술 평가, 면담 평가, 자기 평가, 동료 평가, 포트폴리오 평가, 프로젝트 평가, 토의·토론 평가, 온라인 평가 등

(나) 학생의 음악적 성장과 발달을 지원할 수 있도록 적합한 평가 내용과 단계를 계획하며, 사전 진단을 포함하여 학습의 과정 및 결과를 평가할 수 있는 방법을 다양하게 활용하여 과정 중심 평가가 실행되도록 한다.

(다) 평가는 〈음악〉 과목에서 학습한 내용을 바탕으로 수업 과정이나 적절한 시기에 실시하며 학습 과정에서 관찰된 행동이나 태도의 변화 등도 반영하도록 한다.

(라) 원격 수업에서의 온라인 평가는 디지털 학습 환경을 고려하고 음악 공학적 도구 및 디지털 도구를 활용한 평가 전략을 구축하여 실시하며, 비대면 교수·학습 과정에서도 자기 평가와 동료 평가를 적절히 포함하여 학생 참여와 상호작용이 이루어질 수 있도록 한다.

(마) 연주, 감상, 창작의 각 영역별 평가 방법은 성취기준 및 해설, 적용 시 고려 사항에서 제시하는 내용을 기반으로, 각 영역을 연계·통합하여 역량 함양 평가 방안이 마련될 수 있도록 한다.

- 연주 영역에서는 실기 평가, 관찰 평가, 포트폴리오 평가, 자기 평가, 동료 평가, 온라인 평가 등 다양한 유형의 방법을 적절히 활용하여 노래 부르기, 악기 연주하기 등의 표현 활동에 지식·이해, 과정·기능, 가치·태도를 골고루 반영한 역량 함양 평가가 될 수 있도록 한다.
- 감상 영역에서는 실음 지필 평가, 보고서 평가, 토의·토론 평가, 자기 평가, 동료 평가, 온라인 평가 등 다양한 유형의 방법을 적절히 활용하여 음악에 관한 포괄적

이해 정도와 반응 과정, 음악에 대한 내면화 등을 균형 있게 갖춘 역량 함양 평가가 될 수 있도록 한다.

- 창작 영역에서는 실기 평가, 관찰 평가, 프로젝트 평가, 자기 평가, 동료 평가, 디지털 기반 평가 등 다양한 유형의 방법을 적절히 활용하여 음악 만들기, 매체 적용 및 연계 융합 창작 활동 등에 필수적인 지식·이해와 참여 과정, 주도적 소통의 정도를 종합적으로 반영한 역량 함양 평가가 될 수 있도록 한다.

(바) 학생이 잘하는 점과 보완해야 할 점을 세심하게 파악하여 학생과 학부모에게 목표 도달 여부와 유의미한 향상을 구체적으로 안내하도록 하며 이를 토대로 학습을 개선하고 음악적 성장의 기회로 삼을 수 있도록 한다.

(사) 〈음악〉 과목의 최소 성취수준 보장을 위하여 학생의 음악적 수준을 사전에 정확하게 진단하고 학생의 개별적 특성에 부합하는 학습의 기회를 부여한다. 또한 과정 중심 평가를 활용한 평가 상황에서도 학습에 대한 피드백을 제공하여 음악적 성장을 지속적으로 이루어 갈 수 있도록 한다.

찾아보기 ♪

인명

내용

저자 소개

민경훈(Min, Kyung Hoon)
독일 뮌스터대학교 음악교육학 박사
현 한국교원대학교 음악교육과 명예교수

〈대표 저서 및 논문〉
『음악 교수학습방법』(공저, 학지사, 2017)
「프리츠 왼데의 청소년음악운동에 관한 고찰」(2000) 외 다수

김신영(Kim, Shin Young)
미국 컬럼비아대학교 음악교육학 박사
현 국립목포대학교 음악학과 명예교수

〈대표 저서 및 논문〉
『피아노 교수학 총론』(공저, 학지사, 2020)
「Group differences in piano performance evaluation by experienced and inexperienced judges」(2000) 외 다수

김용희(Kim, Yong Hee)
미국 컬럼비아대학교 음악교육학 박사
현 경인교육대학교 음악교육과 교수

〈대표 저서〉
『동요로 만나는 세계의 어린이』(공저, 대교출판, 2011)
『창의적 음악교육』(음악세계, 2016)

방금주(Bang, Keum Ju)
미국 컬럼비아대학교 음악교육학 박사
현 서울교육대학교 음악교육과 명예교수

〈대표 저서 및 논문〉
『음악교과 교수학습』(공저, 학지사, 2006)
「마테존과 쿡의 음형이론의 관점에서 본 초등학교 노래의 정서 함의에 관한 연구」(2016) 외 다수

승윤희(Seung, Yun Hee)
미국 보스턴대학교 음악교육학 박사
현 한국교원대학교 초등교육과 교수

〈대표 저서 및 논문〉
『예비교사와 현장교사를 위한 초등 음악교육 2판』(공저, 학지사, 2019)
「Brain activation during music listening in individuals with or without prior music training」(2005)
외 다수

양종모(Yang, Jong Mo)
단국대학교 음악교육학 박사
현 부산교육대학교 음악교육과 교수

〈대표 논문〉
「졸탄 코다이의 음악 교재에 나타난 민요 활용 방법」(1999)
「동아시아 한민족 음악교육의 양상」(2023) 외 다수

이연경(Lee, Youn Kyung)
미국 컬럼비아대학교 음악교육학 박사
현 청주교육대학교 음악교육과 명예교수

〈대표 논문〉
「초등학교 교원 양성대학의 건반악기 실기 교육과정 개발」(1998)
「초등학교 음악과 이해영역 지도의 컴퓨터 프로그램의 활용」(2006) 외 다수

임미경(Rim, Mi Kyung)
미국 애리조나주립대학교 음악교육학 박사
현 전주교육대학교 음악교육과 명예교수

〈대표 저서 및 논문〉
『초등음악지도법』(공동 편저, 수문당, 2013)
「초등학교 음악전담교사 양성을 위한 교육대학교의 음악교육 프로그램 개발」(2007) 외 다수

장기범(Jang, Ki Beom)
미국 미시간대학교 음악교육학 박사
현 서울교육대학교 음악교육과 명예교수

〈대표 저서 및 논문〉
『스마트하게 음악만들기』(공저, 음악교육공학회, 2015)
「Charles Everett Gilbert의 제주 관악대 업적에 대한 내러티브와 평가」(2016) 외 다수

조순이(Cho, Suni)
독일 뮌헨 루드비히−막시밀리안스대학교 음악교육학 박사
현 춘천교육대학교 음악교육과 교수

〈대표 저서 및 논문〉
『아 카펠라』(공저, 예솔출판사, 2014)
「노랫말 발음을 활용한 가창지도 방안 연구」(2007) 외 다수

주대창(Ju, Dae Chang)
독일 기센대학교 음악학 박사
현 광주교육대학교 음악교육과 교수

〈대표 저서〉
『음악학개론』(도서출판 태성, 2003)
『베토벤 교향곡 제9번』(음악세계, 2009) 외 다수

현경실(Hyun, Kyung Sil)
미국 템플대학교 음악교육학 박사
현 성신여자대학교 교육대학원 명예교수

〈대표 저서〉
『다중지능 이론에 기초한 적성을 살리는 음악교육』(학지사, 2016)
『유아 음악성 검사 Kids'MAT』(인싸이트, 2016) 외 다수

음악교육학 총론 [4판]

2010년 3월 10일 1판 1쇄 발행
2012년 3월 10일 1판 4쇄 발행
2013년 3월 11일 2판 1쇄 발행
2014년 2월 20일 2판 3쇄 발행
2017년 3월 30일 3판 1쇄 발행
2023년 1월 20일 3판 8쇄 발행
2024년 2월 20일 4판 1쇄 발행

지은이 • 민경훈 · 김신영 · 김용희 · 방금주 · 승윤희 · 양종모
　　　　이연경 · 임미경 · 장기범 · 조순이 · 주대창 · 현경실
펴낸이 • 김진환
펴낸곳 • ㈜ **학지사**
　　　　04031 서울특별시 마포구 양화로 15길 20 마인드월드빌딩
대표전화 • 02-330-5114　　팩스 • 02-324-2345
등록번호 • 제313-2006-000265호

홈페이지 • http://www.hakjisa.co.kr
인스타그램 • https://www.instagram.com/hakjisabook

ISBN 978-89-997-3069-6　93370

정가 24,000원

출판미디어기업 학지사
간호보건의학출판 **학지사메디컬** www.hakjisamd.co.kr
심리검사연구소 **인싸이트** www.inpsyt.co.kr
학술논문서비스 **뉴논문** www.newnonmun.com
교육연수원 **카운피아** www.counpia.com
대학교재전자책플랫폼 **캠퍼스북** www.campusbook.co.kr